权威·前沿·原创

皮书系列为
"十二五""十三五"国家重点图书出版规划项目

中国社会科学院创新工程学术出版资助项目

城市蓝皮书
BLUE BOOK OF
CITIES IN CHINA

中国城市发展报告
No.9

ANNUAL REPORT ON URBAN DEVELOPMENT OF CHINA
No.9

迈向健康城市之路

主　编／潘家华　单菁菁
副主编／李国庆　武占云

社会科学文献出版社
SOCIAL SCIENCES ACADEMIC PRESS (CHINA)

图书在版编目(CIP)数据

中国城市发展报告. No. 9，迈向健康城市之路／潘家华，单菁菁主编. -- 北京：社会科学文献出版社，2016.9
（城市蓝皮书）
ISBN 978-7-5097-9784-6

Ⅰ.①中… Ⅱ.①潘… ②单… Ⅲ.①城市经济-经济发展-研究报告-中国 Ⅳ.①F299.21

中国版本图书馆 CIP 数据核字（2016）第 229207 号

城市蓝皮书
中国城市发展报告 No. 9
——迈向健康城市之路

主　　编／潘家华　单菁菁
副 主 编／李国庆　武占云

出 版 人／谢寿光
项目统筹／邓泳红
责任编辑／陈　颖

出　　版／社会科学文献出版社・皮书出版分社（010）59367127
　　　　　 地址：北京市北三环中路甲29号院华龙大厦　邮编：100029
　　　　　 网址：www.ssap.com.cn

发　　行／市场营销中心（010）59367081　59367018
印　　装／北京季蜂印刷有限公司

规　　格／开　本：787mm×1092mm　1/16
　　　　　 印　张：23.75　字　数：361千字

版　　次／2016年9月第1版　2016年9月第1次印刷
书　　号／ISBN 978-7-5097-9784-6
定　　价／79.00元

皮书序列号／B-2007-072

本书如有印装质量问题，请与读者服务中心（010-59367028）联系

▲ 版权所有 翻印必究

城市蓝皮书编委会

主　编　潘家华　单菁菁

副主编　李国庆　武占云

编委会　（以姓氏笔画排列）

　　　　　李春华　李宇军　李红玉　李国庆　苏红键
　　　　　罗　勇　孟雨岩　单菁菁　张晓晶　武占云
　　　　　黄顺江　黄育华　娄　伟　盛广耀　潘家华

撰稿人　（以文序排列）

　　　　　潘家华　单菁菁　武占云　苏红键　盛广耀
　　　　　赵骏腾　侯燕磊　黄顺江　黄育华　魏　星
　　　　　苗艳青　赵美英　孟雨岩　高红杰　宋永会
　　　　　罗　勇　李宇军　娄　伟　王家卓　李国庆
　　　　　卜　秋　刘俊宾　张家明　卢　永　曹　勤
　　　　　方　敏　毕建明　韩镇宇　朱春筱

编辑人　（以姓氏笔画排列）

　　　　　苏红键　武占云　薛苏鹏　徐李璐邑

主编简介

潘家华 中国社会科学院城市发展与环境研究所所长，研究员，博士研究生导师。研究领域为世界经济、气候变化经济学、城市发展、能源与环境政策等。担任国家气候变化专家委员会委员，国家外交政策咨询委员会委员，中国城市经济学会副会长，中国生态经济学会副会长，政府间气候变化专门委员会（IPCC）第三次、第四次和第五次评估报告核心撰稿专家。先后发表学术（会议）论文200余篇，撰写专著4部，译著1部，主编大型国际综合评估报告和论文集8部；获中国社会科学院优秀成果一等奖（2004年），二等奖（2002年），孙冶方经济学奖（2011年）。

单菁菁 中国社会科学院城市发展与环境研究所研究员、城市规划研究室主任，《中国商务中心区发展报告》（CBD蓝皮书）主编。主要从事城市与区域规划、城市经济、城市社会、城镇化等研究。先后主持参与了北京、天津、海南、广东、西藏等数十项省（区、市）、地区的经济社会发展规划研究和编制工作。主持国家社科基金课题、中英合作伙伴课题、院重大课题、院重点课题、青年基金课题、省部委及地方委托课题39项，参加了17部学术著作的撰写工作，发表专著2部、中英文学术论文60多篇，撰写研究报告50多篇，向国务院提交了10多项政策建议，著作《中国农民工市民化研究》获钱学森城市学金奖提名奖，科研成果多次获省部级奖项。

李国庆 中国社会科学院城市发展与环境研究所研究员、博士生导师。1996年毕业于日本庆应大学研究生院，获社会学博士学位。加拿大多伦多大学福特基金会访问学者，美国印第安纳大学富布莱特高级访问学者，亚洲农村社会学会执行委员。主要研究方向为城市社会发展与公共服务规划、城市文化发展规划、环境治理中的公众参与。主要著作有《日本农村的社会变迁》《北京：皇都的历史与空间》等，主要学术论文有《辽宁省棚户社区的形成与复兴》《关于中国村落共同体的论战》等。获得 2000 年孙平化日本学学术优秀著作奖、2015 年辽宁省科技进步二等奖。

武占云　中国社会科学院城市发展与环境研究所助理研究员，理学博士、应用经济学博士后，主要从事城市规划、城市与区域经济学研究。在国内外核心期刊发表中英文学术论文 30 余篇，撰写研究报告 10 余篇。先后主持或参与完成了 10 多项科研项目，包括国家社科基金 4 项、国家自科基金 3 项、教育部人文社科项目 1 项、博士后基金 1 项、中国社科院中英研究项目 1 项、中国社科院青年中心基金项目 1 项。

摘　要

2016年中共中央政治局审议通过的《健康中国2030规划纲要》，对中国健康城市的建设进行了战略部署。这是中国全面推进城市健康发展的一项重大举措，是在新时期为更好保障人民健康做出的制度性安排，对中国全面建成小康社会、加快实现社会主义现代化具有重大意义。然而，影响城市健康发展的因素众多、作用机制复杂，这对国家层面的战略引导和地区层面的实施策略均提出了更高要求。因此，在新时期、新形势下，对全面促进城市健康发展的模式、路径、制度保障等问题进行深入研究和探讨十分必要。

《中国城市发展报告No.9》以"走向健康城市之路"为主题，紧紧围绕当前国家关于促进城市健康发展的总体部署，密切联系各地健康城市发展实践，以总报告、专题报告、案例分析等形式全面分析了中国健康城市的发展历程、建设成就及存在问题，并结合全球健康城市发展的最新特征和趋势，深入探讨了全面促进中国城市健康发展的思路与对策，特别是针对人口老龄化、医疗卫生、公共文化服务、城市公共安全、城市更新改造、生态环境治理等影响城市健康发展的关键领域和问题进行了深入研究，以期通过健康城市建设，顺利实现全面建成小康社会和"健康中国2030"的战略目标。

报告指出，我国健康城市建设起步于20世纪80年代末，由组织开展"卫生城市"创建活动的最初探索，发展到以实现"健康中国"为目标的全面建设，并取得了显著成就。一是人民生活水平显著提升，城镇失业率得到有效控制；二是居民预期寿命稳步提高，主要健康指标显著改善；三是卫生服务体系不断完善，总体服务能力明显提升；四是健康教育深入人心，居民健康意识有所提高；五是社会事业快速发展，社会保障体系逐步完善；六是城市建设加快推进，居民生活更加便捷；七是环境治理力度进一步加大，城

市生态环境有所改善。

展望"十三五",城市健康发展依然面临严峻挑战。为此,本报告建议:在国家和城市层面尽快制定健康城市发展规划,加强健康城市建设顶层设计;进一步完善健康服务,调整优化医疗卫生结构,提高医疗卫生服务的可及性和公平性;进一步加强城市基础设施建设和生态环境保护,大力发展绿色产业和循环经济,营造宜居宜业的健康环境;加强健康社区、健康单位、健康家庭、健康人群等健康细胞工程建设,着力构建和谐安全的健康社会。通过系统性健康城市建设,助推全面建成小康社会和"健康中国2030"战略目标的实现。

关键词 健康中国 健康城市 小康社会

目 录

健康城市：卫生、安全、可持续（代序） ………………… 潘家华 / 001

Ⅰ 总报告

B.1 迈向健康城市之路
　　——现状、问题与对策 ………………… 总报告编写组 / 001

Ⅱ 综合篇

B.2 2015年中国城市健康发展评价 …… 单菁菁　武占云　赵骏腾 / 041
B.3 中国三大城市群协调发展研究 ………………… 盛广耀　侯燕磊 / 079

Ⅲ 经济篇

B.4 供给侧结构性改革与"十三五"城市经济重点工作
　………………………………………………………… 黄顺江 / 092
B.5 中国健康产业发展现状与对策研究 ………………… 苏红键 / 113
B.6 PPP与互联网金融在城市更新项目中的应用 ……… 黄育华 / 130

Ⅳ 社会篇

B.7 健康城市：直面人口老龄化的挑战 …………………… 魏　星 / 144
B.8 中国城市医疗卫生服务现状、问题与对策 ……… 苗艳青　赵美英 / 164
B.9 中国城市公共文化服务发展分析 …………………… 孟雨岩 / 181

Ⅴ 环境篇

B.10 中国地级及以上城市建成区黑臭水体状况及治理对策建议
……… 高红杰　宋永会　王　谦　吕纯剑　韩　璐　刘瑞霞 / 195
B.11 城市雾霾：问题、机理与协同治理 …………………… 罗　勇 / 210
B.12 城市固体废物管理：现状、问题与对策 ……………… 李宇军 / 222

Ⅵ 管理篇

B.13 中国城市绿色低碳消费模式新趋势分析 ……………… 娄　伟 / 236
B.14 海绵城市——在争论和探索中快速建设的2015年
……………………………………………………………… 王家卓 / 249
B.15 城市安全与社区风险防控体系建设 …………………… 李国庆 / 263

Ⅶ 案例篇

B.16 苏州市健康城市建设实践与思考 ……………… 卜　秋　刘俊宾 / 279
B.17 加快推进非文保区棚户区改造的模式与路径研究
——以北京市东城区天坛周边简易楼腾退改造实践为例
……………………………………………………………… 张家明 / 297

B.18 宜昌健康城市建设回顾与分析
　　………………………………… 卢　永　曹　勤　方　敏 / 309
B.19 巩固国家卫生城市成果　积极探索健康城市建设……… 毕建明 / 319

Ⅷ　中国城市发展大事记

B.20 中国城市发展大事记（2015年7月1日至
　　2016年6月30日）………………………………………… / 337

Abstract …………………………………………………………… / 348
Contents …………………………………………………………… / 350

代　序
健康城市：卫生、安全、可持续

潘家华

没有全民健康，就没有全民小康。2015年10月，十八届五中全会明确提出推进健康中国建设，"健康中国"上升为国家战略。习近平在2016年8月举办的全国卫生与健康大会上要求把人民健康放在优先发展的战略地位，为实现中华民族的伟大复兴打下坚实的健康基础。当前，我国城镇化水平已经高于世界平均水平，城镇化率逼近60%，城市人口接近于欧美城市人口的总和。城市健康不仅是健康中国的主体内容，也是全球可持续发展的基本保障。

健康城市源自世界卫生组织（WHO）1986年启动的"健康城市与乡村"项目。WHO根据"欧洲健康、社会与经济会议"术语，将健康城市界定为"一个不断开发、发展自然和社会环境，并不断扩大社会资源，使人们在享受生命和充分发挥潜能方面能够互相支持的城市"。我国的健康城市建设起步于1989年由全国爱国卫生运动委员会启动的"国家卫生城市"创建活动。对健康城市的理解，也从卫生范畴不断深化拓展到安全和可持续认知。

狭义的健康聚焦于"卫生"，一般指为增进人体健康，预防疾病，改善和创造合乎生理、心理需求的生产环境、生活条件所采取的个人的和社会的卫生措施，包括以除害灭病、讲卫生为主题的爱国卫生运动，其内涵超出了源自希腊神话的hygiene即西方狭义的个人和集体卫生的含义，大体等同于西方的health即健康。因而我们主管医疗健康的部门为"卫生"部、厅（局处室），称World Health Organization为世界卫生组织，而不是"世界健

康组织"。一方面，我国卫生城市建设的核心要义在于环境卫生和医疗服务，而环境卫生是基础，打扫卫生除病害的群众运动经久不衰。我国控制和消灭血吸虫、鼠疫、霍乱、疟疾、"非典"等，归功于狠抓"卫生"的贡献和绩效。从另一方面看，我国城乡差别的一个重要方面就是医疗卫生；我国与发达国家整体环境的差距，也在于医疗卫生，尤其是卫生条件，以至于城市居民到乡下难觅"方便场所"，外国游客到中国害怕到星级宾馆以外的"方便场所"。可见，环境卫生不仅是健康的重要内容和外在形式，也是健康城市的基础所在，涉及生活品质和尊严！卫生部门规定公共厕所苍蝇数量为卫生指标，这是抓住了底线。如果村镇厕所洁净无臭，则可以排除贫困村，而确定为小康村。

显然，健康不止于卫生，安全是不可或缺的要素，也是健康层次的升级。所谓"民以食为天"、"病从口入"，是健康安全的基本内涵。18亿亩的耕地红线和技术进步，可以基本保障城市食物供给的"粮食安全"。而三聚氰胺、农药残留、重金属污染等，使城市居民日益关注"食品安全"，希望获得更绿色生态的有机农产品。因而，健康城市，必须保障数量上的"粮食安全"，也需要保障品质上的"食品安全"。2013年12月习近平在北京庆丰包子铺强调指出，"食品安全是最重要的，群众要吃得放心"。城市作为人口和经济活动高度密集的地区，要有水质水量的供水安全，地表、地下、空域的立体式全方位交通安全、通信安全、信息安全等这样一些硬件和软件基础设施与科学规划管理，保障城市居民能够喝上干净的水，呼吸清新的空气，出行便捷而安全，个人财产和隐私不受侵犯，这样的城市才是健康的。

卫生、安全对于当前的城市，是健康的衡量标准。但是，当前健康，并不表明未来也是健康的。联合国《2030年可持续发展议程》在涉及城市发展的第11个目标领域的界定中，特别强调"可持续"。气候变化、生物多样性和生态系统的健康，表面上与城市关联不直接，但是，城市所需的一切，均需要气候安全、物种安全、生态系统安全。如果全球变暖，海平面上升，沿海城市的安全生存就处于危险之中。生物灭绝，人类发展的源泉也会不断枯竭。实际上，一些为"卫生"而采用的手段，因不符合可持续要求而终止使用。例如滴滴涕喷洒消灭蚊蝇十分有效，但是导致"寂静的春天"，而今全面禁用。为了可持续，人们需要可持续生产与消费。所谓的低碳城市，并不是为了低碳而低碳，而是为了可持续的未来，为了城市安全、人类安全。欧洲一些城市明确提出在2030年前后实现零碳目标，我国的许多城市也提出了尽快实现峰值。可见，健康城市必须是可持续的。反过来，一个可持续的城市，也是卫生的、安全的。

我国的健康城市建设，应该说，已经大体完成了第一个阶段，也就是卫生城市的内容，目前正在着力推进安全城市和可持续城市的建设。而生态文明转型，也将为健康城市的建设提供理论和方法论支撑，为世界可持续发展提供经验和借鉴。

总 报 告
General Report

B.1
迈向健康城市之路
——现状、问题与对策

总报告编写组*

摘　要： 党的十八届五中全会做出了推进健康中国建设的重大决策，而加强健康城市建设是推进健康中国发展的重要抓手。本文研究表明，自20世纪80年代末以来，中国健康城市建设取得显著成就：人民生活水平显著提升，城镇失业率得到有效控制；居民预期寿命稳步提高，主要健康指标显著改善；卫生服务投入逐年增加，总体服务能力明显提升；健康教育深

---

* 执笔：单菁菁、苏红键、武占云。单菁菁，中国社会科学院城市发展与环境研究所规划室主任、研究员、博士，主要研究方向为城市与区域发展战略、城市与区域规划、城市与区域管理等；苏红键，中国社会科学院城市发展与环境研究所副研究员，经济学博士，主要研究方向为城市经济、城市产业；武占云，中国社会科学院城市发展与环境研究所副研究员、博士，主要研究方向为城市规划、城市与区域经济等。潘家华所长参加了总报告的讨论并予以指导。

入人心，居民健康意识有所提高；社会事业快速发展，社会保障体系逐步完善；城市建设加快推进，居民生活更加便捷；污染治理力度加大，生态环境有所改善。但与此同时，城市发展也面临着医疗卫生事业发展滞后于社会需求、居民健康素质和生命质量仍有待提升、城市安全风险加大、各种"城市病"频发的严峻挑战。在此基础上，本文从强化顶层设计、营造健康环境、完善健康服务、培育健康人群、构建健康社会、加强健康支撑等方面提出了促进健康城市发展的思路与对策。

关键词： 健康中国　健康城市　健康环境　健康服务　健康社会

健康是人类共同的追求，是个人发展、家庭幸福、社会和谐及可持续发展的重要基础。党的十八届五中全会和国家"十三五"规划都着重提出要推进健康中国建设，习近平总书记更是深刻指出：没有全民健康，就没有全面小康。强调推进健康中国建设是实现两个百年目标的重要基础和组成部分。而城市是人民赖以生活发展的载体，是政治、经济、社会和文化活动的中心，到两个百年即建党和建国100周年，中国的城镇化率预计将分别达到60%和80%左右，绝大部分人口的美好生活将系于城市的健康发展。因此，推进健康城市发展既是建设健康中国的必然要求，也是实现两个百年目标宏伟蓝图的重要举措。

一　中国健康城市发展历程

20世纪80年代，随着城市化和经济社会的快速发展，环境污染、社会矛盾、居民身心健康等问题日益凸显。人们愈发认识到健康问题不仅与个人生活方式紧密相关，更深层次的原因是经济社会发展和自然环境、社会环境变化综合作用的结果，推动健康城市建设成为世界各国应对发展中问题和追求可持续发展的重要途径。1984年，"2000年健康多伦多"会议首次提出了"健康城市"概念，强调要在多部门、多学科合作的基础上，重点解决城市健康及其相关问题。1994年，世界卫生组织进一步将健康城市定义为"一个不断创建和改进自然和社会环境，不断扩大社会资源，使人们在发挥生命功能和发展最大潜能方面能够互相支持的城市"[1]。这也标志着健康城市的概念由最初的公共卫生理念向生物－心理－社会的综合模式转变。

所谓健康城市是指城市规划、建设、管理等各方面都以促进人的健康和发展为中心，具有足够环境承载力、经济发展活力和社会凝聚力，使人们能够充分享受生命和发挥潜能，有能力形成促进人类经济社会可持续发展的健康环境、健康经济、健康社会、健康人群的和谐统一体。我国的健康城市建设起步于20世纪80年代末由全国爱国卫生运动委员会组织开展的"国家卫生城市"创建运动，至今大致经历了三个发展阶段。

第一阶段（1989～2002年）：探索起步阶段。1989年，国务院印发《关于加强爱国卫生工作的决定》。随后，为推动城镇基础设施建设，改善城镇环境卫生面貌，提高居民卫生健康水平，在全国爱国卫生运动委员会的倡导下，中国组织开展了全国性的卫生城市创建活动，并出台了相应的《国家卫生城市标准》，开始了具有中国特色的健康城市探索。"国家卫生城市"创建活动是我国健康城市的早期理念，当时卫生城市的建设目标重点在于改善环境卫生、食品安全、饮用水安全等基本卫生条件和防控疾病传染，很大程度上局限于公共卫生和医疗服务层面。随着全国卫生城市工作的持续推进，以及与世界卫生组织的深入合作，我国"卫生城市"的理念逐渐拓展为"健康城市"。1994年，卫生部与世界卫生组织合作，选择北京市东城区、上海市嘉定区开始启动健康城市建设项目试点。随后，重庆市渝中区、海口市、大连市、苏州市、日照市等也先后加入健康城市建设行列。

---

[1] World Health Organization Regional for Europe. *Twenty Steps for Developing a Health Cities Project*, 1997. www.who.int/publications/en/.

2001年，苏州市提出健康城市建设目标，成为中国第一个正式向世界卫生组织申报的城市。

第二阶段（2003~2014年）：加快发展阶段。2003年发生的"非典"（SARS）事件，让全社会深刻认识到健康城市的重要性，许多城市纷纷加快了健康城市建设步伐。2008年、2010年全国爱卫办分别在杭州、大连举办了健康城市市长论坛，并持续推进全国健康城市的建设经验交流，先后发表健康城市杭州宣言、北京倡议等，以进一步引导健康城市建设，改善和提高城市环境及居民的健康生活状况。在这一时期，我国的上海、杭州、苏州、张家港、大连、克拉玛依、北京市西城区、上海闵行区和金山区等市、区先后被纳入世界卫生组织的健康城市试点，健康城市建设进入快速发展阶段。

第三阶段（2015年至今）：全面建设阶段。2015年10月，党的十八届五中全会做出了推进健康中国建设的重大决策。2016年3月，推进健康中国建设被纳入国家"十三五"规划。在此基础上，2016年7月全国爱卫办出台了《关于开展健康城市健康村镇建设的指导意见》，2016年8月中共中央政治局审议通过了《健康中国2030规划纲要》。《纲要》明确提出要把健康城市建设作为推进健康中国发展的重要抓手，凸显了健康城市对于实现"健康中国"目标的重要作用，标志着健康城市进入全面建设阶段。

二 中国健康城市发展现状与问题

本部分结合国家"十三五"规划中健康中国建设的总体要求以及世界卫生组织关于健康城市的十条标准，围绕城市健康人群、健康服务、健康社会、健康环境、健康管理等领域，系统分析中国健康城市建设发展取得的成就和面临的主要问题。

（一）中国城市健康发展成就

自20世纪90年代，随着城镇化以及健康城市建设的不断推进，我国健康城市发展取得了显著成就，基础设施快速推进，公共服务体系逐步完善，生态环境治理初见成效，居民生活水平大幅提升，主要健康指标显著改善。

1. 人民生活水平显著提升，城镇失业率得到有效控制

实现安居乐业是健康城市的基本要求。改革开放以来，我国城市经济实力快速提升，人民生活水平显著提高，城镇失业率得到有效控制，就业状况总体良好。

（1）人民生活水平显著提升

1995~2015年，我国城镇居民家庭人均可支配收入从4283元提高到31195元，呈现快速增长趋势。城镇居民家庭恩格尔系数从1995年的50.1%下降到2015年的30.6%（见图1）。根据联合国粮农组织的划分标准①，当前我国城镇居民的平均生活状况已经达到相对富裕的水平。

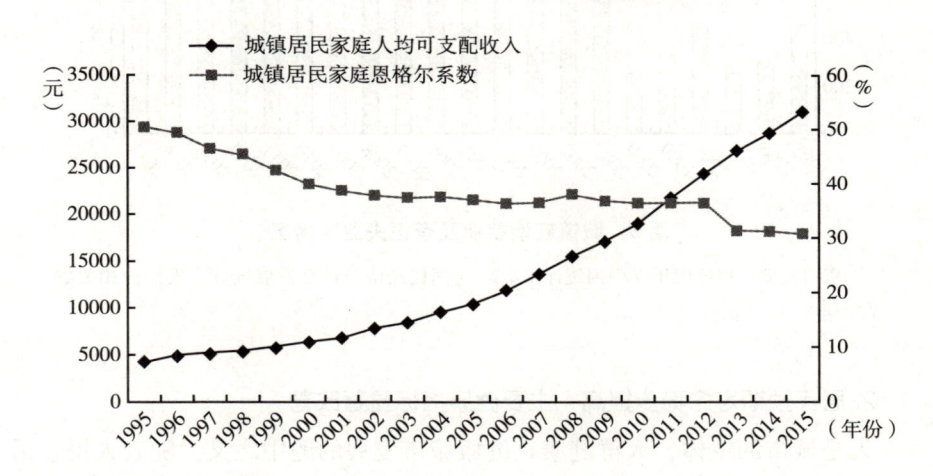

图1　1995~2015年城镇居民家庭人均可支配收入和恩格尔系数变化情况

注：2013~2015年的恩格尔系数为城乡居民家庭恩格尔系数。
资料来源：根据《中国统计年鉴》及国家统计局公布的相关年份数据整理。

（2）城镇失业率得到有效控制

就业是民生之本，而城镇登记失业率是反映城镇居民就业情况的重要指

---

① 根据联合国粮农组织的划分标准，一个国家平均家庭恩格尔系数大于60%为贫穷；50%~59%为温饱；40%~49%为小康；30%~39%属于相对富裕；20%~29%为富足；20%以下为极其富裕。（资料来源：联合国粮农组织相关研究报告，www.fao.org/publications/en）

标。改革开放以来，随着产业结构调整，在20世纪80年代初我国曾经历了较严重的失业局面。面对发展中的问题，我国政府一直把"稳就业"作为民生工作的重中之重，千方百计促进就业、鼓励创业，从2006年起每年城镇新增就业人数都保持在1000万以上，失业率得到有效控制，城镇登记失业率一直保持在4.5%以下（见图2）。

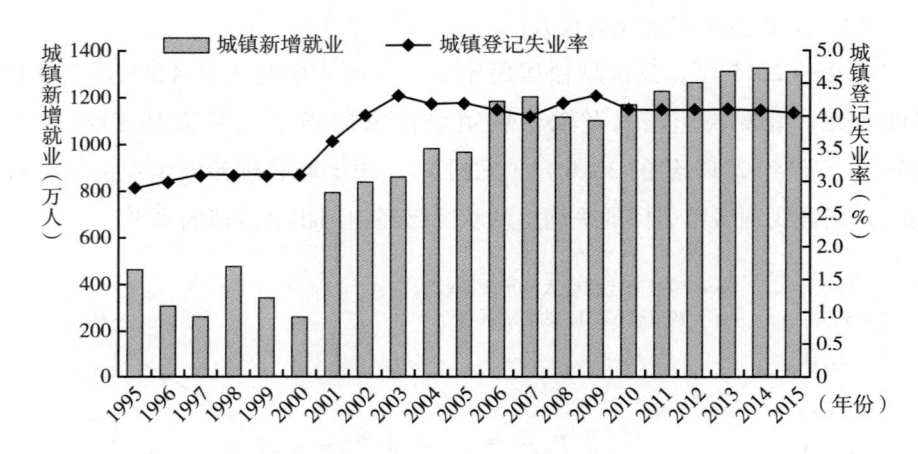

图2 城镇新增就业及登记失业率情况

资料来源：根据历年《中国统计年鉴》、《国民经济与社会发展统计公报》的相关数据整理。

2. 居民预期寿命稳步提高，主要健康指标显著改善

人是城市的主体，人群健康是健康城市发展的题中之义。随着人民生活水平的不断提高，城市公共卫生事业快速发展，居民预期寿命稳步增加，国民健康总体处于中高收入国家水平。

（1）居民预期寿命稳步提高

2000年我国人均预期寿命71.4岁，其中城镇居民75.21岁，农村居民69.55岁。2015年我国人均预期寿命达到76.1岁，比2000年人均预期寿命提高了4.7岁，据此推算，城镇居民人均预期寿命应已达到80岁（见图3）。根据世界卫生组织最新发布的报告，2015年全球人口平均预期寿命为71.4岁，与中国2000年的人均预期寿命水平相当。总体来看，目前中国人

均预期寿命水平在发展中国家位于前列，高出世界平均水平近 5 岁，也高于同为"金砖国家"的巴西、俄罗斯、印度、南非的水平，但与一些发达国家相比还有一定差距，如美国的总体预期寿命为 79.3 岁，澳大利亚、瑞士、新加坡、法国、加拿大等国家均达到或超过了 82 岁，日本的总体预期寿命为 83.7 岁，居世界第一。

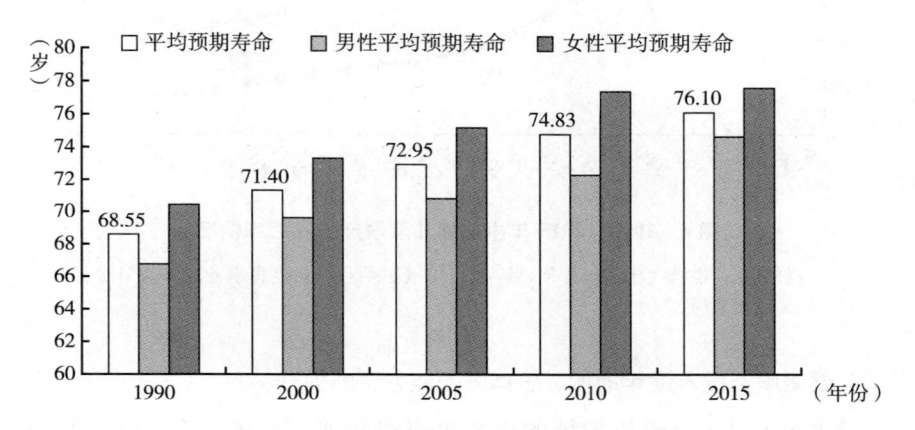

图 3　1990~2015 年中国平均预期寿命情况

资料来源：根据国家统计局及世界卫生组织相关年份的统计数据整理。

（2）主要健康指标显著改善

20 世纪 90 年代以来，我国政府相继制定并实施了一系列国民健康发展计划，把国民健康纳入国家经济社会发展规划，特别是把妇女儿童健康作为优先发展的方向之一。近年来，随着妇幼卫生法制和政策的完善，妇幼卫生服务体系逐步健全，妇幼卫生服务的公平性和可及性不断提高，广大妇女儿童健康权益得到有效的保护。2015 年，我国孕产妇产前检查率达到 96.5%，住院分娩率达到 99.7%，3 岁以下儿童系统管理率和孕产妇系统管理率分别达到 90.7% 和 91.5%，婴儿死亡率从 1995 年的 36.4‰ 下降为 2015 年的 8.1‰，孕产妇死亡率从 1995 年的 61.9/10 万下降为 2015 年的 20.1/10 万，分别于 2007 年和 2014 年提前实现了联合国千年发展目标，妇幼健康水平位于发展中国家前列（见图 4）。

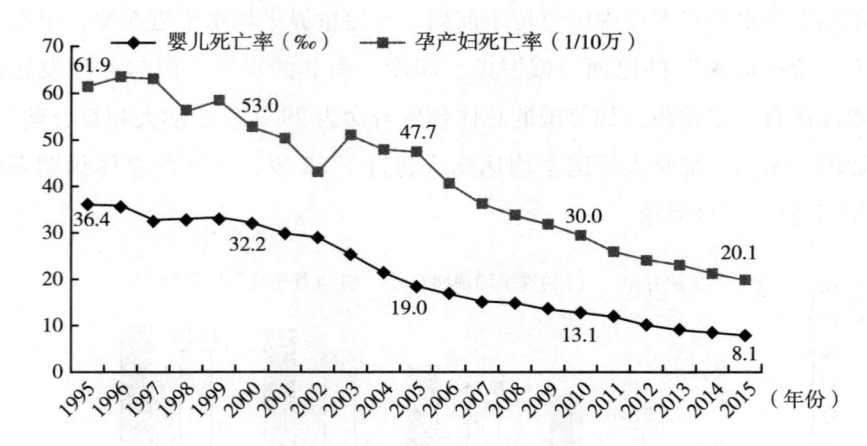

图 4 1995~2015 年中国婴儿及孕产妇死亡率情况

资料来源：根据《中国统计年鉴》和历年《卫生和计划生育事业发展统计公报》中的相关数据整理。

3. 健康服务投入逐年增加，总体服务能力不断提升

健康服务是城市健康发展的重要内容和基础，本文主要从健康服务资源、健康服务投入、健康服务能力等方面，衡量评估城市公共健康服务的发展情况。

（1）健康服务投入力度不断加大

卫生总费用是指全社会在一定时期内用于医疗卫生服务的资金总额，是国际上用于衡量一个国家或地区卫生健康服务投入的通用指标。2000~2015年，中国卫生总费用从 0.46 万亿元增加到 4.06 万亿元，占 GDP 的比重从4.6% 上升到 6%。其中，用于基本公共卫生服务的财政卫生投入由 2010 年的人均 15 元提高到 2015 年的人均 40 元，政府卫生支出占卫生总费用的比重从 15.5% 提高到 30.9%，社会卫生支出占卫生总费用的比重从 25.6% 提高到 39.2%，个人卫生支出占卫生总费用的比重从 59% 下降到 29.9%（见表 1）。上述数据表明我国在健康卫生服务领域的投入力度正在不断加大，政府和社会支付比重逐年增加，个人支付比重明显下降，支出结构逐步趋向合理。

表1 2000~2015年全国卫生总费用支出情况

项目	年份	2000	2005	2010	2015
卫生总费用(万亿)		0.46	0.87	2.00	4.06
政府卫生支出	金额(万亿)	0.07	0.16	0.57	1.25
	占比(%)	15.5	17.9	28.7	30.9
社会卫生支出	金额(万亿)	0.12	0.26	0.72	1.59
	占比(%)	25.6	29.9	36.0	39.2
个人卫生支出	金额(万亿)	0.27	0.45	0.71	1.22
	占比(%)	59.0	52.2	35.3	29.9
卫生总费用占GDP比重(%)		4.6	4.66	4.89	6.0

资料来源：根据相关年份《卫生和计划生育事业发展统计公报》中的数据整理。

（2）健康卫生服务能力逐步提升

医疗卫生机构数量、卫生技术人员数量等指标反映了一个国家或地区的医疗卫生资源供给能力和服务能力。2000~2015年，中国医疗卫生资源供给能力和整体服务能力明显提升，医疗卫生机构总数由32.5万个增加到98.4万个，卫生技术人员由449.1万人增加到800.8万人，每万人拥有卫生技术人员从2005年的36人增加到2015年的58人，城市每万人医疗机构床位数从2007年的49.0张增加到2014年的78.4张，基本公共卫生服务涵盖儿童保健、孕产妇保健、老年人保健、传染病防治、慢性病管理等12大类、45项服务，基本覆盖了居民的生命全过程。根据2015年国家卫生统计年鉴，目前我国城市地区已基本建成"15分钟医疗卫生服务圈"，93.8%的城市居民到达最近医疗点的距离在3公里以内，87.8%的城市居民能够在15分钟内抵达最近的医疗机构。卫生服务调查显示，77%的家庭认为医疗卫生服务的方便程度有改善。

4. 健康教育深入人心，全民健康意识明显提高

国际经验表明，加强健康教育是促进健康城市发展的重要手段。为帮助居民养成科学健康的生活习惯，我国制定了《全国健康教育与健康促进工作规划纲要（2005~2010年）》，建立了健康教育工作体系，在社区、学校、单位广泛开展健康教育。截至2015年，全国98%的学校将健康教育纳入教学计划，80%的学校建立了学生健康档案。各城市普遍加强了对职业病、慢

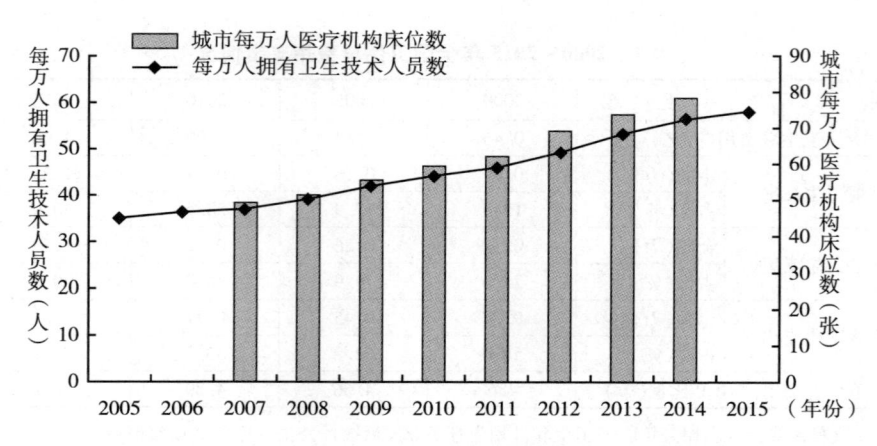

图5　2005～2015年中国医疗机构床位数和卫生技术人员变化情况

资料来源：《中国统计年鉴》相关年份。

性病的监控和管理，超过一半的县级以上城市制定了控烟或禁烟条例。

同时，为了增强全民体质和提高健康水平，国务院陆续批准颁布了《全民健身计划纲要》、《全民健身条例》和《全民健身计划（2011～2015）》。国家体育总局于2004年开始推行利用彩票公益金创建国家级社区体育健身俱乐部的工作，目前已成为全民健身和社区体育组织建设的一项重要内容，在推进体育进社区、满足广大社区居民日益增长的体育健身需求等方面发挥了积极的作用。

在健康教育和相关政策推动下，我国居民的健康意识和卫生文明素质明显提升，合理膳食、适量运动等健康生活方式日益普及。根据全民健身活动状况调查，2014年我国20岁及以上的人群中经常参加体育锻炼的比例为14.7%，其中城镇居民为19.5%，全民健康素养水平由2008年的6.48%提高到2015年的10.25%。

5. 社会事业快速发展，社会保障体系逐步完善

社会保障是社会安全的"稳定器"和经济发展的"助推器"，也是社会文明进步的重要标志。近年来，我国社会保障事业取得了突飞猛进的发展，建立了世界上最庞大的社会保障体系，为推进城市健康发展奠定了坚实的基础。

(1) 城市社会保障体系逐步完善

2015年，全国参加城镇职工基本养老保险的人数为35361万人，参保人数分别是1995年的3.2倍、2005年的2.0倍（见图6）。2014年全年城镇基本养老保险基金总支出21755亿元，年末基本养老保险基金累计结存为31800亿元。2006年以前，我国的养老保险支出额大于养老保险基金累计结余，之后，我国的基本养老保险基金累计结存开始大于养老保险基金总支出，并逐年上升（见图7）。

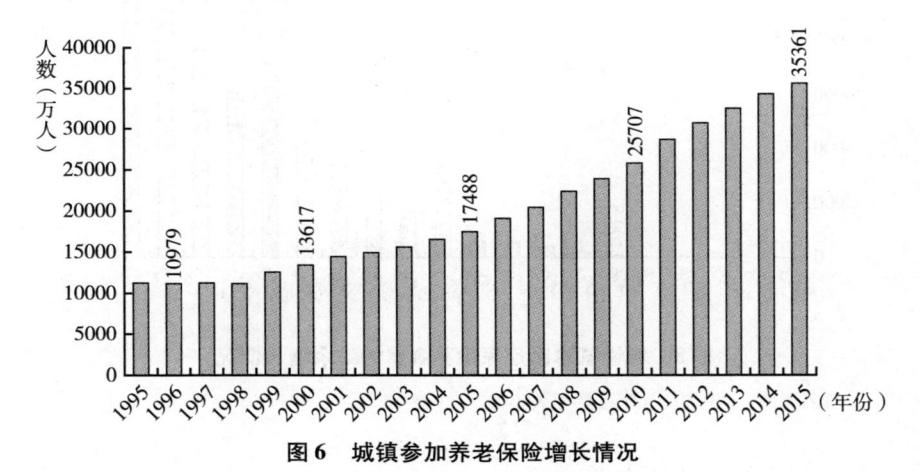

图6 城镇参加养老保险增长情况

资料来源：《中国统计年鉴》相关年份。

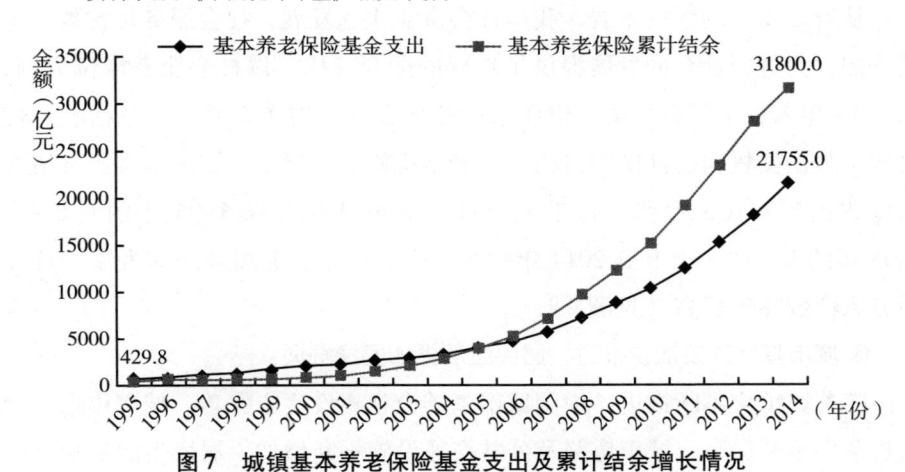

图7 城镇基本养老保险基金支出及累计结余增长情况

资料来源：《中国统计年鉴》相关年份。

医疗保险方面，城镇基本医疗保险参保人数逐年增加，2015年末，城镇基本医疗保险参保人数达到66570万人，其中城镇职工基本医疗保险参保人数达到28894万人。城镇基本医疗保险基金累计结余从1995年的3.1亿元增加到2014年的10644.8亿元，增加趋势明显（见图8）。

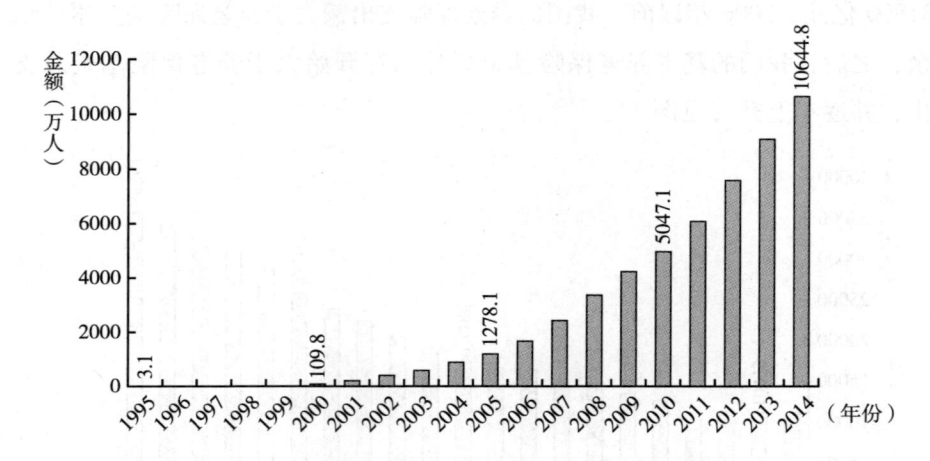

图8　城镇基本医疗保险基金累计结余增长情况

资料来源：《中国统计年鉴》相关年份。

（2）社会事业快速发展

从近二十年的数据来看，我国社会事业快速发展，社会服务机构数量不断增加，为健康社会的发展提供了较好的配套支撑。以社会服务床位为例，到2015年末，全国有各类提供住宿的社会服务机构3.2万个，包括收养性机构、救助类机构、社区类机构、养老型机构等。提供住宿的社会服务机构床位数达到676.3万张，每千人口社会服务床位数从1995年的0.8张、2005年的1.4张，上升到2014年的4.5张。社会服务事业快速发展，社会服务床位数逐年提高（见图9）。

6.城市基础建设加快推进，居民生活更加便捷舒适

随着城镇化不断推进，中国城市基础设施建设逐步完善，城市用水、燃气普及率不断提高，城市道路及公共交通设施不断增加，居民生活更加方便快捷舒适。

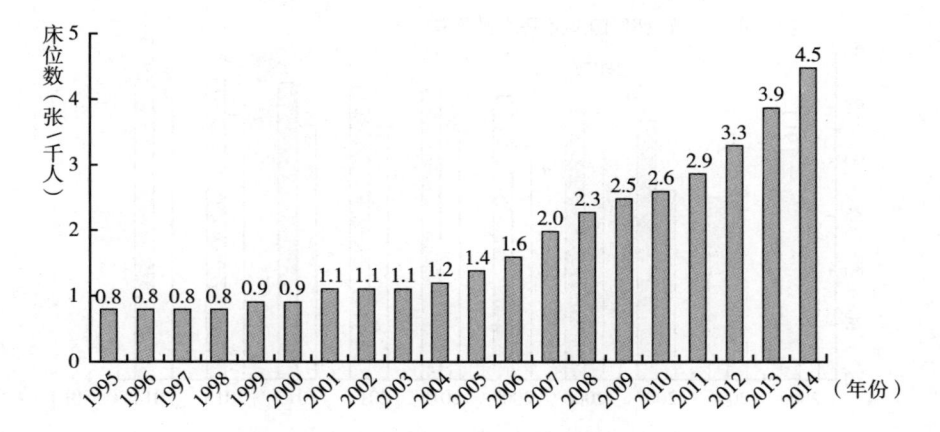

图9　每千人口社会服务床位增长情况

资料来源:《中国统计年鉴》相关年份。

（1）基础设施建设加快推进

2014年，我国城市用水普及率达到97.6%，燃气普及率达到94.6%，分别比2005年提高6.5和12.5个百分点（见图10）。城市人均道路面积由2005年的10.92平方米提高到2014年的15.34平方米，增加了4.42平方米。每万人拥有公共交通车辆由2005年的8.62标台提高到2014年的12.99标台，增加了4.37标台（见图11）。很多大城市建设了地铁、轻轨等轨道交通，立体化交通体系基本形成。基础设施承载能力进一步增强，服务质量和管理水平不断改善，居民生活更加方便快捷。

（2）城市环境更加清洁舒适

近年来，中国政府愈发重视城市环境建设，园林绿地面积不断扩大，垃圾清运处理能力不断提升，城市环境更加清洁舒适。2014年，城市建成区平均绿化覆盖率达到40.2%；城市绿地面积由2005年的146.82万公顷，增加到2014年的252.8万公顷，增加了72%；城市公园绿地面积由2005年的28.38万公顷，增加到2014年的57.68万公顷，面积增加一倍以上；人均公园绿地面积由2005年的7.89平方米/人，增加到2015年的13.16平方米/人，平均每年增加0.48平方米/人（见图12）。生活垃圾无害化处理率由2005年的

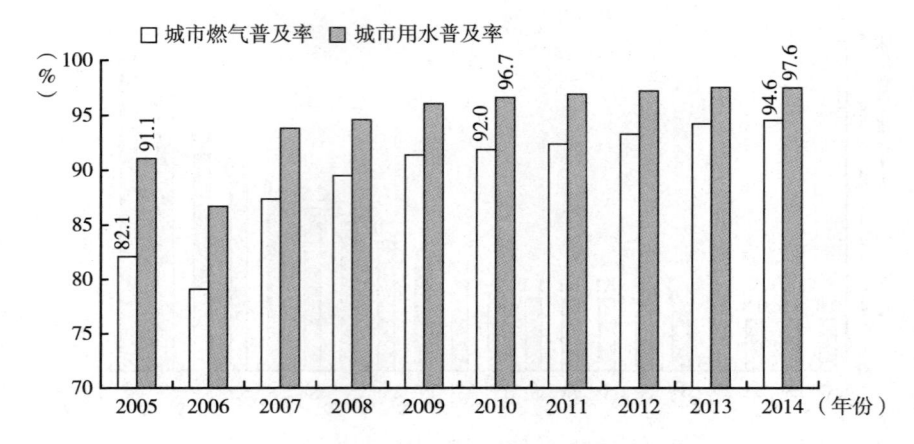

图10 城市用水普及率及燃气普及率基本情况

资料来源：历年《中国统计年鉴》。

图11 每万人拥有公共交通车辆及人均道路面积基本情况

资料来源：历年《中国统计年鉴》。

51.7%提高到2015年的92.5%，提高了40.8个百分点。

7. 环境治理力度进一步加大，城市生态环境有所改善

健康城市要求具备健康的自然生态环境。近年来，随着我国城镇化快速推进和城市规模快速增长，我国城市环境问题日益凸显，逐渐成为制约城市可持续发展的重要因素。为此中央和地方积极应对，通过城市环境综合治理和污染防控，努力改善城市环境质量，取得了一定成效。

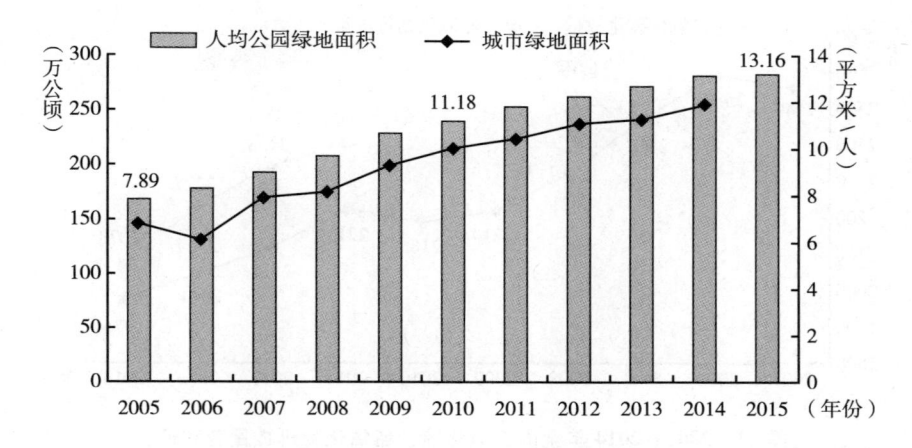

图12 城市绿地及人均公园绿地面积变化情况

资料来源：根据《中国统计年鉴》相关年份的数据整理。

(1) 城市空气治理取得初步成效

近年来，我国逐步建成了发展中国家最大的环境空气质量检测网，全国338个地级以上城市全部具备PM2.5等六项指标检测能力。国务院发布了《大气污染防治行动计划》（国发〔2013〕37号，也称"大气十条"），并在此基础上，每年印发"全国大气污染防治工作要点"。"大气十条"要求在京津冀、长三角和珠三角等重点地区，建立健全区域联防联控协作机制；建立空气质量目标改善预警制度，每季度向各省（区、市）人民政府通报空气质量改善情况，对改善幅度明显的省份和城市进行表扬，对进展缓慢、工作不力的进行督办；对全国重点城市进行督查，重点督查各类工业园区、工业集中区，以及火电、钢铁、水泥等重点行业。该计划实施以来，全国城市环境空气质量总体改善，PM2.5、PM10、NO_2、SO_2和CO年均浓度均逐年下降，大多数城市重污染天数减少。2015年全国首批实施新环境空气质量标准的74个城市PM2.5的平均浓度比上年下降14.1%。全国二氧化硫排放量从2005年的2549吨降低到2014年的1974万吨，减少575吨，减量22.6%。氮氧化物排放量从2011年的2404吨减少到2014年的2078万吨，减少326万吨，减量13.6%（见图13）。

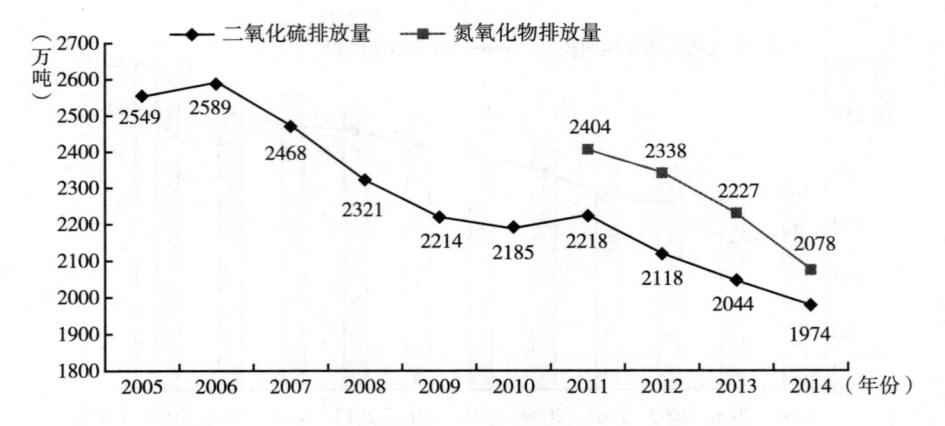

图 13　2005～2014 年全国二氧化硫、氮氧化物排放量变化情况

资料来源：根据相关年份《中国统计年鉴》和《中国环境状况公报》。

（2）城市水污染治理力度不断加强

当前，我国一些地区水环境质量差、水生态受损重、环境隐患多等问题十分突出，在城市地区，水资源承载力日益成为制约城市增长的重要因素，不利于经济社会持续发展。"十二五"期间，我国实施了《重点流域水污染防治规划》，全面加强了饮用水水源地和湖泊的生态环境保护，使大江大河干流的水质得到改善，地表水国控断面中劣Ⅴ类的比例降低了6.8个百分点。同时各城市政府积极加强相关基础设施建设，城镇污水处理能力不断提高，2015年，中国城镇污水日处理能力达到1.82亿吨，比2010年的1.25亿吨增长45.6%，城市污水处理率达到91.0%。

为切实加大水污染防治力度，保障国家水安全，2015年，国务院制定了《水污染防治行动计划》（也称"水十条"）。该计划规划了2020年、2030年、2050年行动目标，对水资源、水环境、水生态做了具体部署，对工业、农业、城镇生活和交通做了具体安排，同时对地表水、江河湖海都做了安排，在全国范围内做了多要素的统筹。预计到2020年，完成"水十条"相应目标需投入资金4万亿～5万亿元，需各级地方政府投入约1.5万亿元。在此计划引导下，预计中国城市水污染情况将进一步改善。

（二）城市健康发展面临的问题与挑战

近年来，我国健康城市发展取得了较好的成就，但也存在一些较为突出的问题。如：卫生事业发展滞后于社会需求，医疗健康服务水平还有待提升；部分慢病呈增长趋势，居民生命质量仍有待提高；城市安全风险加大，各种"城市病"频发等，城市健康发展面临着严峻挑战。

1. 医疗卫生事业发展滞后于社会需求

近年来，中国城市卫生健康事业虽然取得了长足进步，但总体上仍滞后于社会发展的需求，主要表现在以下几个方面。

（1）健康需求快速增长，服务资源相对不足

我国已进入快速老龄化时期，根据2015年全国人口抽样调查，中国60岁及以上人口为2.2亿人，占总人口的16.15%。与2010年相比，60岁及以上人口增加0.4亿人，比重提高了2.9个百分点。预计到2050年中国60岁及以上人口将达到4.5亿人，届时每3人中就有1位老年人（见图14）。随着老年人口的快速增加以及居民健康意识的不断提高，全社会对卫生健康服务的需求呈现快速增长趋势。有研究显示，从2005年到2015年，由于老龄化以及相应患病率的提高，全国医疗卫生服务需求增加了20%以上[①]。从近年来看，虽然我国医疗卫生服务投入逐年增加，但人均资源仍然不足，2015年每千人口执业（助理）医师仅有2.21人，每万人口全科医生仅有1.38人，其中每千儿童人口执业（助理）医师仅有0.6人，各大医院人满为患、"一号难求"、"一床难求"的现象非常普遍。

（2）医卫服务体系结构倒置，资源配置严重失衡

目前我国医疗卫生服务体系表现为"倒金字塔"结构。绝大多数优质资源集中在城市大医院，而城市社区和农村地区基层医疗服务机构的力量却非常薄弱。以2015年为例，全国医疗卫生机构的床位数为701.5万张，其中医院533.1万张，占总数的76.0%；基层医疗卫生机构141.4万张，仅占总数的

---

① 饶克勤：《健康中国建设"十三五"规划研究》，2016年1月8日。

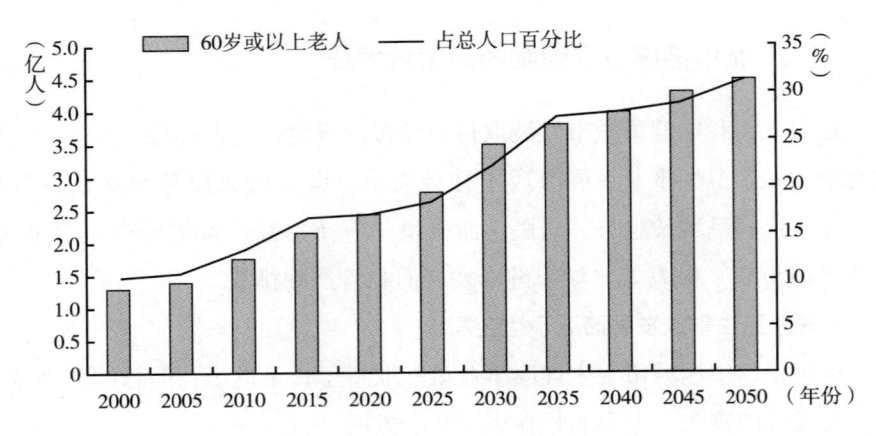

图 14　2000~2050 年中国人口老龄化趋势

资料来源：《老龄化脚步加快》，新华网，2013 年 8 月 4 日，http://news.xinhuanet.com/house/hz/2013-08-14/c_116943316.htm。

20.2%。全国有卫生技术人员800.8万人，其中医院507.1万人、占总数的63.3%；基层医疗卫生机构225.8万人，仅占总数的28.2%[①]。这种不均衡的资源配置使得群众生病后很难在基层机构得到有效治疗，而大量患者涌向城市大医院就诊不仅使医院人满为患、不堪重负，也使基层卫生服务机构使用效率低下，进一步加剧了医疗卫生资源的供需矛盾。如2015年，全国三级医院的诊疗人次达到15亿人次，相当于乡镇卫生院和社区卫生服务中心诊疗人次的总和。三级医院的病床使用率高达98.8%，而乡镇卫生院和社区卫生服务中心的病床使用率仅分别为59.9%和54.7%，资源浪费严重（见表2）。

（3）健康服务类型单一，难以满足居民多元化个性化需求

目前我国医疗卫生机构提供的服务仍以医疗服务为主，而提供护理、康复、心理咨询、健康咨询等其他健康服务的机构极少。2014年底，全国城市康复医院数量仅有265所，护理机构数量仅有103所，疗养院数量仅113所，精神病医院446所，满足居民多样化、个性化健康服务的能力严重不足。

---

① 此外还有67.9万卫生技术人员在各专业公共卫生机构或其他机构就职，约占全国卫生技术人员的8.5%。

表 2 2015 年中国医疗卫生服务资源分布情况

医疗机构类型	床位数（张）	卫生技术人员（万人）	诊疗人次数（亿人次）	病床使用率（%）
医院	5330580	507.1	30.8	85.4
其中：三级医院	2047819	—	15.0	98.8
二级医院	2196748	—	11.7	84.1
一级医院	481876	—	2.1	58.8
基层医疗卫生机构	1413845	225.8	43.4	—
其中：乡镇卫生院	1196122	107.9	10.5	59.9
社区卫生服务中心	200979	43.1	5.36	54.7

资料来源：根据 2015 年卫生和计划生育事业发展统计公报的数据整理。

2. 居民健康素质和生命质量仍有待提升

2015 年我国总体人均预期寿命 76.1 岁，其中城镇居民人均预期寿命已经达到 80 岁。但与发达国家相比，我国居民的健康素质和生命质量仍有待提升。

（1）居民患病率和慢病死亡率呈增长趋势

根据第 5 次国家卫生服务调查[①]，2013 年我国调查人口两周患病率为 24.1%，与 2008 年相比上升了 5.2 个百分点，其中城市居民两周患病率高达 28.2%（见图 15）。2013 年我国 15 岁及以上人口的慢性病患病率为 33.1%，与 2008 年相比增加了 9 个百分点，其中城市地区 15 岁及以上居民慢性病患病率高达 36.7%（见图 16）。冠心病、脑卒中、糖尿病、肝癌、肺癌等主要慢性病的标化死亡率[②]均呈现增长趋势。

（2）居民健康期望寿命明显低于发达国家

2014 年，北京曾在国内首次公布了城市居民健康期望寿命（HLE, Healthy Life Expectancy）。测算显示，北京居民的平均健康期望寿命为 58.17 岁，明显低于大多数发达国家。而同期北京居民的平均预期寿命为 81.51 岁，这也就意味着北京居民有 23.34 年将在病痛中度过。根据 2015 年国际

[①] 国家卫生服务调查：从 1993 年开始，我国每五年进行一次全国卫生服务调查，至 2013 年已经进行了 5 次全国性卫生服务调查。

[②] 标化死亡率：即按照标准人口的年龄构成测算的死亡率。

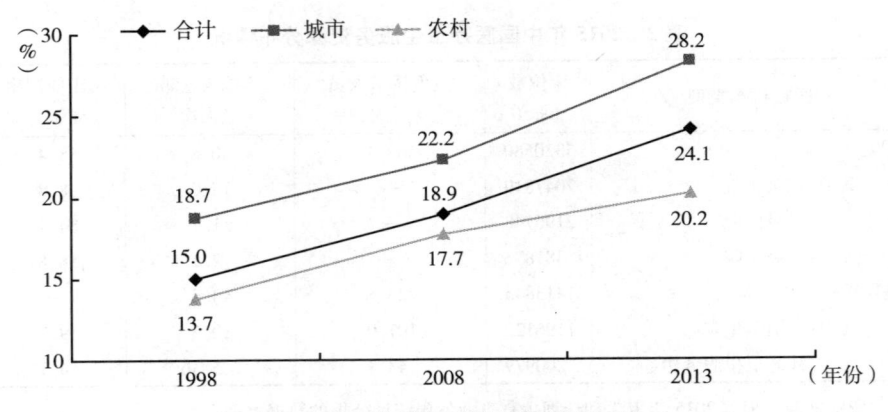

图 15　不同年份调查人口两周患病率

资料来源：根据第2、4、5次国家卫生服务调查分析报告的数据整理。

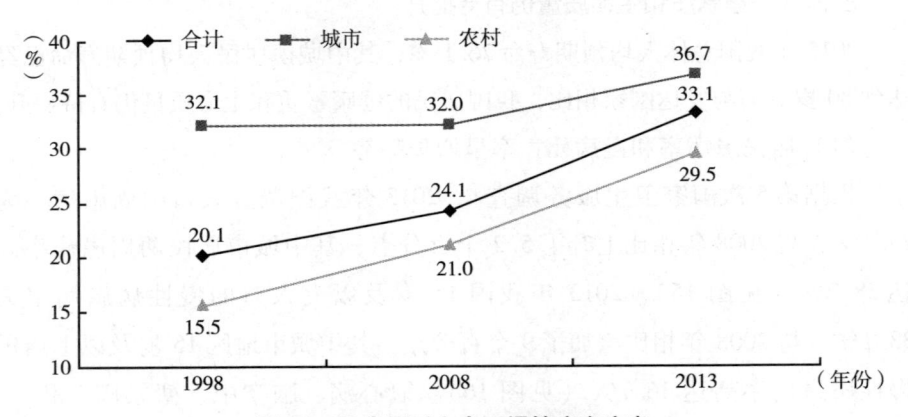

图 16　15 岁及以上人口慢性病患病率

资料来源：根据第2、4、5次国家卫生服务调查分析报告的数据整理。

顶级权威医学期刊《柳叶刀》发表的论文①，2013 年中国地区男性健康期望寿命为 65.89 岁，女性健康期望寿命为 70.28 岁，分别比日本男性、女性低 5.22 岁和 5.28 岁。上述数据说明，提升我国城市居民的健康素质和生命质量已成为当务之急。

---

① Viassov V., Global, Regional, and National Disability-adjusted Life Years (DALYs) for 306 Diseases and Injuries and Healthy Life Expectancy (HALE) for 188 Countries, 1990 – 2013: Quantifying the Epidemiological Transition Status. The Laucet. 2015.

3. 城市内部贫富差距突出，二元结构显著

近年来，随着城镇化进程和新农村建设的加快，中国城乡差距不断缩小，但城市内部贫富差距悬殊，二元结构越来越突出，对城市健康发展构成严重威胁。

（1）农业转移人口难以融入城市

随着城镇化进程的推进，大量农业转移人口进入城市。但受城乡二元制度的制约，这些农业转移人口在为城市发展做出巨大贡献的同时，却无法公平享受到和当地市民同等的就业、子女教育、医疗卫生、社会保障等权益，从而引发了各种社会矛盾，阻碍了城市的健康发展。

（2）城市贫富差距严重

根据国家统计局数据，2005~2012年，中国城镇居民最高收入组与最低收入组的人均可支配收入比由2005年的9.2∶1下降到2012年的7.8∶1，但收入绝对差距由25638元扩大到55609元（见图17）。根据中山大学发布的《中国劳动力动态调查：2015年报告》，2014年中国城市内部最高收入组的家庭平均总收入已约达到最低收入组的12倍[①]。由于贫富分化严重，自2003年以来我国的基尼系数一直处于高位。2015年全国基尼系数为0.462，是近10年以来的最低值，但仍超过了国际公认的0.4警戒线（见图18）。从社会学角度看，来自城市内部的贫富差距将比地区间的贫富差距对当地社会和谐稳定发展产生更大的冲击和威胁。

（3）城市贫困现象突出

目前我国城市贫困问题已经凸显，城市存在一定规模的贫困人群，并表现出了一定程度上的阶层固化和空间集聚化的趋势。由于中国城镇化速度比发达国家更快，转型过程中产生的问题更加突出。北京、广州、南京、武汉、西安、沈阳、重庆、哈尔滨、昆明等一线城市和特大城市的城市贫困特征表明，我国城市贫困在分布模式上呈现整体非均衡性和与老城区、工业区耦合的特征，在类型上主要有衰败内城、职工大院和城中村三种。从发展趋

---

① 蔡禾主编《中国劳动力动态调查：2015年报告》，社会科学文献出版社，2015。

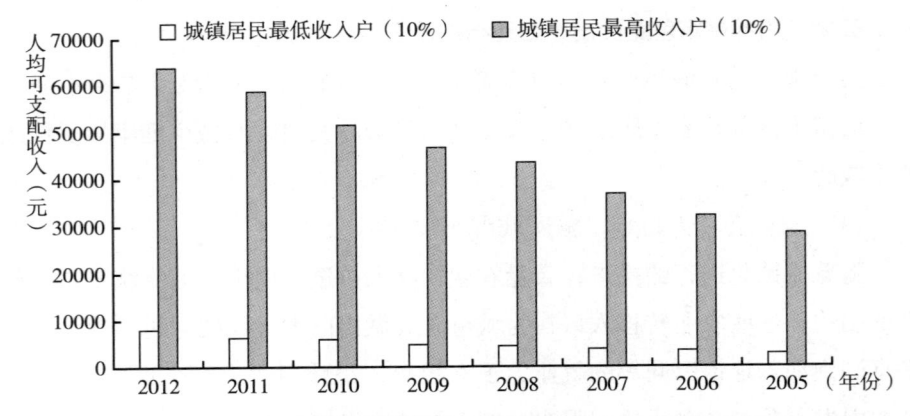

图17 2005~2012年城镇居民最高收入户与最低收入户人均可支配收入比较

资料来源：国家统计局网站的相关数据。

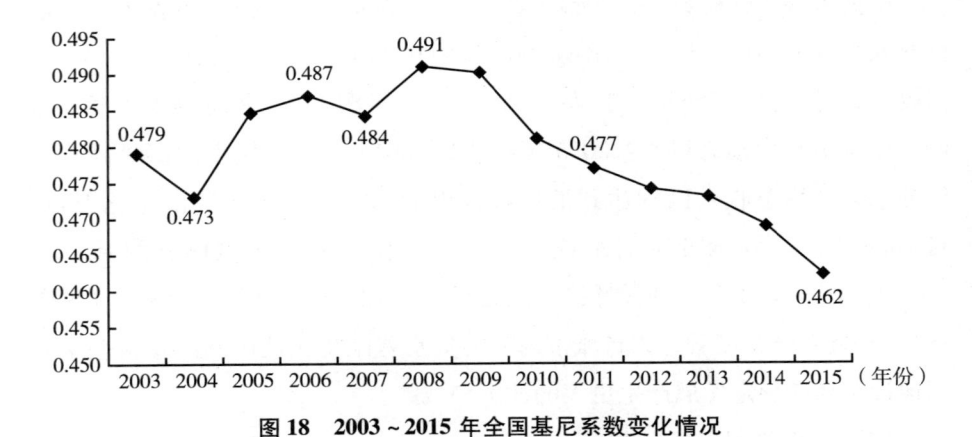

图18 2003~2015年全国基尼系数变化情况

势看，近年来中国城市贫困人口规模不断增长。1981~1990年，中国城市贫困人口在50万~390万人之间，贫困发生率约为0.5%。近年来，从官方公布的城市低保人口规模来看，我国享受城市低保的人口规模自2002年以来一直在2000万左右，2009年开始逐渐降低，至2014年为1877万人。国内学者利用不同方法测算了中国的城市贫困人口规模，按照收入标准或者联合国"日收入2美元以下"的贫困标准，城市贫困发生率在8%~10%。据此估算，2014年中国城市贫困人口在6000万~7500万之间，其中户籍贫困人口2000万左右，外来贫困人口4000万~5500万[①]。

4. 城市安全风险加大

中国经济经过30多年的高速发展，已经进入三期叠加的新时期，多年来积累的深层次矛盾急需化解。更为复杂的国情是，中国有50%以上的人口居住在气象、地震、地质、海洋等自然灾害严重的地区。特殊的自然条件以及转型发展期的阶段性特点，使得中国城市发展呈现高度的多样性和复杂性，各种自然的、工程的、生产的、社会的风险交织并存，城市安全风险加大。

（1）各类自然灾害频发

中国是世界上自然灾害最频繁的国家之一，我国2/3以上的国土面积受到洪涝灾害威胁，约占国土面积69%的山地、高原区域滑坡、泥石流、山体崩塌等地质灾害频繁发生，灾害种类多、分布地域广、发生频率高、损失程度严重。2010年西南旱灾及青海玉树7.1级地震、2012年"7·21"北京特大暴雨、2015年新疆暴雪、2016年南方多省市水灾等灾害事件均给城市发展带来严重危害。据统计，"十二五"期间，我国各类自然灾害年均造成3.1亿人次受灾，紧急转移安置900多万人次，因灾死亡和失踪1500余人，农作物受灾2700多万公顷，房屋倒塌近70万间，直接经济损失达3800多亿元。

（2）重大安全事故时有发生

"十二五"期间，我国事故灾难发生总数比"十一五"下降了29.8%，其中特大事故总数下降了40%以上，但重大安全事故仍时有发生。如2015年的天津港"8·12"危险品仓库特大火灾爆炸事故、广东惠州义乌小商品市场火灾事故，2016年的深圳光明新区渣土受纳场"12·20"特大滑坡事故、云南红河重大交通事故等。其中，2015年全国仅火灾就发生33.8万起，造成1742人死亡、1112人受伤，直接经济损失达39.5亿元。

（3）公共卫生和食品安全不容忽视

从公共卫生方面看，"十二五"期间，我国法定传染病发病病例约3969

[①] 魏后凯、苏红键等：《中国城市贫困状况研究》，载《中国国际扶贫中心2015年度课题报告》，2015。

万例,死亡人数共计9.84万人。其中,2015年全国传染病发病病例为640.84万例,死亡1.67万人,报告发病率470.35/10万,报告死亡率1.23/10万,发病病例和报告发病率虽然比上年有所下降,但死亡人数仍居高位。从食品安全方面看,尽管近年来我国加强了食品安全监管,但2015年因为各类食品安全事件而导致的死伤人数仍然达上万人,经济损失高达500亿元(见表3)。

表3 2010~2015年中国公共卫生情况

年份	发病病例(万例)	死亡人数(万人)	报告发病率(/10万)	报告死亡率(/10万)
2010	641	1.53	480.24	1.14
2011	632.01	1.59	471.33	1.18
2012	695.15	1.73	515.94	1.29
2013	641.64	1.66	473.87	1.23
2014	718.44	1.66	530.15	1.23
2015	640.84	1.67	470.35	1.23
合计	3969.08	9.84	—	—

资料来源:根据2010~2015年度《全国法定传染病疫情情况》的相关数据汇总。

5. 各种"城市病"凸显

随着城市规模不断增长,城市居民在享受城市经济社会快速发展成果的同时,交通拥堵、空气质量不高、水污染等各类"城市病"也越来越凸显。

(1)交通拥堵问题日益严重

随着我国城镇化、机动化进程不断加快,交通拥堵成为困扰各城市的普遍难题。近年来,北京、上海、广州、成都等一批城市的机动车保有量先后超过百万量级。如北京市机动车保有量在2012年突破500万辆,2016年达到561万辆。交通拥堵问题日益严重,并由特大城市迅速蔓延至百万人口以上大城市,甚至一些中小城市也出现了严重的交通拥堵问题。北京师范大学发布的《2015中国劳动力市场发展报告》显示,北京平均通勤时间最长,达到97分钟,此外,广州、上海、深圳等城市的通勤时间也都接近或超过90分钟。按照道路网运行状态畅通、基本畅通、轻度拥堵、中度拥堵、严重拥堵五个等级，分别统计全年工作日每个级别里程比例，2014年北京工作日严重拥堵里程占10.4%，总拥堵里程（包括轻度拥堵、中度拥堵、严重拥堵）约占到2/5（见图19）。

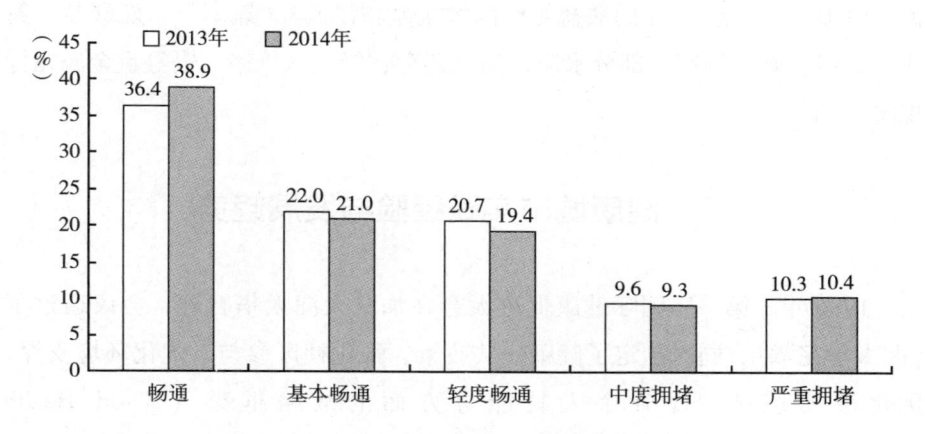

图19　2013~2014年北京市交通道路拥堵情况

资料来源：《2015年北京市交通发展报告》。

（2）空气污染问题凸显

目前我国经济增长方式依然粗放，2013年每万美元国内生产总值能耗为6.5吨标准油，是世界平均水平的2.7倍，美国的3.9倍，英国的8.2倍，日本的6.5倍，中国香港的10倍。高能耗带来的是高排放和高污染，特别是大气污染问题尤为突出。根据中国环境状况公报，2015年我国城市空气质量虽然总体上有所改善，但在开展空气质量新标准监测的338个地级以上城市中，只有73个城市的环境空气质量达标，占21.6%；而空气质量超标的城市有265个，占地级以上城市的78.4%。

（3）地下水环境质量堪忧

近年来，随着江河湖泊污染治理力度的加大，我国城市地表水环境质量有所改善，但地下水环境质量依然堪忧。2015年，环保部对全国423条主要大江大河、62座重点湖泊和水库的967个国控监测断面进行水质监测的结果显示，劣Ⅴ类水质断面占8.8%，"十二五"期间下降了6.8个百分点。

而国土部门对全国31个省（区、市）202个地级行政区的5118个监测井（点）开展的地下水水质监测结果显示，水质较差和极差级的监测井（点）占了六成以上（61.3%）。超标指标主要包括总硬度、溶解性总固体、pH值、COD、"三氮"（亚硝酸盐氮、硝酸盐氮和铵氮）、氯离子、硫酸盐、氟化物、锰、砷、铁等，部分水质监测点还存在铅、六价铬、镉等重金属超标现象。

三 健康城市实践经验与发展趋势

1986年，第一届国际健康促进大会在加拿大渥太华召开，会议通过了《渥太华宪章》，同时制定了健康公共政策、强化社区参与、优化环境支撑、优化健康服务、提升个人技能等方面的战略框架（World Health Organizaiton，1997）。在这一框架指导下，世界卫生组织启动了健康城市项目，重点关注城市贫困造成的健康差异、弱势群体的需要、公众参与以及其他影响健康的社会经济因素[①]。在当前国际健康城市建设中，WHO的"健康城市"工程仍发挥着非常关键的作用，其他国家和地区参照WHO的健康城市体系，结合自身实际，也开展了各具特色的健康城市建设实践，并取得了很多可资借鉴的经验。

（一）健康城市的国际实践及其经验

本节将通过分析不同地区的健康城市建设实践以及一些典型案例，总结这些地区和城市的主要做法及经验，并在此基础上梳理概况出健康城市的组织架构、推进阶段和不同阶段的建设重点。

1. WHO框架下的地区实践

从地区发展实践来看，欧洲是全球健康城市的先锋，健康城市建设一直走在世界前列，其最大特色在于建立了覆盖欧洲乃至全球的健康城市网络。

---

① 参见 http：//www.who.dk/healthy‐cities/相关内容。

欧洲区于1987年开始推行健康城市建设，制订五年一轮的健康城市计划，并通过成立WHO地区办事处、健康城市联盟、健康城市研究合作中心等措施，有力地促进了健康城市的相互合作与推广。

美洲地区是全球健康城市的发源地，自20世纪70年代以来，以美国和加拿大为代表，国家和地区健康教育与健康促进工作快速发展。1984年，在加拿大召开的世界卫生组织国际会议首次提出了"健康城市"概念，加拿大多伦多率先响应，积极制订健康城市发展规划，采取一系列污染防治措施，并以社区为单元，积极推进"健康社区"和健康城市建设。美国则通过非营利机构和宗教组织广泛宣传推广健康城市运动，成立了政府、民间机构、公众广泛参与的"健康城市与社区联盟"。

西太平洋地区是全球健康城市的重要实践者。20世纪80年代末和90年代初，位于西太平洋地区的澳大利亚、日本等发达国家开始实施健康城市行动计划。随后，西太平洋地区的发展中国家也纷纷启动了健康城市建设试点。例如，中国和马来西亚于1994年相继启动了"健康城市中国项目"和"健康城市马来西亚项目"。2003年，"西太区健康城市联盟"正式成立，制订了《健康城市地区指导纲要》，指导和促进地区间健康城市建设的交流与合作。

东南亚地区于1994年开始实施健康城市计划，1999年制定区域内健康城市建设行动框架，通过加强区域内的经验交流和资源共享，一定程度上推动了健康城市的建设，取得了较好成效。

非洲地区的健康城市工作启动较晚，1999年才正式成立非洲区健康城市工作网络和区域办公室，其特点主要是充分利用国际资源和国际合作来促进自身发展，如塞内加尔西部城市与法国西部城市共同开展了健康城市推进计划，成效显著。

东地中海地区于1990年启动健康城市建设，其重点在于解决供水不足、环境污染、住房保障等问题，尤其强调对非传染性疾病的预防和控制。其特点是重视开展部门之间、政府与民众之间的交流与对话，促进多部门合作，以实现各类健康促进活动的整合，并取得了显著成效。

表4　全球不同地区健康城市建设及其经验

区域	启动时间	主要特点及经验
欧洲区	1987年开始实施健康城市计划,已完成5个五年计划	建立了覆盖欧洲的健康城市网络,注重健康城市理念和经验的推广;制订5年一轮的健康城市计划,每个阶段根据实际情况设立不同的侧重点,健康城市建设具有较强的系统性和针对性
美洲区	20世纪90年代	美洲区国家的健康城市建设各有特色。加拿大以社区为基本单元,注重推进"健康社区"等"健康细胞"建设;美国则是利用非营利机构和宗教组织的力量,组织成立了"健康城市与社区联盟",广泛动员社会力量参与
西太区	20世纪80年代末至90年代初	成立西太区健康城市联盟,促进成员交流,分享健康城市建设经验,推动开展健康城市研究,提高项目能力建设,目前联盟成员已经覆盖西太平洋地区澳大利亚、中国、日本、韩国等9个国家的170余个城市和地区
东南亚区	20世纪90年代	基础设施建设普遍滞后,项目进展较为缓慢,于1999年制定了区域内健康城市计划行动框架,促进健康城市的交流与合作
非洲区	20世纪90年代末	启动时间相对晚,重视利用国际资源和国际合作促进城市的健康发展
东地中海地区	20世纪90年代初	制订了包括健康城市战略规划、行动方案等一系列规划,注重多领域参与和多部门合作,积极开展交流与对话,强调各种社会力量的整合

资料来源:根据翟羽佳(2014)和世界卫生组织的相关资料整理。

从组织结构来看世界各国的健康城市建设实践,虽然启动时间、建设重点和取得成效不尽相同,但在组织架构上基本采取了三级体系（如图20所示）。首先是建立政策决策系统,争取政府的政治支持,进行广泛的社会动员。其次是组织项目协调系统,即成立项目执行委员会,并赋予一定的决策权和立法权,制定健康城市建设规划和行动计划,强化责任分工和相关的能力建设。最后是组建可落实的项目实施系统,这一阶段的重点在于分步骤落实战略规划、调动各相关部门协作、推动健康服务创新、鼓励社区公众参与、提升公众的健康意识、实施确保健康公平的政策等。

从发展阶段看,世界健康城市建设实践大致经历六个发展阶段。第一阶段是计划准备阶段,旨在引入和推广城市健康发展的理念、方法和模式,促进目标城市的健康变革。第二阶段是以行动为导向开展健康城市建设计划,强调发挥公共健康政策和综合性的健康城市规划的调控效应。第三阶段重点

迈向健康城市之路

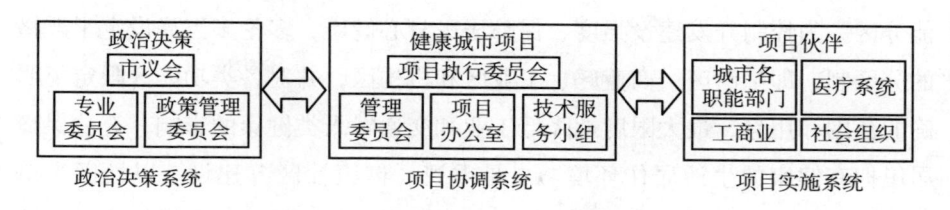

```
政治决策                    健康城市项目              项目伙伴
  市议会                   项目执行委员会            城市各
 专业    政策管理      ⇄   管理  项目  技术服务  ⇄  职能部门  医疗系统
委员会   委员会           委员会 办公室  小组       工商业   社会组织

  政治决策系统              项目协调系统              项目实施系统
```

图20　健康城市组织框架体系

资料来源：根据马祖琦（2015）和 World Health Organization 相关报告绘制。

解决健康不公平、贫困与健康、社会排斥，以及弱势群体需求等方面的问题，着重强调计划整合以及系统的监测与评估的重要性。第四阶段更加注重健康公平，以及参与式和民主式的社会治理，重点关注健康城市规划、影响评价和健康老龄化等领域的建设。第五阶段更加注重政策对于健康问题的重要性，总体目标是实现所有地方性政策的公平性，工作重点是创建支持性环境、健康生活方式和健康城市规划。第六阶段强调实施本地化的环境改善计划，创立灵活社区和支持性环境，强调以人为本公共卫生服务体系建设，强调提高突发事件的应急处理能力和社会监督能力。世界健康城市的发展演进具有一定的内在规律性，反映了不同发展阶段需要关注和解决的重点问题，对我国健康城市建设具有借鉴意义。

2. 两个典型案例分析

（1）多伦多健康城市建设实践与经验

多伦多是加拿大最大城市，连续多年被评为全球最宜居的城市之一。实际上，在快速的城市化过程中，多伦多也曾出现过交通拥堵、空气污染以及市民健康水平下降等各种"城市病"或"亚健康"问题[1][2]。为应对这些问题，多伦多在1986年成立了"健康多伦多2000委员会"，1989年成立了健康城市办公室，致力于推进健康城市的建设与组织协调。

多伦多健康城市建设的主要经验在于：一是在城市规划中划分适度的功

---

[1] 周向红：《加拿大健康城市实践及其启示》，《公共管理学报》2006年第3期，第68~73页。
[2] 周向红：《健康城市：国际经验与中国方略》，中国建筑工业出版社，2008，第27~39页。

能分区。为控制开发建设强度、保障居民身心健康，多伦多当局设定了严格的分区制，即生活区、商业区、工业区和机构区，并对各类功能区限定了明确的范围和用途，最大限度地降低工业和交通对人类健康的影响，充分保障居民拥有健康的生活居住环境。二是重视"健康社区"建设。以社区为单元，加强健康城市的基础建设，并在社区推广不依赖城市水电系统和污水处理系统的健康建筑，以减少资源环境消耗和环境污染。

（2）利物浦健康城市建设实践与经验

利物浦位于英格兰西北部，是工业革命时期重要的港口城市，也是英国最早加入WHO健康城市计划的城市。在工业革命后期，城市的急剧发展导致医疗不足和住房紧张等问题凸显，城市空间日益拥挤，居民健康状况出现下降。至19世纪80年代，利物浦的肺癌死亡率甚至居世界第一位，由此引起了政府的高度重视，启动了一系列社会、教育、健康等方面的改革。英国自1995年起开始实施空气质量改善战略，要求全国所有城市必须严格执行空气质量监测、评估与公示，未达标的城市必须划出空气质量管理区域，强制在规定期限内促进空气质量达标[1]，并同时启动"健康城"建设计划，而利物浦就是最初打造的九座"健康城"之一。

利物浦健康城市建设的主要经验在于：一是制订明晰的城市健康计划。1991年，由相关部门与市民共同起草了城市健康计划，主要内容包括居住、失业及贫穷、环境、意外事故、儿童行为、资源滥用、心理健康等方面，并制定了详细的分阶段实施目标与步骤。二是推动行政体系的跨部门合作。利物浦在1987年就成立了由近十个部门组成的跨部门委员会，后发展为健康城市办公室，负责健康城市的具体运作和推动跨部门联合行动。三是重视健康理念的推广与宣传。利物浦在1988年发表了《利物浦宣言》，提出"全球思考、地方行动"的策略，组织媒体、学校和社区等在全市范围内开展"健康利物浦"的讨论，有效地推动了民众在促进健康发展中的主体作用[2]。

---

[1] 《英国打造九大健康示范城》，http：//www.lifetimes.cn/cyjj/2015 - 07/7147679.html/。

[2] 黄成等：《国内外健康城市项目传播环境研究》，《医学信息杂志》2011年第3期，第2~6页。

（二）健康城市发展趋势分析

回顾全球健康城市的发展历程，"健康城市"的理念已经形成全球共识，"健康城市"建设广泛持续推进，跨地区和跨行业的健康促进行动正在深入开展。在我国，"推进健康中国建设"已被纳入国家"十三五"规划，"健康中国 2030 战略"和健康城市建设也已全面启动。基于当前的发展阶段以及国际国内环境的新形势、新变化，未来，中国健康城市发展将呈现以下发展趋势。

1. 发展理念：关注经济社会与人的健康协调发展

健康城市的理念源于包括健康问题在内的各类社会和环境问题频发，以及人们健康观念的转变。20 世纪 80 年代，人们逐渐认识到环境比人的行为对于健康的影响更具普遍性，众多健康问题是物理环境和社会环境综合作用的结果，健康观念的转变使得健康问题的解决由医学模式转向社会综合模式。《健康中国 2030 规划纲要》明确提出："以提高人民健康水平为核心，从广泛的健康影响因素入手，以普及健康生活、优化健康服务、完善健康保障、建设健康环境、发展健康产业为重点，把健康融入所有政策，全方位、全周期保障人民健康，大幅提高健康水平，显著改善健康公平。"我们认为，未来健康城市的基本理念和发展目标就是要实现经济、社会与人的健康协调发展，其特征是拥有健康经济、健康文化、健康社会、健康环境和健康管理。通过上述五个方面的健康促进，最终形成经济高效、社会和谐、环境友好、文化繁荣和宜居安全的城市健康发展格局。

2. 组织架构：建立以政府主导的跨部门协调机制

健康城市是一个系统工程，其理念与模式要求跨部门协作，以减少不必要的重复建设与协调冲突，使有限的资源达到效益最大化。因此，全球健康城市的发展始终遵循跨部门协作的原则。如世界卫生组织特别倡议建立健康领域中的合作伙伴关系，指出"健康促进需要在各级政府、各部门之间以及社区层面寻求发展多层次的合作伙伴关系，打破政府部门之间、政府与非政府组织之间，以及公共部门与私人部门之间的界线和隔阂"。从国内外发

```
         健康环境
        清洁安全的环境
        完善的基础设施
        高效的资源利用

健康管理                    健康经济
城市管理高效                低资源消耗
城市运行安全                低环境负荷
                           高投资效率
          健康城市           高生产效率

   健康文化            健康社会
  良好的人文环境       较高的生活水平
  健康的文化理念       完善的公共服务
  完善的文化设施       健全的社会保障
```

图 21　未来健康城市的内涵与特征

资料来源：课题组整理绘制。

展实践来看，建立以政府为主导的跨部门协调机制，有利于充分动员社会各方面力量，发挥多部门、多学科的协同作用，将健康城市公共政策的制定者、实践者、管理者整合到统一的框架体系内，更好地为健康城市建设发展服务，这将是我国健康城市发展的必然趋势。

3. 参与主体：注重非政府组织和社区层面的广泛参与

国际经验表明，非政府组织和社区机构的参与是健康城市计划成功的关键。自世界卫生组织在世界各国推动健康城市建设以来，社区层面的参与就贯穿于需求评估、计划制订、活动实施与评价等各个环节。目前，多组织合作、社区广泛参与已经成为健康城市建设的基本形式。大量实践表明，采用"自上而下"和"自下而上"相结合的策略，推动政府、非政府组织、社区和居民之间的互动与合作，对于健康城市建设的促进作用尤为明显。目前，我国健康城市建设已经由"自上而下"的政府推动，发展到更加注重发挥"自下而上"的作用，强调推进"健康社区"、"健康学校"、"健康单位"等"健康细胞工程"建设，倡导政府、居民、企业、学术机构等共同参与健康城市的规划、设计、执行和评估，从而极大促进健康城市的可持续发展。

4. 实施策略：倡导面向健康的城市规划、建设与管理

在健康城市建设过程中，加强顶层设计至关重要。从各国实践来看，在推进城市健康发展的过程中，均毫无例外地重视健康城市规划的制订，要求城市的规划、建设和管理都必须以促进人的健康和社会可持续发展为中心，并以此为准则引导城市建设和经济社会发展实践。我国在2015年出台的《关于开展健康城市健康村镇建设的指导意见》，也将各地区是否制定健康城市规划作为评价指标之一，要求"用科学方法开展健康城市需求评估，在健康城市需求评估的基础上，制订科学合理、针对性强、目标明确的行动计划"，同时还要求在城市规划总体框架体系下更加注重"健康理念"的应用，如海绵城市规划、"多规合一"规划等。在城市建设和管理过程中，更加强调生态系统、用地约束对城市健康发展的重要性，多措并举地推进城市健康发展。

未来，健康城市发展将进一步遵循以下框架体系（如图22所示）。一是引导形成共识。引导城市发展的健康理念，推动当地政府、居民和私营部门等利益相关者达成健康共识，合理辨别机遇和制约因素，制定发展目标和阶段性目标。二是制订规划。识别物理环境和社会环境中的短板，科学诊断城市发展中的"亚健康"问题，有针对性地确定基础设施建设、环境建设、文化建设和社会建设的重点领域和项目，并设置优先级别，分步分类地有序实施。三是实施与评估。国内外健康城市实践普遍认同监测与评价的重要性。未来，在健康城市规划与实施的同时，将更加强调建立定量和定性指标相结合的健康城市建设评价指标体系，明确监测评估的内容和要求，以及时发现并解决问题，不断改进实施计划，从而保证健康城市建设更加合理有序地推进。

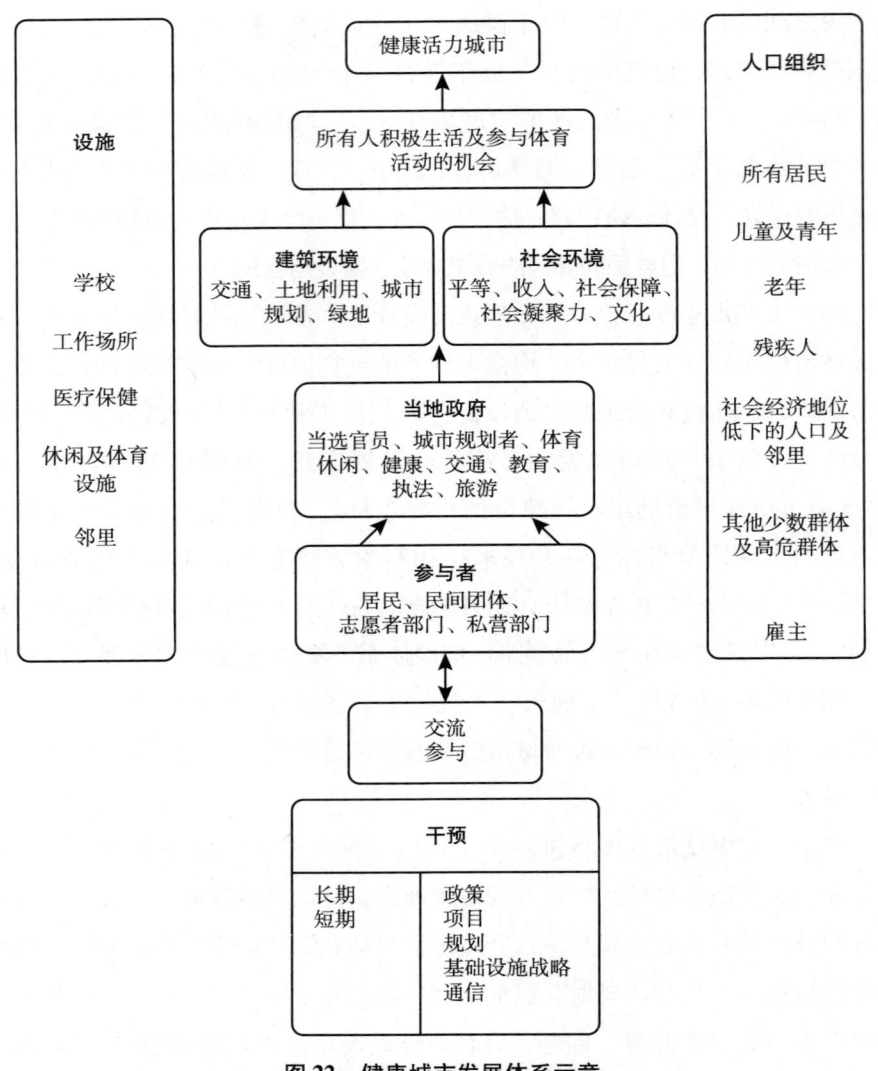

```
                    健康活力城市
                         ↑
设施              所有人积极生活及参与体育        人口组织
                    活动的机会
学校              ↑              ↑              所有居民
                建筑环境        社会环境
工作场所      交通、土地利用、城市   平等、收入、社会保障、   儿童及青年
              规划、绿地         社会凝聚力、文化
医疗保健                                          老年
                     当地政府
休闲及体育        当选官员、城市规划者、体育        残疾人
设施            休闲、健康、交通、教育、
                    执法、旅游                 社会经济地位
邻里                                          低下的人口及
                     ↑     ↑                    邻里
                    参与者
                居民、民间团体、              其他少数群体
                志愿者部门、私营部门           及高危群体
                     ↕
                    交流                        雇主
                    参与

                     干预
            长期   │ 政策
            短期   │ 项目
                   │ 规划
                   │ 基础设施战略
                   │ 通信
```

图22　健康城市发展体系示意

资料来源：根据健康城市内涵及发展趋势绘制。

四　促进健康城市发展的思路与对策

党的十八届五中全会做出了推进健康中国建设的重大决策，而加强健城市建设既是城市自身发展的内在要求,也是推进健康中国建设的重要抓手。健康城市建设是一项复杂的系统工程,作为一个正处在快速城镇化过程中的发展中国家,我国的城市建设尚面临许多问题与挑战,需要全面系统地提高城市健康水平。针对这些问题与挑战,本文从强化顶层设计、营造健康环境、完善健康服务、培育健康人群、构建健康社会、加强健康支撑等方面提出促进健康城市发展的思路与对策。

(一)加强健康城市总体规划,做好顶层设计

城市规划是研究设计城市未来发展、空间布局和统筹安排城市各项建设发展工作的总体部署。它既是城市在一定时期内的发展蓝图,也是城市建设、运行、管理的重要依据。健康城市建设要坚持规划先行,做好健康城市的顶层设计,通过开展城市健康状况、居民健康状况、健康影响因素等调查和评价,找出影响城市健康发展的主要因素,摸清城市的健康资源和健康需求。在此基础上,以促进人的健康和发展为中心,研究制定健康城市发展规划,确定健康城市的发展目标和重点任务,并提出具有针对性的干预措施和阶段性目标,通过科学规划引导城市健康发展。

(二)强化环境保护与基础建设,营造健康环境

城市是人类经济社会发展的重要载体,城市环境与每位居民的日常生活息息相关。当前,随着城镇化的快速推进和城市规模的不断增长,我国城市仍面临着交通拥堵、空气污染、水环境污染、垃圾围城等"城市病"的严峻挑战。因此,针对当前城市环境存在的主要问题,着力提高城市基础设施建设水平、加强城市生态环境保护、营造健康绿色的宜居环境成为当务之急。

1. 进一步加强城市基础设施建设

通过强化水务、环卫等基础设施功能,不断提高城市污水集中处理率、垃圾无害化处理率、清洁饮用水覆盖率和卫生厕所普及率等。通过加大路网密度和优化交通管理,显著降低城市交通拥堵率,提高城市交通运行效率。

努力为城市居民提供更加清洁卫生和舒适便利的生产生活环境。

2. 大力发展清洁生产和循环经济

加快推进产业转型升级，鼓励引导企业采用更加绿色环保的生产技术、生产设备和工艺流程，降低经济增长的能源资源消耗强度，从根本上转变高能耗、高污染的粗放发展方式，降低大气污染排放。遵循3R（Reduce, Reuse & Recycle）理念，探索推行全过程垃圾管理模式，将垃圾收集、转运、处理的末端治理，转变为对垃圾产生源头进行控制，实行垃圾减量化、再循环和再利用。以促进环境保护与城市发展共赢为目标，探索构建城市可持续水循环利用模式，开发推广节水技术，积极推进海绵城市建设，加强雨水集蓄利用、污水治理和循环利用等，最大限度地提高水资源利用效率。

3. 着力加强环境保护和生态建设

深入贯彻落实"水十条"、"大气十条"，全面加强城市环境综合治理，重点抓好大气、水、土壤的污染防治，坚决遏制生态破坏和环境污染，保障居民享有洁净的空气、清洁的饮用水和安全食物。借鉴国际经验，加强城市道路、公园、建筑、河流、水系的绿化建设，鼓励实施屋顶绿化、垂直绿化，合理布局城市公共绿地、绿色廊道、人工湿地等，形成完整的城市绿色生态网络，全面提升城市环境质量，最大限度地创造健康生活环境，减少各类疾病的发生。

（三）提高卫生资源的可及性和公平性，优化健康服务

针对我国医疗卫生服务体系存在的供需矛盾和"倒金字塔"困局，以及城乡之间、区域之间、城市内部大小医院之间医疗服务能力的巨大差距，本文建议如下。

1. 加强医疗卫生资源配置的公平性

有针对性地加大医疗卫生投入，鼓励支持社会资本进入医疗卫生服务领域，不断丰富医疗卫生服务资源供给。统筹优化医疗卫生资源的空间布局和合理配置，切实把医疗卫生投入重点放在基层、放到中西部薄弱地区，加快发展中西部地区及农村地区的医疗卫生事业，建立健全覆盖城乡的公共医疗

卫生服务体系，促进城乡间、区域间的医疗卫生服务公平。利用信息化手段促进优质医疗资源的横向流动，促进远程医疗和健康服务向中西部延伸、向农村延伸、向基层延伸。

2. 提高医疗卫生服务资源的可及性

以居民和患者的实际需求为导向，坚持保基本、强基层、建机制，推动医疗卫生服务资源下沉，以刚性约束完善基层医疗卫生服务机构的规划和设置，加强城市社区和农村的医疗卫生服务网络建设，提高基层医疗卫生服务能力，把大量的一般性疾病和常见病解决在基层，让大医院集中精力治疗大病和疑难杂症，真正实现"小病在社区、大病到医院、康复回社区"。

3. 提升医疗卫生服务的质量和效率

加快建立新型分级诊疗体系，建立基本公共医疗的社区首诊制度，以及基层与市级医疗卫生服务机构的双向转诊制度。推进医疗卫生服务体制改革，完善与分级诊疗制度相衔接的医保、财政、价格等各项配套措施。推进现代医疗管理体制，建立符合行业特点的人事、薪酬、绩效考评等制度，提高医疗机构及医务人员的工作积极性。整合各级各类医疗卫生服务功能，鼓励市级医疗卫生机构与基层医疗卫生机构组成医疗联合体，形成上下联动、分级诊疗、预防治疗、康复一体化的服务体系，提高医疗卫生服务的连续性和协调性。

（四）提升居民的健康素养和生命质量，培育健康人群

人是生产力中最能动、最活跃的要素，培育健康人群既是人类自身发展的需要，也是经济社会可持续发展的基础。与发达国家相比，目前我国居民的生命健康质量仍相对落后。针对这一现状，本文建议如下。

1. 提高居民健康素养

广泛开展群众性的健康教育和全民健身运动，帮助居民掌握最基础的卫生健康知识，引导居民自觉参加体育锻炼，改变不良的生活习惯，促进居民戒烟限酒、科学饮食，形成科学文明健康的生活方式，最大限度地减少或消除影响健康的各种危害因素，努力提高居民的身体素质和健康素养，增强居

民促进自身健康的能力。

2. 加强居民健康管理

针对不同人群，实施有针对性的健康促进计划，逐步完善全民健康管理体系，不断提高孕产妇系统管理率、3 周岁以下儿童系统管理率和 15 周岁以上人口健康体检率。加强慢病监测与管理，逐步提高糖尿病、高血压等慢性病的监测与管理控制率。改善工作环境和条件，尽可能减少各类职业病和精神性疾病的发生。加强重大传染病和地方病的防控预警，有效遏制传染病和地方病的蔓延。转变传统以"治"为主的健康理念，突出防治结合和全程管理，全面提升居民的健康水平和生命质量。

（五）完善城市安全和社会保障体系，构建健康社会

健康城市建设是一项系统的社会工程，强调全社会参与，需要发挥政府、企业、社会团体、家庭和个人在健康城市建设中的积极作用，共同构筑一个安全、和谐、能够承载人们美好生活的健康社会。针对当前的发展阶段与存在问题，需要着重关注以下几个方面。

1. 继续完善社会保障体系

以人人公平享有基本社会保障为目标，以保障居民生活和增进居民福祉为宗旨，不断健全完善社会保障体系。进一步推动医疗保险制度改革，逐步提高国民基本医疗保障水平。继续完善职工基本养老保险制度，优化筹资结构与基金管理，推进养老保险的跨地区转移接续和基金省级统筹工作。落实城镇居民最低生活保障制度，不断完善社会救助体系。实施健康扶贫计划，显著改善贫困落后地区的医疗条件和保障水平。将农业转移人口纳入城镇社会保障体系，加快缩小城乡、区域和不同群体之间的社会保障差距。

2. 全面加强城市安全建设

中国正处在转型发展时期，特殊的自然条件以及转型发展期的社会特点，使城市发展呈现高度多样性和复杂性，各种安全风险交织并存。应加快制定出台"城市安全基本法"等相关法律，完善城市安全监管与应急反应体系，统筹安排城市安全监管、疾病防控、防灾减灾、社会维稳等工作，推动城市

安全管理由"重处置、轻预防"向全过程管理转变。着力加强各类安全风险的监测、监管、预防和预警力量，加强自然灾害监测，强化生产安全监管，健全食品药品安全监测网络，完善社会风险预警机制，从源头上减少安全事故的发生、减轻自然灾害的影响，同时通过制定细致务实的防灾计划，增强城市的应急反应与自救能力，努力为居民创建安全、安心的生活环境。

3. 着力推进"健康细胞"工程

以健康理念统领城市建设，推动健康理念进单位、进学校、进社区、进家庭，大力推进健康企业、健康学校、健康社区、健康家庭等"健康细胞"工程建设，在全社会形成关注健康、保护健康、促进健康的良好氛围，夯实健康城市建设的微观基础。

4. 积极应对人口老龄化

当前中国已进入快速老龄化阶段，老龄人口比重的增加，使城市的医疗、社保以及涉老服务都面临严峻挑战。为应对这些挑战，首先，应加快完善养老保险、医疗保险、商业健康保险、老年救助制度等社会保障体系，通过优化社保基金筹资结构、促进社保资金管理运作的高效化和市场化，提高社保基金账户收入，保障养老等社保基金的收支平衡。其次，要大力发展养老事业和养老服务健康产业，走居家养老、社区养老、社会养老等多元化道路，创新养老模式，加强医养结合，实现养老、医疗、护理、康复、临终关怀等一体化服务。最后，应加快调整人口政策，全面放开生育限制，通过提高人口出生率，逐步改善人口年龄结构，缓解人口老龄化的冲击。

参考文献

许从宝等：《当代国际健康城市基本运动理论研究纲要》，《城市规划》2005年第10期，第52~59页。

郭根：《中国健康城市建设报告》，北京：中国时代经济出版社，2009。

马祖琦：《健康城市与城市健康——国际视野下的公共政策研究》，南京：东南大学出版社，2015。

翟羽佳等：《国际健康城市计划的理论与实践》，《医学与哲学（A）》2014 年第 7 期。

Wilfried Kreisel、Leonard J. Duhl、傅华：《论坛主题：健康城市理论、实践与发展展望》，《健康教育与健康促进》2006 年 1 月，第 33～36 页。

武占云、单菁菁、耿亚男：《中国城市健康发展的现状、问题及对策建议》，《中国经济报告》2014 年 12 月，第 96～99 页。

周向红、诸大建：《现阶段我国健康城市建设的战略思考和路径设计》，《上海城市规划》2006 年 6 月，第 12～15 页。

世界卫生组织：《世界卫生统计 2016：针对可持续发展目标监测健康状况》。

Ashton J, Grey P., Barnard K., Healthy Cities：WHO's New Public Health Initiative ［J］. *Health Promot*, 2006, 1（3）：319-324.

Ashton J. R., From Health Towns 1843 to Healthy Cities 2008, *Public Health*, 2009, 123（1）：e11-e13.

Mechanic D., Social Policy, Technology and the Rationing of Health Care. *Medical Care Review*, 1989, 46：113-120.

Leonard D., The Healthy City：It's Function and it's Future. *Health PromotInt*, 1986, 1（1）：55-60.

Regional Office for Europe of World Health Organization. *Healthy Cities Around the World：an Overview of the Healthy Cities Movement in the Six WHO regions* ［R］, Copenhagen：Regional Office for Europe of World Health Organization, 2003.

Webster P., Sanderson D., Health Cities Indicators：A Suitable Instrument to Measurehealth？［J］. *Urban Health*, 2012（Suppl1）：52-61.

World Health Organization Regional Office for Europe, *Twenty Steps for Developing a Healthy Cities Project* ［R］, 1997.

World Health Organization, *National Healthy Cities Networks-Promoting Health and Well-being Throughout Europe* ［R］, 2015.

综合篇
Comprehensive Reports

B.2
2015年中国城市健康发展评价

单菁菁 武占云 赵骏腾*

摘　要： 2015年，中国健康城市建设由试点阶段进入全面建设阶段，"健康城市"的理念不断深化和完善，健康城市的长效发展机制逐渐明确，健康城市建设取得一定成效。评价结果显示，2015年，我国亚健康城市占比依然较高，城市安全问题是健康发展的重要"短板"；东部地区城市健康发展指数保持领先，西部地区城市快速赶超，东北地区健康发展指数持续下滑，中部地区城市相对平稳；长株潭城市群核心城市均入围全国健康城市序列，显示出该城市群在两型社会建设和转型

---

* 单菁菁，中国社会科学院城市发展与环境研究所规划室主任、研究员、博士，主要研究方向为城市与区域发展战略、城市与区域规划、城市与区域管理等；武占云，中国社会科学院城市发展与环境研究所副研究员、博士，主要研究方向为城市规划、城市与区域经济等；赵骏腾，北京大学城市与环境学院研究生，主要研究方向为城市经济。

创新发展方面的成就；特大城市的经济效益明显，但亟须提升公共安全保障和城市管理效率，中等规模城市的健康发展相对均衡，小城市的生态环境建设、城市安全和管理优势明显，但如何激发发展活力、提升经济效益和完善公共服务，是未来我国小城市健康发展需要关注的重点课题。

关键词： 健康城市 健康发展指数 评价体系 亚健康

我国城市的健康发展在2015年取得了阶段性成就，健康城市理念不断丰富和完善，由最初的"卫生城市"正式升级为"健康城市"；国家层面的顶层设计相继出台，促进城市健康发展的长效机制逐渐建立；地方实践由试点探索进入全面建设阶段，同时启动健康村镇建设，统筹推进城乡健康服务的均等化发展。总体而言，城市的健康发展不仅适应了经济发展新常态的新要求，也为我国实现全面建设小康社会的目标奠定了坚实基础。城市健康水平一定程度上反映了城镇化的运行质量，然而，影响城市健康发展的因素众多、作用机制复杂，这对各个城市的实施策略乃至国家的战略引导提出了更高要求。展望"十三五"，如何应对快速城镇化给城市健康带来的挑战，仍是我们面临的重大课题。

一 2015年城市健康发展回顾

（一）健康城市理念不断丰富和完善

20世纪80年代，伴随着经济社会的快速发展，环境污染、社会矛盾、居民健康等问题日益凸显，为了应对城市发展面临的这些问题和挑战，世界卫生组织（WHO）提出了"健康城市"的理念，并于1986年开始设立"健康城市项目"，随后建立了覆盖欧洲主要城市和地区的"欧洲健康城市网络"。

我国健康城市的发展，最早始于20世纪80年代末由全国爱国卫生运动委员会组织开展的"国家卫生城市"创建活动。1989年国务院印发了《关于加强爱国卫生工作的决定》，明确指出"将卫生工作与群众运动相结合，全民动员；坚持以预防为主，综合治理，着重改善环境条件，改变人的卫生习惯，广泛开展社会宣传教育"，全国爱国卫生运动委员会开始在全国范围内开展创建国家卫生城市活动，这也是我国健康城市的早期理念。当时卫生城市的建设目标重点在于改善环境卫生、食品安全、饮用水安全等基本卫生条件和防控疾病传染，很大程度上局限于公共卫生和医疗服务层面。随着全国卫生城市工作的持续推进，以及与世界卫生组织的深入合作，我国健康城市的理念不断丰富和发展。2015年，国家卫生计生委和全国爱卫会出台了国家健康城市标准和评价体系，内容涵盖了健康环境、健康社会、健康服务、健康人群、健康文化等五个方面，其目的是全面改善影响人民健康与发展的自然和社会因素，健康城市的理念进一步拓展提升，由最初主要关注城市公共卫生的"卫生城市"正式升级为强调构建城市健康体系的"健康城市"。如表1所示，不同阶段城市健康理念和评价标准的演变清晰地体现了健康城市理念的拓展与提升，即由最初的公共卫生和医学角度转向包含健康经济、健康社会、健康环境、健康管理、健康服务等综合角度的"大健康"概念，由健康服务和疾病防控转向实现城乡建设与人的健康协调发展。

（二）城市健康发展的长效机制逐渐建立

强有力的政策保障和运行机制对于城市的健康发展至关重要，第八届全球健康促进大会就以"将健康融入所有政策"为主题，探讨了支撑城市健康发展的政策体系和长效机制。从我国由卫生城市到健康城市建设的演变历程来看，国家历来重视居民健康和环境宜居建设。1989年，国务院印发了《关于加强爱国卫生工作的决定》。随后，为推动城市基础设施建设与卫生管理，经国务院批准，全国爱卫会在全国范围内组织开展了创建国家卫生城市活动，这一系列举措有效提升了居民健康水平和人居环境。2014年，国务院印发了《关于进一步加强新时期爱国卫生工作的意见》，指出"结合新

表1 不同时期"健康城市"理念的演变

机构	评价体系	理念与目标
WHO(20世纪90年代)	(1)安全、高质量的物理环境;(2)长期可持续且十分稳定的生态系统;(3)稳固且相互支持、无剥削的城市社区关系;(4)公众对于影响自身生活、健康和福利的讨论,拥有高度的参与权与控制权;(5)城市可以满足所有居民的基本生活需求;(6)居民能拥有广泛且多样的联系、互动、交流,能获得广泛而多样的城市体验与资源;(7)城市经济富有创造性、多样化,且有活力;(8)鼓励和过去、和城市居民的文化传统与生物遗传、和其他群体及个人相联系;(9)拥有一种兼容性高,且能增益上述特征的良好模式;(10)有适合公众健康和病残护理服务的最适宜标准,以使所有人均可从中获益;(11)城市人民拥有高度良好的健康状况	健康城市是由健康的人群、健康的环境和健康的社会有机结合发展的一个整体,应该能改善其环境,扩大其资源,使城市居民能相互支持,以发挥最大潜能
国家卫生城市标准(全国爱卫办2010、2014)	爱国卫生组织管理(4项)、健康教育和健康促进(4项)、市容环境卫生(8项)、环境保护(4项)、重点场所卫生(4项)、食品和生活饮用安全(5项)、公共卫生与医疗服务(8项)、病媒生物预防控制(3项)	目标在于改善环境卫生、食品安全、饮用水安全等基本卫生条件和防控疾病传染
国家健康城市标准(全国爱卫办2015)	健康环境(4项)、健康社会(8项)、健康服务(5项)、健康人群(3项)、健康文化(3项)、组织保障(2项)	通过建设环境宜居、社会和谐、人群健康、服务便捷、富有活力的健康城市、健康村镇,实现城乡建设与人的健康协调发展
中国社会科学院健康城市评价课题组(2013、2014、2015)	健康经济(4项)、健康文化(2项)、健康社会(5项)、健康环境(3项)和健康管理(2项)	以城市生态系统、社会系统和经济系统的健康、协调发展为目标,通过健康城市建设,最终形成社会和谐、经济高效、文化繁荣、环境友好和宜居安全的健康发展格局

资料来源:课题组根据相关文件和资料整理。

型城镇化建设,鼓励和支持开展健康城市建设,努力打造卫生城镇升级版,促进城市健康与人的健康协调发展"。2015年,全国爱卫办出台了《关于开展健康城市健康村镇建设的指导意见》和《健康城市评价体系和标准》,各地市根据上位政策文件,结合自身特色,也纷纷编制了健康城市行动计划或发展规划。至此，从实施意见、实施方案、评价体系到标准等一系列顶层设计相继完成。在顶层设计框架体系下，全国爱卫办同时启动面向各地市健康城市建设的第三方评估工作，确定有针对性的干预策略和阶段性目标，进一步完善准入退出机制和动态管理体系，我国城市健康发展的长效机制逐步确立。

（三）地方实践由试点探索进入全面建设

近年来，我国各地健康城市建设蓬勃发展，通过编制健康城市发展规划、实施健康细胞工程等举措，全面推进城市健康发展。例如，北京市成立了健康城市建设促进会，通过多部门合作，开展健康城市建设的促进活动，并编制年度性的健康城市发展报告，全面总结健康城市推进经验。苏州市的健康城市建设自1999年起步，历经试点启动、全面规划、项目推动、稳步发展四个阶段，在健康环境、健康社会、健康服务、健康人群等方面开展系列工作，2008年获世界卫生组织评选的"杰出健康城市奖"。上海在全国首次提出了建设健康城市"三年行动计划"，自2003年至今已经编制实施五轮健康城市行动计划，通过开发与推行健康传播项目、营造与维护健康支持系统等举措，大幅提升了城市健康发展水平。威海市作为全国第一个"国家卫生城市"，近年来探索建设卫生城市的升级版——健康城市，从改善健康环境、培育健康人群、优化健康服务、构建健康社会、营造健康文化、发展健康产业等领域积极开展健康城市建设工作。

总体而言，我国在城市层面正在形成政府主导、多部门合作、全社会参与的健康城市建设机制，同时启动健康村镇建设，统筹推进城乡健康服务的均等化发展。健康城市由最初的试点建设进入全面建设阶段。

二 2015年城市健康发展评价

2015年，我国共有338个地级及以上城市，包括30个自治州、8个地区、3个盟、293个地级市和4个直辖市（北京、上海、天津和重庆）。其中50个地级行政区由于缺少系统数据，暂未纳入本次评价范围。因此，本文的评价对象共计288座地级及以上建制市①。根据城市健康发展评价指标体系（详见《中国城市发展报告（No.7）》），我们采用主观赋权和客观赋权相结合的方法，对上述288座城市的健康发展情况进行了综合评价②，按照我国城市规模最新划分标准，将上述城市分为超大城市、特大城市、大城市、中等城市和小城市五组③进行评价，具体评价结果如下（数据详见附表1、2、3、4、5、6）。

（一）总体评价：亚健康城市占比依然较高，城市安全是发展短板

根据评价结果，深圳、北京、上海、珠海、杭州、广州、宁波、佛山、苏州、无锡等十座城市居2015年度城市健康发展指数综合排名前10位。其中来自珠三角、长三角和京津冀城市群的城市分别为4座、5座和1座。深圳市的健康发展综合指数连续三年位居全国第1，北京和上海综合排名分列全国第2和第3位。珠海位居全国第4，首次进入全国健康城市前十位，其健康文化指数和健康环境指数表现突出，分别列全国第2位和第6位。从健康指数的内部结构看，综合排名靠前的城市各项指标得分并不均衡，城市的健康发展均存在不同程度的"短板"。总体来看，与2014年度相比，我国城市健康发展水平明显上升。

专栏1　珠海健康发展指数首次进入全国前十位

"十二五"期间，珠海市紧紧围绕"生态文明新特区、科学发展示范市"的战略定位，实施"蓝色珠海、科学崛起"战略，经济社会发展成效显著。在经济发展方面，积极推进"三高一特"产业体系④建设，横琴新区和横琴自贸片区快速推进，以珠港澳合作为重点的对外开放实现了较大突破。随着改

---

① 本文研究范围仅限于中国大陆地区，不包括港澳台地区的城市。
② 受数据可获得性的限制，基尼系数、工业废水排放达标率、房价收入比、刑事案件发生率等4项指标暂未纳入本次城市健康发展测评，"人均受教育年限"以"万人在校高中生数"替代。
③ 按照新的城市规模标准，将城市规模划分为五类：城区常住人口在50万以下的为小城市，城区常住人口在50万~100万的为中等城市；城区常住人口在100万~500万的为大城市，城区常住人口在500万~1000万的为特大城市；城区常住人口在1000万以上的为超大城市。
④ "三高一特"产业体系是指以高科技含量、高附加值、低能耗、低污染的产业群为核心，建立主要包括高端制造业、高新技术产业、高端服务业、特色海洋经济和生态农业的新型产业体系。

革探索的不断深化，商事制度改革、农村综合改革、信用体系建设以及公安改革均已走在全国前列。开启国际宜居城市建设，同时将西部生态新区升级为省重大战略平台，并积极创建全国文明城市以及国家级生态城市，创建中欧低碳生态城市综合试点。在社会建设方面，珠海人均GDP达到12.47万元，居民人均可支配收入达到3.6万元。同时，为适应人民群众多层次多样化健康需求，积极推进"健康珠海"战略，出台了《珠海市加快卫生强市建设、打造高水平健康城市的实施意见》等政策文件，统筹推进体育健身、健康管理、医疗卫生以及中医保健等大健康体系的建设，有效推动了城市健康发展。

为了进一步检测中国城市的健康发展状况，我们首先从全国层面测算了健康经济、健康文化、健康社会、健康环境和健康管理五项指数的中位数，再将每个城市的具体指标与之比较。若某座城市的五项指标均高于所有城市的中位数即达到中等以上发展水平，则可视该城市的发展状态相对健康，否则视其为亚健康城市。按照上述标准，本文将全国城市划分为健康和亚健康两类城市。评价结果显示，全国共有28座城市处于相对健康发展状态，包括深圳、上海、佛山、苏州、杭州、宁波、广州、长沙、绍兴、东营、无锡、厦门、镇江、中山、温州、扬州、龙岩、岳阳、福州、滨州、湘潭、大庆、西安、昆明、株洲、潍坊、泰安、银川（评价结果如图1所示）。2015年全国健康城市的数量有所上升，尤其是来自中西部地区的城市增多，占到健康城市总数的25%，而综合排名位居第2的北京，由于环境健康指数低于全国城市的中位数，未进入健康城市行列。

从城市群分布来看，28座健康城市中有9座来自于长三角城市群，4座来自珠三角城市群，4座来自于长江中游城市群（其中包括长株潭的3个核心城市），3座来自于海峡西岸城市群，而京津冀城市群则没有一座城市入围全国健康城市序列。值得注意的是，来自长株潭城市群的三个核心城市（长沙、株洲、湘潭[①]）均入围全国健康城市序列，显示出该城市群在两型

---

① 从综合健康发展指数来看，长沙、株洲、湘潭分列全国第17位、第34位和第38位。

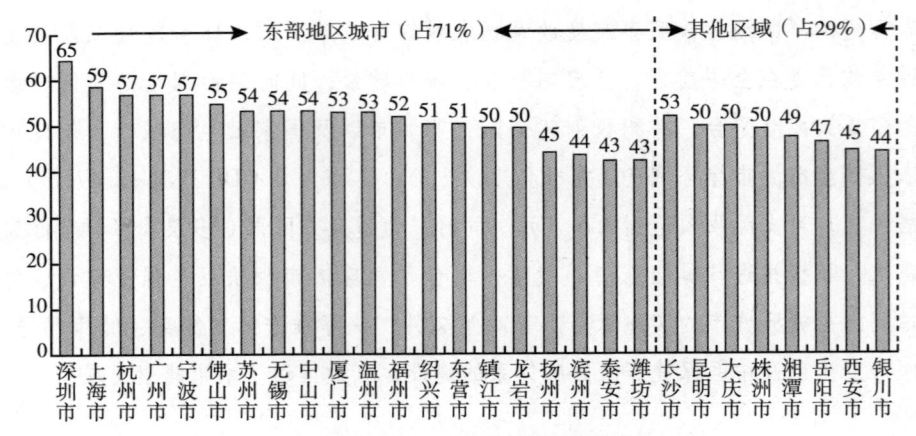

图1 全国28座健康城市分布情况

说明：（1）图示中的28座城市，为五项指数均高于全国城市各类指数的中位数，称为"健康城市"，五项指数中有一项及以上低于该项指数的中位数的作为"亚健康城市"；
（2）划分界限略高于各项指标的中位数，使分界线上下城市数量的比例保持在40%：60%；
（3）图示上方斜体数字为各城市的综合发展指数。

改革和转型发展方面的成就。总体来看，当前全国288个地级市处于健康发展状态的不到十分之一，亚健康城市仍占全国城市的九成以上。

表2 2015年全国28座健康城市分布情况

城市群	健康城市
长三角(9)	上海、苏州、杭州、宁波、无锡、绍兴、镇江、温州、扬州
珠三角(4)	深圳、佛山、广州、中山
长江中游(4)	长沙、岳阳、湘潭、株洲
海峡西岸(3)	福州、厦门、龙岩
其他区域(8)	东营、滨州、大庆、西安、昆明、潍坊、泰安、银川

注：括号中数字为健康城市数量。

城市安全和高效管理是城市健康运行的前提条件，本报告以意外事件发生率、GDP与全年行政管理支出的比值等指标来综合测度城市的健康管理水平。从全国层面看，目前我国城市管理依然相对滞后。以经济指数排名前50位的城市为例，其健康管理指数低于中位数的城市占了近一半（如表3

所示），由此可见，在当前阶段，城市管理效率不高和城市安全问题是制约我国城市健康发展的重要"短板"。回顾2015年，交通事故、电梯事故、城市火灾、危险品爆炸、城市内涝等各类安全事故频发，经济社会损失严重。从国际经验来看，在快速的城镇化进程中，各类安全事故是社会发展难以避免的代价，但如何通过人本化、智能化的管理提升城市安全水平，增强安全意识、消除安全隐患，是当下亟须重点关注的问题。

表3　健康经济前50位城市的专项健康指数分布情况

排序	城市	文化	社会	环境	管理	排序	城市	文化	社会	环境	管理
1	深圳	□	□	□	□	26	沈阳	□	□	■	□
2	上海	□	□	□	□	27	东莞	□	□	□	■
3	北京	□	□	■	■	28	金华	□	□	□	□
4	佛山	□	□	□	□	29	嘉兴	□	□	□	□
5	苏州	□	□	□	□	30	青岛	□	□	□	□
6	杭州	□	□	□	□	31	珠海	□	□	□	□
7	宁波	□	□	□	□	32	常德	□	□	■	□
8	广州	□	□	□	□	33	营口	■	■	□	□
9	常州	□	□	□	■	34	温州	□	□	□	□
10	南京	□	□	□	□	35	台州	□	□	□	□
11	重庆	□	■	■	□	36	呼和浩特	□	□	■	□
12	长沙	□	□	□	□	37	扬州	□	□	□	□
13	绍兴	□	□	□	□	38	攀枝花	■	□	□	□
14	东营	□	□	□	□	39	盘锦	□	□	□	□
15	无锡	□	□	□	□	40	湖州	□	□	□	□
16	厦门	□	□	□	□	41	泰州	□	□	□	□
17	镇江	□	□	□	□	42	南通	□	□	□	□
18	达州	□	■	■	■	43	玉溪	□	■	□	□
19	舟山	□	□	■	□	44	丽水	□	□	□	■
20	中山	□	□	□	□	45	唐山	□	□	□	□
21	威海	□	□	■	□	46	云浮	□	□	□	□
22	济南	□	□	■	□	47	天津	□	□	■	□
23	汕头	■	□	□	□	48	龙岩	□	□	□	□
24	武汉	□	□	■	□	49	乌海	□	■	■	□
25	包头	□	□	■	■	50	克拉玛依	□	□	□	□

说明：（1）表中排序为各城市的健康经济指数序位；（2）分项指标由左至右依次为健康文化、健康社会、健康环境和健康管理；（3）浅色方块代表该项指标高于所有城市的中位数，单项指标相对健康；深色方块代表该项指标低于所有城市的中位数，单项指标相对不健康。

（二）区域分布：东部地区保持领先，西部地区快速追赶

2015年，中国城市健康发展的空间格局总体呈现以下特征：东部地区城市继续保持领先优势，西部地区城市追赶速度加快，中部地区城市发展相对平稳，东北地区城市健康指数持续下降。

从综合发展指数来看（如图2所示），东部地区的城市健康发展总体占优，健康发展指数为45.46；其次是中部地区和东北地区，健康发展指数分别为39.90和38.49，而西部地区居于末位，健康发展指数为38.15。

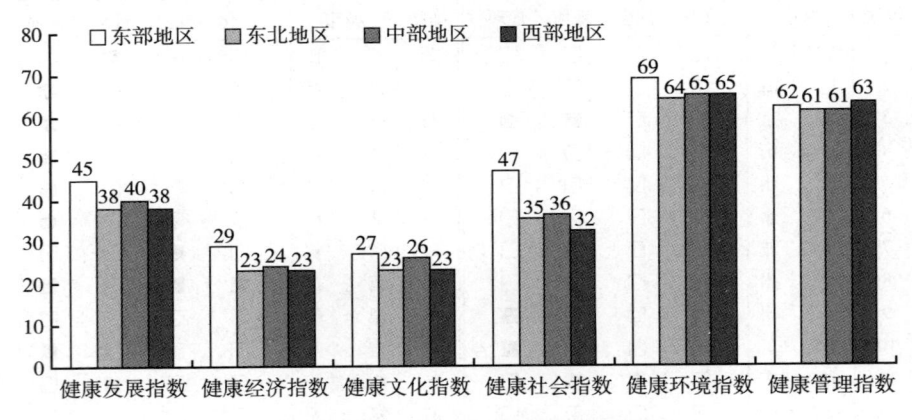

图2 2015年四大区域城市健康发展水平

从分项指数来看（如图3所示），四大区域的社会和民生建设差距最大，极差值达到15.23，其余依次为健康经济、健康环境、健康文化和健康管理。表明社会和民生建设仍是制约区域均衡发展的重要因素，继续加强民生建设、推进基本公共服务的均衡化发展是未来需要重点关注的问题。

从省域角度来看①，城市健康发展指数综合排名前5位的省份（含直辖市）依次为：北京②、上海、浙江、江苏和福建（见图4）。以省域为单位，各省（直辖市）城市健康发展水平大体上可以分为四个梯队：第一梯队由

---

① 因数据缺乏，本文的省域评价不包括西藏自治区。
② 虽然北京市的健康环境和健康管理指数排名靠后，但在经济效益、文化建设和社会保障等方面优势明显，综合指数排名依然较高。

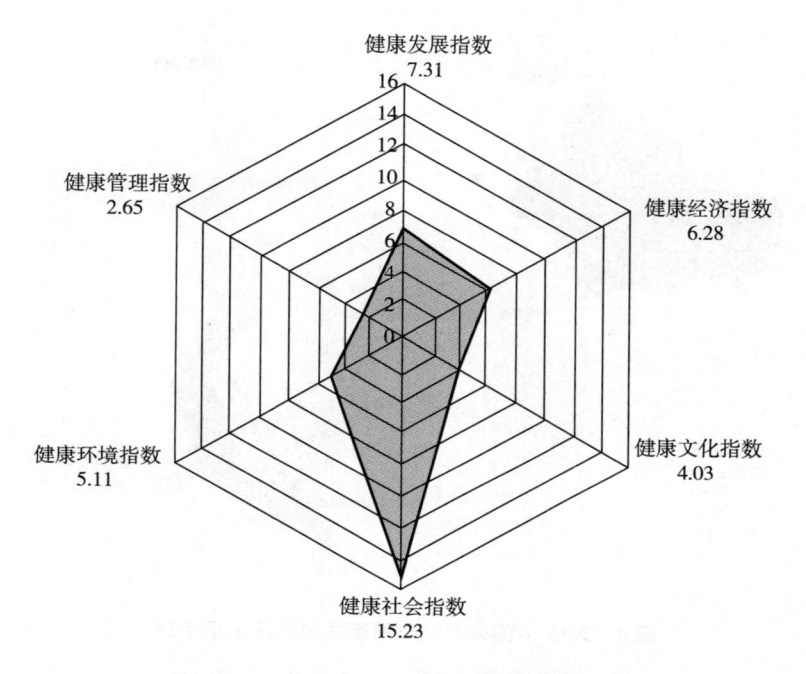

图3 2015年四大区域各项指数的极差分布情况

北京、上海、浙江组成，其城市健康发展指数都在50以上；第二梯队主要由江苏、福建、新疆①、天津和广东等省份组成，其城市健康发展指数均在45~50②之间；第三梯队主要包括海南、山东、湖南、内蒙古、江西、重庆、辽宁、云南、陕西、湖北、河北等，其城市健康发展指数均在40~45之间；第四梯队则覆盖了中部、西部和东北等省份，城市健康发展指数均在40以下。

值得注意的是，我国城市健康发展水平出现了较大的梯队变化（如图5所示）。西部地区的云南、贵州、陕西、青海综合排名均有较大上升，尤其是云南和贵州综合排名上升幅度超过5位。从整体上看，中部地区的城市表现相对平稳；西部地区近年来在经济赶超、民生建设、文化服务提升和生态环境建设等方面表现突出，城市的健康发展取得了长足进步。

---

① 新疆有2个地级市，即乌鲁木齐和克拉玛依，此处指其2个地级市健康发展的平均水平。
② 本章评价对象为各省城市的健康发展情况，而非各省省域的健康发展情况，下同。

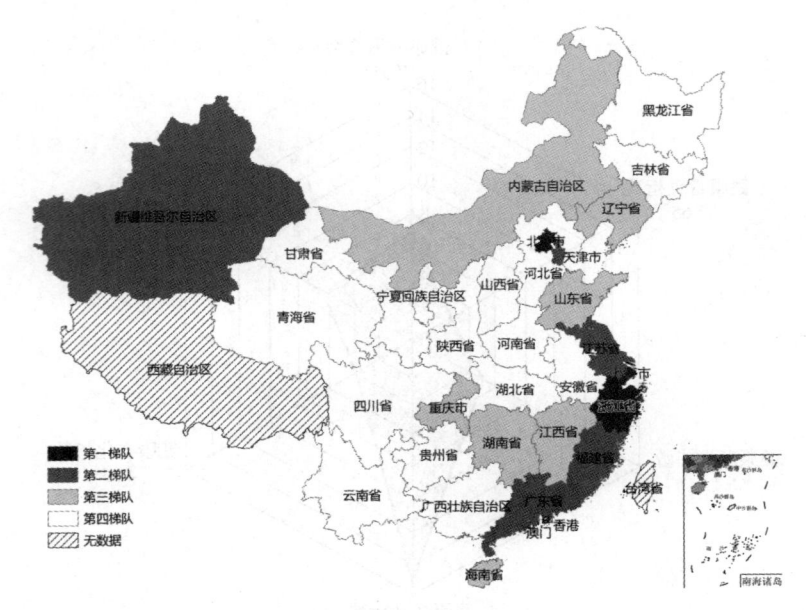

图4 2015中国省域城市健康发展梯队水平示意

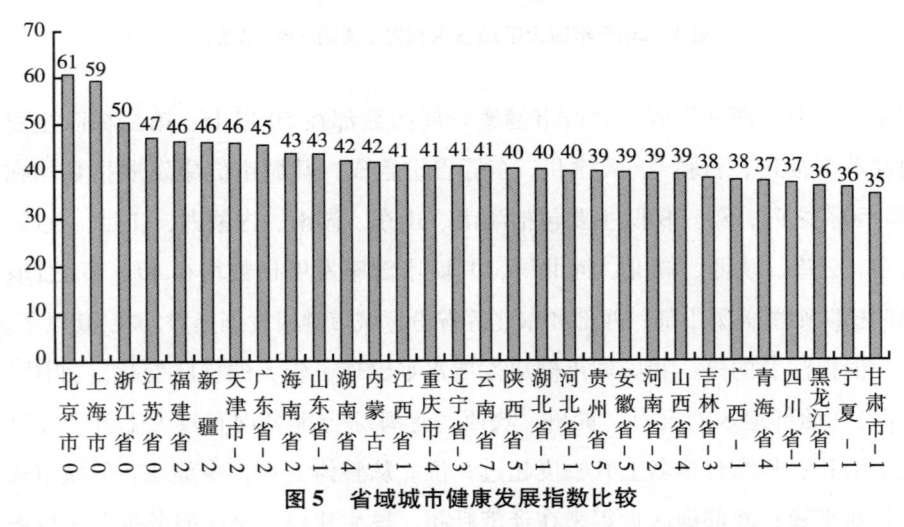

图5 省域城市健康发展指数比较

说明：图示上方斜体数字为各省（区、市）的健康发展指数，图示下方数字为相对上年健康指数排名变化情况。

比较而言，东北三省的吉林、黑龙江均位于第四梯队，且在全国的综合排名连续三年下降，反映出当前我国东北地区城市的健康发展问题尤为突出。从经济角度看，受中国经济下行影响，加之资源型产业占比大、国有企业改革不到位、民营经济发展不充分、科技创新活力不足等因素，东北地区的经济衰退尤为明显，2013～2015年经济增速连续三年居四大区域末位，尤其是2015年，辽宁地区生产总值（GRP）增速只有3.0%，居全国各省、自治区、直辖市末位；黑龙江和吉林的GRP增速也只有5.7%和6.5%，分别居全国倒数第三位和倒数第四位。经济衰退也进一步导致了地方财税收入减少，城镇就业压力加大，各种社会矛盾加剧。从社会角度看，东北三省的养老保险赡养比远高于全国其他区域，企业基本养老保险统筹基金缴费比例也高出全国平均水平2～6个百分点[1]，民生领域的问题进一步制约了东北地区经济的健康发展。从资源环境角度看，东北地区的资源枯竭城市占全国的30%，资源的过度开发和利用也造成了土地荒漠化、湿地面积减少、珍稀资源遭到破坏等生态环境问题。当前和未来相当时期内，东北地区的城市仍将面临经济转型、民生建设和生态修复等方面多重压力。

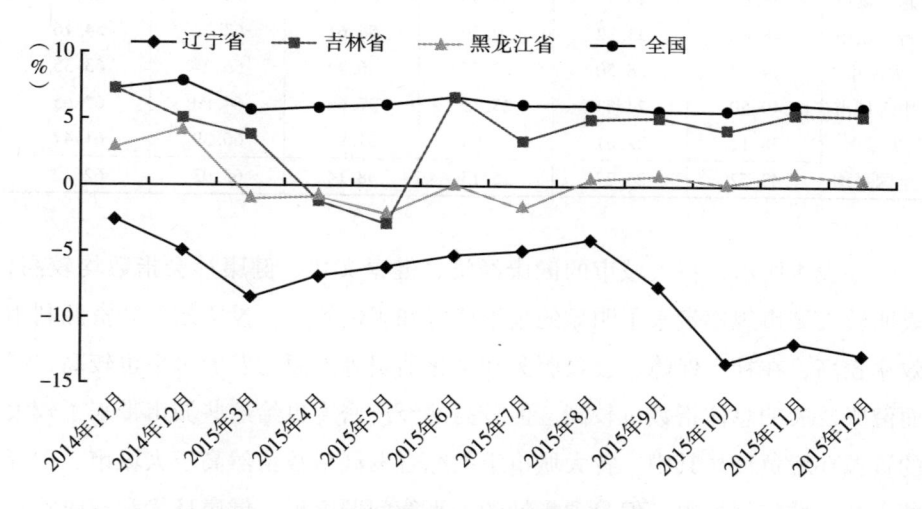

图6　2015年全国与东北规模以上月度工业增加值增速

资料来源：国家统计局数据。

---

[1] 《东北振兴四个着力点民生难题待解》，http://mt.sohu.com/20160511/n448859769.shtml。

（三）规模特征：特大城市和小城市发展短板各异，中等城市发展相对均衡

2014年11月，国务院印发《关于调整城市规模划分标准的通知》，提出了新的城市规模划分标准，按照新标准，城区常住人口1000万以上的超大城市有5个——上海、北京、重庆、深圳和广州；特大城市有6个，包括天津、武汉、东莞、郑州、沈阳和南京。基于城市规模的评价结果显示，2015年，我国超大城市组的健康发展指数为56.65，特大城市组为48.01，大城市组为44.80，中等城市组为40.50，小城市组为38.11，城市规模与健康发展指数存在着同向变化关系。

表4　2015年不同规模城市组的健康发展指数比较

城市规模	健康发展指数	健康经济指数	健康文化指数	健康社会指数	健康环境指数	健康管理指数
超大城市	56.65	44.72	39.36	62.36	73.86	60.87
特大城市	48.01	33.32	30.29	56.61	63.72	54.16
大城市	44.80	28.50	27.57	46.44	66.34	63.35
中等城市	40.50	24.83	25.12	37.68	64.80	62.65
小城市	38.11	22.61	22.94	31.97	66.39	61.47
全国平均	43.52	25.27	25.13	38.14	65.93	62.12

如表4所示，特大城市的健康经济、健康文化、健康社会指数均较高，表明较大城市规模带来了明显的集聚优势和规模效益，投资效率和资源利用效率较高，在社会保障、公共服务和文化消费等方面的发展水平也较高，因而健康发展的总体指数也较高。但较高的经济密度也给这些城市带来了较大的资源环境负荷。其中，特大城市组的综合发展指数虽然高于大城市、中等城市和小城市规模组，但分项指标的不平衡问题突出，健康环境和健康管理指数居于各规模城市组末位，城市健康发展存在明显短板，环境质量和城市安全保障能力尤为堪忧，且没有一座特大城市入围全国28座健康城市。

大城市、中等城市组的城市人口规模和经济密度低于特大、超大城市，环境负荷较低、经济绩效较高、环境质量良好。如表5所示，在全国28座

健康城市中，其中有 24 座来自大城市和中等城市组，占健康城市总数的86%，显示出这一规模组的城市处于经济效益、资源环境和民生建设相对均衡发展的状态。

表5 2015年全国28座健康城市的城市规模分布情况

城市规模	健康城市
超大城市（3）	深圳、上海、广州、
特大城市（0）	—
大城市（15）	佛山、苏州、杭州、宁波、长沙、无锡、厦门、温州、扬州、福州、大庆、西安、昆明、潍坊、银川
中等城市（9）	绍兴、东营、镇江、中山、岳阳、滨州、湘潭、株洲、泰安、
小城市（1）	龙岩

注：括号中数字为健康城市数量。

与国际经验类似，我国特大城市和超大城市的投资效率仍然较高，小城市的资本利用效率最低，而且这种情况还在不断加剧。评价结果显示，人口低于50万的小城市，健康经济指数仅为特大城市的一半，这种现象在各地普遍存在。例如，一些中小城市出于政府绩效和快速回收资金的考量，由政府牵头开发的"新城"变成了与市场需求脱节的"空城"，加之有限的地方财力，在基础设施建设、公共服务配套等方面的发展也相对滞后。如何激发小城市的发展活力、提升经济效益和完善公共服务水平，是未来我国小城市健康发展需要解决的关键问题。

三 结语与展望

回顾"十二五"，我国城市的健康发展取得了显著成效，由健康理念的丰富、顶层设计的完善，再到地方实践的全面开展，都取得了长足进步，切实推进了我国城市的健康发展，提升了城镇化发展质量和城市运行效率。展望"十三五"，如何应对快速城镇化给城市健康带来的挑战，仍是我们面临的重大课题。本文建议未来我国城市的发展应着力从以下几个方面着手，以

期通过健康城市建设，助推全面建成小康社会和"健康中国2030"战略目标的实现。

一是在统筹建设层面，应更加注重均衡化发展，包括城乡之间的均衡、区域之间的均衡和大中小城市之间的均衡。尤其是要积极开展健康村镇建设工作，通过完善村镇基础设施条件、改善人居环境卫生面貌、健全健康服务体系等方面，切实推进城乡健康服务的均衡化发展。

二是在规划设计层面，应在国家顶层设计框架体系下，探索符合地方特色的"健康型城市规划"。城市规划及其相关公共政策影响到健康城市的方方面面，在促进城市健康发展方面发挥着至关重要的作用。因此，各地应结合健康城市目标，进行科学的健康城市规划和设计。

三是在技术应用层面，应更加注重借助智慧化、信息化的手段，推动健康城市的智慧发展。当前已有不少城市借力智慧城市建设，在智慧医疗、智慧服务、智慧管理、智慧教育等领域积极探索。未来，各地应继续深化信息化的智慧应用，推动形成智能高效的健康城市管理模式，如健全城乡基层医疗卫生服务体系，提高疾病预防控制能力，加强远程教育、远程医疗服务的发展，不断提升落后地区的教育和健康水平等。

四是在理论研究层面，应更加注重多学科的互动融合。城市在一定程度上是各种社会问题交互作用和集聚的"爆发点"，单纯基于公共卫生的认知模式难以有效解释和应对日益复杂的城市健康问题。未来，应基于多学科融合视角，分析、探寻影响城市健康发展的社会、经济、环境、生态、文化等影响因素及其作用机理，寻找更加系统有效的解决方案。

参考文献

王鸿春：《建设健康城市，保障和改善民生》，《红旗文稿》2011年第23期。

陈柳钦：《健康城市建设及其发展趋势》，《中国市场》2010年第33期。

魏后凯：《中国特大城市的过度扩张及其治理策略》，《城市与环境研究》，2015年第2期。

魏后凯:《新区域经济战略中的东北棋局》,《人民论坛》2015 年第 24 期。
马祖琦:《健康城市与城市健康——国际视野下的公共政策研究》,东南大学出版社,2015。
翟羽佳:《国家健康城市计划的理论与实践》,《管理改革评论》2014 年第 7 期。

附件

城市健康发展指数评价方法

本文通过对 2014~2015 年间中国城市发展回顾与分析,综合考察并评价当前中国城市健康发展状态和发展水平,评价对象是中国大陆地区经国务院批准设置的除拉萨市、儋州市和三沙市以外的 288 座地级及以上城市。

一 数据来源

本文城市健康发展评价所采用的数据主要来源于:2014 年、2015 年中国统计年鉴、中国城市建设统计年鉴、中国城市统计年鉴、中国省市经济发展年鉴、各省市统计年鉴、各城市国民经济与社会发展统计公报、各省及各城市环境状况公报、各城市官方网站数据等。

二 数据处理

(一)数据的标准化

城市健康发展评价包括经济、社会、环境、文化和管理等诸多方面,涉及大量不同性质的指标和数据,具有不同的量纲和数量级,往往无法直接进行加总和比较,需要对所有数据进行标准化处理,包括所有指标数据的无量纲化处理和逆指标的同趋化处理等。本文采用指数化法对各类指标数据进行标准化处理,具体方法如下。

1. 正指标的标准化：

$$Y_n = \frac{y_n - \min\limits_{1 \leq n \leq p}(y_n)}{\max\limits_{1 \leq n \leq p}(y_n) - \min\limits_{1 \leq n \leq p}(y_n)}$$

2. 逆指标的标准化：

$$Y_n = \frac{\max\limits_{1 \leq n \leq p}(y_n) - y_n}{\max\limits_{1 \leq n \leq p}(y_n) - \min\limits_{1 \leq n \leq p}(y_n)}$$

公式中，Y_n 为 n 指标的标准化值；y_n 为某城市 n 指标的原始值；$\max(y_n)$ 为各城市 n 指标的最大样本值；$\min(y_n)$ 为各城市 n 指标的最小样本值。

（二）缺失数据的弥补

由于资料的获取原因，个别城市的部分指标可能出现数据缺失。在这种情况下，我们一般利用该城市该项指标的历史数据进行回归分析并通过趋势预测填补该缺失数据，具体公式如下：

$$x_t = \partial_0 + \partial_1 y_t + \varepsilon$$

公式中，x_t 表示该城市该项指标在预测目标年（即数据缺失的年份）的数值；∂_0 表示回归常数；∂_1 表示回归参数；ε 表示随机误差；y_t 表示第 t 期自变量的值。

在指标数据和该项指标历史数据均缺失的情况下，则采用该城市所属省份的所有城市该项指标的均值替代。

$$\bar{x} = \frac{\sum\limits_{i=1}^{n} x_i}{n} \quad i = (1, 2 \cdots n)$$

公式中，$\bar{x}$ 表示该城市所属省份所有城市在该指标项（即缺失指标项）上的均值；x_i 表示该省份第 i 城市的该项指标值；n 代表该省份地级以上的城市数量。

三 评价方法

德尔菲法是进行多指标综合评价最常用的方法，主要通过集成专家的知识积累和经验，对各项指标进行赋权。而因子分析法则是利用各指标因子之间的相关性，将其转化为少数几个公因子，再以各个公因子的方差贡献率确定其指标权重，进行客观赋权。本文将两种方法结合起来，先通过德尔菲法初步确定指标权重，再利用因子分析法进行检验和校正，对城市健康发展指数进行综合评价。具体如下。

（一）利用德尔菲法进行指标赋权

根据城市健康发展评价所涉及的知识领域，组织不同专业背景的专家进行小组讨论和专家赋权，在多次反馈和对专家意见进行汇总后，逐级确定各项指标的权重，对城市健康发展指数进行预评价和预测算。

（二）利用因子分析法进行检验校正

1. 建立因子分析模型

$$\begin{cases} x_1 = a_{11}F_1 + a_{12}F_2 + \cdots + a_{1m}F_m + a_1\varepsilon_1 \\ x_2 = a_{21}F_1 + a_{22}F_2 + \cdots + a_{2m}F_m + a_2\varepsilon_2 \\ \cdots \\ x_n = a_{n1}F_1 + a_{n2}F_2 + \cdots + a_{nm}F_m + a_n\varepsilon_n \end{cases} \quad (1)$$

其中 x_1、$x_2 \cdots x_n$ 为 n 个原变量，F_1、$F_2 \cdots F_m$ 为 m 个因子变量，m < n。

2. 进行矩阵转换

$$X_i = HE_j + \varepsilon_i = \sum_{j=1}^{n} h_{ij}e_j + \varepsilon_i$$
$$(1 \leq i \leq p, 1 \leq j \leq m) \quad (2)$$

其中：H 为因子载荷阵，E_j 为公因子，h_{ij} 为因子载荷，ε_i 为残差。

3. 求解公因子

利用上述模型，使用 SPSS 软件进行因子分析，采用最大方差正交旋转法（Varima）求解公因子，计算各因子的变量得分和综合得分，并对其显著性水平进行测度。

（三）进行 UHDI 指数的综合评价

对因子分析法和德尔菲法的预测算结果进行比较研究及专家讨论，重新校正和调整城市健康发展评价指标体系的指标因子及其权重分布，建立综合评价模型，在分别计算得出健康经济指数、健康文化指数、健康社会指数、健康环境指数、健康管理指数的基础上，综合计算和形成城市健康发展指数（UHDI）。

$$I_h = \sum_{j=m}^{i=n} \lambda_i \lambda_{ij} Z_{ij} \qquad (1)$$

$$UHDI = \sum_{h=1}^{5} A_h I_h \qquad (2)$$

其中：$I_{h(h=1、2、3、4、5)}$ 分别为健康经济指数、健康文化指数、健康社会指数、健康环境指数和健康管理指数，λ_i 为 i 项指标的权重，λ_{ij} 为 i 项指标下的第 j 因子变量的权重，Z_{ij} 为 i 项指标下的第 j 因子变量的标准化值，m 为各指标所包含的因子数量，n 为各指数所包含的指标数量，UHDI 为城市健康发展指数，$I_{h(h=1、2、3、4、5)}$ 为各分项指数，$A_{h(h=1、2、3、4、5)}$ 为各分项指数的权重。具体评价结果请见附表 1-5。

附表 1 2015 中国城市健康发展评价

城市	城市健康发展指数	排名	健康经济	健康文化	健康社会	健康环境	健康管理
深圳市	65.17	1	50.68	46.23	73.56	88.04	58.93
北京市	60.65	2	47.06	46.26	77.81	64.99	56.09
上海市	59.26	3	48.69	48.53	67.04	68.54	59.84
珠海市	58.20	4	33.23	53.53	66.53	80.55	57.92
杭州市	57.48	5	41.34	39.40	72.85	66.66	60.50
广州市	57.46	6	39.64	41.39	63.53	77.67	67.45
宁波市	56.99	7	41.11	41.75	70.04	69.81	54.72

续表

城市	城市健康发展指数	排名	健康经济	健康文化	健康社会	健康环境	健康管理
佛山市	55.38	8	41.69	34.33	60.68	73.00	70.06
苏州市	54.40	10	41.63	30.37	66.84	66.57	60.69
无锡市	53.81	11	36.32	37.17	64.59	66.49	64.78
东莞市	53.74	12	33.86	39.69	76.97	71.25	19.75
中山市	53.65	13	34.60	27.60	65.89	73.19	64.54
厦门市	53.48	14	36.22	25.68	61.18	80.31	61.60
泉州市	53.07	15	29.74	23.20	65.82	79.40	65.31
温州市	52.90	16	32.91	37.67	60.66	72.90	62.41
长沙市	52.51	17	37.41	28.98	62.97	67.34	64.57
福州市	52.46	18	30.49	27.23	61.37	79.05	65.31
南京市	51.60	19	38.10	43.88	54.55	62.91	65.46
惠州市	51.20	20	24.29	25.45	64.42	78.59	62.62
绍兴市	50.93	21	36.41	30.25	54.49	71.65	66.13
湖州市	50.89	22	32.01	43.23	48.47	79.04	60.57
威海市	50.88	23	34.60	27.65	52.51	78.36	66.55
丽水市	50.83	24	31.74	32.72	57.27	74.27	59.55
东营市	50.77	25	36.35	39.73	49.49	68.55	71.61
镇江市	50.47	26	35.25	32.13	55.30	68.75	64.94
合肥市	50.38	27	28.83	42.99	56.85	69.13	58.38
昆明市	50.26	28	28.63	45.81	48.68	70.94	74.43
大庆市	50.23	29	30.01	37.53	40.55	78.20	92.89
武汉市	50.15	30	34.10	31.66	59.92	64.04	60.93
常州市	50.07	31	38.69	28.55	53.95	68.86	61.56
龙岩市	49.90	32	31.25	29.33	51.53	79.42	63.43
青岛市	49.61	33	33.34	27.31	53.47	75.77	59.83
株洲市	49.58	34	28.16	34.91	53.46	71.09	70.49
克拉玛依市	49.51	35	30.93	31.93	50.52	80.16	58.00
三明市	49.41	36	25.78	41.88	50.51	77.24	60.84
嘉兴市	49.16	37	33.54	36.77	53.13	67.50	58.17
湘潭市	49.00	38	30.14	42.53	45.91	74.82	63.45
济南市	48.14	39	34.46	37.32	54.89	58.04	58.56
舟山市	47.95	40	34.65	28.57	48.21	75.09	55.21
台州市	47.79	41	32.83	32.87	45.40	75.18	59.94
呼和浩特市	47.53	42	32.58	27.59	45.04	61.46	94.40

续表

城市	城市健康发展指数	排名	健康经济	健康文化	健康社会	健康环境	健康管理
铜陵市	47.44	43	28.36	38.51	46.56	73.62	58.87
贵阳市	47.40	44	26.24	46.07	45.00	71.63	61.05
黄山市	47.27	45	23.52	58.59	35.48	85.03	49.50
大连市	47.21	46	28.72	30.03	56.06	64.96	57.11
烟台市	47.16	47	29.42	20.98	50.50	74.16	66.72
南通市	47.09	48	31.88	24.28	52.23	67.15	63.74
晋城市	47.06	49	28.23	35.61	52.41	67.89	53.57
盘锦市	46.87	50	32.09	30.31	47.32	70.33	60.34
玉溪市	46.86	51	31.83	44.58	35.97	63.82	86.65
沈阳市	46.76	52	33.98	30.07	48.94	64.35	62.04
岳阳市	46.60	53	30.58	41.22	38.19	74.22	64.73
漳州市	46.36	54	24.24	20.39	49.75	77.87	67.41
南宁市	46.04	55	23.87	42.81	41.79	73.00	65.20
泰州市	46.00	56	31.98	25.86	51.32	62.73	61.87
许昌市	45.89	57	21.73	31.85	58.62	60.56	59.82
天津市	45.83	58	31.33	17.39	55.21	66.11	56.07
咸阳市	45.76	59	25.97	22.68	47.35	64.03	88.49
秦皇岛市	45.60	60	27.93	27.24	45.48	73.90	61.04
西安市	45.43	61	29.57	30.24	45.35	66.31	66.37
长春市	45.43	62	29.27	37.57	43.04	66.04	63.56
扬州市	45.39	63	32.55	37.91	39.22	65.56	66.85
桂林市	45.31	64	22.08	36.72	47.94	68.79	61.37
黄石市	45.28	65	23.58	31.10	50.83	64.38	65.93
包头市	45.23	66	34.00	28.50	46.64	61.91	60.77
江门市	45.15	67	22.13	21.19	52.47	76.44	54.09
淄博市	45.11	68	30.85	25.82	45.89	61.38	74.79
马鞍山市	44.87	69	28.09	35.98	43.04	66.88	61.64
三门峡市	44.85	70	25.67	36.12	52.95	57.00	57.36
成都市	44.85	71	29.44	21.73	50.37	61.68	67.81
太原市	44.65	72	24.89	38.83	46.44	60.67	65.30
盐城市	44.64	73	27.61	40.13	41.71	65.75	60.52
云浮市	44.47	74	31.59	20.17	36.74	68.75	87.72
银川市	44.46	75	26.26	39.25	40.95	70.49	56.29
嘉峪关市	44.44	76	23.81	47.36	36.31	68.34	68.25

续表

城市	城市健康发展指数	排名	健康经济	健康文化	健康社会	健康环境	健康管理
沧州市	44.35	77	30.09	23.10	48.82	62.88	61.44
延安市	43.94	78	26.68	22.28	47.16	66.30	65.16
衢州市	43.93	79	27.53	25.93	44.75	71.32	54.75
滨州市	43.82	80	30.42	28.36	40.53	67.92	62.19
金华市	43.78	81	33.57	26.92	41.11	66.89	56.40
柳州市	43.72	82	24.64	19.23	50.03	63.28	70.09
哈尔滨市	43.64	83	25.30	36.58	42.46	64.25	62.35
景德镇市	43.57	84	24.96	21.66	42.94	76.45	59.15
海口市	43.49	85	24.16	24.20	40.12	80.17	57.47
三亚市	43.47	86	25.17	22.38	43.19	76.02	56.57
南昌市	43.44	87	27.60	24.87	37.87	74.61	65.27
丽江市	43.24	88	22.00	38.05	34.85	77.46	60.82
芜湖市	43.12	89	26.66	26.69	44.94	69.13	51.41
泰安市	42.97	90	26.85	31.08	39.99	66.09	63.79
新余市	42.97	91	27.43	28.73	31.33	79.66	64.68
常德市	42.85	92	33.04	33.66	30.09	70.53	64.12
锦州市	42.83	93	26.25	29.97	45.02	61.81	59.05
黄冈市	42.80	94	18.55	26.07	57.09	51.50	68.27
宜昌市	42.76	95	27.19	21.68	46.46	62.61	62.50
乌鲁木齐市	42.53	96	26.76	28.80	42.77	64.21	58.54
潍坊市	42.53	97	28.15	26.36	39.37	66.92	63.45
攀枝花市	42.43	98	32.46	21.56	45.36	55.76	63.23
北海市	42.39	99	26.91	8.32	35.37	85.76	66.53
连云港市	42.38	100	28.31	28.91	40.69	64.67	58.30
曲靖市	42.35	101	24.41	28.40	31.96	73.71	76.61
鹰潭市	42.33	102	27.70	29.39	33.71	75.08	58.71
绵阳市	42.30	103	21.59	26.00	43.21	69.75	60.89
本溪市	42.27	104	25.10	19.34	48.12	62.82	60.91
金昌市	42.25	105	22.58	42.43	33.78	63.22	74.59
日照市	42.02	106	27.37	20.28	35.20	73.88	68.05
汕头市	41.93	107	34.38	11.25	38.57	70.16	60.49
石家庄市	41.90	108	30.00	24.00	42.78	57.18	65.30
临沂市	41.90	109	29.34	16.48	39.13	68.48	66.52
遵义市	41.84	110	22.04	42.61	33.48	65.03	68.82

续表

城市	城市健康发展指数	排名	健康经济	健康文化	健康社会	健康环境	健康管理
宁德市	41.79	111	22.73	18.94	41.04	74.18	61.19
长治市	41.76	112	24.51	25.97	45.71	60.96	58.37
吉安市	41.50	113	22.59	27.14	34.27	75.92	63.18
阳江市	41.42	114	20.43	15.00	45.15	73.15	58.84
洛阳市	41.28	115	27.62	27.99	42.29	56.69	61.50
河源市	41.28	116	19.49	16.38	47.83	69.14	57.70
安庆市	41.11	117	20.88	29.18	37.13	72.04	59.68
蚌埠市	40.99	118	22.28	25.75	43.17	63.50	59.08
九江市	40.98	119	27.88	23.69	38.89	62.48	62.92
新乡市	40.80	120	22.90	24.91	44.73	57.61	63.94
营口市	40.79	121	32.98	24.59	34.22	62.24	61.44
乌海市	40.76	122	31.17	29.74	35.09	58.80	62.21
重庆市	40.73	123	37.50	14.41	29.89	70.09	62.05
衡阳市	40.71	124	24.03	9.15	49.55	63.64	57.35
松原市	40.70	125	27.22	20.66	35.22	67.43	67.42
肇庆市	40.69	126	7.87	32.79	49.19	66.44	57.58
郴州市	40.68	127	26.32	23.79	34.51	66.75	68.30
荆门市	40.64	128	23.98	23.79	41.58	62.36	61.28
娄底市	40.62	129	22.01	32.86	29.16	75.37	63.62
萍乡市	40.60	130	24.35	24.53	33.80	72.80	61.36
怀化市	40.55	131	22.32	27.47	37.26	68.92	58.87
德阳市	40.48	132	22.97	22.23	38.99	68.05	60.96
丹东市	40.45	133	17.09	23.51	42.23	66.19	67.41
廊坊市	40.39	134	26.73	22.70	43.21	48.11	77.19
石嘴山市	40.39	135	21.32	26.38	38.55	68.94	57.46
阜新市	40.34	136	23.61	18.49	41.09	68.65	56.06
西宁市	40.33	137	23.01	24.20	36.01	65.53	70.38
普洱市	40.33	138	17.07	31.19	39.17	68.03	60.24
随州市	40.32	139	21.84	35.54	23.43	80.97	63.09
辽源市	40.32	140	25.46	29.08	33.84	66.44	61.54
莱芜市	40.31	141	25.91	19.09	42.15	60.58	62.13
莆田市	40.30	142	26.97	10.73	34.13	76.38	64.34
济宁市	40.15	143	23.06	14.93	46.09	61.12	60.99
濮阳市	40.08	144	23.17	27.27	40.70	59.19	61.50

续表

城市	城市健康发展指数	排名	健康经济	健康文化	健康社会	健康环境	健康管理
安阳市	40.03	145	23.91	28.20	41.87	55.86	60.87
郑州市	40.01	146	28.53	19.04	44.05	53.64	60.71
梅州市	39.94	147	17.55	22.42	39.40	75.58	52.57
朔州市	39.93	148	28.56	42.73	24.15	64.47	62.40
平顶山市	39.87	149	22.79	22.89	46.24	54.32	59.98
铜川市	39.69	150	21.41	29.74	34.52	67.54	60.13
晋中市	39.69	151	22.75	27.58	33.86	65.03	66.94
韶关市	39.67	152	18.07	23.49	37.83	69.94	62.91
聊城市	39.64	153	27.18	27.51	32.37	66.49	57.03
辽阳市	39.58	154	23.78	26.87	38.62	61.02	58.15
十堰市	39.55	155	22.26	22.89	37.17	62.59	68.84
开封市	39.52	156	26.29	27.44	41.27	50.41	63.68
榆林市	39.48	157	26.29	17.35	34.08	64.70	71.42
汉中市	39.47	158	21.92	18.29	39.19	64.00	66.93
茂名市	39.44	159	29.36	9.75	30.17	75.12	65.58
湛江市	39.31	160	20.14	23.68	32.14	74.67	61.45
抚顺市	39.18	161	23.41	15.53	41.91	61.60	61.06
吉林市	39.10	162	24.96	24.45	39.30	55.75	62.54
抚州市	39.10	163	23.50	28.96	23.01	76.41	66.99
呼伦贝尔市	39.03	164	23.36	22.93	34.07	60.84	73.67
酒泉市	38.99	165	24.88	24.71	24.55	74.39	68.24
衡水市	38.93	166	26.47	27.41	35.03	53.84	69.21
大同市	38.92	167	21.88	31.32	29.11	70.03	60.10
宝鸡市	38.87	168	24.41	23.45	33.53	65.14	61.59
张家口市	38.79	169	21.83	15.67	36.64	63.83	72.25
徐州市	38.77	170	26.29	18.46	35.89	59.88	66.89
鹤壁市	38.74	171	23.09	32.42	32.65	60.39	62.34
六盘水市	38.71	172	22.27	31.41	29.27	60.73	75.00
上饶市	38.68	173	18.74	19.67	34.98	68.72	68.07
临汾市	38.66	174	22.29	33.21	34.37	57.70	62.52
咸宁市	38.58	175	21.73	23.41	33.64	68.79	57.87
宜春市	38.55	176	20.99	24.45	26.26	77.74	62.13
德州市	38.51	177	29.78	25.34	27.78	58.00	73.34
宿迁市	38.24	178	20.91	38.45	30.67	61.07	58.33

续表

城市	城市健康发展指数	排名	健康经济	健康文化	健康社会	健康环境	健康管理
驻马店市	38.24	179	20.88	28.45	35.11	61.19	59.83
淮安市	38.24	180	26.95	27.28	30.18	62.30	58.97
益阳市	38.23	181	23.75	22.89	29.23	70.70	59.45
永州市	38.22	182	18.96	16.69	33.44	71.66	66.13
四平市	38.19	183	21.63	20.36	43.30	55.34	56.69
张家界市	38.17	184	23.08	32.60	26.45	69.04	57.74
邢台市	38.14	185	20.96	15.79	39.13	56.49	74.95
淮北市	38.12	186	20.03	20.26	29.69	76.08	59.48
铜仁市	38.08	187	21.02	26.23	29.25	71.08	58.96
玉林市	38.00	188	20.03	24.11	28.87	73.35	60.43
漯河市	37.95	189	22.70	20.14	38.12	57.43	63.38
承德市	37.79	190	21.25	32.41	35.26	56.39	57.61
朝阳市	37.75	191	23.63	22.39	31.28	66.14	58.72
焦作市	37.67	192	24.69	25.34	36.79	52.82	60.95
巴彦淖尔市	37.52	193	25.58	19.42	24.90	70.06	67.30
赣州市	37.52	194	23.15	13.79	39.05	58.47	62.56
鞍山市	37.50	195	23.88	26.07	35.81	55.67	57.41
牡丹江市	37.48	196	18.52	35.38	34.75	56.39	58.43
襄阳市	37.48	197	23.10	20.71	35.87	57.45	63.48
临沧市	37.43	198	18.06	33.54	25.49	72.49	57.43
唐山市	37.36	199	31.71	18.07	29.44	55.75	67.44
潮州市	37.30	200	20.66	14.99	28.42	74.32	64.96
梧州市	37.30	201	23.95	14.80	32.66	65.25	62.45
兰州市	37.21	202	25.01	24.70	39.26	46.86	60.99
菏泽市	37.19	203	25.11	21.14	30.74	61.74	61.73
防城港市	37.05	204	26.81	3.15	37.24	65.22	56.58
安顺市	36.99	205	20.37	32.59	26.32	65.33	60.51
佳木斯市	36.99	206	23.20	20.58	28.36	68.30	59.32
邵阳市	36.96	207	20.05	28.41	32.53	60.88	57.48
邯郸市	36.84	208	21.75	19.30	33.52	60.83	62.88
枣庄市	36.83	209	24.05	19.83	30.63	61.43	63.67
通化市	36.80	210	22.00	19.40	40.32	51.57	59.79
中卫市	36.75	211	22.19	16.85	31.48	68.44	55.42
池州市	36.63	212	23.15	22.92	23.85	75.64	51.23

续表

城市	城市健康发展指数	排名	健康经济	健康文化	健康社会	健康环境	健康管理
渭南市	36.52	213	20.57	14.81	34.01	62.83	63.87
赤峰市	36.42	214	22.51	24.19	27.49	60.16	68.83
信阳市	36.36	215	17.98	12.50	30.42	69.45	69.70
通辽市	36.32	216	30.31	20.50	20.88	61.40	71.27
运城市	36.31	217	21.54	26.90	29.48	57.72	65.04
乐山市	36.30	218	21.50	9.84	34.82	65.72	58.63
商洛市	36.22	219	21.55	17.10	36.07	57.25	59.95
滁州市	36.16	220	21.70	13.14	32.93	66.75	55.29
南平市	36.09	221	21.76	17.08	27.49	69.94	58.54
宣城市	36.08	222	30.92	20.90	19.84	68.14	56.41
清远市	36.03	223	16.57	15.24	38.29	61.08	59.05
汕尾市	35.91	224	18.42	14.19	28.53	73.41	59.41
宜宾市	35.91	225	21.20	13.66	32.44	64.68	58.89
河池市	35.90	226	19.40	20.88	33.19	57.69	64.25
揭阳市	35.74	227	19.00	10.51	38.92	53.37	70.61
百色市	35.73	228	18.26	12.79	30.99	64.88	69.76
保山市	35.72	229	22.72	26.62	21.32	68.98	58.56
南阳市	35.68	230	21.41	21.37	37.55	49.00	60.55
资阳市	35.64	231	23.90	15.59	24.98	68.15	62.06
钦州市	35.61	232	22.32	16.36	25.48	68.05	63.21
安康市	35.57	233	21.74	14.85	27.16	68.52	60.56
黑河市	35.54	234	20.81	20.27	26.27	70.61	52.90
乌兰察布市	35.51	235	20.69	23.82	19.61	73.84	61.10
眉山市	35.50	236	22.38	15.26	29.95	59.26	67.80
雅安市	35.26	237	19.36	25.44	25.29	68.06	54.08
齐齐哈尔市	35.25	238	19.98	14.96	34.47	58.46	59.76
达州市	35.24	239	34.67	12.63	22.82	57.25	63.89
淮南市	35.12	240	19.76	17.69	28.52	68.01	53.68
广元市	35.06	241	17.59	9.15	28.87	74.69	56.93
泸州市	35.06	242	22.01	13.16	35.12	55.23	59.95
鄂州市	34.99	243	21.90	11.02	32.08	57.99	66.34
阜阳市	34.94	244	22.14	17.65	29.51	60.77	57.50
白城市	34.74	245	25.45	20.56	27.28	57.79	55.57
保定市	34.70	246	18.62	18.46	36.59	50.93	61.14

续表

城市	城市健康发展指数	排名	健康经济	健康文化	健康社会	健康环境	健康管理
海东市	34.51	247	22.61	32.88	18.15	65.35	54.13
自贡市	34.46	248	20.55	14.83	27.98	61.85	63.39
白银市	34.46	249	17.57	19.58	29.60	60.24	61.99
亳州市	34.42	250	21.65	12.30	22.17	75.06	54.98
吕梁市	34.27	251	23.35	18.82	24.83	62.66	56.30
庆阳市	34.20	252	19.61	18.66	29.21	57.49	62.41
荆州市	34.12	253	21.70	24.30	34.21	42.96	61.90
忻州市	34.09	254	19.80	34.03	22.71	55.70	60.79
毕节市	33.97	255	20.55	21.80	21.96	63.66	62.47
双鸭山市	33.86	256	16.57	27.33	21.51	67.79	56.06
来宾市	33.76	257	20.61	17.32	22.23	67.04	59.28
葫芦岛市	33.73	258	20.28	21.08	23.65	59.48	65.03
商丘市	33.68	259	21.67	16.29	27.20	59.43	57.68
张掖市	33.54	260	18.06	25.24	26.87	57.52	56.77
内江市	33.48	261	20.78	9.92	22.46	70.05	60.48
铁岭市	33.46	262	12.90	19.20	24.72	67.95	63.51
周口市	33.46	263	22.37	12.56	26.73	60.53	58.63
武威市	33.45	264	20.68	25.78	18.44	66.04	56.77
七台河市	33.36	265	17.03	15.06	24.21	69.18	57.38
伊春市	33.30	266	16.99	21.66	25.25	63.59	55.06
广安市	33.19	267	21.13	12.29	24.69	63.45	59.65
阳泉市	33.05	268	21.28	19.17	28.16	51.41	61.22
绥化市	33.03	269	23.41	14.19	12.57	76.57	59.68
贺州市	32.95	270	20.60	11.68	21.14	68.47	60.12
孝感市	32.85	271	21.01	20.53	26.97	53.59	57.05
贵港市	32.79	272	18.95	11.41	28.55	58.93	60.48
遂宁市	32.06	273	16.99	12.74	21.07	66.52	62.77
固原市	32.01	274	20.89	17.85	17.28	66.58	56.12
宿州市	31.83	275	21.02	12.60	21.27	58.50	66.01
鸡西市	31.72	276	16.58	5.86	27.96	62.27	58.56
南充市	31.68	277	16.90	6.63	25.84	63.93	59.23

续表

城市	城市健康发展指数	排名	健康经济	健康文化	健康社会	健康环境	健康管理
平凉市	31.65	278	18.79	17.26	21.79	58.29	61.66
吴忠市	31.45	279	22.96	20.00	17.51	60.65	53.23
鹤岗市	31.04	280	9.92	18.66	22.86	66.46	56.12
崇左市	30.89	281	18.73	10.58	24.62	57.32	57.76
六安市	30.18	282	20.61	6.48	19.22	64.79	53.30
定西市	29.79	283	17.78	21.09	18.14	54.99	57.47
巴中市	29.29	284	14.91	15.35	11.63	70.90	55.87
白山市	29.22	285	19.64	15.09	22.68	45.92	60.63
天水市	29.21	286	19.23	17.91	16.80	53.78	59.16
昭通市	28.05	287	19.70	22.18	14.25	47.34	60.52
陇南市	25.88	288	18.01	19.90	17.24	36.86	58.46

附表 2 超大城市健康发展评价

城市	城市健康发展指数	排名	健康经济	健康文化	健康社会	健康环境	健康管理
深圳市	65.17	1	50.68	46.23	73.56	88.04	58.93
北京市	60.65	2	47.06	46.26	77.81	64.99	56.09
上海市	59.26	3	48.69	48.53	67.04	68.54	59.84
广州市	57.46	4	39.64	41.39	63.53	77.67	67.45
重庆市	40.73	5	37.50	14.41	29.89	70.09	62.05

附表 3 特大城市健康发展评价

城市	城市健康发展指数	排名	健康经济	健康文化	健康社会	健康环境	健康管理
东莞市	53.74	1	33.86	39.69	76.97	71.25	19.75
南京市	51.60	2	38.10	43.88	54.55	62.91	65.46
武汉市	50.15	3	34.10	31.66	59.92	64.04	60.93
沈阳市	46.76	4	33.98	30.07	48.94	64.35	62.04
天津市	45.83	5	31.33	17.39	55.21	66.11	56.07
郑州市	40.01	6	28.53	19.04	44.05	53.64	60.71

附表 4　大城市健康发展评价

城市	城市健康发展指数	排名	健康经济	健康文化	健康社会	健康环境	健康管理
珠 海 市	58.20	1	33.23	53.53	66.53	80.55	57.92
杭 州 市	57.48	2	41.34	39.40	72.85	66.66	60.50
宁 波 市	56.99	3	41.11	41.75	70.04	69.81	54.72
佛 山 市	55.38	4	41.69	34.33	60.68	73.00	70.06
苏 州 市	54.40	5	41.63	30.37	66.84	66.57	60.69
无 锡 市	53.81	6	36.32	37.17	64.59	66.49	64.78
厦 门 市	53.48	7	36.22	25.68	61.18	80.31	61.60
泉 州 市	53.07	8	29.74	23.20	65.82	79.40	65.31
温 州 市	52.90	9	32.91	37.67	60.66	72.90	62.41
长 沙 市	52.51	10	37.41	28.98	62.97	67.34	64.57
福 州 市	52.46	11	30.49	27.23	61.37	79.05	65.31
惠 州 市	51.20	12	24.29	25.45	64.42	78.59	62.62
合 肥 市	50.38	13	28.83	42.99	56.85	69.13	58.38
昆 明 市	50.26	14	28.63	45.81	48.68	70.94	74.43
大 庆 市	50.23	15	30.01	37.53	40.55	78.20	92.89
常 州 市	50.07	16	38.69	28.55	53.95	68.86	61.56
青 岛 市	49.61	17	33.34	27.31	53.47	75.77	59.83
株 洲 市	49.58	18	28.16	34.91	53.46	71.09	70.49
济 南 市	48.14	19	34.46	37.32	54.89	58.04	58.56
台 州 市	47.79	20	32.83	32.87	45.40	75.18	59.94
呼和浩特市	47.53	21	32.58	27.59	45.04	61.46	94.40
贵 阳 市	47.40	22	26.24	46.07	45.00	71.63	61.05
大 连 市	47.21	23	28.72	30.03	56.06	64.96	57.11
烟 台 市	47.16	24	29.42	20.98	50.50	74.16	66.72
南 通 市	47.09	25	31.88	24.28	52.23	67.15	63.74
南 宁 市	46.04	26	23.87	42.81	41.79	73.00	65.20
西 安 市	45.43	27	29.57	30.24	45.35	66.31	66.37
长 春 市	45.43	28	29.27	37.57	43.04	66.04	63.56
扬 州 市	45.39	29	32.55	37.91	39.22	65.56	66.85
包 头 市	45.23	30	34.00	28.50	46.64	61.91	60.77
江 门 市	45.15	31	22.13	21.19	52.47	76.44	54.09
淄 博 市	45.11	32	30.85	25.82	45.89	61.38	74.79
成 都 市	44.85	33	29.44	21.73	50.37	61.68	67.81

续表

城市	城市健康发展指数	排名	健康经济	健康文化	健康社会	健康环境	健康管理
太原市	44.65	34	24.89	38.83	46.44	60.67	65.30
银川市	44.46	35	26.26	39.25	40.95	70.49	56.29
柳州市	43.72	36	24.64	19.23	50.03	63.28	70.09
哈尔滨市	43.64	37	25.30	36.58	42.46	64.25	62.35
海口市	43.49	38	24.16	24.20	40.12	80.17	57.47
南昌市	43.44	39	27.60	24.87	37.87	74.61	65.27
芜湖市	43.12	40	26.66	26.69	44.94	69.13	51.41
乌鲁木齐市	42.53	41	26.76	28.80	42.77	64.21	58.54
潍坊市	42.53	42	28.15	26.36	39.37	66.92	63.45
汕头市	41.93	43	34.38	11.25	38.57	70.16	60.49
石家庄市	41.90	44	30.00	24.00	42.78	57.18	65.30
临沂市	41.90	45	29.34	16.48	39.13	68.48	66.52
洛阳市	41.28	46	27.62	27.99	42.29	56.69	61.50
衡阳市	40.71	47	24.03	9.15	49.55	63.64	57.35
西宁市	40.33	48	23.01	24.20	36.01	65.53	70.38
济宁市	40.15	49	23.06	14.93	46.09	61.12	60.99
抚顺市	39.18	50	23.41	15.53	41.91	61.60	61.06
吉林市	39.10	51	24.96	24.45	39.30	55.75	62.54
大同市	38.92	52	21.88	31.32	29.11	70.03	60.10
徐州市	38.77	53	26.29	18.46	35.89	59.88	66.89
淮安市	38.24	54	26.95	27.28	30.18	62.30	58.97
鞍山市	37.50	55	23.88	26.07	35.81	55.67	57.41
唐山市	37.36	56	31.71	18.07	29.44	55.75	67.44
兰州市	37.21	57	25.01	24.70	39.26	46.86	60.99
邯郸市	36.84	58	21.75	19.30	33.52	60.83	62.88
南阳市	35.68	59	21.41	21.37	37.55	49.00	60.55
齐齐哈尔市	35.25	60	19.98	14.96	34.47	58.46	59.76
淮南市	35.12	61	19.76	17.69	28.52	68.01	53.68
泸州市	35.06	62	22.01	13.16	35.12	55.23	59.95
保定市	34.70	63	18.62	18.46	36.59	50.93	61.14
自贡市	34.46	64	20.55	14.83	27.98	61.85	63.39
南充市	31.68	65	16.90	6.63	25.84	63.93	59.23

附表5 中等城市健康发展评价

城市	城市健康发展指数	排名	健康经济	健康文化	健康社会	健康环境	健康管理
中山市	53.65	2	34.60	27.60	65.89	73.19	64.54
绍兴市	50.93	3	36.41	30.25	54.49	71.65	66.13
湖州市	50.89	4	32.01	43.23	48.47	79.04	60.57
威海市	50.88	5	34.60	27.65	52.51	78.36	66.55
东营市	50.77	6	36.35	39.73	49.49	68.55	71.61
镇江市	50.47	7	35.25	32.13	55.30	68.75	64.94
嘉兴市	49.16	8	33.54	36.77	53.13	67.50	58.17
湘潭市	49.00	9	30.14	42.53	45.91	74.82	63.45
盘锦市	46.87	10	32.09	30.31	47.32	70.33	60.34
岳阳市	46.60	11	30.58	41.22	38.19	74.22	64.73
泰州市	46.00	12	31.98	25.86	51.32	62.73	61.87
咸阳市	45.76	13	25.97	22.68	47.35	64.03	88.49
秦皇岛市	45.60	14	27.93	27.24	45.48	73.90	61.04
桂林市	45.31	15	22.08	36.72	47.94	68.79	61.37
黄石市	45.28	16	23.58	31.10	50.83	64.38	65.93
马鞍山市	44.87	17	28.09	35.98	43.04	66.88	61.64
盐城市	44.64	18	27.61	40.13	41.71	65.75	60.52
沧州市	44.35	19	30.09	23.10	48.82	62.88	61.44
滨州市	43.82	20	30.42	28.36	40.53	67.92	62.19
金华市	43.78	21	33.57	26.92	41.11	66.89	56.40
泰安市	42.97	22	26.85	31.08	39.99	66.09	63.79
常德市	42.85	23	33.04	33.66	30.09	70.53	64.12
锦州市	42.83	24	26.25	29.97	45.02	61.81	59.05
宜昌市	42.76	25	27.19	21.68	46.46	62.61	62.50
攀枝花市	42.43	26	32.46	21.56	45.36	55.76	63.23
连云港市	42.38	27	28.31	28.91	40.69	64.67	58.30
曲靖市	42.35	28	24.41	28.40	31.96	73.71	76.61
绵阳市	42.30	29	21.59	26.00	43.21	69.75	60.89
本溪市	42.27	30	25.10	19.34	48.12	62.82	60.91
日照市	42.02	31	27.37	20.28	35.20	73.88	68.05
遵义市	41.84	32	22.04	42.61	33.48	65.03	68.82
长治市	41.76	33	24.51	25.97	45.71	60.96	58.37
安庆市	41.11	34	20.88	29.18	37.13	72.04	59.68

续表

城市	城市健康发展指数	排名	健康经济	健康文化	健康社会	健康环境	健康管理
蚌埠市	40.99	35	22.28	25.75	43.17	63.50	59.08
九江市	40.98	36	27.88	23.69	38.89	62.48	62.92
新乡市	40.80	37	22.90	24.91	44.73	57.61	63.94
营口市	40.79	38	32.98	24.59	34.22	62.24	61.44
乌海市	40.76	39	31.17	29.74	35.09	58.80	62.21
肇庆市	40.69	40	7.87	32.79	49.19	66.44	57.58
郴州市	40.68	41	26.32	23.79	34.51	66.75	68.30
德阳市	40.48	42	22.97	22.23	38.99	68.05	60.96
丹东市	40.45	43	17.09	23.51	42.23	66.19	67.41
廊坊市	40.39	44	26.73	22.70	43.21	48.11	77.19
阜新市	40.34	45	23.61	18.49	41.09	68.65	56.06
辽源市	40.32	46	25.46	29.08	33.84	66.44	61.54
莆田市	40.30	47	26.97	10.73	34.13	76.38	64.34
安阳市	40.03	48	23.91	28.20	41.87	55.86	60.87
平顶山市	39.87	49	22.79	22.89	46.24	54.32	59.98
韶关市	39.67	50	18.07	23.49	37.83	69.94	62.91
聊城市	39.64	51	27.18	27.51	32.37	66.49	57.03
辽阳市	39.58	52	23.78	26.87	38.62	61.02	58.15
十堰市	39.55	53	22.26	22.89	37.17	62.59	68.84
开封市	39.52	54	26.29	27.44	41.27	50.41	63.68
湛江市	39.31	55	20.14	23.68	32.14	74.67	61.45
抚州市	39.10	56	23.50	28.96	23.01	76.41	66.99
宝鸡市	38.87	57	24.41	23.45	33.53	65.14	61.59
张家口市	38.79	58	21.83	15.67	36.64	63.83	72.25
宜春市	38.55	59	20.99	24.45	26.26	77.74	62.13
德州市	38.51	60	29.78	25.34	27.78	58.00	73.34
宿迁市	38.24	61	20.91	38.45	30.67	61.07	58.33
益阳市	38.23	62	23.75	22.89	29.23	70.70	59.45
永州市	38.22	63	18.96	16.69	33.44	71.66	66.13
四平市	38.19	64	21.63	20.36	43.30	55.34	56.69
邢台市	38.14	65	20.96	15.79	39.13	56.49	74.95
淮北市	38.12	66	20.03	20.26	29.69	76.08	59.48
玉林市	38.00	67	20.03	24.11	28.87	73.35	60.43
漯河市	37.95	68	22.70	20.14	38.12	57.43	63.38
承德市	37.79	69	21.25	32.41	35.26	56.39	57.61

续表

城市	城市健康发展指数	排名	健康经济	健康文化	健康社会	健康环境	健康管理
朝阳市	37.75	70	23.63	22.39	31.28	66.14	58.72
焦作市	37.67	71	24.69	25.34	36.79	52.82	60.95
牡丹江市	37.48	72	18.52	35.38	34.75	56.39	58.43
襄阳市	37.48	73	23.10	20.71	35.87	57.45	63.48
菏泽市	37.19	74	25.11	21.14	30.74	61.74	61.73
安顺市	36.99	75	20.37	32.59	26.32	65.33	60.51
佳木斯市	36.99	76	23.20	20.58	28.36	68.30	59.32
邵阳市	36.96	77	20.05	28.41	32.53	60.88	57.48
枣庄市	36.83	78	24.05	19.83	30.63	61.43	63.67
赤峰市	36.42	79	22.51	24.19	27.49	60.16	68.83
乐山市	36.30	80	21.50	9.84	34.82	65.72	58.63
宜宾市	35.91	81	21.20	13.66	32.44	64.68	58.89
揭阳市	35.74	82	19.00	10.51	38.92	53.37	70.61
达州市	35.24	83	34.67	12.63	22.82	57.25	63.89
阜阳市	34.94	84	22.14	17.65	29.51	60.77	57.50
荆州市	34.12	85	21.70	24.30	34.21	42.96	61.90
商丘市	33.68	86	21.67	16.29	27.20	59.43	57.68
内江市	33.48	87	20.78	9.92	22.46	70.05	60.48
伊春市	33.30	88	16.99	21.66	25.25	63.59	55.06
阳泉市	33.05	89	21.28	19.17	28.16	51.41	61.22
遂宁市	32.06	90	16.99	12.74	21.07	66.52	62.77
鸡西市	31.72	91	16.58	5.86	27.96	62.27	58.56
鹤岗市	31.04	92	9.92	18.66	22.86	66.46	56.12
六安市	30.18	93	20.61	6.48	19.22	64.79	53.30
天水市	29.21	94	19.23	17.91	16.80	53.78	59.16

附表6 小城市健康发展评价

城市	城市健康发展指数	排名	健康经济	健康文化	健康社会	健康环境	健康管理
丽水市	50.83	1	31.74	32.72	57.27	74.27	59.55
龙岩市	49.90	2	31.25	29.33	51.53	79.42	63.43
克拉玛依市	49.51	3	30.93	31.93	50.52	80.16	58.00
三明市	49.41	4	25.78	41.88	50.51	77.24	60.84

续表

城市	城市健康发展指数	排名	健康经济	健康文化	健康社会	健康环境	健康管理
舟山市	47.95	5	34.65	28.57	48.21	75.09	55.21
铜陵市	47.44	6	28.36	38.51	46.56	73.62	58.87
黄山市	47.27	7	23.52	58.59	35.48	85.03	49.50
晋城市	47.06	8	28.23	35.61	52.41	67.89	53.57
玉溪市	46.86	9	31.83	44.58	35.97	63.82	86.65
漳州市	46.36	10	24.24	20.39	49.75	77.87	67.41
许昌市	45.89	11	21.73	31.85	58.62	60.56	59.82
三门峡市	44.85	12	25.67	36.12	52.95	57.00	57.36
云浮市	44.47	13	31.59	20.17	36.74	68.75	87.72
嘉峪关市	44.44	14	23.81	47.36	36.31	68.34	68.25
延安市	43.94	15	26.68	22.28	47.16	66.30	65.16
衢州市	43.93	16	27.53	25.93	44.75	71.32	54.75
景德镇市	43.57	17	24.96	21.66	42.94	76.45	59.15
三亚市	43.47	18	25.17	22.38	43.19	76.02	56.57
丽江市	43.24	19	22.00	38.05	34.85	77.46	60.82
新余市	42.97	20	27.43	28.73	31.33	79.66	64.68
黄冈市	42.80	21	18.55	26.07	57.09	51.50	68.27
北海市	42.39	22	26.91	8.32	35.37	85.76	66.53
鹰潭市	42.33	23	27.70	29.39	33.71	75.08	58.71
金昌市	42.25	24	22.58	42.43	33.78	63.22	74.59
宁德市	41.79	25	22.73	18.94	41.04	74.18	61.19
吉安市	41.50	26	22.59	27.14	34.27	75.92	63.18
阳江市	41.42	27	20.43	15.00	45.15	73.15	58.84
河源市	41.28	28	19.49	16.38	47.83	69.14	57.70
松原市	40.70	29	27.22	20.66	35.22	67.43	67.42
荆门市	40.64	30	23.98	23.79	41.58	62.36	61.28
娄底市	40.62	31	22.01	32.86	29.16	75.37	63.62
萍乡市	40.60	32	24.35	24.53	33.80	72.80	61.36
怀化市	40.55	33	22.32	27.47	37.26	68.92	58.87
石嘴山市	40.39	34	21.32	26.38	38.55	68.94	57.46
普洱市	40.33	35	17.07	31.19	39.17	68.03	60.24
随州市	40.32	36	21.84	35.54	23.43	80.97	63.09
莱芜市	40.31	37	25.91	19.09	42.15	60.58	62.13
濮阳市	40.08	38	23.17	27.27	40.70	59.19	61.50

续表

城市	城市健康发展指数	排名	健康经济	健康文化	健康社会	健康环境	健康管理
梅州市	39.94	39	17.55	22.42	39.40	75.58	52.57
朔州市	39.93	40	28.56	42.73	24.15	64.47	62.40
铜川市	39.69	41	21.41	29.74	34.52	67.54	60.13
晋中市	39.69	42	22.75	27.58	33.86	65.03	66.94
榆林市	39.48	43	26.29	17.35	34.08	64.70	71.42
汉中市	39.47	44	21.92	18.29	39.19	64.00	66.93
茂名市	39.44	45	29.36	9.75	30.17	75.12	65.58
呼伦贝尔市	39.03	46	23.36	22.93	34.07	60.84	73.67
酒泉市	38.99	47	24.88	24.71	24.55	74.39	68.24
衡水市	38.93	48	26.47	27.41	35.03	53.84	69.21
鹤壁市	38.74	49	23.09	32.42	32.65	60.39	62.34
六盘水市	38.71	50	22.27	31.41	29.27	60.73	75.00
上饶市	38.68	51	18.74	19.67	34.98	68.72	68.07
临汾市	38.66	52	22.29	33.21	34.37	57.70	62.52
咸宁市	38.58	53	21.73	23.41	33.64	68.79	57.87
驻马店市	38.24	54	20.88	28.45	35.11	61.19	59.83
张家界市	38.17	55	23.08	32.60	26.45	69.04	57.74
铜仁市	38.08	56	21.02	26.23	29.25	71.08	58.96
巴彦淖尔市	37.52	57	25.58	19.42	24.90	70.06	67.30
赣州市	37.52	58	23.15	13.79	39.05	58.47	62.56
临沧市	37.43	59	18.06	33.54	25.49	72.49	57.43
潮州市	37.30	60	20.66	14.99	28.42	74.32	64.96
梧州市	37.30	61	23.95	14.80	32.66	65.25	62.45
防城港市	37.05	62	26.81	3.15	37.24	65.22	56.58
通化市	36.80	63	22.00	19.40	40.32	51.57	59.79
中卫市	36.75	64	22.19	16.85	31.48	68.44	55.42
池州市	36.63	65	23.15	22.92	23.85	75.64	51.23
渭南市	36.52	66	20.57	14.81	34.01	62.83	63.87
信阳市	36.36	67	17.98	12.50	30.42	69.45	69.70
通辽市	36.32	68	30.31	20.50	20.88	61.40	71.27
运城市	36.31	69	21.54	26.90	29.48	57.72	65.04
商洛市	36.22	70	21.55	17.10	36.07	57.25	59.95
滁州市	36.16	71	21.70	13.14	32.93	66.75	55.29
南平市	36.09	72	21.76	17.08	27.49	69.94	58.54

续表

城市	城市健康发展指数	排名	健康经济	健康文化	健康社会	健康环境	健康管理
宣城市	36.08	73	30.92	20.90	19.84	68.14	56.41
清远市	36.03	74	16.57	15.24	38.29	61.08	59.05
汕尾市	35.91	75	18.42	14.19	28.53	73.41	59.41
河池市	35.90	76	19.40	20.88	33.19	57.69	64.25
百色市	35.73	77	18.26	12.79	30.99	64.88	69.76
保山市	35.72	78	22.72	26.62	21.32	68.98	58.56
资阳市	35.64	79	23.90	15.59	24.98	68.15	62.06
钦州市	35.61	80	22.32	16.36	25.48	68.05	63.21
安康市	35.57	81	21.74	14.85	27.16	68.52	60.56
黑河市	35.54	82	20.81	20.27	26.27	70.61	52.90
乌兰察布市	35.51	83	20.69	23.82	19.61	73.84	61.10
眉山市	35.50	84	22.38	15.26	29.95	59.26	67.80
雅安市	35.26	85	19.36	25.44	25.29	68.06	54.08
广元市	35.06	86	17.59	9.15	28.87	74.69	56.93
鄂州市	34.99	87	21.90	11.02	32.08	57.99	66.34
白城市	34.74	88	25.45	20.56	27.28	57.79	55.57
海东市	34.51	89	22.61	32.88	18.15	65.35	54.13
白银市	34.46	90	17.57	19.58	29.60	60.24	61.99
亳州市	34.42	91	21.65	12.30	22.17	75.06	54.98
吕梁市	34.27	92	23.35	18.82	24.83	62.66	56.30
庆阳市	34.20	93	19.61	18.66	29.21	57.49	62.41
忻州市	34.09	94	19.80	34.03	22.71	55.70	60.79
毕节市	33.97	95	20.55	21.80	21.96	63.66	62.47
双鸭山市	33.86	96	16.57	27.33	21.51	67.79	56.06
来宾市	33.76	97	20.61	17.32	22.23	67.04	59.28
葫芦岛市	33.73	98	20.28	21.08	23.65	59.48	65.03
张掖市	33.54	99	18.06	25.24	26.87	57.52	56.77
铁岭市	33.46	100	12.90	19.20	24.72	67.95	63.51
周口市	33.46	101	22.37	12.56	26.73	60.53	58.63
武威市	33.45	102	20.68	25.78	18.44	66.04	56.77
七台河市	33.36	103	17.03	15.06	24.21	69.18	57.38
广安市	33.19	104	21.13	12.29	24.69	63.45	59.65
绥化市	33.03	105	23.41	14.19	12.57	76.57	59.68
贺州市	32.95	106	20.60	11.68	21.14	68.47	60.12

续表

城市	城市健康发展指数	排名	健康经济	健康文化	健康社会	健康环境	健康管理
孝感市	32.85	107	21.01	20.53	26.97	53.59	57.05
贵港市	32.79	108	18.95	11.41	28.55	58.63	60.48
固原市	32.01	109	20.89	17.85	17.28	66.58	56.12
宿州市	31.83	110	21.02	12.60	21.27	58.50	66.01
平凉市	31.65	111	18.79	17.26	21.79	58.29	61.66
吴忠市	31.45	112	22.96	20.00	17.51	60.65	53.23
崇左市	30.89	113	18.73	10.58	24.62	57.32	57.76
定西市	29.79	114	17.78	21.09	18.14	54.99	57.47
巴中市	29.29	115	14.91	15.35	11.63	70.90	55.87
白山市	29.22	116	19.64	15.09	22.68	45.92	60.63
昭通市	28.05	117	19.70	22.18	14.25	47.34	60.52
陇南市	25.88	118	18.01	19.90	17.24	36.86	58.46

B.3 中国三大城市群协调发展研究

盛广耀 侯燕磊*

摘　要： 区域协调是城市群健康发展的重要内容，也是实现区域一体化发展的关键。文章首先评价京津冀、长江三角洲、珠江三角洲等城市群各城市经济、社会、环境三个方面的发展指数以及综合发展指数，然后通过计算各指数的差异度，对不同城市群发展的协调性进行了多方面的研究。结果表明：在区域综合协调发展水平上，长江三角洲城市群最好，各项发展指数均好于珠江三角洲和京津冀城市群；在分项发展指数上，三大城市群均是经济发展水平的差异度最高，社会发展水平的差异度次之，环境治理能力的差异度最低；从发展趋势上看，珠江三角洲综合发展水平的协调性趋于好转，京津冀、珠江三角洲城市群经济发展水平的差异度明显下降，长江三角洲、京津冀城市群社会发展水平的差异度有升高趋势，三大城市群环境治理能力的差异度变动幅度不大。结合对三大城市群发展协调性的分析，文章提出了促进中国城市群区域协调发展的若干思路。

关键词： 城市群　区域协调　差异度　协调性

---

* 盛广耀，中国社会科学院城市发展与环境研究所副研究员，主要研究方向为城市与区域管理；侯燕磊，中国社会科学院研究生院研究生，研究方向为城市与区域经济。

一 区域协调：城市群一体化发展的关键

随着中国区域城镇化和经济发展的快速推进，全国初步形成了若干经济联系紧密、具有一定经济规模的城市群。城市群正逐步成为支撑我国经济社会发展的核心区域。自国家"十一五"规划提出"把城市群作为推进城镇化的主体形态"以来，城市群的发展已上升至国家战略层次。在国家"十三五"规划中，全国将加快19个城市群的建设发展。而对于这些城市群的发展，国家明确指出，要"建立健全城市群发展协调机制，推动跨区域城市间产业分工、基础设施、生态保护、环境治理等协调联动，实现城市群一体化高效发展"。

城市群区域的协调发展，是城市群健康、可持续发展的重要内容。城市群是由空间联系紧密、城镇相对密集的城市群体所组成的区域联合体，有着复杂的内部联系和体系结构。城市群的发展，既有各个城市竞争性的发展需求，同时又有着共同的整体发展目标。由于城市群内部城市之间存在紧密的空间、经济和社会联系，因此区域协调在城市群一体化发展中的作用就十分关键。如果区域内城市发展差异过大，区域发展不协调，城市群一体化发展的目标将无从实现，势必影响城市群的发展壮大。

基于城市群的内在特征和发展要求，城市群协调发展需更加注重区域发展的整体性、均衡性和综合性。目前，我国城市群区域仍存在着许多发展不协调的问题，主要表现在：部分城市群如京津冀核心城市过度极化，其对周边地区的"虹吸效应"明显，中小城市发展不足，尚未形成大中小城市和小城镇协调发展的层次结构；区域内各城市的发展定位不明确，产业分工协作不足，区域经济发展的整体性有待提高；社会事业发展不均衡，教育、医疗等社会公共服务水平差距较大；区域性生态环境问题突出，统一协同治理的难度大。这些问题直接影响到城市群发展的协调性，不利于区域整体的一体化发展。作为城市群协调发展研究的基础问题，评价分析不同城市群整体的协调发展程度，并从不同方面探讨影响其协调发展的主要问题，对于促进城市群的健康发展具有重要的现实意义。

二 三大城市群区域发展的协调性分析

本文首先评价城市群各城市经济、社会、环境三个方面的发展指数及其综合发展水平，然后通过计算其各指数的差异性，来衡量不同城市群的协调发展程度。

对于城市群发展协调性评价指标体系的构建，本文从上到下分三个层次：（1）目标层，即城市综合发展水平；（2）要素层，即经济发展水平、社会发展水平和环境治理能力等三个方面；（3）指标层，即选取涉及经济发展水平、社会发展水平、环境治理能力等方面的指标，其中经济发展方面包括人均 GDP、人均地方财政一般预算收入、固定资产投资效率、工业劳动生产率等 4 项，社会发展方面包括城镇居民人均可支配收入、农村居民人均纯收入、人均道路面积、万人拥有医生数、百人基础教育拥有教师数等 5 项指标，环境治理方面包括单位地区生产总值 SO_2 排放量、工业固体废物综合利用率、城镇化生活污水集中处理率、生活垃圾无害化处理率、单位 GDP 耗水量、单位 GDP 耗电量等 6 项指标。各项评价指标的权重，利用熵权法进行确定。

差异程度的大小利用变异系数进行计算，并将其定义为差异度。其含义是：变异系数越小，数据的差异度越低，相应指数的发展协调性就越好；反之亦然。利用此项指标，可以从各城市的综合发展水平，以及经济、社会、环境等不同方面，进行城市群发展的协调性分析。

本文以京津冀、长江三角洲和珠江三角洲等三大城市群为研究对象。考虑到城镇高度密集、城镇体系完整、空间联系复杂的城市群特征，将研究范围限定在地缘关系相近、交通通达性强、经济联系紧密的区域内。其中，京津冀城市群包括北京、天津、石家庄、唐山、保定、秦皇岛、廊坊、沧州、承德、张家口等 10 个城市；长江三角洲城市群包括上海、无锡、宁波、舟山、苏州、扬州、杭州、绍兴、南京、南通、泰州、常州、湖州、嘉兴、镇江、台州等 16 个城市；珠江三角洲城市群包括广州、深圳、佛山、东莞、中山、珠海、江门、肇庆、惠州等9个城市。

以下选取2005年、2010年、2014年三个年份的各城市数据，权重以2014年数据运用熵权法确定，评价各城市经济发展、社会发展和环境治理能力等分项指数以及综合发展指数，通过计算上述指数的差异度，对三大城市群的协调发展水平进行分析。三大城市群各项指数的差异度计算结果如表1所示。

表1 三大城市群各项指数的差异度

区域	年份	综合发展指数	经济指数	社会指数	环境指数
京津冀	2005	0.34	0.61	0.34	0.30
	2010	0.29	0.58	0.27	0.27
	2014	0.38	0.48	0.48	0.29
	均值	0.34	0.56	0.36	0.29
长江三角洲	2005	0.14	0.44	0.16	0.08
	2010	0.16	0.34	0.25	0.10
	2014	0.20	0.38	0.28	0.12
	均值	0.17	0.39	0.23	0.10
珠江三角洲	2005	0.49	0.94	0.54	0.20
	2010	0.35	0.58	0.46	0.14
	2014	0.37	0.52	0.51	0.19
	均值	0.41	0.68	0.50	0.17

（一）京津冀区域发展的协调性分析

1. 综合发展水平的协调性一般，发展差距在扩大

2005年、2010年、2014年京津冀区域综合发展水平的差异度分别为0.34、0.29和0.38。从2005年到2010年，其综合发展的差异度略微下降；但在2014年，差异度升高至0.38，综合协调发展水平下降，且幅度较大。这说明京津冀区域各城市发展差距的波动较大。其原因在于承德、保定等发展水平较低的地区，与北京等发展水平较高地区的差距明显扩大。

具体分析各城市的综合发展指数，京津冀城市发展的层级化明显。以

2014年为例，北京处于第一层级，综合发展水平指数为0.53；天津、秦皇岛、沧州、石家庄为第二层级，综合发展水平指数在0.3以上；其余各市为第三层级，综合发展水平指数在0.27以下，其中发展水平最差的张家口、承德两市，该指数分别为0.17和0.18，与北京相差0.3以上。

2. 经济发展的协调很差，但差异度趋于缩小

与社会发展指数和环境治理指数相比，京津冀城市群经济发展指数的差异度在各年份均为最高，其年均值为0.56，对其综合发展水平的差异度影响最大。但观察其数据变化发现，该指数下降较明显，从2005年、2010年的0.6左右，降低到2014年的0.48。具体分析各城市的经济发展指数可知，石家庄市的经济发展指数明显提高，由2005年、2010年的0.04和0.05，提升至2014年的0.08，石家庄与北京、天津两市的差距得以缩小，使得京津冀城市群经济发展的差异度有所缩小。

在选取的经济发展水平的四个指标中，其差异度均较高。2014年除固定资产投资外，各指标差异度均在0.6以上，说明在各经济指标上城市发展的差距均很大。尤其是人均地方财政一般预算收入，2005年、2010年、2014年该指标的差异度分别为1.57、0.92和1.12；另外，人均GDP的差异度也均在0.7以上。

3. 社会发展水平的协调性较差，且差异度继续扩大

京津冀区域2005年、2010年的社会发展差异度并不高，分别为0.34和0.27，在2010年该指数还有所下降；但在2014年，该指数急剧升高至0.48，说明其社会发展水平的差距在明显扩大。观察各城市社会发展指数可知，其主要原因在于北京市社会发展水平提高较快，其社会发展指数由2010年的0.16提高至2014年的0.23，提升了0.07，与石家庄、承德、保定等市的社会发展差距进一步拉大。

在社会发展水平的五个指标中，差异度最高的为城镇居民可支配收入和农村居民人均纯收入。在所涉及的三个时间点上，京津冀地区城镇居民可支配收入的差异度分别为1.08、1.13和1.17，城市之间差距扩大趋势十分明显；农村居民人均纯收入的差异度也一直在0.8以上。另外，值得注意的

是，万人拥有医生数和百人基础教育拥有教师数这两个指标在2005年的差异度并不高，分别为0.36和0.45，但在2010年，其分别提升至0.67和0.95，在2014年为0.67和0.60。这说明，在教育、医疗方面，京津冀城市群存在着社会资源分配不均等的现象。

4. 环境治理能力的协调性一般，趋势变化不大

在2005年、2010年、2014年三个时间点上，京津冀城市群的环境治理水平差异度分别为0.30、0.27和0.29，变动幅度不大，且低于其他两项发展指数的差异度，说明在环境治理能力上，京津冀区域的协调度较好。需要说明的是，各城市间环境治理能力差距较小，并不代表城市群环境治理水平高，也不代表城市群的环境污染和环境质量状况。

但观察环境治理能力的六个指标，2014年，单位GDP的SO_2排放量和单位GDP耗电量这两个指标的差异度分别达到0.75和0.81，而在2010年，这两项指标的差异度还均只有0.53。由于产业结构的变化，京津两地在这两个指标上的得分在2014年远高于其他各市，由此造成了指标差异度的提高。

综述所述，京津冀城市群的协调发展之路还有很长一段要走。虽然其经济发展的协调性有所好转，但发展差距仍然十分明显；另外，社会发展水平差距明显扩大，应予以格外关注；环境治理能力之间的差距变化不大，但鉴于环境污染和环境治理的区域性特性，各市环境治理能力均还需要进一步提高。从各项评价指标来看，2014年京津冀地区差异度较大的指标分别为人均地方财政一般预算收入、人均GDP、城镇居民可支配收入、农村居民人均收入、万人拥有医生数、单位GDP的SO_2排放量和单位GDP耗电量。

（二）长江三角洲区域发展的协调性分析

1. 综合发展水平的协调性较好，差异度略有上升

在2005年、2010年和2014年三个时间点上，长江三角洲地区综合发展水平的差异度分别为0.14、0.16和0.20，差异度较小，且波动幅度不大。

分城市来看，长江三角洲整体发展较为均衡。例如，2014年各城市综合发展水平指数均值为0.38，除扬州市以外，其余城市均在0.3以上。从2010年到2014年，镇江、宁波、苏州三市的综合发展水平提升明显，与上海、杭州等市的差距缩小，但拉大了其与南通、扬州、泰州三市的发展差距，因此在整个区域综合发展差异度上的表现为小幅提升。

2. 经济发展的协调性一般，但差异度略有下降

与其他两项发展指数相比，长江三角洲地区经济发展的差异度较高，明显高于社会发展指数和环境治理指数。从三个时间点上看，长江三角洲地区经济发展的差异度呈现先下降后上升的趋势，2014年高于2010年，但低于2005年。从各城市经济发展指数来看，常州、镇江两市经济发展指数提升较大，与发展较慢的泰州、台州、湖州差距增大。

在经济发展的四个指标中，人均财政一般预算收入在2005年差异度最大，为0.90；在2010年和2014年，该指标差异度下降为0.52和0.56，但差异度仍不小。与之相反的指标是工业劳动生产率，其差异度由2005年、2010年两年的0.40、0.37，扩大到2014年的0.72。而人均GDP，三个时间点差异度分别为0.54、0.44和0.32，其差异度逐渐缩小。

3. 社会发展水平的协调性较好，但差异度明显扩大

长江三角洲各城市社会发展水平的差异度明显低于其经济发展的差异程度，发展差距不大。但在三个时间点，差异度分别为0.16、0.25和0.28，发展差距略有扩大的趋势。观察各市的社会发展指数，扬州、泰州两市与其他城市相比，社会发展水平提升较慢，由此造成了区域社会发展的不均衡性略有加大。

在社会发展水平的五个指标中，万人拥有医生数、百人基础教育拥有教师数两个指标的差异度，由2005年的0.31和0.22，显著提升至2010年的0.98和0.64，2014年差异度稍降至0.71和0.60，但仍然偏高，这与京津冀地区这两个指标的差距变化趋势类似。而在城镇居民可支配收入、农村居民人均收入两个指标上，长江三角洲地区的差异度一直较低。

4. 环境治理能力的协调性很好，差异度微幅升高

在环境治理能力上，长江三角洲地区各市的差距不大，差异度很低。在三个时间点上的指数分别为0.08、0.09和0.12，差异度有十分微弱的升高趋势，但考虑到其较低的差异水平，这种波动应属正常。

从单个指标上看，长江三角洲地区除城镇生活污水集中处理率这一指标外，其余指标的差异度基本都在0.3以下。城镇生活污水集中处理率这一指标的差异度，从2005年的0.32上升至2010年和2014年的0.52左右。

综上所述，从整体来看，长江三角洲城市群的区域协调发展水平较好。社会发展、环境治理的差异度虽略微上升，但均很小；经济发展的差异度相对高一点，但也有所下降。从各项评价指标来看，2014年长江三角洲地区差异度较大的指标为工业劳动生产率、万人拥有医生数和百人基础教育拥有教师数。

（三）珠江三角洲区域发展的协调性分析

1. 综合发展水平的协调性较差，但差异度明显缩小

在2005年、2010年和2014年三个时间点，珠江三角洲地区综合发展水平的差异度分别为0.49、0.35和0.37。2010年、2014年与2005年相比，差异度明显缩小，说明其综合协调发展水平得到提升。

在本文所选取的三个时间点上，深圳市的综合发展水平远高于其他城市，这也是珠江三角洲地区综合发展水平差异度较大的主要原因。但同时，其他城市综合发展指数也在逐步提高，例如东莞、中山、佛山、惠州等市，从2005年至2014年有不同程度的提高，缩小了与深圳、广州两市的差距，反映到差异度上即后两个时间点上数据的减小。

2. 经济发展的协调性很差，但差异度缩小幅度较大

珠江三角洲地区经济发展指数的差异度，在2005年高达0.94，但在2010年和2014年明显下降至0.58、0.52。与造成综合发展差异度较大的原因类似，经济发展差异度大但明显下降，也是由于深圳市经济发展指数的得分远高于珠江三角洲地区其余各城市，但到2010年、2015年，惠州、东

莞、中山等市经济发展水平得到大幅提高，与深圳市的发展差距有所缩小。具体到经济发展的各项指标上，人均地方财政一般收入对经济发展指数的影响较大。

3. 社会发展水平的协调性较差，且波动幅度不大

相比经济发展的差异度，珠江三角洲地区社会发展指数的差异度较低，2005年、2010年和2014年分别为0.54、0.46和0.51。从各城市社会发展指数来看，深圳市得分最高，东莞市提升速度最快。

从社会发展水平的各项指标上看，差异度较大的为人均道路面积、万人拥有医生数和百人基础教育拥有教师数。人均道路面积的差异度由2005年的1.21降低到2010和2014年的0.78，虽有下降但仍然较大。万人拥有医生数差异度分别为0.83、0.99和0.75，呈现先升高后下降的趋势。百人基础教育拥有教师数的差异度在2014年显著下降为0.58，在2005和2010年该指标差异度分别为0.70和0.74。

4. 环境治理能力的协调性较好，变化趋势不明显

相比经济、社会发展指数，珠江三角洲地区环境治理能力的差异度较小，2005年、2010年和2014年分别为0.20、0.14和0.19。从各城市环境治理能力的得分来看，除个别年份东莞、肇庆较低外，其他各城市相差不大。

在环境治理水平的六个指标中，差异度较大的为单位GDP耗水量。该指标的差异度在三个时间点上分别为0.57、0.59和0.44，在2014年差异度明显下降。此外，城镇生活污水集中处理率的差异度在2005年为0.60，但在2010年和2014年分别下降至0.26和0.21；生活垃圾无害化处理率的差异度由2005年和2010年的0.40下降至2014年的0.18。

综上所述，珠江三角洲城市群区域发展的协调性一般，经济、社会发展水平的协调性均较差，但经济发展水平的差异度有明显的大幅下降。2014年，珠江三角洲地区差异度较大的指标为人均地方财政一般预算收入、万人拥有医生数和人均道路面积。

（四）三大城市群区域协调性的对比

1. 区域综合协调发展水平上，长江三角洲城市群最好，珠江三角洲城市群发展趋势向好

从综合发展水平的差异度来看，不管是年均值还是各时间点数据，协调发展水平最高的均为长江三角洲地区。京津冀、长江三角洲、珠江三角洲地区综合发展指数的差异度年均值分别为 0.34、0.17 和 0.41。从变化趋势上看，京津冀地区综合发展指数的差异度 2014 年比 2005 年有所提高；而珠江三角洲地区各城市之间的差异度下降趋势十分明显。

2. 经济发展的协调性以长江三角洲城市群较好，京津冀、珠江三角洲城市群的差异度明显下降

与京津冀、珠江三角洲地区相比，长江三角洲地区经济发展指数的差异度较小。京津冀、珠江三角洲地区经济发展的差异度都很高，但其差异度有明显下降趋势，京津冀地区由 2005 年的 0.61 下降至 2014 年的 0.48，珠江三角洲地区由 0.94 下降至 0.52。

3. 社会发展的协调性仍以长江三角洲城市群为好，长江三角洲、京津冀城市群的差异度有升高趋势

从各年的数据来看，珠江三角洲地区社会发展指数的差异度最高，长江三角洲地区的差异度最低。但从三个时间点上看，长江三角洲地区社会发展指数的差异度趋于升高；与此类似，京津冀地区社会发展的差异度也趋于升高。长江三角洲地区由 2005 年的 0.16 升高至 2014 年的 0.28，京津冀地区更是由 0.34 上升至 0.48，上升幅度很大。

4. 京津冀地区、珠江三角洲城市群环境治理能力的差异度明显低于长江三角洲

京津冀、长江三角洲、珠江三角洲城市群环境治理能力的差异度，以京津冀最高，珠江三角洲次之，长江三角洲最低。从变化趋势看，长江三角洲地区环境治理能力的差异度有微弱的升高趋势，京津冀、珠江三角洲地区变化不大。从总体上看，不同城市群各城市之间环境治理能力的差距，远低于经济、社会发展的差距。

三 促进城市群区域协调发展的思路

城市群发展的区域基础条件不同，所处的发展阶段不同，因此不同城市群各城市之间发展的差异程度也各不相同，区域协调发展进程中既有各自的发展特点，也存在着一些共性的问题。就三大城市群而言，经济协调发展水平均有提高空间，社会发展的协调性下降需要重点关注；环境治理能力虽差异不大，但考虑环境问题的严峻性和环境治理的整体性，城市群均需从整体上提高各城市的环境治理水平。结合以上对三大城市群发展协调性的分析，从区域一体化发展的角度出发，提出促进中国城市群区域协调发展的若干思路。

（一）重视整体规划，建立区域协调机制

城市群协调发展要发挥区域规划的引导作用。城市群规划是落实国家城市群发展的空间战略、推动区域一体化发展的重要手段。通过城市群规划，合理确定各城市的发展定位和产业分工，对区域协调机制、重大基础设施建设、产业转移和布局调整、生态环境保护等区域性问题进行统筹谋划，推动城市之间的协同发展。其中，建立有效的区域协调机制十分关键。没有良好的协调机制，将造成要素滞留、产业重复发展、无序竞争等一系列问题。区域协调需要城市间建立紧密的协作关系，打破"行政区经济"的束缚，减少行政层级高低对资源分配的影响。要通过建立城市政府间的区域协调机制，协调处理涉及一体化发展的区域性问题，谋求区域的整体发展。

（二）统一要素市场，促进区域经济整体发展

没有经济上的发展联动，城市群区域的一体化发展无从谈起，城市群的整体性建设（如交通体系、公共服务体系、环境污染防治等）会受到限制，区域社会发展、环境治理方面的协调性也会受到影响。城市群的发展过程是经济要素在一定区域内的集聚与扩散过程。要利用市场机制，促进经济要素

的有效配置，实现优势互补，共同发展。要发挥核心城市的辐射带动作用，加强与周边地区的经济联系和分工协作，推动区域经济协调发展。尤其要注意城市间产业发展的协同，优化产业布局，明确产业分工协作关系。在城市群发展初期，从区域整体发展出发，根据各城市自身发展条件确定产业分工，在保障城市功能、发展非基础产业的同时，有的放矢地发展特定的基础产业。对于城市群发展到一定阶段后所出现的产业结构趋同问题，可以采取深化、细分产业链的应对措施，在共同的大产业结构下，协调不同城市分别在产业链上、中、下游发力，有顺序、有目的地摒弃弱势部门，从纵向上明确各城市的产业分工。

（三）分享发展红利，提高社会均衡发展水平

从上文的分析可知，2014年与2010年相比，三大城市群各城市间社会发展的差距均有不同程度的上升。这与城市群内核心城市与周边城市基础设施建设水平、公共服务均等化水平的差距扩大有关。这种差距不仅造成了社会发展的协调性变差，也影响到核心城市对周边地区经济发展的辐射带动作用。与核心城市相比，周边地区城市建设水平低，城市功能不完善，医疗、教育、社会保障等公共服务水平落差大。这造成了人口流动向核心城市过度聚集，不利于中心城市的功能性外扩。推进区域公共服务均等化，提高非核心地区基础设施的建设水平，不仅可以提高城市群的社会协调发展水平，而且可以更好地发挥核心城市的辐射带动作用，进而有利于城市群整体的协调发展。

（四）提高环境治理能力，推动区域环境协同治理

区域协调发展需要将城市群作为一个整体去考虑，而环境系统的整体性是城市群作为一个整体的首要前提。城市群内每个个体的经济行为都会对整个环境系统产生影响，不论好与坏，这种影响都具有外部性，不局限在城市内部。长期以来，我国的跨区域环境问题得不到治理，各方推诿责任的情况时有发生，由此造成了环境资源约束力收紧的难题。对于环境问题的治理，

更应从区域整体出发，进行一体化的协同治理。只有从区域层次上统一行动，才能避免城市间环境危害转嫁、环保投入受益不对等、环境治理"搭便车"等一系列问题。由于各城市地缘关系相邻、环境问题相似，城市群环保工作更应强调"协同共治"，按照"谁污染、谁治理"的原则，明确治理主体，各城市采取统一行动，共同提高区域整体的环境治理能力和水平，改善区域生态环境质量。

参考文献

杨贺、刘金平、蒋正举：《长三角区域经济社会协调发展等级层次体系研究》，《华东经济管理》2011年第5期。

单菁菁：《中国城市的科学发展评价》，载潘家华、魏后凯主编《中国城市发展报告No.3》，社会科学文献出版社，2010。

王海涛、徐刚、恽晓方：《区域经济一体化视阈下京津冀产业结构分析》，《东北大学学报（社会科学版）》2013年第15期。

张贵、王树强、刘沙等：《基于产业对接与转移的京津冀协同发展研究》，《经济与管理》2014年第4期。

许景、王兴平：《长三角开发区群的空间结构及产业分工》，《城市规划学刊》2010年第4期。

禚金吉：《产业同构背景下长三角产业一体化的发展研究》，《现代城市研究》2011年第2期。

沈玉芳、刘曙华、张婧等：《长三角地区产业群、城市群和港口群协同发展研究》，《经济地理》2010年第5期。

王玉珍：《长三角城市群协调发展机制问题新探》，《南京社会科学》2009年第11期。

陈群元、喻定权：《中国城市群的协调机制与对策》，《现代城市研究》2011年第3期。

经 济 篇

Economic Reports

B.4 供给侧结构性改革与"十三五"城市经济重点工作

黄顺江*

摘 要： "十三五"期间，各个城市都面临着全面建设小康社会和转型升级两项艰巨任务。要想顺利完成这两大任务，就必须着力推进供给侧结构性改革。针对当前存在的主要矛盾和问题，需要重点做好去产能、增动力、补短板、压杠杆、降成本和转方式六项工作。在当前经济下行压力越来越大的形势下，要想使经济发展保持在中高增长区间，还必须调动地方政府发展经济的积极性，并尽快启动农村内需市场，以稳定发展动力。

关键词： 城市经济　转型升级　供给侧结构性改革

---

* 黄顺江，博士，中国社会科学院城市发展与环境研究所副研究员，主要研究城镇化和城市经济。

一 当前城市经济面临的主要困难

（一）突出症状

改革开放后，我国城市经济走上了快车道。虽然中间经历过几次大起大落，但总体上是持续快速发展的。尤其是进入新世纪之后，城市经济增长速度显著加快。然而，2008年突如其来的国际金融危机，顿时给各个城市经济蒙上了一层阴影。随后，在国家强有力的投资计划及财税政策刺激下，城市经济增长速度迅猛回升。但是，好景不长，很快又转向下行，至今下行压力越来越大。图1是以北京、西安和深圳为代表的城市经济增长速度变化趋势。

一句话，经济增长速度逐步放缓，是现阶段各个城市共同的症结所在。如此大面积、长时间的增速持续下滑，在改革开放以来还是第一次。

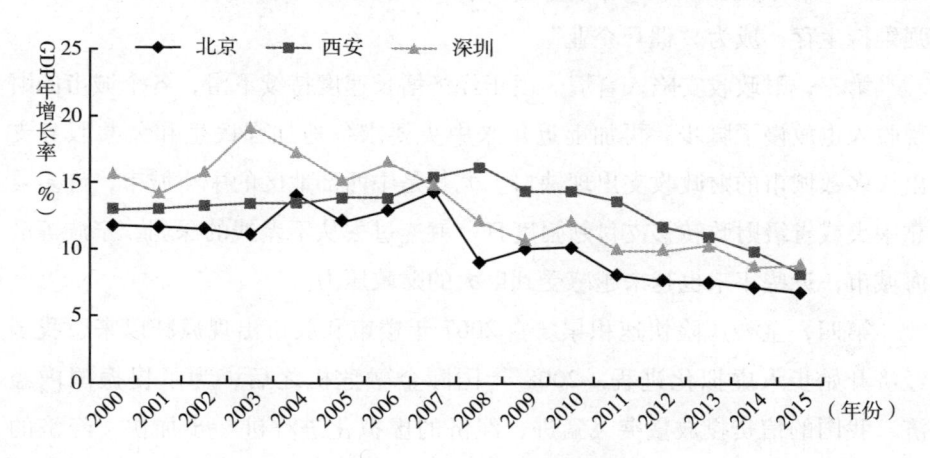

图1 北京、西安和深圳城市经济增长速度变化趋势（2000~2015年）

（二）主要问题

增长速度放缓，带来了一系列矛盾和问题。

第一，产品积压严重。长期以来，由于各地相互竞争，盲目上马了很多项目，重复建设严重。这在经济形势好的时候问题并不突出。然而，一旦经济增长速度放缓，很多产品难以为市场所消化，造成大量积压。这种情况在传统行业尤为严重，如钢铁、煤炭、建材等领域，都有大量库存。尤其是房地产行业，库存量特别巨大。据估计，当下全国各地住房库存总量约为48亿~50亿平方米，存货价值约35万亿元，去化周期在40个月左右。特别是在三、四线城市，库存压力居高不下。据《中国经济周刊》记者在江西省的鹰潭、宜春、新余、景德镇等地所做的调查，这几个城市的住宅库存大约需要5~10年的消化时间。①

第二，企业经营困难。产品滞销，加上运营成本上升，使得多数企业微利运营，许多出现严重亏损，并有大量倒闭。以煤炭行业为例，据中国煤炭工业协会公布的数据，2015年，全行业利润总额441亿元，仅为2011年的1/10；负债总额高达3.68万亿元，同比增长10.4%；大型煤炭企业亏损面超过90%。在这样的情况下，相当一部分企业依靠银行贷款或政府补贴勉强维持生存，成为"僵尸企业"。

第三，财政收支陷入窘境。由于经济增长速度持续下滑，各个城市的财税收入也放慢了脚步。再加上近年来中央要求各地加强民生和公共服务支出，多数城市的财政收支出现缺口。尤其是中西部地区的中小城市，许多要靠中央或省级财政转移支付勉强度日。就连过去从不差钱的深圳、宁波等沿海城市，近些年来也越来越感受到巨大的财政压力。

第四，金融风险快速积累。自2007年楼市和股市出现疯狂以来，我国经济开始步入虚拟化进程。2008年国际金融危机之后，为了提振国内经济，我国的信贷投放量突飞猛进，经济的虚拟化进程进一步加快。经济的虚拟化，必然导致金融杠杆率逐步升高。高杠杆率在经济高速增长时期并没有太大的问题，但在新常态下，增长步伐放缓，风险就逐渐凸显出来了。根据中国社会科学院原副院长李扬的分析，截止到2015年底，我国债务总额168.48万亿元，全社会杠杆率为249%，远超欧盟设定的上限

---

① 见《中国经济周刊》2016年第22期。

（90%）。其中，金融部门债务率约为21%，居民部门40%左右，政府部门约40%（如果加上一些融资平台的债务，政府部门债务率则为56.8%）。当前，高杠杆风险主要集中在非金融企业。2008年之前，非金融企业杠杆率一直稳定在100%以内。但自国际金融危机发生以来，我国企业部门的加杠杆趋势明显。2011年，非金融企业的杠杆率上升到124%，到2015年进一步提高到160%以上。同时，资产负债率也由2007年的54%扩大到目前的60%以上。在经济上行时期，高额收益或许可以维持这样高的负债率；但在当前经济下行压力不断增大的情况下，企业整体收益率下滑，部分产能过剩行业甚至陷入持续亏损状态，本息偿还能力下降，许多企业资金链断裂、破产或跑路现象频发，信用风险开始大量释放出来。对金融系统来说，当前的主要问题是不良资产，即实体经济中过多的库存及过剩产能。这对于以银行为核心的金融体系而言，就形成一定的不良贷款。根据4月1日我国五大银行公布的2015年业绩报表，不良贷款率均比上年急剧上升3成以上（见表1）。尤其是中国农业银行，不良贷款率高达2.39%，已突破2%的生死线。另据银监会公布的数据，2016年一季度末，我国商业银行不良贷款余额13921亿元，较上季度末增加1177亿元；不良贷款率1.75%，较上季度末上升0.07个百分点。虽然目前我国还不会出现债务危机，但这种情况如果继续蔓延下去，就会使经济活力受到严重约束，不利于转型升级。

表1 中国五大银行2015年不良贷款统计

银行	不良贷款额（亿元）	不良贷款率（%）	不良率增幅（%）
中国银行	1309	1.43	30.25
农业银行	2129	2.39	70.33
工商银行	1795	1.50	44.19
建设银行	1660	1.58	46.66
交通银行	526	1.51	30.66

资料来源：各银行公布数据。

（三）原因分析

那么，各个城市经济运行出现困难，尤其是下行压力越来越大，到底是什么原因造成的？

从总体上说，导致各个城市经济运行困难的原因，有内、外两个方面。

从外因来说，主要是在2008年之后尤其是进入"十二五"以来，我国宏观经济运行状态发生了重大变化——经济发展进入新常态。改革开放后，我国积极参与全球化，逐步打开了国际市场，并通过发展出口加工业使国内丰富的劳动力资源优势得到充分发挥，不仅成就了我国的"世界工厂"地位，还有力地拉动了国内经济快速增长。然而，在遭受到2008年国际金融危机重创之后，国际市场持续低迷，出口对我国经济的拉动能力显著下降。同时，国内市场上的三大主体板块——住房、汽车和高速公路等基础设施网络，经过10多年的快速扩张，现在也进入平稳发展期。在国内总体上已告别短缺经济的时代背景下，内需得到大规模扩张的空间有限，支撑国民经济高速增长的动力不足，经济增长速度逐步有所回落。

再从要素供给角度来看，制约经济快速增长的因素也越来越多。首先，"刘易斯拐点"已经出现，劳动力无限供给的时代结束了，"人口红利"趋于消失。[①] 其次，随着劳动力供给出现缺口，劳动力市场开始向"卖方市场"转化，工人工资及福利呈刚性上升态势，企业生产成本快速上升。据分析，自2001年以来，中国制造业时薪平均每年上升12%。再次，资源和环境约束越来越强，长期以来粗放的经济增长模式难以为继。最后，也是最致命的，就是来自其他发展中国家的竞争。国际投资逐步转向越南、缅甸、印度及非洲等劳动力成本优势更明显的地区，同时国内企业尤其是外资企业也陆续撤离中国本土并转移到这些国家投资设厂。

这样，在内外因素的综合作用下，我国经济增长速度逐步放缓。可以

---

① 蔡昉：《中国如何避免中等收入陷阱》，载迈克尔·赫德森等主编《中国未来30年Ⅲ：重塑梦想与现实之维》，中央编译出版社，2013，第80~95页。

说，改革开放30多年来GDP年增长率基本上保持在两位数的高速增长时代已成为历史，现在进入一个中高速发展时期，年增长率将维持在5%～8%之间。"十三五"期间，预计经济增长速度会稳定在6.5%上下（见图2）。

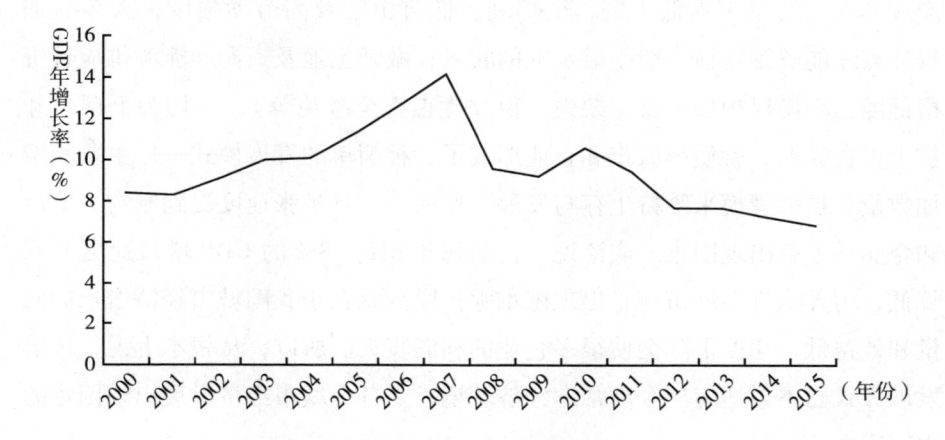

图2 进入新世纪以来我国经济增长速率的变化

资料来源：《中国统计年鉴（2015）》。

需要指出的是，自2008年之后，世界经济进入了长期低迷的发展状态（用国际货币基金组织总裁拉加德的话说，就是新平庸，即世界经济陷入低增长、低通胀、高失业和高负债的困境）。如果把2008年之前的世界经济发展过程称为一个高速阶段的话（2000～2007年世界经济年增长率均在4.5%以上），目前及今后一个时期则处于低速运行状态（世界经济年均增长率通常在2%～3%之间）。我国经济与世界经济是高度融合在一起的，同冷暖。可以说，只要世界经济发展态势没有大的变化，我国经济发展局面也不会有太好的表现。而世界经济发展基本上是周期性的，目前正处于危机后的缓慢复苏过程（这一过程是漫长的，仍将持续一段时间，估计还需要10年以上）。所以，在今后一个时期，如果我国经济能够保持住中高速增长状态，已属不易，不能再指望恢复到以往的高速增长阶段了。

显然，在新常态背景下，受制于国内外大的环境形势，我国城市经济不可能再像过去那样一路高歌猛进了，只要能够保持住一个比较适宜的增长速度就是不错的表现。

从内因上来说，是我国城市经济粗放的发展模式所致。长期以来，由于国内劳动力资源特别充裕，再加上地方政府之间的 GDP 竞争，人为压低生产成本（主要是工人低工资、低福利、低自由度及高劳动强度，大多靠加班加点才能够维持住一般生活水准的收入，敞开土地及资源和能源供应且价格低廉，环境保护松弛甚至缺失，税收优惠直至减免等），一切为上项目和扩大投资让路，就使得城市和企业形成了一种简单的发展模式——主要靠增加数量和扩大规模来维持生存与发展。然而，一旦扩张速度受到制约，城市和企业马上就出现困难。应该说，目前每年 6%～8% 的 GDP 增长速度并不算低，为什么许多城市还是出现困难呢？原因就在于我国城市经济增长的质量和效益低，速度下降会使很多企业的利润丧失。所以，从根本上说，传统发展方式已不再适应当今新常态经济环境，是各个城市经济发展出现困难的内因所在。

二 供给侧结构性改革

（一）当前我国宏观经济的主要症结——产能过剩

自人类进入工业社会以来，由于生产工具的机械化、电气化和自动化，生产能力得到大幅度提升。尤其在当今全球化背景下，由于各地之间的竞争，市场经济发展的一个突出特征就是生产能力的增长速度远超过市场需求扩大的速度。因而，在通常情况下（成熟市场），市场上的商品是充裕的，也就是过剩。少量的过剩是必需的，是满足市场现时交易和正常经济活动的需要。但是，如果大量过剩，就造成资源浪费和利益损失。如果损失过大，就会给经济发展造成一定困境，出现增长速度下滑现象，严重时甚至停滞或倒退（这就是经济危机）。一旦经济发展出现困境，过剩的产能就会大量衰减，直到产能接近于甚或低于市场需求规模时，增速下滑趋势才能够得以遏制。此后，经济开始缓慢的复苏过程，直至迎来再一次高涨。这就构成经济发展的周期现象。

由于生产能力的增长速度通常要超过市场需求扩大的速度，经济增长速度就主要取决于市场需求规模。也就是说，在生产过剩的环境下，有多大的（新增）市场需求，几乎就有多高的经济增长速度。因而，每当经济发展出现困境时，通常的办法就是按照凯恩斯主义的思想路线，设法去扩大需求。例如，为了应对1997年发生的亚洲金融危机，我国就通过深化改革，重点推进住房、教育、医疗、旅游等领域的市场化进程，大幅度扩大内需，从而有效地稳定了经济增长速度并随后迎来了新一轮的经济高涨。在2008年国际金融危机发生后，我国仍然按照这一思路，采取大规模投资和鼓励消费的办法来应对危机，同样取得了立竿见影的效果，使各个城市经济在短时间内就恢复了快速增长局面。但是，持续时间非常短暂。自2011年以来，各个城市经济再次步入下行通道，直到今天下行压力越来越大。

为什么用同样的办法来应对两次金融危机，效果却大不相同呢？原因是时代背景变了。1997年的亚洲金融危机，主要发生在东南亚和东亚一些国家，是局部的，而世界整体的经济形势仍然是稳定的，没有大的变化，所以当时我国采取的应对措施总体上是有效的。尤其是在2001年底我国加入WTO之后，国内产品得以大规模地推向国际市场，从而有效地拉动了国内经济的快速增长。而且，虽然当时国内市场开始出现部分商品过剩现象，但总体上仍是短缺的，尤其是住房、汽车及高速公路等基础设施都是严重紧缺的，所以采取扩大内需的办法是适宜的，是能够拉动经济增长的。然而，到2008年，形势就大不一样了。这次是全球性的生产过剩，危机后国际市场需求大幅度萎缩，我国扩大投资后生产出来的产品很难通过出口去消化，只能滞留在国内市场上。然而，国内市场也基本上处于或接近于饱和状态，同样难以消化如此大规模堆积的商品。所以，2008年之后我国应对国际金融危机所采取的大规模投资计划，带来的一大后遗症就是产能过剩，而且是严重过剩。这就是当前我国经济包括各个城市经济下行压力越来越大的主要原因，也是根本症结所在。

事实上，在商品过剩时期，遇到经济危机时简单地采取强刺激手段通过扩大投资去拉动经济增长，向好的经济形势只能昙花一现，不仅生产过剩的根本矛盾得不到缓解，反而会雪上加霜，使危机病程延长，危害加重，因为新增投资不是需求，而是供给。所以，要想从根本上摆脱当前经济发展的困境，就必须转变思路，对症下药，传统的政策设计思路应该抛弃了。

（二）供给侧存在的主要问题

党的十八大之后，以习近平同志为总书记的党中央，深刻分析当今世界经济发展大势及其内在矛盾，明确指出我国经济发展进入新常态，从而为我们重新审视国内外经济形势提供了一个新的维度。

在新常态背景下，市场需求扩大的速度是有限的。要想有效化解供需不平衡这一矛盾，就必须从供给侧着眼，着重于提高供给的质量和效率，使供给更好地适应市场需求的变化，让需求资源得到最大程度的利用。

长期以来，我国在生产供给方面存在着如下几个突出问题。

一是低端供给过剩。所谓过剩产能，实际上都是低端产能。所谓低端，主要是指这些产能的素质有限。首先，生产过程中的原材料及能源、资源消耗多，利用效率低。其次，生产过程中产生污染物或其他有害因素多，影响到人们的身心健康及生态环境。再次，生产出来的产品简单粗糙，性能偏低，不太符合当今时代的新理念、新需求及人们越来越严苛的要求。这种情况主要存在于制造业领域，尤其是传统制造业，如钢铁、煤炭、水泥等，产能过剩且低端问题特别突出。即使作为高技术或战略性新兴产业的太阳能光伏发电，目前产能也是严重过剩的，原因是现有产能在技术上依然是低水平的，能源转化效率低，生产成本高，而且不太符合环保要求，这就使得其市场规模难以扩大。当然，在服务业领域也存在着同样的问题：一般服务供给过剩，但高质量的服务依旧紧缺，如教育、医疗等。

二是无效供给过多。主要存在于三大领域。一是制造业。由于无序竞争和盲目发展，各地重复建设严重，产能大量闲置。例如汽车，全国各地争相建设了一批汽车城，但都难以满负荷生产，产能闲置严重。即使号称全国最大汽车生产基地的重庆，年产量也不过300万辆，产值4600亿元。目前正在兴起的新能源车，同样存在着重复建设和产能过剩问题（不过，目前该行业正在兴起，产能过剩的矛盾不太突出）。二是基础设施及公共工程。许多地方政府为了改善投资环境，再加上有些官员好大喜功，超前规划建设了一批形象工程、面子工程、政绩工程等，宽马路、大广场、摩天楼、新城区等比比皆是，过度建设严重，但实际需求并不大，从而造成资金和资源的巨大浪费。例如，全国各地都把机场作为招商引资的硬条件，各大城市包括许多地级市都建设了机场，且大多超前规划，高标准建设，国际一流，但实际客流量并不大，以至于多数机场都在亏损中运营。近几年在西部地区投资建设的高速公路等基础设施，也大多没有效益。三是房地产。许多地方土地财政现象严重，大量批地建房，致使住房供应过量，造成积压。这种现象在中西部地区的大中小城市（包括县城）普遍存在，而且越是小城市越严重，空城、"鬼城"很多。

三是供给效率低下。长期以来，由于发展理念滞后，重建设轻管理，重拥有轻使用，现有的生产体系运营效率偏低，难以发挥出应有的生产潜力，也不会产生足够的经济效益，同样造成大量的产能浪费。例如，各个城市的公共服务和公共工程领域，运营效率普遍较低，尤其是中西部地区的中小城市更为严重。

总之，自改革开放以来，我国已建立起规模庞大的生产体系（即产业体系），生产供给能力是巨大的。但是，由于结构调整滞后，产业更新缓慢，这一生产体系目前仍然是粗放的，技术水平偏低，还不能很好地满足社会发展的要求。所以，当前和今后一个时期的一项重要任务，就是要提升现有生产体系的质量和运营效率。只有生产体系的质量和水平不断地得到提升，及时适应市场需求的变化，使需求得到最大程度的满足，才能够提高经济运行的效率和效益。

（三）供给侧问题的根源

之所以我国的产业体系是粗放的，原因就在于经济体制改革滞后。改革开放后，我国对原来的计划经济体制进行了重大变革，逐步建立起社会主义市场经济体制。然而，作为一个社会主义国家，我国的市场经济不同于西方国家的市场经济，最大区别就在于我国政府在市场经济活动中仍然发挥着重要作用。也就是说，我国的市场经济体制依旧是以政府为核心的，行政力量在市场资源配置中还在起作用。应该说，这是我国社会主义市场经济体制的一大特色，也是一大优势，尤其适应了市场经济初级阶段的需要。改革开放之初，我国人口众多，但物质资料极其匮乏，贫穷与落后是主要矛盾。在这样的条件下发展经济，速度自然是第一位的。而要想保证发展速度，就必须通过市场的力量来调动每一个人的积极性，同时还需要政府强有力的引导，以集中力量来完成主要发展目标。这就是改革开放30多年来我国经济能够保持住持续快速发展势头的内在动因。也正是由于这一原因，经济发展速度通常是第一位的，数量规模成为主要关注点，而质量和效益自然就难以保证。这就是形成我国产业体系粗放的经济基础——初级市场。

事实上，自进入新世纪以来，我国的市场经济已开始升级。尤其是在"十二五"期间，升级的步伐显著加快。这突出表现在，市场上的商品越来越丰富，物质短缺时代接近于尾声。可以说，我国市场经济已进入中级发展阶段（这是与经济新常态相对应的）。这样，质量开始成为社会的主要关注点。这就要求对产业体系进行改造升级，以适应市场需求的变化。然而，受经济体制惯性的影响，目前仍然延续着传统的思维方式和管理模式，发展还是以速度为主要目标，对质量和效益没有给予足够重视，从而造成今天严重的产能过剩和更加粗放的产业体系。①

要想建设质量过硬的产业体系，就必须按照党中央的安排，积极推进供给侧结构性改革，通过改革来完善市场经济运行机制，优化资源配置，提升发展的质量和效益。

（四）供给侧结构性改革的方向和目标

供给侧结构性改革是党中央综合研判世界经济形势和国内经济新常态而

---

① 马建堂：《供给侧结构性改革的意义与途径》，《人民日报》2016年6月24日，第7版。

做出的战略部署,是使国民经济保持活力并持续健康发展的重大举措。

供给侧结构性改革的根本目的是落实以人民为中心的发展思想,不断提高社会生产力水平,使供给能力更好地满足人民日益增长的物质文化需要。

供给侧结构性改革的主攻方向是从生产领域加强优质供给,减少无效供给,扩大有效供给,提高供给结构的适应性和灵活性,使供给体系更好地适应需求结构的变化。

供给侧结构性改革的本质属性是深化改革,重点是加快政府职能转变,并深化价格、财税、金融、社保等领域的基础性改革,加快推进国有企业改革。

供给侧结构性改革的目标是完善社会主义市场经济体制机制,增强发展的内生动力。关键是要处理好政府与市场的关系。为此,必须按照党的十八届三中全会《决议》中提出的,要让市场在资源配置中起决定性作用,并更好地发挥政府作用。

供给侧结构性改革最根本的是要加强政府自身的改革,建设高效能政府。[①] 一方面,简政放权,减少对市场的直接干预,让市场按自身的规律发展。另一方面,加强政府自身建设。官员要懂经济,了解市场,摸清市场规律,并按照规律办事。政府的作用主要体现在三个方面:一是做好非指令性的发展规划,并制订标准和规则,引导市场发展方向;二是维护市场秩序,营造规范化、法制化、国际化、公开透明、公平竞争的市场环境;三是为全社会提供良好的公共服务,包括教育、医疗、科技、文化、体育、环境等各个方面。

供给侧结构性改革最重要的是要让企业真正成为市场上的主体。必须把市场的主导权归还给市场,让市场机制健全起来并充分发挥作用,让市场在资源配置中起决定性作用,让企业在优胜劣汰中找到发展方向,逐步提高经

---

① 王小广:《供给侧结构性改革:本质内涵、理论源流和时代使命》,《中共贵州省委党校学报》2016年第2期,第82~87页。

济运行的效率和效益。①

按照党中央的部署,当前供给侧结构性改革的工作重点,是在适度扩大总需求的同时,认真完成去产能、去库存、去杠杆、降成本、补短板五大任务。

三 "十三五"期间城市经济主要工作

(一)中心任务

"十三五"是我国经济进入新常态后最关键的一个时期,需要爬坡过坎,其成败事关我国到底能否跨过"中等收入陷阱"。可以说,这是我国改革开放30多年来最艰难的一个时期。

城市作为我国经济的主要载体和发展引擎,"十三五"期间面临的任务更加艰巨。在供给侧结构性改革的大背景下,各个城市的中心任务有两个:一是全面建设小康社会,二是经济转型升级。这就是"十三五"时期每一个城市都要爬的坡,都要过的坎。

全面建设小康社会是一项硬任务。全面小康是一个经济富裕、政治民主、文化繁荣、社会和谐、生态良好的发展格局。为此,必须按照党中央的部署,在坚持以经济建设为中心的同时,全面推进经济建设、政治建设、文化建设、社会建设和生态文明建设,促进现代化建设各个环节、各个方面协调发展。需要强调的是,小康社会是全体人民的小康,包括各个地区、各个民族、各个群体以及每一个人,都要一起进入小康社会。这就为各个城市提出了更高的发展要求。一是要保持较高的经济发展速度。经济仍是第一位的,是小康社会的物质基础。考虑到城乡及地区之间发展的不平衡性,"十三五"期间各个城市年均经济增长速度必须保持在7%以上,大城市要在8%以上。二是全方位建设城市。长期以来,各个城市的主要注意力是发展

---

① 佟锦聚:《经济发展新常态中的主要矛盾和供给侧结构性改革》,《政治经济学评论》2016年第7卷第2期,第49~59页。

经济，并取得了长足进展，但在社会、文化、环境等方面欠缺很多，在今后5年内需要抓紧补齐。

转型升级也是摆在各个城市面前的一项非常紧迫的任务。如果这一关过不去，不仅事关城市自身，整个国家的长远发展也会成为问题。所以，转型升级是"十三五"期间每一个城市都必须练好的内功。

根据各个城市现有的经济基础和产业构成，转型升级的方向就是走向全球产业链和价值链的中高端，目标是构建现代产业体系。① 所谓现代产业体系，就是指建立在先进技术基础之上、能够更好地满足现代社会发展需求、集约高效的产业集合。现代产业是相对于传统产业而言的，二者在行业门类上没有大的区别，其根本差异就在于技术水平及内在品质上。现代产业最典型的特征，就是其现代性，代表了当今时代最高的技术水准，而且符合现代社会绿色、低碳、智慧及人性化的发展理念。所以，现代产业不是绝对的，也不是固定不变的，而是动态变化着的。昨天的传统产业，经过技术改造和升级，今天也可以变成现代产业，如都市农业等。相反，今天的现代产业，只要发展理念不更新，不持续进行技术创新，明天就可能成为传统产业，如燃油汽车等。实际上，任何一个产业都是如此，犹如逆水行舟，不进则退。所以，只有持续不断地进行创新，在技术水平及经营模式上持续提升，始终保持产业的现代性，才能够立于不败之地，并得到持续快速的发展。

自新中国成立以来，尤其是改革开放30多年来的持续快速发展，我国城市的经济基础越来越雄厚，大都建立起比较完善的产业体系。但是，按照现代社会的发展理念，以及世界科技的进展水平，我国城市的产业体系大多是粗放的。除了少数几个城市及部分行业外，绝大多数城市主流的产业都属于传统产业，与现代产业体系之间还有很大距离。所以，我国城市经济转型升级的任务是非常沉重的。到2020年，各个城市转型升级务必取得突破性进展，即迈过"拐点"。

---

① 黄顺江：《新常态下城市经济转型升级分析与预测》，载潘家华等主编《中国城市发展报告（No.8）》，社会科学文献出版社，2015，第87~102页。

（二）重点工作

根据党中央关于供给侧结构性改革的总体安排及全面建成小康社会和经济转型升级两大任务，"十三五"期间加快推进以下六项任务十分关键。

1. 去产能

去产能，包括去库存，是当前各个城市非常紧迫的任务。这既是供给侧结构性改革的重点工作，也是城市经济转型升级的重要一环。

目前，我国各大产业和各个行业几乎都存在着产能过剩的问题，需要去产能的领域非常广。尤其是传统产业，包括煤炭、矿产、钢铁、建材、化工等领域，低端产能非常多，库存压力特别大，是去产能和去库存的重点。据国家发改委主任徐绍史在2016年天津夏季达沃斯论坛上介绍，今后5年我国钢铁行业需要压减的过剩产能是1亿～1.5亿吨，煤炭是5亿吨，其中2016年钢铁和煤炭需要各压减4500万吨和2.8亿吨，由此需要安置的员工分别是70万人和18万人。

由于具体的产业结构差异很大，各个城市去产能、去库存的压力互不相同。大体来说，北方城市的传统产业多，去产能任务重。例如，河北的钢铁和水泥，山西和内蒙古的煤炭，东北三省的重化工业等，去产能压力就特别大。中西部城市的房产库存多，去库存任务重。

去产能的原则，是优胜劣汰，去粗取精。重点是要去除落后的产能及过多的一般产能。主要途径是实行破产或兼并重组，让市场资源向优势企业转移和集中，让优秀企业得到快速的发展和壮大。不过，在破产和重组的过程中，需要确保职工的利益。为此，要尽量多重组，少破产。

为了加快推进去产能工作，建议中央设立一个奖励基金。针对每一个大的产业，根据全国产能总量及过剩状况，确定一个要去的数额，并按照现有产能分配到各个地区去实施。中央的去产能奖励资金要与去掉的产能挂钩，并允许各个地区之间拿去产能配额相互交易。这样，好的企业就可以不去甚至可以增产，并将其配额卖给差的企业，而差的企业在完成更多的去产能配额之后还可以挣钱，从而有了动力。这就比较容易在较短的时间内完成去产能的任务。

同时，为了加快过剩产能的退出和资产重组进程，还需要积极探索建立和完善企业退出政策体系。实施兼并重组的财税、金融支持政策，鼓励优势企业开展跨地区、跨所有制的兼并重组活动。

2. 增动力

在去产能的同时，必须培育新的增长动力。尤其在当前经济下行压力不断增大的情况下，培育新动能就成为最紧迫的工作。这既是转型升级的首要任务，也是确保"十三五"期间经济增长保持在中高区间的关键之举。

新动能的培育，在当前形势下要分两个层面。

首先是稳增长。因为现在本来下行压力就很大，再加上去产能，经济增长速度将进一步走低。因而，近期内首要的任务是稳增长，即要顶住下行压力。稳增长主要着眼于现有的产业基础。一方面，现在存在过剩产能的产业和行业，在去掉落后产能之后，就为优质产能腾出了发展空间。在此基础上，通过加强管理，提质增效，就可以促使这些产业重新焕发活力。另一方面，在去产能的同时，积极扩大总需求，即要为现有产品大力拓展市场。这有两个方面：一是内需市场，主要是通过城乡一体化扩大农村和半城镇化农村市场；二是国际市场，即扩大出口。要配合我国企业走出去和国际产能合作，大力推动国内产品更多地进入各国市场（虽然近年来我国出口是大幅度萎缩的，但出口仍然是我国经济发展的一大动力源泉，不能松劲，必须继续采取有效措施提振出口）。

其次是培育新产业。稳增长只能顾眼前，但顾不了长远，而且本身并不是新动力（即只是最大限度地挖掘现有产业的增长潜力）。所以，当前最关键的，是要培育出若干个高成长性产业，以支撑长远的发展。那么，这些高成长产业是什么呢？从当今世界科技发展趋势来看，有三大领域有望成为高成长产业：一是以机器人为代表的智慧产业，二是以电商为代表的互联网产业，三是以太阳能光伏发电为代表的新能源产业。这三大产业的发展空间非常宽广，每一项几乎都可以引发一次新的产业革命，而且我国自身也具有这方面的技术优势，未来3~5年内是能够培育成为新支柱产业的。所以，各个城市尤其是技术力量雄厚的少数几个大城市,现在必须在这三个领域着重进行投资布局。

3. 补短板

这也是"十三五"期间需要着力做好的重点工作。这既是全面建成小康社会的需要,也是城市经济转型升级的重要条件。

改革开始30多年来,虽然各个城市在经济发展和城市建设上取得了令人瞩目的成绩,在社会、文化和环境等领域却严重滞后。尤其在教育、医疗、交通、旅游、社保及城市基础设施等方面,需要补的短板还有很多。

对比2020年全面建成小康社会的奋斗目标,各个城市需要认真检查一下自己目前到底还存在着哪些短板,然后找出问题的原因,在未来3~5年内尽快补上去。为此,必须按照党中央"五位一体"的战略部署,在坚持以经济建设为中心的同时,全面推进社会主义现代化建设,并促使各个环节、各个方面协调发展。尤其在老百姓反映强烈的入托难、上学难、就业难、看病难、住房难、养老难、停产难及交通拥堵、雾霾严重、城市内涝、水体污染、垃圾围城、食品安全等问题上,必须制订具体的工作计划,逐一解决。

城市基础设施是补短板的重点领域。必须按照党中央的指示和要求,加快提升城市现代化建设水平。统筹规划地下管网,加快公共管廊建设。优先发展公共交通,大力推进轨道交通建设。健全公共服务设施,提升公共服务水平。完善污水垃圾设施体系,不断提高处理能力和标准。加强大气污染防治,逐步改善空气质量。多保护保留天然生境,最大限度地恢复城市自然生机。加快棚户区和危房改造,推进旧城有机更新。加强公共建筑和超高层建筑设计管理,切实保障城市安全。推进智慧城市建设,不断提升宜居水平。

还必须认识到,当前我国经济社会发展最大的短板在农村。为此,必须统筹城乡发展,不断提升区域一体化建设水平,逐步缩小各地在发展水平上的差距。"十三五"期间,可以从地级市做起,在地级市行政区范围内,争取在2020年之前率先实现城乡一体化发展,市域各地公共服务和居民生活水平基本均等。

4. 压杠杆

要想推进城市经济转型升级，就必须控制经济杠杆，保证不出现系统性的风险。压杠杆的办法，大体有两个。一是堵塞漏洞，逐步化解风险。要妥善处理各级政府的债务，停止风险积累。政府不能再做回报过低甚至完全没有回报的投资。要停止对"僵尸企业"输血。可以动用部分国有资本偿还政府债务，并对资不抵债的国有企业实施破产或重整，以释放风险。还必须停止"刚性兑付"。有些企业的债务危机应在债权人和债务人之间分担风险。同时，还要盘活由于粗放式增长而形成的死资产存量，如闲置的地产项目、"晒太阳"的开发区等。这样，把现有的风险尽快释放掉，化大震为小震，以避免风险的快速积累。二是辅之以适当的货币和财政政策，以维持宏观经济的基本稳定。

5. 降成本

进入新世纪以来，尤其是随着劳动力缺口的出现，工人工资等生产成本快速提升，超过了企业利润增长速度，从而造成企业负担重，成为经营困难的重要原因之一。同时，国内快速攀升的生产成本，也使我国产品在国际市场上逐渐失去了竞争优势。这虽然在一定程度上可以倒逼企业转型升级，但如果成本上升过快，也使企业增大了转型升级的难度。因此，必须控制生产成本的过快增长。尤其在当前企业面临着严重困难，经济发展下行压力逐步增大的情况下，降低成本就成为非常必要的举措。

降成本主要有两个方面。一是削减税收和其他各种杂费。为此，必须深化改革，精简政府机构，尤其要裁撤挂靠的机构和雇员，以最大限度地压缩财政供养人员规模，切实减轻财政压力。二是暂缓执行各地逐年提升的最低工资制度。工人工资提升要与企业利润增长挂钩，而不是与地方GDP挂钩。

6. 转方式

转型升级是各个城市在"十三五"期间必须迈过去的一道坎儿。这一关过不去，无论是全面小康还是今后的长远发展，都会成为问题。

要想有效推进转型升级，从根本上说有赖于发展方式的转变。如果发展方式不转变，转型升级很难取得实质性进展。转变发展方式的核心仍然是完善社会主义市场经济体制机制，让市场在资源配置中起决定性作用，并更好地发挥政府作用。关键是政府转变职能，由市场的主导者转变成为市场的维护者，主要职责是优化市场环境，打造优质市场体系。这就需要政府转变行政方式，由命令和指挥变成服务和帮助。

为了规范政府行为，减少对市场的不当干预，应认真落实"三个清单"制度：一是责任清单，即要明确政府必须做的事情，是规定动作；二是权力清单，即由法律明确政府的权力边界，凡是法律没有授权的，政府不得去做；三是负面清单，即向公众明确禁止和限制的领域或事项，除此之外，任何企业和个人都可以去做，政府不得干预。如果说责任清单在于防止政府不作为，而权力清单和负面清单则重在制止政府的乱作为。

可以说，转变发展方式是"十三五"期间各个城市改革和发展工作的一条主线。

四 政策建议

"十三五"期间的两项硬任务，就是全面建设小康社会和城市经济转型升级。要想圆满地完成这两大艰巨任务，就必须着力推进供给侧结构性改革，并顶住经济发展下行压力，使增长速度保持在中高区间。为此，提出以下几点建议。

一是充分调动地方政府的积极性。必须承认，无论如何改革，政府在我国社会主义市场经济活动中都始终是一个非常关键的因素，因为政府一直是中国社会的主导者（这正是中国社会与西方社会的最大不同）。而改革的大方向，是要约束政府的行为，因为过去政府的权力太大了，手伸得太长了。然而，如果把政府约束得过死，会使其失去发展经济的积极性。这对于市场经济发展来说并不是好事，因为一方面市场需要管理，另一方面政府各部门手里仍然握有大量的权力和资源，如规划、土地、资金等，不作为就是不支持相关的市场经济活动。所以，在当前经济下行压力越来越大的背景下，仍然需要调动政府的积极性，尤其是要充分调动地方政府发展经济的主动性，依旧是非常关键的。

为此，一方面需要实行"三个清单"制度，明确政府的职责和职权范围，防止政府越权行事和乱作为。同时，还要对政府的积极行为有一个激励机制，以调动其推动经济增长和社会发展的能动性。这就需要构建一套科学的发展绩效测算体系，以全面准确地反映各地经济发展和社会进步的实际成效及政府的作为与贡献（过去之所以发展模式是粗放的，在很大程度上与测评体系不科学有关，主要问题是过分重视GDP增长这一单一指标，以偏概全）。该体系的要点有三：一是发展是全面的，必须涵盖到经济、社会、民生、文化及生态环境等各个领域；二是发展是全局的，必须包括各个地区、各个民族、各个阶层、各个群体和每一个人；三是发展是有实效的，是数量和质量、速度和效益的统一。为此，必须加强科学研究，尤其是多学科合作，尽快构建一套系统、科学的发展绩效测算指标，并在部分地区试行。

二是启动新农村建设高潮。当前，我国经济下行压力大，增长动力不足，关键是内需潜力没有充分挖掘出来。那么，最大的内需潜力在哪里？在农村。自改革开放以来，尤其是进入新世纪以来，我国城镇居民收入增长较快，生活水平已有了显著提高。可以说，我国城镇居民现在的生活水平与发达国家之间的差距明显缩小，西方居民家庭拥有的条件和设施，我国城镇居民家庭基本上都有了。所以，我国城镇居民家庭开始向教育、旅游、健康等高端需求升级，而对于一般产品的需求大幅度降低。这就是当前我国工业不振和产能过剩的内在原因。

然而，由于我国还是发展中国家，城乡差距大，农村居民的家庭需求还远没有满足。近年来，由于农民进城务工的多了，收入增长较快，购买力明显增强。尤其是在国家政策的支持下，通过家电下乡等措施，农村家庭开始步入现代化进程，建材、家具、家电、手机以及汽车等中高档商品需求大增。目前对农村消费最大的制约因素是道路、电力、自来水、下水道、污水处理等基础设施薄弱，以及原有村庄狭小的局限。只要加快推进城乡一体化，推动新农村建设进程，农民的内需潜力将得到大规模的释放。这对于我

国一般工业品的拉动能力有着现实的意义。

还必须认识到，当前我国经济社会发展最大的短板在农村。统筹城乡发展，不断提升区域一体化建设水平，逐步缩小各地在发展水平上的差距，就成为全面建设小康社会的重要一环。为此，"十三五"期间，可以从地级市做起，在地级市行政区范围内，争取在2020年之前率先实现城乡一体化发展，市域各地公共服务和居民生活水平基本均等，并以此来撬动农村内需市场。

三是大力培育创新文化。走创新驱动发展道路，是我国经济转型升级的必然选择。然而，大众创业、万众创新，目前主要体现在大学毕业生一小部分群体身上。而对于一般民众，创新意识仍然很淡薄，甚至根本没有。在我国，城镇居民是受教育水平最高的群体，理应拥有创新意识，但实际上也没有多少。无论是北京、上海，还是广州、成都等，除了大妈对广场舞兴致浓厚之外，就是不分老少打麻将，很少看到人们在闲暇时读书学习。这样的社会环境，根本没有学习意识，怎能是创新的社会？这样的社会风气不扭转，哪来经济的转型升级？所以，创新驱动发展的道路，需要每一个人铺就，单靠几名科学家是难以成气候的。为此，建议将培育创新文化作为一项重大策略提上日程，"十三五"期间开始在全社会中进行培育。十年树木，百年树人，创新社会环境的培育需要几个世纪，必须长远计议。

B.5
中国健康产业发展现状与对策研究

苏红键*

摘 要： 近年来，中国健康产业迅猛发展，已成为名副其实的"朝阳产业"。本文在已有研究的基础上，对健康产业进行了界定，从医疗服务、康复保健、健康管理与促进、健康保险以及健康支撑行业等方面阐述了目前中国健康产业的发展现状、存在的问题及未来发展趋势。结合中国健康产业发展趋势，针对亟待解决的问题，提出了促进中国健康产业发展的相应对策建议。

关键词： 健康产业 医疗服务 健康管理 健康保险

随着经济社会发展和生活水平不断提高，人们对于健康产品的需求日趋增加并不断多样化。美国经济学家保罗·皮尔泽将健康产业称为继 IT 产业之后的"财富第五波"，认为它是市场前景"无限广阔的兆亿产业"（皮尔泽，2004）。健康产业的发展已成为一股全球性潮流，按国际标准划分的 15 类国际化产业中，医药保健是世界贸易增长最快的五个行业之一，其中，保健食品销售额年增长超过 13%。在发达国家，健康产业已成为带动整个国民经济增长的强大动力，美国的医疗服务、医药生产、健康管理等健康产业增加值占 GDP 比重超过 15%，加拿大、日本等国也超过了 10%。印度、新加坡、韩国等亚洲国家在这一领域也取得了显著成就。2013 年 10 月，国务

---

* 苏红键，中国社会科学院城市发展与环境研究所副研究员，经济学博士。

院印发《关于促进健康服务业发展的若干意见》，为中国健康产业发展明确了发展思路、目标和重点任务，提出"到2020年，基本建立覆盖全生命周期、内涵丰富、结构合理的健康服务业体系……健康服务业总规模达到8万亿元以上"。2015年，"健康中国"首次进入政府工作报告，预示着中国的健康产业迎来了新的机遇和挑战。在此背景下，本文在界定健康产业内涵的基础上，分析了中国健康产业发展的基本情况及存在的问题，同时对未来发展趋势做出预测，最后，根据目前的问题和未来的趋势提出了相应的对策建议。

一 健康产业的界定与内涵

近年来，中国健康产业迅猛发展，已成为名副其实的"朝阳产业"。总体来看，健康产业的界定有广义和狭义之分（见表1）。狭义的健康产业主

表1 以往关于健康产业的界定

	代表观点	分 类	来源
狭义视角（健康服务）	医疗性和非医疗性健康服务	医疗相关产业，包括药品产业、医药服务产业、医疗设备产业等； 健康相关产业，包括保健品产业、健康体检与健康管理服务产业等	白书忠（2007）
广义视角（大健康产业）	以健康服务为核心的产业体系	包括医疗服务、健康管理与促进、健康保险以及相关服务，涉及药品、医疗器械、保健用品、保健食品、健身产品等支撑产业	国发〔2013〕40号
	四大产业群体	以医疗服务机构为主体的医疗产业； 以药品、医疗器械以及其他医疗耗材产销为主体的医药产业； 以保健食品、健康产品产销为主体的保健品产业； 以个性化健康检测评估、咨询服务、调理康复、保障促进为主体的健康管理服务产业	张俊祥（2011）
	与健康直接或间接相关的产业链和产业体系	前端产业：保健品、健康体检等产业； 中后端产业：健身、养生等产业； 辅助性产业：健康保险、健康理财等产业	胡琳琳（2008）
		制造经营指产品的生产经营，如药品、保健品等； 健康服务活动指医疗服务、健康管理、人才服务等	宫洁丽（2011）

资料来源：作者整理。

要是指医疗性和非医疗性健康服务，比如医疗产业、医药产业、健康管理服务等（白书忠，2007；王晓迪等，2012）；广义的健康产业即大健康产业，包括与健康相关的产业体系（国发〔2013〕40号；胡琳琳等，2008；张俊祥等，2011；任静等，2013），涉及三次产业的很多产业活动，除了健康服务业之外，还包括健康农业生产、医药与医疗仪器设备制造等等。

根据以往的研究，结合《国务院关于促进健康服务业发展的若干意见》（国发〔2013〕40号），本文认为，健康产业是为满足日益增长的健康需求，以健康产品生产和服务为核心的产业体系，主要包括医疗服务、康复保健、健康管理与促进、健康保险以及相关服务，涉及药品、医疗器械、保健用品、保健食品、健身产品等支撑产业，为个人或家庭提供覆盖整个生命周期、连续性的健康产品或服务。医疗服务指以医疗服务机构为主体，以医学技术为手段，通过使用医疗设备、药品或医药服务对疾病进行检查、诊断和治疗，以及与此相关的药品、医疗设备、医用材料器具的生产和流通。康复保健是指利用康复理念、保健技术和相关保健产品，对亚健康人群及疾病恢复人群提供产品或服务，以消除或减轻人体器官功能障碍、重建或弥补人体相关机能缺失。健康管理与促进是指利用现代医学、运动人体科学、心理学等相关学科理论，对健康人群提供体质监测评估、咨询，改善其精神和身体现有状态或维护其精神和身体的最优状态。健康保险主要是指以被保险人身体健康作为保险标的，使被保险人在身体健康受到非主观故意的损害时获得补偿的一种保险。另外，健康产业还包括为以上四方面直接提供产品或服务的支撑行业，如医药、医疗设备、保健品、健身设施的生产和流通以及相关服务等。

二 中国健康产业发展的基本情况

目前，中国健康产业的发展主要体现在作为主体的医疗服务领域和与此相关的健康支撑行业的快速增长。同时，由于人们的生活水平提高和健康观念转变，针对疾病恢复期和亚健康人群的康复保健以及针对健康人群的健康管理领域趋于形成规模。健康保险也逐步规范发展，同时潜力巨大。

（一）医疗服务快速发展

新一轮医药卫生体制改革实施以来，医药行业取得了重大阶段性成效，全民医保基本实现，基本医疗卫生制度也已建立。

2009~2014年，中国的医疗卫生机构、人员和费用总量数目均逐年增加（见表2）。2014年的卫生费用总额比2009年翻了一番。从医疗服务业的机构发展情况看，公立医院在医疗体系中仍然占主要地位，民营医院总数2014年比2009年有所减少，从455825家减少到438816家，但病床数从2009年的374269张增加到2014年的876204张，民营医院诊疗人次从2009年的15303.8万人次增加到2014年的32465.4万人次。

表2　2009~2014年医疗卫生情况

年份	卫生机构数（所）	医院数（所）	综合医院数（所）	卫生人员数（人）	卫生费用（亿元）
2009	916571	20291	13364	7781448	17541.92
2010	936927	20918	13681	8207502	19980.39
2011	954389	21979	14328	8616040	24345.91
2012	950297	23170	15021	9115705	28119.00
2013	974398	24709	15887	9790483	31868.95
2014	981432	25860	16524	10234213	35312.40

资料来源：Wind资讯。

"十二五"以来，整个药品流通行业逐渐进入转型创新、全面升级阶段，中国的药品流通行业已出现了三大变化，即批发企业数量逐步减少；零售药店数量稳步增加；在药品零售领域，连锁药店发展迅速，而单体药店数量有所减少（见表3）。根据国家食品药品监督管理总局的数据，中国零售药店的连锁率从2011年的34.62%逐步上升到2015年的45.73%。从药品零售市场集中度看，2015年前100位药品零售企业销售额占零售市场总额的28.82%。

表3 药品流通行业企业现状

年份	药品批发企业（万家）	药品零售连锁企业（家）	药品零售连锁企业下辖门店（万个）	零售单体药店（万个）	零售药店门店（万个）
2011	1.39	2607	14.67	27.71	42.38
2012	1.63	3107	15.26	27.11	42.37
2013	1.49	3570	15.82	27.44	43.26
2014	1.33	4266	17.14	26.35	43.49

资料来源：作者整理。

中国中成药的产量和销量从总体上来看一直保持着较快的增长态势（见表4），新医改的推进及国家相应的扶持政策是其持续上涨的原因。

表4 2011~2015年全国中成药行业发展总体情况

年份	规模以上企业数（家）	总产值（亿元）	资产总计（亿元）	销售收入（亿元）	利润总额（亿元）
2011	1328	3542.11	3105.81	3378.67	372.44
2012	1420	4264.92	3706.93	4079.16	436.48
2013	1506	5283.82	4512.99	5064.98	538.43
2014	1549	6057.50	5409.30	5806.46	597.93

资料来源：作者整理。

（二）康复保健服务稳步推进

近年来，中国慢性病、亚健康人数增加，心理疾病、心脑血管疾病等发病率呈上升趋势。健康产业中的康复保健领域逐渐受到人们的重视，其发展得以稳步推进。慢性病或亚健康人群通过运动康复、药品保健品服用、康复器械辅助等方式进行康复保健或疾病预防。与此相关的康复保健服务、保健品、康复器械等都逐渐被市场接受。从2011年5月开始，人力资源和社会保障部中国就业培训指导中心对从事康复保健工作的专业人员进行从业资格管理，颁发康复保健师资格证书，从事康复保健服务工作的人员需持证上岗。同时，大众对康复保健重视程度的逐步提高也带动了中医药保健市场的发展。

此外，医疗养老事业也在逐步推进。医疗养老作为康复保健领域的拓展

和延伸，是全生命周期健康服务的重要组成部分。依据中国进入人口老龄化快速发展阶段的现实情况，国家把医疗养老作为健康产业的优先发展领域之一，探索将医疗与养老进行有机结合，充分发挥各自优势。国务院于2013年发布了《关于加快发展养老服务业的若干意见》（国发〔2013〕35号），要求"积极推进医疗卫生与养老服务相结合"。山东省青岛市、安徽省合肥市、河南省郑州市、湖南省长沙市以及天津市等城市已经开始进行医养结合的试点工作。

（三）健康管理与促进服务市场初具规模

健康管理与促进是健康产业重点拓展的领域之一，该领域的发展有利于将人们的健康观念从"疾病治疗"为中心转变为"预防维持"为中心。随着近年来生活水平不断提高、生活节奏不断加快，人们对于自身身体和精神状态的情况也越来越关注；同时经过十多年的探索和发展，中国健康监测、咨询、管理领域初具规模。健康体检服务中心、健身运动中心、专业体育设施及场馆的规模不断扩大，特别是一些专业体育运动，如冬季滑雪、滑冰等项目，得以普及。体育运动朝着大众化、全民化发展。体育运动作为最有效、最直接的健康管理与促进手段，也保持了一定的规模（见表5），2014年的体育用品制造利润总额比2010年翻了一番多。此外，上海市、杭州市、青岛市、深圳市等一些城市开始着手引导健康管理服务向专业化、智能化、规模化发展，主要做法包括：建立第三方健康管理评价与咨询机构、将互联网技术与健康管理相结合、发展连锁体检机构等。

表5 2010~2014年体育运动业相关数据

年份	体育机构数（个）	体育系统人员总数（人）	体育场馆总数（个）	体育用品制造企业数（个）	体育用品制造主营业务收入（万元）	体育用品制造利润总额（万元）
2010	7159	155527	741	1328	8304179.10	309977.20
2011	6901	157333	699	850	9454187.50	432159.40
2012	6887	159762	688	894	10229736.00	537229.00
2013	7089	152342	676	899	11062949.30	565959.30
2014	7106	148247	683	947	12843098.20	699437.20

资料来源：Wind资讯。

（四）健康保险规模增速快且潜力大

中国的健康保险制度由基本社会医疗保险和商业健康保险组成。从基本社会医疗保险的发展情况看，随着中国对其政策的不断改革，医疗保险的补偿水平逐年提高，极大地降低了居民医疗的负担。商业健康保险作为基本医疗保险的重要补充，中国起步较晚，但经过几十年的发展，已呈现保费增速快、市场潜力大等特点，其在推动健康产业转型升级方面发挥了积极作用，社会地位和功能也得到强化。

与人身险、寿险、人身意外险相比，健康险盈利水平一直较低（见表6）。高额的赔付支出使得商业健康险承保利润基本上是负增长。在经营商业健康保险的保险机构中，只有少数几家专业健康保险公司是盈利的，其他与寿险合并经营的保险公司在健康险领域一直是负增长。

表6 中国人身险和健康险收入赔付情况

年 份	2010	2011	2012	2013	2014	2015
人身险保费收入（万元）	10632.32	9721.42	10157.00	11009.98	13031.43	16287.55
健康险保费收入（万元）	677.46	691.72	862.76	1123.50	862.76	2410.47
占比（%）	6.37	7.12	8.49	10.20	8.49	14.80
人身险赔付支出（万元）	1444.40	1742.44	1899.99	2773.77	3428.00	4479.97
健康险赔付支出（万元）	264.02	359.67	298.17	411.13	571.16	762.96
占比（%）	18.28	20.64	15.69	14.82	16.66	17.03

资料来源：作者整理。

（五）健康支撑产业得到长足发展

健康支撑性产业涵盖对医疗服务、康复保健、健康管理与促进、健康保险服务形成基础性支撑及所衍生出的各类产业，主要包括药品、医疗器械、保健用品、健康食品等研发制造和流通等相关产业，以及信息化、第三方服务等衍生服务。世界银行曾测算，在过去40多年的经济增长中，8%～10%来自于健康水平的提高。人们健康意识的提高，带动健康支撑产业得到长足发展。特别是在金融危机爆发后，许多行业遭受冲击，而健康产业及健康支撑产业逐渐成为投资者的新宠，在经济下行的压力下，资金流的涌入不仅给个人和投资企业带来机遇，也形成了个人与健康医疗机构的"双向资金流"。值得一提的是，中国医疗器械工业在新中国成立后逐步发展，虽然起点低，但发展速度快。经过30多年发展，中国医疗器械行业已经有了相当的规模，并且一直保持9%以上的增长速度（见图1）。

图1 2010～2015年中国医疗器械行业总产值

资料来源：作者整理。

（六）健康产业多样化发展

随着社会经济的发展，人们在生活水平提高的同时，生活压力也在不断增大，这也使得社区居民越来越重视自己的心理健康，我国不少地区正在积极探索社区心理健康服务。此外，随着旅游需求的提升，新兴健康旅游方式开始兴起，如医疗旅游、体育旅游等。医疗旅游是一种将旅游与健康服务结合起来的旅游形式，近年来香港的医疗旅游发展迅速，调查表明，内地旅游者的目的之一是回避"计划生育政策"。如今二孩政策已全面落地，众多国内旅游机构迎来前所未有的机遇，在"参与"、"体验"、"健康"等方面不断深入挖掘，其发展空间也会进一步扩展。

三 中国健康产业发展存在的问题

中国健康产业仍然存在诸多发展瓶颈,例如医疗服务和康复保健供给不能满足人们日益增长的健康需求,健康管理的人才缺乏、能力薄弱,健康保险并没有实现全民覆盖,同时不同险种的内部结构不协调,整个健康产业链也并不完善。只有突破了这些瓶颈,中国健康产业才会有良性、协调和开放的发展。

(一)医疗服务及康复保健供需矛盾突出

目前,我国基础医疗保障仍然不够完善,医疗服务供给与公众健康需求之间差距较大。医疗服务及康复保健资源的分布也不均衡,城乡差距较大、区域之间的差距也不容忽视。大中城市"就医难"仍然是普遍的现象,专科医院的规模和数量与需求存在较大差距;县级以下的基层医疗机构基础设施设备、技术、人员不能很好地满足当地群众的就医需求。康复保健在中国刚刚起步,相关技术人员、师资力量的供给也是制约该领域进一步发展的瓶颈。特别是随着老龄人口的增长,医疗养老的基础设施、技术条件、专业人员的供给都会相对不足,这会影响到医疗养老保健供给的数量和质量。

(二)健康管理能力薄弱

健康管理人才缺乏是制约健康管理能力发展的一个瓶颈,人才的匮乏导致的一个直接结果是健康管理的水平和能力薄弱,不能有效地提供健康检测、健康咨询等服务。中国目前健康管理师的培养和职业认证仅仅处于起步阶段,人数少、市场认可度还很低。据日本卫生部公布的相关数据,在日本每300人就有一名健康管理师或营养师,其数量相当于临床医师的2.4倍。相比之下,我国在健康管理方面的从业人员仅有10万人左右,如按照日本健康管理师占全国人口比例来计算,我国未来所需健康管理师保守估计也需200万人,因此人才缺口非常巨大。目前,中国健康领域人才培养,除医

生、护士之外，还缺乏培养健康管理专业型、复合型、应用型人才的模式和途径，健康管理学科体系尚未建立，师资力量匮乏。

（三）健康保险覆盖范围有限，发展还不成熟

健康保险目前在中国覆盖的范围有限，同时表现出专业化经营程度不高、产品结构不合理等问题，与发达国家相比，健康保险的深度和密度均不足（见表7），人群和覆盖面比较狭窄。

表7 2010~2014年健康保险深度及密度

年份	2010	2011	2012	2013	2014
健康保险密度（元/人）	49.45	50.49	62.98	82.57	116
健康保险深度（%）	0.17	0.15	0.17	0.19	0.30

资料来源：作者整理。

（四）健康支撑行业自主创新不强

健康支撑行业，如医疗器械和生物技术，自主创新及研发能力仍然薄弱，对于国际进口产品依赖较大。据统计，目前我国生产的药品中97%以上是仿制药，所使用的先进制药技术也基本来自国外，国内制药企业的研发投入非常低，研发费用占不到销售总额的1%，而在发达国家，这一比例基本在15%~20%。医疗器械制造尽管在地域上集中在长三角、珠三角等经济发达的地区，但其集聚的溢出效应并未体现，行业层面的知识分享机制并未建立，也从一定程度上阻碍了医疗设备的研发和创新。

（五）健康产业链不完善、结构不合理

完整的健康产业链应该包括健康管理、疾病预防、疾病诊疗、养老、健康保险等涵盖修复、维持、提高健康各个领域的产业，同时应该包括相应的支撑和关联的产业。目前，在中国健康产业中，资源主要集中在传统的医疗服务领域，而健康管理和康复保健领域都处于初步发展阶段，两个领域的市

场集中度低，并未形成规模经济，在健康产业中所占份额也较小，健康产业整体的产业链并不完善。

药品零售行业无论是连锁率还是集中度，较之"十二五"既定目标还有较大差距。根据国家工商总局的数据，我国零售药店的连锁率从2011年的34.62%逐步上升到2015年的45.73%，与制定的"十二五"末达到2/3的连锁率还有一定的差距；2015年前100位药品零售企业销售额占零售市场总额的28.82%，远远没有达到所制定的"十二五"末60%的目标。

四　中国健康产业的发展趋势

国家"十三五"规划纲要和《国务院关于促进健康服务业发展的若干意见》都对未来中国健康产业的发展做出了制度安排。医疗服务、康复保健和健康支撑行业在未来均有巨大的需求，能形成具有规模的市场。随着计算机和互联网技术的发展，健康管理开始向智能化发展。以上这些领域在未来的发展，都将依赖于健康保险和资本市场的协调、融合，为健康产业发展提供资金保障。

（一）医疗服务及健康支撑行业发展潜力巨大

国家"十三五"规划纲要中提出，在"十三五"期间将"全面深化医药卫生体制改革"。医药体制改革将进一步推动医疗服务的发展。医疗服务是健康产业的核心和关键。基础医疗服务供给的数量会不断增加、质量会不断提高，以满足民众的基本健康需求。此外，随着生活水平的提高和健康观念的转变，人们对于医疗服务的需求也呈现多元化。一部分消费者愿意为质量高、专业性强、服务优质的医疗技术支付溢价。提供多层次、多元化的医疗服务已成为社会的共识。目前一些医疗机构已经开始尝试高端医疗、专科连锁。同时，借助互联网及智能设备的发展，一些医院也在着手试点通过互联网进行远程医疗，一方面可以更高效地解决就医难的问题，为患者提供即

时的诊断和治疗方案；另一方面可以解决不同区域医疗资源不平衡的问题，为病患提供更准确的诊断，避免重复检查，提高诊疗效率。同时，精准医疗新兴产业的创新和产业化也应提上议事日程。除了公立医院的发展，在国家政策的鼓励下，民营资本进入医疗服务领域速度加快，民营医院正在快速进行资源整合和市场扩张。

（二）康复保健具有稳定持续的需求

随着城镇化水平的不断提高、人们生活习惯的改变，康复保健在未来仍然具有稳定的需求。生活节奏加快、不合理的饮食习惯及不良的生活方式，对人体健康造成了巨大影响。数据表明中国亚健康人群已超过75%，且在各年龄段的分布也较为均匀；与营养相关的慢性病，如糖尿病、心脑血管病、肿瘤等已占死亡原因的80%。居民的健康需求已由传统、单一的医疗治疗型向疾病预防型、保健型和健康促进型转变。

同时，随着中国人口老龄化现象的加剧，中国需要进行医疗保健护理的老年人将不断增加。据估计，到2020年，生活不能自理而需要医疗养老服务的老年人人数将突破2000万。对于规模如此庞大的老年群体，对老年人的保健护理已经成为健康产业的重要发展方向。医疗养老作为一个新兴的健康产业发展领域，不仅具有巨大的市场规模，更重要的是，还关系老龄人口的生活质量。通过医疗养老提供的专门性的监测、预防、诊疗，尽可能地降低突发性疾病对老年人的伤害，将为老年人提供周期性的健康改善。"十三五"规划纲要在以往的基础上提出，要积极应对人口老龄化的挑战，要建立以居家为基础、社区为依托、机构为补充的多层次养老服务体系，扩大养老市场准入，全面放开养老服务市场，通过购买服务、股权合作等方式支持各类市场主体增加养老服务和产品供给，积极吸引外资参与。2013年9月出台的《国务院关于加快发展养老服务业的若干意见》也指出"到2020年，全面建成以居家为基础、社区为依托、机构为支撑的，覆盖城乡、规模适度、功能完善的养老服务体系"。无论从实际需求还是政策支持来看，医疗养老在未来的发展潜力巨大。

（三）健康管理智能化发展

互联网技术以及智能终端技术的发展，使得健康管理朝着智能化方向发展。智能移动监测、可穿戴设备使用将更加便捷、技术水平会更加精准，这些设备能够持续记录个人健康数据并提供直观的分类报告，通过所收集的个人健康信息制定相应的改进或维持健康水平的措施建议。智能健康管理和促进将成为人们日常生活的一部分，通过实时监测和数据汇总、报告，能够使本人、亲人、健康咨询师、医生迅速掌握被监测者的健康状况。未来，健康管理的智能化发展将同服装设计与生产、家电、运动器材等行业进行合作、集成，应用领域广泛，潜在需求规模巨大。

（四）健康产业与资本市场融合，为发展提供资金和机制保障

从世界范围内看，健康产业发展的一个趋势是与资本市场密切融合，通过资本化运作，获得健康产业相关企业和产品的融资，以支持新技术、新药品、新健康产品的研发和推广。预计到2020年，中国健康产业的规模将达到10万亿元人民币。规模庞大、增长迅速的健康产业需要资本市场为其提供发展动力。同时，健康保险作为金融市场的一种金融工具，为健康产业提供资金和机制保障。目前，在扩大基本医疗保险覆盖范围的基础上，我国正大力推广商业健康保险的覆盖面，以满足公众多元化的健康需求。

（五）健康支撑行业规模和种类将进一步扩大

作为健康支撑行业的医药、医疗器械、保健食品等领域，也会随着健康服务的规模扩大、人们生活水平的提升和健康理念的改变而进一步扩大其生产规模，产品种类也会依据新需求的出现而得到拓展。健康支撑行业是健康产业的物质基础，其发展程度直接关系提供健康服务的质量和水平。未来健康产业巨大潜力的释放，也会有力推动健康支撑行业不断创新发展。

五 中国健康产业发展的对策建议

为加快未来中国健康产业的良性、快速、创新、协调发展，为人们提供优质的健康产品和服务，针对目前中国健康产业存在的问题，本文从顶层制度设计、健康产业供给侧改革、提高研发创新能力和健康保险不同险种协调发展等四个方面提出对策建议。

（一）明确健康产业的发展定位，做好顶层设计

健康产业关系国计民生，与每位居民的日常生活息息相关。发展健康产业首先应该在国家层面将其定位为战略性新兴产业，在摸清中国健康资源及居民健康需求的基础上，借鉴国际健康服务的先进理念，从顶层做好发展目标、重点和规划等方面的设计。同时，通过制定优惠政策、行业准入条件和行业规范、监管体系和人才培养模式等配套措施，鼓励并引导健康产业向积极方向发展。

（二）以医疗体制改革为契机，促进健康产业供给侧改革

健康产业涵盖多个领域，医疗体制涵盖健康产业中绝大多数的领域。建议以医疗体制改革为契机，推动健康产业内容的升级和结构的优化，完善健康产业链，形成覆盖健康服务前、中、后端的全产业链条，促进健康产业的供给侧改革。在普及基础健康服务的同时，加快推进差异化、精准化健康服务，以满足不同层次的个性化需求。培育高端健康产业市场，推进中等层次健康管理促进服务，保障基础健康服务，形成高、中、低不同层次协调发展的健康产业体系。同时，在有条件的领域或机构中实施健康产业不同领域的关联融合，实现范围经济。加强医疗机构、大中专院校、健康产业企业的联合互动，打造健康产业一体化服务模式，完善产业链条。建立健康产业园区，培育健康产业集群，实现集聚效应。

同时，在健康产业中的适当服务领域可以引入民营资本。民营资本的引

入可以缓解健康产业融资难的问题，除了资金优势之外，其管理经验和理念中先进、可借鉴的部分可以倒逼公立医疗机构通过采取提高管理水平、降低管理成本等一系列措施来应对竞争，从而有助于整个健康行业发展水平的提高。

（三）加快健康产品和服务的研发和创新

提升医疗机构、医药医疗设备研发机构、康复保健机构的研发能力，增加研发投入，通过激励手段鼓励创新，发展健康产品和服务机构自身核心能力。借助互联网和大数据技术，建立健全健康产业信息统计系统和信息共享平台，为健康产业创新发展提供数据、信息支撑。

为提高我国养老制度水平，中国医疗养老服务的创新可以采取以下几种措施：一是加强对养老保障金的管理，拓宽保值增值的途径。为此可以在城镇建立统一的基本养老保障制度，并由劳动和社保服务中心进行统一管理，既可防范地方政府的违规操作，也可以保障资金的正常使用。二是适当调整职工与企业的缴费标准，适度减少企业缴纳养老保障金的负担并提高个人的缴费比例，或者政府对企业给予补贴来缓解职工个人的负担。三是改革养老保障制度，降低养老保险金的运行风险。一方面是通过丰富保障金的筹措方法和发展各类养老机构与创新服务模式来实现制度的科学性和有效性，另一方面是通过不断完善法律体系来加强风险监控。

（四）促进基本医疗保险和商业健康保险协调发展

国际经验表明，健康产业的良性发展需要合理、完善的健康保险作为保障。目前我国健康保险中基本医疗保险覆盖范围还不足、自付比例仍然较高，与此同时，商业健康保险发展相对滞后。为此，应该促进基本医疗保险和商业健康保险协调发展，共同支撑健康产业的发展。

第一，进一步完善基本医疗保险，扩大疾病保险范围、提高实际报销比例，同时健全重特大疾病的保险机制，避免"因病致贫、因病返贫"，充分发挥基本医疗保险对于全民健康的保障作用。

第二，落实完善健康保险的产业政策，就需将其作为社会保障的重要行业予以扶持，国外经验表明更加明确的现金补贴、优惠的税收比例，将有利于增加商业健康保险的发展空间。应通过多种途径发展商业健康保险，建立多层次健康保险体系，满足不同层次需求，为发展非基本医疗和保健服务提供资金保障。

第三，探索建立健康保险机构同医疗、保健机构之间的合作关系，将健康管理纳入健康保险范畴，促进健康产业链的协调发展。从国际经验看，健康保险公司通常会收购医疗机构来参与到同医院的合作中，最终积累数据，搭建健康管理平台，整合大数据资源和信息技术，并将其培养成健康保险公司的核心竞争能力之一。

第四，强化对风险的控制能力，包括在提升保险公司本身的经营水平时，强化对监管成本的控制，以及为避免医疗提供商被高收益诱惑而与保险人合谋，要由事后监管转变为事前和事中监管。

参考文献

保罗·皮尔泽：《财富第五波》，吉林大学出版社，2004。

白书忠：《中国健康产业体系与健康管理学科发展》，《中华健康管理学杂志》2007年第1期。

白洁：《健康服务业的现状与未来》，《福建质量管理》2016年第3期。

曹金娟、张誉彤：《健康管理服务产业市场需求及发展分析》，《辽宁医学院学报》2016年第2期。

代涛：《健康服务业内涵、属性分析及政策启示》，《中国卫生政策研究》2016年第3期。

董清秀：《商业健康险发展的方向》，《中国金融》2015年第50期。

宫洁丽等：《国内外健康产业发展现状及趋势》，《河北医药》2011年第14期。

胡琳琳、刘远立、李蔚东：《积极发展健康产业：中国的机遇与选择》，《中国药物经济学》2008年第3期。

陆岷峰、徐阳洋：《关于"互联网金融+健康产业"的战略研究——基于健康产业借助于互联网金融融资方式的分析》，《南阳师范学院学报》2016年第2期。

任静等：《我国健康产业发展现状研究》，《卫生经济研究》2013 年第 6 期。

王晓迪、郭清：《对我国健康产业发展的思考》，《卫生经济研究》2012 年第 10 期。

王秀峰、张毓辉：《论发展健康服务业与深化医药卫生体制改革的关系》，《中国卫生经济》2014 年第 6 期。

邢伟：《健康服务业发展的实践探索和政策思考》，《宏观经济管理》2014 年第 6 期。

张世明、谢安：《英国政府开放数据的实践及启示》，《中国统计》2016 年第 2 期。

张俊祥等：《我国健康产业发展面临态势和需求分析》，《中国科技论坛》2011 年第 2 期。

郑英、张璐、代涛：《我国健康服务业发展现状研究》，《中国卫生政策研究》2016 年第 3 期。

B.6 PPP与互联网金融在城市更新项目中的应用

黄育华*

摘　要： 城市更新改造应用PPP模式，既开辟了新的融资渠道，又引入了更加科学的管理方法，有利于推动政府从"预算收支管理"，逐步转向"资产负债管理"。互联网金融凭借其直接融资、信用评估、数据处理、管理运营、平台传播等优势，在PPP项目融资上具有巨大的潜力。目前来看，互联网金融应用于老旧城区和棚户区改造PPP项目的有效模式是P2P和众筹，通过P2P满足低成本债务融资，通过众筹向社会筹集股权资本。但在运作过程中还存在着以下几个主要问题：一是互联网金融发展还存在较多法律及政策障碍；二是PPP管理缺乏完善统一的法律体系。因此，本文建议：一要建立国家层面的互联网金融法律监管体系；二要理顺PPP项目政府监督管理体系；三要采取创新手段提升项目回报率和吸引力。

关键词： PPP　互联网金融　城市更新项目

党的十八大提出："要建立市场配置和政府相结合的住房制度，加强保障性住房建设和管理，满足困难家庭建设需求。"老旧城区和棚户区改造工

---

* 黄育华，中国社会科学院城市发展与环境研究所副研究员，主要研究方向为城市金融与投资。

作已成为党中央、国务院确定的重大民生工程。然而，随着我国地方投融资体制的变化，政府融资能力不足，老旧城区和棚户区改造存在着巨大资金缺口，直接影响了改造工作的顺利进行。

党的十八届三中全会提出，"推进城市建设管理创新。建立透明规范的城市建设投融资机制，允许社会资本通过特许经营等方式参与城市基础设施投资和运营"。采用PPP的方式引入社会资本，缓解老旧城区和棚户区改造等城市更新项目的资金需求，利用PPP的科学管理机制及企业化运行机制，不仅有利于改造工作的推进，也有利于提升政府管理效能。而互联网金融可以为落实老旧城区和棚户区改造PPP项目的资金问题广开渠道，引入"PPP+P2P"和"PPP+众筹"融资模式，是有效解决老旧城区和棚户区改造的PPP项目资金问题的开放的、可行的办法。

一 城市更新改造与PPP概述

（一）城市更新的意义

城市更新主要包括老旧城区和棚户区的更新改造。国务院《关于加快棚户区改造工作的意见》（国发〔2013〕25号）明确："2013~2017年改造各类棚户区1000万户，使居民住房条件明显改善，基础设施和公共服务设施建设水平不断提高"；并且提出，"多渠道筹措资金。要采取增加财政补助、加大银行信贷支持、吸引民间资本参与、扩大债券融资、企业和群众自筹等办法筹集资金"。这是国家最大规模的一次棚户区改造，其意义在于：一是通过改造的小区配套设施相对齐全，人均住房面积明显扩大，结构更加合理，房屋舒适度显著提升，有效改善困难群众住房条件。二是通过改造，改善城市环境面貌，破解城市二元结构，不仅加快城市基础设施建设进程，而且能完善城市功能，聚集人气、提升品位。三是通过改造可以盘活存量土地资源，提高土地使用价值，增加住宅供给，为城市发展提供空间。四是老旧城区和棚户区改造涉及经济的诸多层面，建设产业链长，关联度高，带动

力强，不但增加直接投资，而且相关的配套设施建设体量大，投资量更大，能改善和促进相关产业的生存和发展。

（二）城市更新改造过程中存在的问题

城市更新中的老旧城区和棚户区改造项目多地处城市边缘地带，基础设施配套成本高，市场化运作难度大，各级地方政府财政困难，银行多持观望态度等，导致了较大的改造资金缺口。而如何避免老旧城区和棚户区经改造后形成新的城市低收入人群聚集点，以更好地实现长远发展，也是改造项目所面临的问题。

1. 经济金融新常态下政府原有融资路径难以为继

近年来，随着资本、土地等要素供给下降，资源环境约束强化，经济增长速度减缓，我国经济发展进入了新常态，地方政府原有融资路径受阻，主要表现为：一是地方政府已经无法依靠土地财政进行再投资；二是经济下行、税收改革，致使地方政府财政收入增长明显放缓；三是前几年银行对地方政府发放的项目债和融资平台贷款逐渐到期，部分项目还款不及时，银行不良贷款上升，银行贷款收紧；四是地方政府举债融资能力严重受限。

随着经济发展进入新常态阶段，我国金融业发展也出现了前所未有的新常态：一是金融创新与金融机构日益审慎。二是经济增速的换挡期决定了金融必然要步入各类租金和金融价格的换挡期，利率水平自然将出现调整；同时在产业结构调整过程中，金融的风险结构、投资组合模式都将发生根本性变化。三是为应对2008年国际金融危机政府采取了一系列政策，当前针对其遗留问题的处理，要求货币投放常态化、资源配置市场化。

2. 传统融资模式难以满足大规模的城市更新改造资金需求

城市更新中老旧城区和棚户区改造所需资金，政府除通过公共财务预算收入安排以外，还通过地方国有资本经营预算、土地出让金收入等渠道筹集。除政府投资外，传统融资模式也对改造提供了资金支持，包括银行贷款、债券融资及信托融资等其他金融机构融资。近几年，政府通过传统银行贷款渠道的融资比例逐渐降低，无法满足改造资金需求，对影子银行融资的依赖度加大，因此创新融资方式日益重要。

（三）城市更新改造引进 PPP 模式的必要性

1. PPP 模式基本情况及特点

PPP 模式即公私合作模式，是为公共基础设施建设提供融资的一种模式。PPP 模式转变了依靠"政府背书"的投融资体制，将政府的一部分支出责任通过"特许经营权"方式转移给市场主体的社会企业。20 世纪 80 年代初，英国率先提出在基础设施建设等领域应用 PPP 模式，随后在美国、加拿大等发达国家得到广泛运用。2003 年"鸟巢工程"中，PPP 模式在我国首次被运用。此后，北京地铁四号线和高铁项目海外样本等 PPP 项目运作成功。

根据国务院文件，PPP 模式是未来政府举债的三大主要机制之一，政府通过同社会资本合作组成新主体融资，可以转移地方政府债务杠杆，缓解偿债压力，让市场在资源配置中发挥更大作用，是解决地方政府债务的创新模式。

PPP 模式是指政府通过政府采购招标与私营公司签订特许合同组成特殊目的公司，由之参与项目的可行性研究、立项，并负责筹资建设和经营管理取得效益的全过程。政府给予中标私营公司特许经营权和收益权，私营公司主要负责项目的建设与运营。PPP 模式的特点是公私双方风险共担、利益共享。

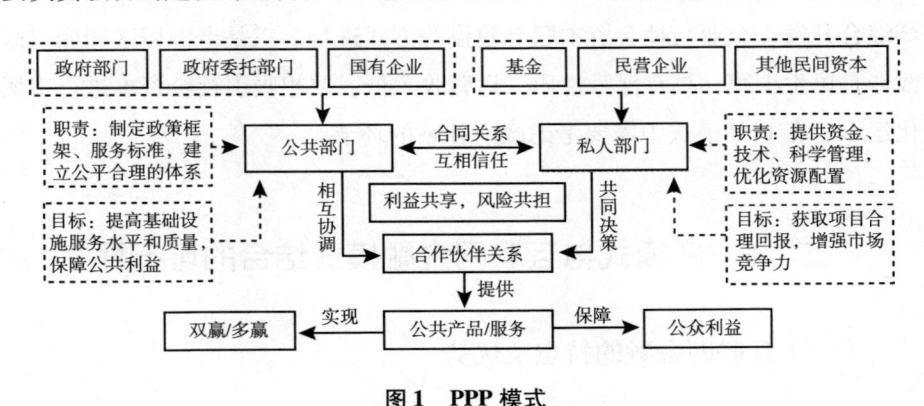

图 1　PPP 模式

2. 城市更新改造推行 PPP 模式的意义

通过 PPP 模式开展城市更新改造，可以推动政府从"预算收支管理"，逐步转向"资产负债管理"。与传统的融资模式相比，PPP 平均可为政府部门节约 17% 的费用。PPP "风险共担、利益共享"的管理设计可以有效调动民间资本参与的积极性。此外，推行 PPP 模式还有助于政府公共部门落实"权责对等"原则，厘清政府与市场边界。

3. 城市更新改造项目应用 PPP 模式的可行性

城市更新改造应用 PPP 模式既开辟了新的融资渠道，又引入了更加科学的管理方法，具有充分的可行性。一是基础设施建设等领域应用 PPP 模式在英美等国已十分广泛，20 世纪 90 年代至今在我国的应用领域也逐渐扩大，已有河南焦作市、安徽省安庆市等城市老旧城区和棚户区改造项目应用 PPP 的案例。二是老旧城区和棚户区改造项目作为民生工程，是半公共服务项目，社会资本参与项目建设能够获得稳定、可观的投资回报，这是项目应用 PPP 融资模式的可行性基础。

PPP 模式主要适用于政府负有提供责任又适宜市场化运作的项目。对老旧城区和棚户区改造项目，要根据其特点选择不同的 PPP 模式：一是老旧城区和城市棚户区改造，可以改善城市和居民居住环境，达到集约利用土地、提高城镇综合承载力的目的，对此类项目可采取政府组织、市场开发的方式进行运作。二是对工矿、林区棚户区改造，可采取企业自行改造、房地产综合开发、企业与社会资本联合建设等方式进行。三是老旧城区和棚户区改造是民生工程，具有保障性质，运营收入低，要想吸引社会资本进行市场化运作，在 PPP 模式中需要考虑政府补贴的环节。

二 PPP 模式与互联网金融模式结合的可行性

（一）互联网金融的特点及优势

1. 互联网金融的模式特点

互联网金融，是依托大数据和云计算在开放的互联网平台上形成的功能化金融业态及其服务体系，包括基于网络平台的金融市场体系、金融服务体系、金融组织体系、金融产品体系以及互联网金融监管体系等。互联网金融里的互联网是技术手段，是金融创新工具，金融是其本质。

当前的互联网金融模式，通常指的是非金融机构利用互联网技术进行金融运作的电商企业，P2P 模式的网络借贷平台，众筹模式的网络投资平台，挖财类模式的手机理财，以及第三方支付平台等。

2. 互联网金融在 PPP 中的优势

互联网金融凭借其直接融资、信用评估、数据处理、管理运营、平台传播等优势，在 PPP 项目融资上具有巨大的潜力。主要体现在六个方面。一是互联网金融信息传播快、计算能力强，打破了地域界限，具有实时、交互、开放、个性化等优势。二是互联网金融是一种直接融资模式，互联网企业利用自身的技术切入了金融服务，通过网络平台将融资中的风险在投融资双方直接进行了分配，降低了风险的集中度。三是互联网金融云计算高效海量的信息获取和处理能力，既可以将每一个主体有限的信息拼接从而得到相对完整的图景，去了解企业的信用；又可以通过社交网络生成和传播的信息，对信息进行组织、排序、检索，有针对性地满足信息需求。四是互联网金融令资金供需配置呈现自主性，资金供需信息直接在网上发布形成充分交易可能性集合，达成供需匹配，就可以实现交易，高效解决了企业融资和个人投资渠道对接问题。五是互联网金融的移动支付手段，能够提供更为快捷的支付服务。六是个性化需求被不断地挖掘和激发，令许多曾经无法实现的服务可以实现和完成，彰显了互联网金融的先进性。

（二）互联网金融为 PPP 项目融资的可行性

互联网金融平台公开透明、诚信公平的特点与其相对强大的信息技术和数据处理优势，使之可以在金融资源配置上发挥独有的作用。将之应用于 PPP 项目，有助于政府完善服务，有助于政府筹集建设资金，有助于推动城市建设的管理创新。

1. 互联网金融直接融资降低融资成本

《关于加强地方政府性债务管理的意见》（国发〔2014〕43 号）提出，

"明确政府和企业的责任,政府债务不得通过企业举借"。该文件剥离了融资平台公司等的政府融资功能,使得地方政府主导推动的城市基础设施等项目融资难度加大,出现了较大的建设运营资金缺口。

国发〔2014〕43号文件给出了融资方向:"鼓励社会资本通过特许经营等方式,参与城市基础设施等有一定收益的公益性事业投资和运营。政府通过特许经营权、合理定价、财政补贴等事先公开的收益约定规则,使投资者有长期稳定收益。投资者按照市场化原则出资,按约定规则独自或与政府共同成立特别目的公司建设和运营合作项目。"

公益、半公益PPP项目通过互联网金融向社会融资有以下好处:一是可减轻地方政府债务负担,减缓融资压力,降低融资成本。二是可以整合民间的闲散资金,降低民众投资理财门槛,为建设项目牵线搭桥,实现多渠道融资。三是互联网金融直接投资建设项目,取得"特许经营权",在促进项目建设中得到效益,又使得民间资金产生了更多收益,形成多方共赢的局面。

2. 推动政府职能转变

复杂多变的市场竞争环境中,在PPP项目的建设和运作上,互联网金融可以更好地发挥其应变能力强和管理运营经验丰富的作用。互联网金融应用于PPP项目可以减少政府对微观事务和社会事务的包揽,可以促进政府转变职能,尊重市场,更加专注于宏观调控。

3. 助推信息化建设,促进产业转型升级

互联网金融应用于政府公益项目有助于提高中国的信息化水平,促进政府政务的信息化建设。一是互联网金融可以助推政府云计算平台建设,进行大数据的收集、处理和分析,提高整体信息水平,促进产业转型升级,促进大数据与云计算技术的广泛运用。二是互联网金融的介入使得信息的传播更加高效与透明,从PPP项目入手,可以带动产业链的发展,并以此带动和净化市场的诚信发展环境,有利于政府的监管和社会的监督,培养政府和市场信用体系。

4. 对互联网金融健康发展具有积极意义

互联网金融依托面向社会、公开便捷的优势应用于PPP项目,既扩展了自身业务,也扩展了私营公司的空间。互联网金融与政府合作能够获得更多的政策支持,更好地发挥社会化功能和普惠功能,激发企业的创造力与进取精神。

(三)互联网金融在 PPP 中的应用模式:P2P 和众筹

互联网金融依托自身特性,可以为 PPP 项目提供更广阔的资金来源:一是融投资双方在互联网金融平台上可以自由选择、甄别、询价、匹配和交易,没有交易成本,也没有垄断利润。金融机构无须投入资本开设营业网点,借款人通过平台充分翔实的信息和便捷的流程可以快速找到自己满意的金融产品。二是互联网金融模式便捷,客户能够突破地域的约束,不被空间间隔,在互联网上寻找需要的金融资源,金融服务更直接,客户基础更广泛。目前来看,互联网金融应用于老旧城区和棚户区改造 PPP 项目的有效模式是 P2P 和众筹,通过 P2P 满足低成本债务融资,通过众筹向社会筹集股权资本。

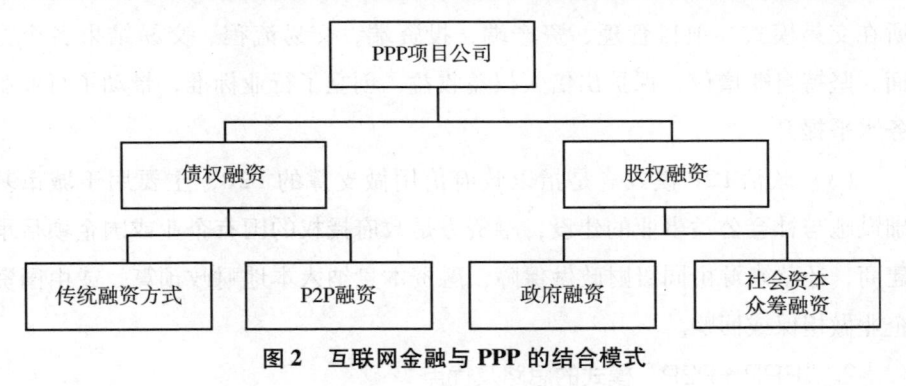

图 2　互联网金融与 PPP 的结合模式

三　城市更新改造中 PPP 与互联网金融的应用模式

(一)"PPP + P2P"模式

1. P2P 模式介绍

(1) P2P 模式特点。P2P 是互联网金融中的一种标准化借贷服务平台,是借款人在平台上发布借款金额、利息、还款方式与还款期限等信息,供资

金借出者选择投标的模式。这一模式无地域限制，沟通清晰，交易便捷，成本低廉，资金匹配效率高，是小额信用交易中一种重要的平台模式。

（2）P2P 传统模式。目前我国比较有代表性的 P2P 平台模式有人人贷和陆金所，二者在市场定位、服务范围、盈利模式等方面各有不同。

1）人人贷。人人贷是纯信用借款，只要求必需的申请材料，无须担保抵押，最高借款额度50万元。人人贷平台区分借款人及其需求推出了网商贷、生意贷、工薪贷等产品供借款人选择，出借人再依据借款人的信息决定是否投资，是散标投资。而以出借人同意的规则进行自动投标，即定期限的回款循环再投资的方式，是优选理财计划。

2）陆金所。陆金所是平安集团的 P2P 平台，采用了线上结合线下，对项目进行严格的筛选和专业的风险管理，对借款人进行风险评估并提供偿付违约担保的方式。主要产品有稳盈－安 e、稳盈－安业、富盈人生等。陆金所在交易模式、项目管理、资产端、投资端、交易流程、交易结果各个方面，坚持自律增信，保护出借人权益收益，创立了行业标准，带动了行业服务水平提升。

（3）政信 P2P 模式。是指以政府信用做支撑的 P2P，主要用于城市基础设施与社会公益事业的建设，融资方是政府授权的国有企业或国企项目承建商，还款来源由同级财政做保障，融资本息纳入本地财政预算，或由国资企业做担保或回购。

2."PPP＋P2P"模式的思路及优点

（1）模式思路。"PPP＋P2P"就是将 PPP 与 P2P 结合起来，通过互联网金融平台使老旧城区与棚户区改造项目与民间资本相嫁接，也即通过 P2P 拓展 PPP 中私人部门的范围，使资金来源更加广泛。将 PPP 项目设计成 P2P 产品，发挥各自的优势，使 PPP 与 P2P 融合衔接，可实现 PPP 项目更深层次的市场化。

（2）模式优点。PPP 与 P2P 二者具有天然的契合性，其自然而然的结合对社会经济发展有很多益处：一是 PPP 项目负债较高，政府部门出资比例较小，结合 P2P 可以撬动更多的社会资金。P2P 通过搭建民间资本参与政

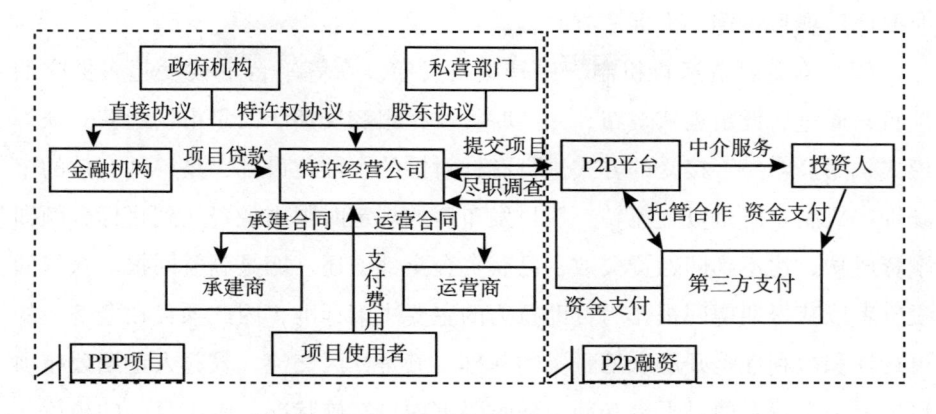

图3 "PPP+P2P"模式结构

府民生项目的中间桥梁,可以在PPP项目的债权融资环节发挥特有的融资作用,为投融资两端提供传统金融所不能及的高效率、低成本的优质金融服务,解决政府融资来源问题。二是PPP项目一般都带有公益或半公益性质,来源于政府部门,项目真实可靠,还款源较多,具备较低的风险和较高的信用等级,有利于开辟出一条可持续的互联网金融发展之路。三是PPP项目在互联网平台融资,可使普通投资者获得风险较低、收益稳定的投资机会。四是通过政府与民间的合作,形成在公众监督下的公共项目管理机制。

(二)"PPP+众筹"模式

1. 众筹模式介绍

(1)众筹模式主体。众筹是指项目的发起者与投资者都可以是普通大众,发起者在互联网金融平台上展示其创意与产品,支持的大众可以作为投资者参与投资。

众筹模式的主体有三个。①项目发起者。项目发起者主要是有创造能力却缺乏资金的主体。被大众认可的项目一般要有较成熟的展品,要有市场需求且不易模仿。②支持者。支持者主要是具有一定闲置资金的个人,希望成为某个项目的投资者,分享项目利润。③众筹平台。众筹平台是连接发起人和支持者的信息中介,承担着确保发起者项目与支持者真实诚信的责任,同

时要协助项目宣传，力促三方共赢。

（2）众筹融资运行机制。一是项目发布。众筹平台审核发起人提交的项目，通过后设定程式发布，并随时关注，跟踪反馈。二是市场运营。众筹模式采用公众易于接受的方式进行有针对性的个性化设计，是一种有效的市场推广机制。三是资金流转。项目发布后的规定时限内融资达到目标金额即融资成功，达不到即融资失败，已获资金全部退还。四是利益回报。众筹的投资者以获得期望回报作为资助行为的主要决策标准，因此项目在经济上的可行性和盈利性是开展众筹融资的基础。五是社区交流。发起人定期公布项目进展，支持者通过平台互动，随时跟进项目实施状况，做出自己的决策。

（3）众筹融资的优势。一是众筹融资模式有利于推动创业经济的发展。创业经济是社会经济发展的不竭动力，在制度政策支持下，众筹成为大众创业万众创新的一种模式。二是众筹融资以项目本身的创新性和回报性为基础，是一种公平务实的新型筹资方式，它的典型特征是筹资来源广泛，且公众参与的资金有不同的档次可供选择，具有灵活性。三是众筹过程也是项目营销过程，既为发起人进行项目融资，又为项目开拓市场，这也是众筹融资的重要价值所在。

2. "PPP+众筹"模式的思路及特点

（1）模式介绍。"PPP+众筹"拓展了PPP中社会资本或私营公司的融资范围与融资空间，使大众可以成为政府主导项目的投资者，既是融资模式的拓展，也是管理方式的改变。

具体如下：一是PPP项目要由政府立项并组织招标，与中标者签订特许经营合同并附融资协议。二是面向大众的项目融资由特殊目的公司负责，按照与政府的协议进行。特殊目的公司将融资项目提供给众筹平台，审核通过后上线融资。三是特殊目的公司对项目分包进行建设，并与众筹平台一道及时公布项目的进展信息。四是项目完成验收后，政府向特殊目的公司支付成本及投资回报，或给予规定的补贴，使社会资本也即大众投资获得合理的回报。

（2）模式优点。众筹与老旧城区和棚户区改造PPP项目相结合的模式，

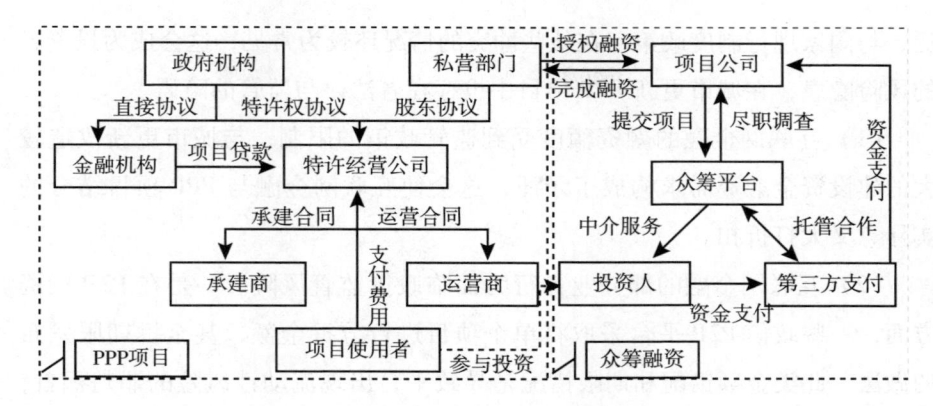

图 4 "PPP+众筹"模式结构

具有以下优点。一是互联网金融最大优势是具有极强的开放性特征，可提供无地域限制服务，拥有庞大的用户人数。众筹模式的特点能有效改善基础设施建设资金匮乏与民间资本参与渠道不足之间的矛盾，提高融资效率，减少交易成本。二是老旧城区和棚户区改造属于政府牵头的公益性或半公益性项目建设，政府主管部门贯穿于规划、开发和建设，风险可以有效控制，PPP模式中，政府作为公私合营的一方，一般会投入部分资本金，一定程度上相当于"领投人"，对于投资人而言投资可信度增高。三是老旧城区和棚户区改造PPP项目众筹融资过程中，可对投资者给予优选优购等优惠政策，鼓励居民积极参与投资。既可以促进项目资金筹集，也能加快所开发项目的销售。四是众筹模式在融资结束后定期向投资人公布项目进展情况，有利于促进老旧城区和棚户区改造项目信息透明化。

四 城市更新改造中应用PPP与互联网金融的问题与建议

（一）问题

1. 互联网金融发展还存在较多法律及政策障碍

国家在互联网金融领域的制度建设还远未完善，互联网金融创新范围广泛，与国家现行制度政策存在某些冲突的情况还较为常见，这会成为投资者的风险隐患，在城市更新PPP项目中也存在着法律与监管的障碍。

（1）互联网金融的融资额度受到监管政策的限制，与城市更新改造较大的建设资金融资需求构成了矛盾，这会使互联网金融与PPP项目结合的实际意义大打折扣。

（2）互联网金融的部分业务行为面临政策监管风险。一是在P2P融资方面，一些政信P2P平台采取将单个项目进行分拆金额，甚至拆期限发布的做法，此类金额错配和期限错配是导致平台出现流动性风险的罪魁祸首，PPP+P2P项目也面临同样的问题。二是在众筹融资方面，监管部门认为众筹属于公募性质，而互联网金融市场上多是以股权众筹为名的私募股权投资基金募集行为，不符合监管规范。

2. PPP管理缺乏完善统一的法律体系

国家关于PPP模式的文件政策还只在部委一级，监管内容相对笼统，责任分担与法律后果还不够明确，规范性、约束性、可操作性都有待提升。PPP模式中政府看重社会效益与环境效益，投资者更看重经济利益，存在着私营公司出于成本考虑在法律法规不完善的情况下降低项目质量的风险。

3. 项目回报率受限影响对投资者的吸引力

城市更新中老旧城区和棚户区改造是地方政府参与主导的PPP项目，在综合成本上有所要求，其半公益性质也使得项目的投资回报率不会太高，参与互联网金融的投资者相对年轻激进，对投资回报有较高的要求，回报率低会导致融资难度加大，成功率降低。

（二）建议

1. 建立国家层面的互联网金融法律监管体系

尽快建立国家层面的互联网金融法律监管体系，是当今互联网时代金融业发展的迫切要求，也是互联网金融自身健康发展的迫切要求。要减轻税负简化手续支持行业的发展，又要规范监管降低行业风险，法律监管体系的完善，势必激发出独具优势的互联网金融平台的活力，从城市更新改造PPP

项目上看，建议互联网金融监管规定不必简单规定项目融资上限，可以按项目的风险级别区别对待。

2. 理顺 PPP 项目政府监督管理体系

城市更新改造项目应用 PPP 与互联网金融可以最大限度地将社会资金动员起来，要做到政府、投资人和居民个人共同受益，关键是要做到科学的风险分担和有效的过程监管。在没有制定相应的法律之前，可以先出台行政法规，对 PPP 项目的应用范围、政府主管部门及审批程序等予以明确，对社会资本的进入与退出、政府与社会资本的权利义务、风险防范与分担、政府与社会监管等做出具体规定。

3. 采取创新手段提升项目回报率和吸引力

城市更新改造是半公益项目，地方政府应给予一定的政策支持与补贴，可采取土地、税收等优惠政策以保障项目的成功并取得合理的经济效益，提高项目对社会资本及民间资本的吸引力。同时，虽然老旧城区和棚户区改造项目可通过 P2P 和股权众筹等互联网金融方式广泛吸收全国各地融资，但由于此类项目当地化较为明显，要更多着力于吸引当地的投资者，以促使 PPP 与互联网金融的良性互动。

参考文献

胡锦涛：《党的十八大报告（全文）》，新华网，2012 年 11 月 19 日，http：//www.xj.xinhuanet.com/2012-11/19/。

《全会决定：允许地方政府通过发债拓宽城建融资渠道》，人民网，2013 年 11 月 15 日，http：//politics.people.com.cn/n/2013/11/15/。

章昆昌：《基于博弈论的 PPP 项目风险分担方法研究》，硕士论文，湖南大学，2011。

刘畅：《互联网金融对传统银行的影响分析》，《商场现代化》2015 年第 12 期。

社 会 篇
Social Reports

B.7
健康城市：直面人口老龄化的挑战

魏 星*

摘　要： 本研究主要利用2000、2010年人口普查数据，简要分析中国城镇人口老龄化发展趋势及其特征，以上海为例分析超大城市人口老龄化发展特征及人口迁移对缓解人口老龄化的影响，对未来城镇人口老龄化面临挑战提出相应政策建议。

关键词： 健康城市　人口老龄化　上海

随着人口生育率的降低以及平均预期寿命的延长，人口老龄化已经成为世界各个国家人口发展变动的重要结构性特征。而城市作为全球最为集中的

---
* 魏星，复旦大学人口研究所副教授，博士，主要研究方向为人口与发展。

政治、经济活动中心，无论是城市每个公民，还是整个城市发展，都面临人口老龄化所带来的严峻挑战。对个人而言，人口老龄化直接影响个人福利、财富、就业、健康、寿命、家庭等方面；对整个社会经济发展、社会发展而言，人口老龄化对劳动力年龄结构、国民收入分配、储蓄投资、劳动生产率、社会保障、医疗卫生、科技创新等都将产生一定的消极影响①。

一 中国城镇人口老龄化

根据国家统计局数据，自2000年以来全国65岁以上人口比重超过7%，进入老年型社会。随后，人口老龄化程度不断加深，到2010年65岁以上老年人口规模达到1.19亿，比重提高到8.9%；2014年进一步增长为1.38亿人、10.1%。城乡地区都呈现人口持续老化的发展趋势。与此同时，家庭结构也呈现日益老化的发展态势。从西方发达国家人口、城市化发展历程经验看，城镇地区人口老龄化、家庭结构老化，是人口转变的必然趋势。随着生育现代化的影响，人口出生稳定在较低水平；医疗卫生发展以及健康生活方式的普及使人口平均预期寿命逐渐延长，在出生和死亡双重因素作用下，人口年龄结构逐步变化，老龄化程度日益提高。同时又受乡城人口迁移的影响，大量青壮年人口涌入城市，缓解了城镇人口老龄化日益严峻的趋势。

（一）城镇人口老龄化

2010年人口普查显示，城镇地区65岁以上老年人口比重达到7.8%，比2000年提高了1.4个百分点。总体呈现以下特点。

第一，城镇地区人口老龄化水平总体较高，但低于全国平均水平。城市地区老龄化程度略低于镇。除广东和西藏外，全国城镇地区65岁及以上老

---

① 王桂新等：《上海人口少子高龄化与和谐社会建设》，《华东师范大学学报》2008年第1期；蔡昉等：《中国老龄化趋势与养老保障改革：挑战与选择》，《国际经济评论》2004年第7~8期。

年人口比重均高于6%。第二,各地区老龄化水平差异较大。如表1所示,各省份中,城镇地区老龄化程度最高的是辽宁,65岁老年人口比重高达10.3%,比最低的西藏高出近7个百分点。第三,直辖市地区和东北三省城镇地区老龄化程度最高,均排名在老龄化程度最高的10个省份中。从地级市尺度分析的结果和省级尺度相似[①]。

表1 2010年中国各地区城镇65岁以上人口占总人口比重

排名	地 区	城镇	城市	镇
	全 国	7.80	7.68	7.98
1	辽 宁	10.30	10.50	9.43
2	上 海	9.89	10.20	7.96
3	重 庆	9.25	8.78	9.87
4	黑 龙 江	9.15	9.40	8.65
5	江 苏	9.10	8.39	10.34
6	四 川	9.00	8.97	9.03
7	吉 林	8.92	9.05	8.64
8	北 京	8.55	8.66	7.22
9	安 徽	8.52	8.04	8.96
10	天 津	8.36	8.73	6.03
11	山 东	8.21	7.65	9.05
12	湖 南	8.15	7.54	8.64
13	新 疆	7.70	7.92	7.30
14	湖 北	7.69	7.52	7.98
15	陕 西	7.57	8.23	6.85
16	河 北	7.53	7.86	7.25
17	广 西	7.52	6.90	8.03
18	甘 肃	7.39	8.09	6.45
19	河 南	7.17	7.17	7.17
20	贵 州	7.17	7.32	7.04
21	云 南	7.16	7.44	6.97
22	浙 江	7.07	6.62	7.77
23	内 蒙 古	7.05	7.38	6.60

---

① 于涛方:《中国城市老龄化空间特征及相关因素分析——基于"五普"和"六普"人口数据的分析》,《城市规划学刊》2013年第6期。

续表

排名	地区	城镇	城市	镇
24	江西	6.90	7.43	6.57
25	海南	6.85	5.91	7.95
26	青海	6.70	8.05	5.10
27	山西	6.46	6.84	5.99
28	宁夏	6.39	6.91	5.26
29	福建	6.33	5.82	7.09
30	广东	5.49	4.87	7.46
31	西藏	3.45	3.68	3.30

资料来源：2010年人口普查数据。

造成这种区域差异的影响因素主要有三个。其一，生育率持续降低造成出生人口减少导致了底部老龄化。比如传统生育率较低的东部地区和东北地区。其二，人口平均预期寿命延长导致的顶部老龄化趋势，如上海。其三，更为重要的原因是乡城人口选择性迁移的影响。目前中国人口迁移的主要模式仍是以获取更高经济收入和更多就业机会为目的的经济型迁移。而这种经济型迁移人口主体是15~64岁劳动年龄人口。这就加速了传统迁出地的人口老龄化程度，同时延缓了迁入地区人口老龄化程度。据测算，2000~2010年人口的乡城迁移对乡村人口老龄化的贡献率为43.4%；对城市人口老龄化的贡献率为-118%[1]，人口迁移流动成为农村地区人口老龄化的重要推动力[2]。上述几个因素共同作用，导致全国城镇地区人口老龄化的空间差异。

（二）城镇家庭结构变动

人口老龄化趋势除了反映在人口结构变动上，还反映在家庭结构变动上。如表2所示，2010年全国城镇地区有65岁及以上老年人口的家庭比重

---

[1] 朱勤：《城镇化对中国城乡人口老龄化影响的量化分析》，《中国人口科学》2014年第5期。
[2] 邹湘江、吴丹：《人口流动对农村人口老龄化的影响研究——基于"五普"和"六普"数据分析》，《人口学刊》2013年第4期。

达到 18.1%，比十年前提高了 1 个百分点。2010 年城镇特殊老年人家庭①规模达到 1349 万户，是 2000 年 650 万户的 2.1 倍；有老人家庭户中特殊老人家庭户比重超过 1/3。其中，独居老人户和只有一对老夫妇户规模在 2010 年分别达到 632 万户和 669 万户，均是 2000 的 2 倍以上；占有老人家庭户比重也分别达到 16.8% 和 17.8%。这导致在有老人家庭户中，特殊老人家庭户比重迅速提高，由 2000 年的 29.1% 增长到 2010 年的 36.0%。

分地区看，大部分省份有老人家庭户比重呈上升趋势，而北京、上海、广东、浙江、福建等人口迁入地区以及西藏等人口高生育率地区与此相反，呈下降趋势。特殊老人家庭户占有老人家庭户比重提高 10 个百分点的省份依次是新疆、内蒙古、黑龙江、吉林、宁夏和辽宁。这些地区基本上属于人口净迁出区。

表 2 2000 年、2010 年各地区城镇有老人家庭比重

单位：%

地区	有老人家庭户占全部家庭户比重		占有老人家庭户比重									
			独居老人户		一个老年人与未成年亲属户		一对老夫妇户		一对老夫妇与未成年亲属户		上述特殊老人家庭户合计	
	2000	2010	2000	2010	2000	2010	2000	2010	2000	2010	2000	2010
全 国	17.0	18.1	13.0	16.8	1.2	0.6	13.6	17.8	1.3	0.7	29.1	36.0
北 京	20.3	17.4	11.3	15.0	1.6	0.3	12.7	18.7	2.1	0.5	27.8	34.6
天 津	20.5	21.0	14.5	18.7	1.9	0.3	15.9	22.6	2.2	0.5	34.6	42.0
河 北	15.7	18.8	12.6	16.1	1.0	0.3	15.8	20.6	1.3	0.4	30.8	37.4
山 西	14.4	15.5	14.4	17.5	1.1	0.5	15.2	21.4	1.2	0.6	31.9	40.0
内蒙古	12.4	14.9	12.9	19.7	1.3	0.5	16.3	26.0	1.4	0.6	32.0	46.9
辽 宁	18.2	20.2	12.0	18.9	0.9	0.2	18.1	23.5	1.3	0.4	32.4	43.0
吉 林	15.1	17.9	9.7	17.4	0.9	0.3	14.3	20.9	1.1	0.4	26.0	39.0
黑龙江	14.4	17.9	10.2	19.3	1.0	0.4	15.4	22.6	1.3	0.4	27.9	42.7
上 海	25.2	19.4	12.5	16.8	1.5	0.2	14.8	21.2	2.1	0.4	30.9	38.7
江 苏	18.8	21.1	14.6	16.8	0.8	0.4	15.6	19.6	1.0	0.5	32.0	37.2

---

① 特殊老年人家庭户指家庭中没有 15～64 岁劳动适龄人口的老年人家庭。

续表

地区	有老人家庭户占全部家庭户比重		占有老人家庭户比重									
			独居老人户		一个老年人与未成年亲属户		一对老夫妇户		一对老夫妇与未成年亲属户		上述特殊老人家庭户合计	
	2000	2010	2000	2010	2000	2010	2000	2010	2000	2010	2000	2010
浙江	18.1	15.4	19.9	22.6	1.1	0.4	16.5	20.6	1.1	0.4	38.6	43.9
安徽	17.4	19.0	13.9	18.0	1.2	0.9	15.1	19.0	1.4	1.0	31.6	38.9
福建	17.7	15.9	12.1	15.7	1.3	0.7	9.6	12.3	1.0	0.6	24.1	29.3
江西	16.5	19.1	11.6	12.5	1.4	1.1	10.4	12.4	1.4	1.0	24.8	27.0
山东	16.7	18.5	16.4	20.9	0.8	0.3	18.7	25.0	1.0	0.4	37.0	46.6
河南	15.8	18.5	10.5	13.4	0.9	0.7	12.6	16.9	1.1	0.8	25.2	31.9
湖北	15.7	18.2	12.7	15.3	1.0	0.7	12.3	16.4	1.1	0.7	27.0	33.1
湖南	16.0	20.5	13.4	16.1	1.2	0.8	12.7	14.3	1.3	0.7	28.6	32.0
广东	18.0	14.3	12.1	14.5	1.3	0.9	7.5	8.7	1.0	0.6	21.9	24.7
广西	17.6	19.7	11.2	13.6	1.1	1.0	9.0	10.9	1.3	1.0	22.9	26.6
海南	16.9	18.9	9.4	15.7	0.9	0.5	7.4	9.9	1.0	0.6	18.6	26.7
重庆	19.0	20.7	12.1	17.5	1.3	1.4	11.6	13.2	1.4	1.1	26.5	33.1
四川	17.5	20.3	12.3	16.1	1.3	1.1	11.6	14.3	1.4	0.9	26.6	32.4
贵州	15.5	17.3	10.7	15.3	1.5	1.6	10.4	13.2	1.5	1.3	24.0	31.4
云南	14.9	18.0	12.4	12.7	0.9	0.6	10.5	12.5	1.0	0.6	24.8	26.3
西藏	9.0	8.7	9.3	10.2	1.6	1.1	1.7	3.2	0.5	0.3	13.1	14.9
陕西	15.5	17.7	11.9	15.4	1.3	0.7	13.1	17.6	1.6	0.7	27.9	34.5
甘肃	13.3	17.7	11.5	15.7	1.4	0.8	12.0	17.7	1.6	1.0	26.4	35.4
青海	12.3	15.9	9.5	13.7	1.4	1.0	10.6	15.7	2.0	1.3	23.5	31.8
宁夏	11.8	14.1	11.4	17.1	1.3	0.7	15.1	23.4	1.8	1.0	29.7	42.3
新疆	12.1	16.1	11.1	21.7	1.5	0.6	12.9	22.5	1.4	0.8	26.8	45.6

注：老人指65岁及以上人口；未成年亲属指不满15周岁人口。
资料来源：根据2000、2010年人口普查数据计算。

（三）人口年龄结构城乡差异

20世纪70年代以后，中国人口的年龄结构发生了明显变化，由此进入了劳动适龄人口比重高、抚养比较低、人口负担系数较小的人口红利期。尤其是农村剩余劳力向城镇的迁移，为我国经济增长提供了充足的劳动力。相

应的,这也导致人口年龄结构发生较大变化。

图1的年龄金字塔清晰刻画了2000~2010年间我国城乡人口的年龄结构变化。农村人口年龄金字塔由稳定型向缩减型演变,劳动力年龄人口的大幅减少是这一转变的始作俑者。得益于农村劳动力的补充,城市人口金字塔中间部分向两侧扩张,总抚养比、少儿抚养比均降低;然而这只是延缓但未能阻止城市老龄化的趋势,10年间城市老年抚养比由8.7%上升到9.6%。

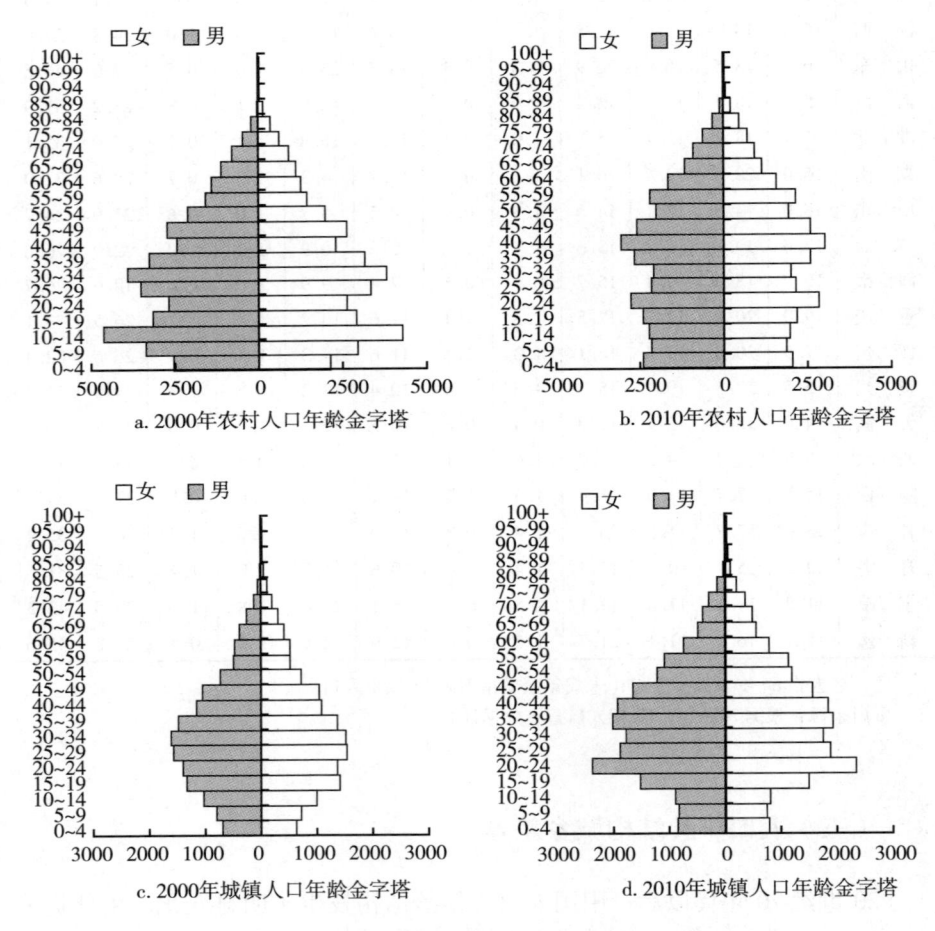

图1 2000年、2010年我国农村人口、城镇人口年龄金字塔

资料来源:2000年、2010年人口普查数据。

尽管农村劳动力规模在下降，但随着第三次婴儿潮期间出生的人口渐次进入劳动年龄，农村劳动力占农村总人口的比重由2000年的66.98%上升到2010年的70.78%，因此带动了农村总抚养比和少儿抚养比的下降，分别由2000年的49.30%、38.10%下降到2010年的41.29%、27.07%。其中，少儿抚养比的下降幅度达到11.03个百分点，少子化趋势明显。与此同时，随着第一次婴儿潮期间出生的人口渐次步入老年，农村老年抚养比由2000年的11.2%提高至2010年的14.21%，老龄化比城市更加严重。

如前所述，除出生和死亡两个因素对人口年龄结构产生影响以外，中国的乡城人口迁移成为影响城乡人口年龄结构及人口老龄化水平的重要因素。美国人口学家Rogersand Castro考察瑞典等多国的人口普查历史数据发现，不同地区、时期的迁移人口分年龄迁移率具有相似的结构，即迁移人口分年龄迁移概率，有三个迁移高峰，分别是幼儿阶段的小高峰，20~30岁达到顶峰，50~60岁退休年龄阶段有另一个小迁移高峰。根据2010年人口普查数据可以发现（见图2），中国无论是短距离的省内迁移还是长距离的省际迁移，其年龄结构都符合Rogers提出的模型。①

2010年人口普查显示，我国城镇省内外来人口规模呈现"两高、两稳、一跟随"的特征。"两高"指15~19岁的求学高峰和20~24岁的个人发展高峰，其中20~24岁人口的迁移动因多点开花，包括务工经商、工作调动、学习培训、婚姻嫁娶等。"两稳"是指25~39岁人口规模高位稳定与50~59岁人口规模低位稳定。25~39岁群体主要由70后、80后组成，这一人群步入婚姻、事业稳定期，成为城镇外来人口的主力军。50~54岁、55~59岁这两个群组的人口规模并未沿着曲线平滑下降，而是显示出相对稳定的特点，尤其是女性人口在这一阶段一直保持稳定规模。主要原因是这些人口跟随70后、80后子女迁往城镇共同生活或帮助其照顾子女。可以预计随迁老人的现象将进一步增加。"一跟随"是指0~14岁儿童跟随父辈迁

---

① Rogersand Castro. 1981. *Model Migration Schedules.* International Institute for Applied Systems Analysis, Laxenburg, Austria.

往城镇。Rogers 的经验模型认为初等教育阶段的人口迁移率会较快下降,但我国城镇省内迁移出现了相反的现象,即 5~9 岁、10~14 岁随迁儿童多于 0~4 岁随迁儿童。其根本原因是城乡教育资源的差异,很多城镇外来人口除了经济收入之外,最为重要的考虑就是让子女在城市享受更好的教育。

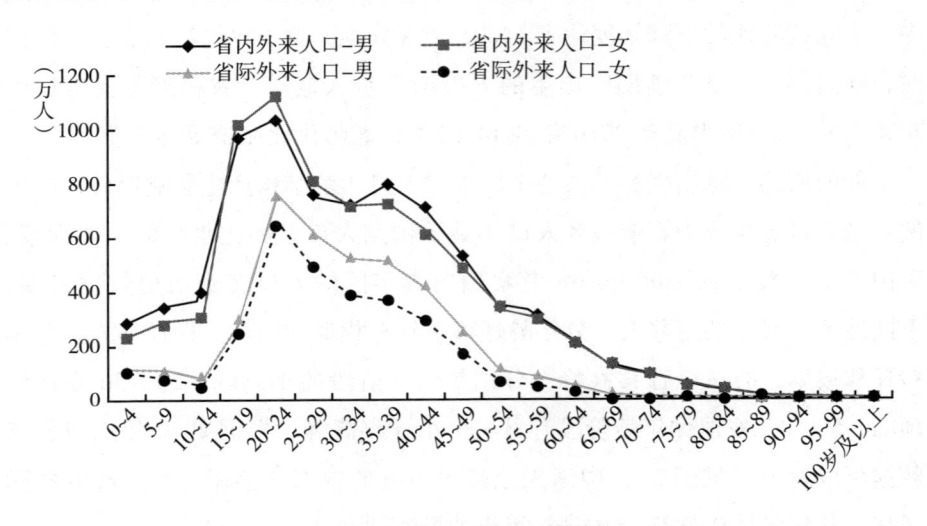

图 2 2010 年我国城镇外来人口分年龄、性别的人口规模分布

资料来源:2010 年人口普查。

城镇省际外来人口规模的年龄分布也基本符合年龄-迁移率理论模型。省际迁移中,5~9 岁、10~14 岁随迁儿童数量少于 0~4 岁随迁儿童,与 Rogers 提出的模型一致,但形成机制不同。我国省际迁移的学龄儿童较少,主要制约因素是与户籍制度关联的异地入学问题尚未得到妥善解决。省际迁移的高峰年龄是 20~24 岁,主体人群是 20~39 岁人口,此后,较高年龄组的人口规模稳步降低,并没有出现"50~59 岁低位稳定"或退休年龄人口"迁移小高峰"现象。这说明跨省异地养老的现象并不普遍,一方面是没有形成全国联网的养老、医疗保障体系,另一方面跨省异地养老对老年人的适应性要求较高。

中国现阶段乡城人口迁移为主的迁移模式,加剧了人口老龄化的城乡差距。虽有助于缓解城市人口老龄化发展趋势,但其导致农村人口老龄化速度快于城市，形成城乡人口老龄化倒置的态势。在不同的发展时期，城市和农村地区的人口老龄化问题并不相同，也面临着不同的挑战。根据人口老龄化的"城乡差异转变模型"，在人口老龄化城乡差异转变"拐点"出现前，人口老龄化重心在农村，农村老龄问题更为突出。当城市化达到一定程度，农村剩余劳动力转移基本完成，开始出现城乡差异转变的"拐点"时，城市将面临人口老龄化、老年人口数量的双重高峰，同时，人口老龄化的重心开始转入城市。从长远来看，中国城市面临的人口老龄化压力将远远超过农村[1]。

二 超大城市人口老龄化——上海案例

改革开放以来，上海人口长期处于规模持续增长、结构迅速老化、空间分布大调整的变动时期，未来十年、二十年甚至三十年上海人口这一变动趋势仍然持续。这一趋势使得上海正面临而且未来仍将面临人口规模持续增长与公共基础设施不足矛盾，人口老龄化与社会保障、养老资源不足矛盾，人口分布集中与交通拥堵等诸多矛盾。这些由人口规模、结构及空间分布引起的诸多矛盾，对上海未来建设"四个中心"和具有全球影响力的科技创新中心提出了严峻挑战。

（一）上海人口规模变动及人口转变

新中国成立以来，上海户籍人口以及常住人口都呈现增长的态势。根据上海统计年鉴数据，1953年上海年末户籍人口615万人，到2014年年末增长到1429.26万人，60年间增长了1.3倍。特别是2000年以来，户籍人口迁入规模增大，人口净迁入达到年均10万人左右。上海户籍人口增长则主要来源于稳定增长的户籍人口迁入，特别是自1993年以来，除了个别年份（2012、2014年），户籍人口迁入成为上海户籍人口不断增长的唯一来源。

---

[1] 杜鹏、王武林：《论人口老龄化程度城乡差异的转变》，《人口研究》2010年第2期。

上海常住人口增长幅度显著高于户籍人口，到2010年已达2300万人，由1953年到2014年增长了2.9倍。上海常住人口规模快速增长，显然是由非户籍人口迁移增长引起。随着浦东开发开放，上海经济实力逐步增强，就业需求增大，对外来人口吸引力日益增强，外来人口迁移日趋活跃。人口流动或常住人口迁移构成上海常住人口增长的主要来源。外来常住人口占全市常住人口的比重由1990年的不足5%，提高到2000年的近1/5，到2014年外来常住人口规模快速增长到近千万，比重超过四成。20世纪90年代后期以来，上海外来流动人口常住化趋势日趋明显。2000年，上海常住外来人口中离开户口所在地5年以上外来人口70万人，占外来常住人口的23%；2010年则提高到300万人，比重也达到1/3。外来人口稳定性逐渐增强。

1990年以来，上海常住人口变动显示上海人口仍将呈现持续增长，规模趋向"巨大化"趋势。尽管上海自1993年即开始户籍人口自然负增长，尽管外省份人口向上海的迁移也一直受到比较严格的控制，但上海人口仍年年增长，规模仍不断增大。2010年人口普查显示，上海市常住人口规模已超过2300万人，这一发展速度几乎超过所有专家的预期。这是上海经济发展的内在要求，是不以人的意志为转移的。中央对上海的定位是国家"四个中心"，以及全球创新城市的发展目标，将促进上海大都市圈的进一步成长和发展。到本世纪二三十年代，无论在经济实力、国际竞争力，还是在人口规模、区域地位等方面，上海市都将有望发展成为一个全球城市，上海大都市圈也同样可能发展成为一个世界级的大都市圈。随之而来也将形成与之相匹配的人口规模，未来作为上海大都市圈中心城市的上海市，人口规模将进一步增大，"中心"和"龙头"作用也将更加突出。

世界各国，特别是发达国家，正在或者已经经历了人口转变，人口发展由"高出生、高死亡、低自然增长"模式，转变为"低出生、低死亡、低自然增长"模式。人口减少已经引起发达国家经济产生诸如劳动力减少、需求降低、经济活力下降等诸多负面影响。很多发达国家实施鼓励生育政策，并试图通过吸引人口迁入特别是劳动适龄人口迁入来改变低自然增长或负自然增长对人口规模减小的影响，缓解人口年龄结构老化的发展趋势。上海受全国生育政策的制约及现代化生育观念的影响，生育率已持续多年稳定在超低水平，这势必造成上海人口自然繁衍的持续萎缩。

（二）上海人口年龄结构变动特征及未来趋势

上海人口转变带来最为明显的人口发展特征是人口年龄结构老化。上海人口年龄结构逐渐老化的变动进程，与上海经济快速发展、现代化观念逐步传播同步发展。受严格的生育政策控制以及生育观念现代化的双重影响，上海人口出生率持续降低，进入20世纪80年代末期，上海户籍人口出生率降至10‰以下。同时，上海人口平均预期寿命不断延长，从1990年的75.46岁提高到2014年的82.29岁。底部老龄化与顶部老龄化共同作用，加速上海人口老龄化的发展进程。近年来"单独二胎"政策和"全面二胎"政策的实施，以及大规模的人口流入，缓解了上海人口的老龄化趋势。但总体而言，未来生育政策放开的影响有限、人口平均预期寿命延长的趋势不变，加之现有年龄结构及其变动惯性的影响，到本世纪中叶上海人口老龄化仍将处于快速发展时期，老龄化水平将进一步提高。

上海常住人口性别年龄呈现两头尖中间粗的纺锤形结构，即15~64岁劳动年龄人口数量多，而65岁及以上老年人口、14岁及以下少儿人口较少（见图3）。上海人口年龄结构变动具有比较稳定的发展趋势。第一，改革开放以来，上海人口老龄化水平不断提高。人口普查数据显示，1982年上海常住人口中65岁及以上人口比重为7.43%，到1990年提高到9.38%，2000年进一步提高到11.46%。2010年老龄化趋势有所减缓，但也在10%以上。2000年以来，上海外来人口剧增，使2010年上海20~35岁青壮年劳动力快速扩张，人口年龄结构整体呈现年轻化趋势。这一变动趋势逆转了2000年以来上海人口老龄化逐步加剧的发展趋势。第二，在20世纪80年代，上海14岁以下少儿人口比重较为稳定，基本维持在18%左右。20世纪90年代以后出现快速下降，1990年的比重为18.23%，至2000年下降至12.26%，2010年的这一比重仅为8.61%。这一发展趋势显示上海人口年龄结构由老龄化单向推进，逐步过渡到老龄化与少子化双重推进，上海人口年

龄结构的矛盾进一步激化和复杂。第三，劳动年龄人口比重较高，基本稳定在70%以上。21世纪以来，上海人口迁入更为活跃，上海人口年龄结构呈现劳动力资源丰富、社会抚养比较低的"黄金年龄结构"。人口的大量迁入为上海市带来了丰富的劳动力资源，也使上海经济、社会发展获取了人口红利。

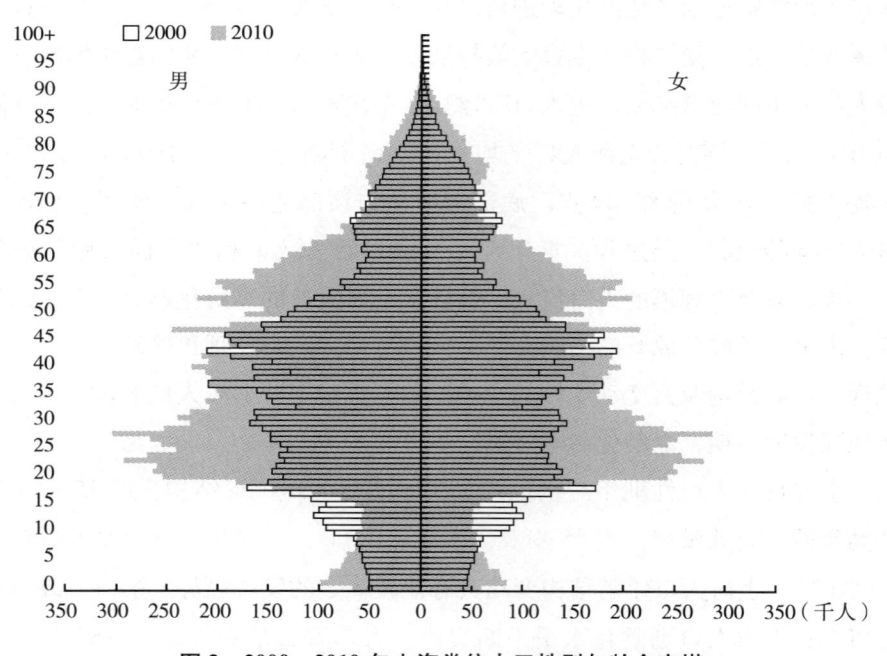

图3　2000、2010年上海常住人口性别年龄金字塔

资料来源：2000、2010年人口普查数据资料。

未来全面放开二胎政策可能使生育率略有回升，将在一定程度上延缓上海人口年龄结构老龄化趋势。但由于生育观念现代化的影响日益深入，同时上海迁移政策不仅没有放宽而且有缩紧的趋势，未来上海将面临更为严峻的人口老龄化发展趋势。

（三）外来常住人口年龄结构及其对上海人口老龄化的影响

迁移人口具有一定的年龄选择性，上海外来迁入人口的性别年龄结构与户籍人口差异较大。长期以来上海外来人口的主体是劳动年龄人口，外来常住人口主要分布在15~64岁，特别是15~30岁劳动适龄年龄。如图4、图5所示，2000年，劳动适龄人口（15~64岁）占上海外来常住人口的比重已经达到86.52%，2010年进一步提高至90%以上；而65岁及以上老年人口的比重一直非常低，仅超过1%。

与外来常住人口不同，上海户籍人口则呈现严重的老龄化趋势。如表3所示，2000年上海户籍人口中65岁及以上老年人口占比为13.90%，10年后提高到15.79%。根据人口的惯性增长趋势，预计未来20~30年，上海户籍人口的老龄化速度将进一步加快，老龄化水平进一步提高，而劳动适龄人口的比重将进一步下降，老年人口抚养比则会提升。

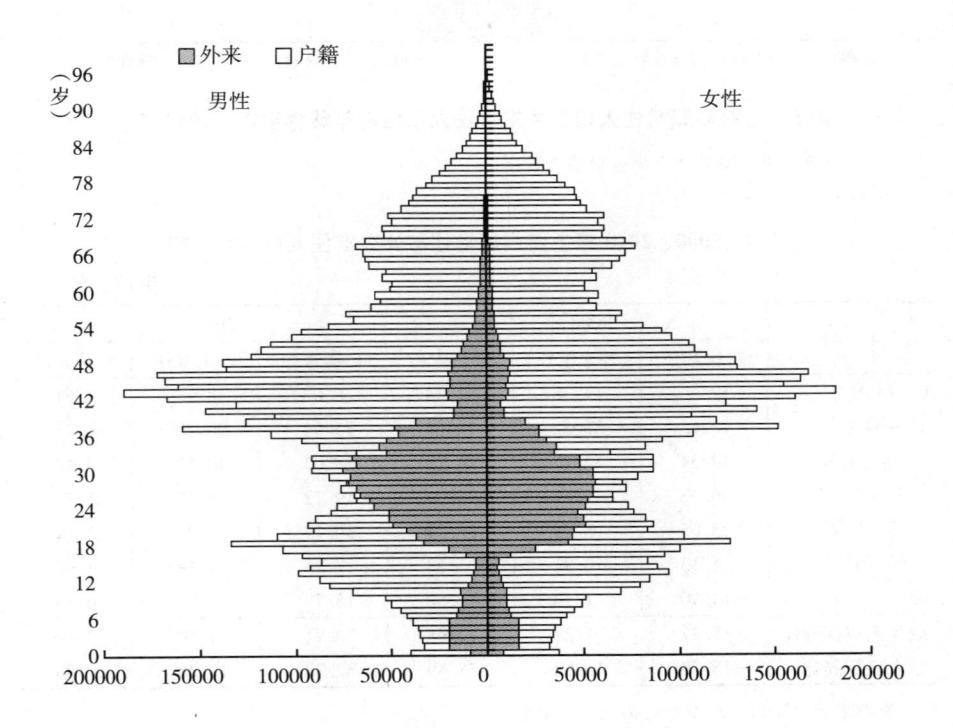

图4　上海户籍常住人口与外来常住人口性别年龄金字塔（2000年）

资料来源：2000年上海人口普查数据。

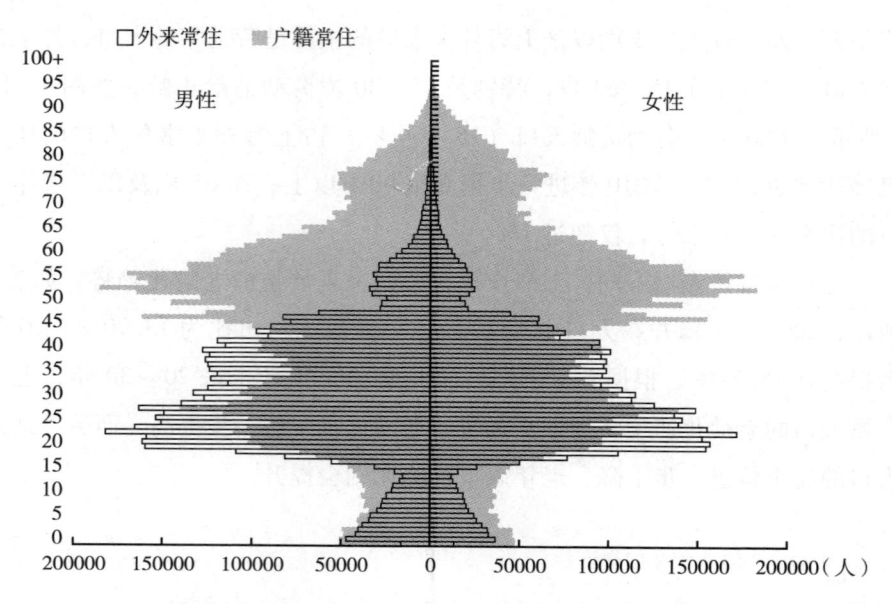

图5 上海户籍常住人口及外来常住人口性别年龄金字塔(2010年)

资料来源：2010年上海人口普查数据。

表3 2000、2010年上海户籍常住与外来常住人口年龄结构

单位：%

年 龄	2000年			2010年		
	户籍常住	外来常住	常住人口	户籍常住	外来常住	常住人口
0～14岁	12.46	12.38	12.44	8.67	8.53	8.61
15～64岁	73.65	86.52	76.06	75.54	90.20	81.26
15～30岁	19.54	44.20	24.15	19.05	40.52	27.42
30～45岁	26.93	32.67	28.00	19.12	36.12	25.75
45～60岁	23.05	8.74	20.37	30.13	12.21	23.14
60～65岁	4.13	0.91	3.53	7.25	1.34	4.95
65+	13.90	1.10	11.50	15.79	1.27	10.13
老年人口抚养比	18.87	1.27	21.48	20.91	1.40	12.46
总人口抚养比	35.78	15.58	38.49	32.38	10.86	23.06

资料来源：2000、2010年上海人口普查数据。

上海户籍人口持续低位的出生率及不断延长的平均预期寿命，使户籍人口面临底部少子化和顶部老龄化的双重压力，加剧了户籍人口和劳动力的老龄化趋势。从户籍常住人口和常住人口年龄结构的差异可见，外来人口的迁入，很大程度上改善了上海常住人口的年龄结构，外来人口的替代性迁移作用，将有利于降低上海总抚养比，缓解人口老龄化程度，进而延长人口红利的持续时间。人口迁入为上海带来了丰富的劳动力自由，为城市社会经济发展注入了发展活力，进而促进上海社会朝着多元化的方向发展，并对城市税收增长和社会保障金的积累、减轻上海城市发展社会负担具有积极影响。

三 健康城市：人口老龄化对策建议

城镇人口老龄化的加剧，使城市的医疗保障、社会保障以及老龄服务体系都受到更为严峻的挑战，无论是城市个体、家庭还是城市社会发展都将面临医疗、养老金、护理和照料等的巨大压力。因此，应准确把握人口老龄化发展的未来趋势，未雨绸缪、有的放矢制定相应政策，从经济、制度、人才、设施、服务等方面做好充分的准备，更好地应对人口老龄化带来的冲击与挑战。

（一）调整人口发展政策

人口老龄化最直接影响是人口及劳动力年龄结构，其必然会影响劳动力的供给数量。从调整人口年龄结构角度，首先需要对人口发展政策做出相应调整。

第一，全面放开生育限制。如前所述，人口老龄化受出生、死亡和迁移三个因素的影响。西方发达国家的经验表明，受到人们现代化生活方式的影响，以及生育观念转变的"不可逆性"，未来人口生育意愿有进一步降低的趋势。城镇地区，特别是大城市地区在经济发展到较高水平、人口的生育观念已基本西化的发展时期，未来中国将生育水平提高到预期水平也是颇具难度。全国全面放开二胎以后生育水平并未如一些机构和专家的预期上升就说明这一点。所以，应在目前经济发展水平还不是很高、尚未完全进入生育低谷时，实现全面放开生育限制政策，由限制生育政策逐步转变为不干预生育政策，促进人口出生率的提高，进而逐步改善人口性别年龄结构，缓解人口老龄化的冲击。

第二，逐步放宽人口流动的限制，为城市吸引外来人口流入营造良好的政策环境，缓解城市劳动力尤其是青年劳动力不足的问题。当前，城乡经济发展水平仍存在较大差异，同时城市地区的工资水平、医疗、教育、文化等公共服务水平仍远远优于农村地区，我国大部分城市地区仍将长期处于人口迁移活跃时期。城镇地区，特别是大城市地区为了实现未来人口结构相对合理，减缓人口老龄化发展趋势，应该顺应时势，继续适当放宽对人口迁移的控制。

第三，促进大城市地区空间合理利用和人口合理再分布，提升城市综合环境承载力和人口吸纳能力，有效缓解人口快速增长与城市公共服务资源及基础配套设施的不足的矛盾。与乡村相比城市最重要的特征就是集聚。因集聚产生规模效应是大城市、城市群发展的根本动力。中国目前仍处于经济活动向城市特别是大城市集聚的发展阶段，人口也随之向大城市特别是特大城市迁移。大城市、城市群的发展需要相应较大规模的人口和劳动力。通过空间合理开发，人口合理分布，可以在不降低城市居民生活环境质量、不恶化城市交通拥堵的同时，提高大城市人口容量和空间承载力，避免大城市病。

（二）完善社会保障制度

目前中国社会保障制度实质上实施的是一个高标准、高负担的现收现付模式。随着人口老龄化的发展，养老保险和医疗保险制度难以承受人口老龄化的沉重压力。因此，要尽快完善社会保障制度。

在目前个人账户未做实的现收现付阶段，应降低社保缴费率、扩大缴费覆盖面。为保障养老基金账户收支平衡，提高养老基金账户收入是当务之急。而现行高缴费率，严重加重企业负担，社保覆盖率一直增长缓慢。因此适当降低缴费率，建立更加规范有效的缴费激励机制，才能扩大缴费范围，提高社保覆盖率。

促进现收现付制向个人账户制转轨。目前社保体制面临的最大问题是原来体制下劳动者的个人账户资金不足，确认并补偿这一部分劳动者积累起来的社会保障权益是政府面临的当务之急。社会保障体制转轨，将使原来由政府负担的社保债务显性化，在此过程中，最为理想的方式就是由政府有计划地将财政收入注入社保基金，从而为以个人账户制为基础的社会保障模式平稳运行打下坚实的基础。

促进社保资金的管理和运作机制高效化、市场化，实现社保基金的保值增值。建立强制性的准政府性质的社会保障资金管理机构，完善社保基金管理法律法规建设，设立有力的监管机构，依法对社保基金的合理使用进行监督管理，确保社保基金的保值增值。

（三）创新综合养老模式

应充分发挥社会、社区功能，实现养老服务社会化，完善社会养老体系，创新养老模式，发展多元化养老模式道路，促进居家养老、社会养老等多种养老模式共同发展。

第一，优化养老服务资源，促进城市社区居家养老服务体系的完善。要依托社区各种服务资源，形成社区层面的养老服务载体，有效满足社区养老和居家养老的需求，从而促进居家—社区养老服务系统逐步完善。这样既可以发挥家庭养老的基础作用，又可以实现社区养老服务对家庭养老的零距离互动援助，减轻当前普遍存在的家庭养老负担，进而大幅提升养老服务质量和水平。逐步形成可持续健康的养老服务体系，即以居家养老为主体、社区养老服务为依托、机构照料为补充，以社工与义工相结合的社区居家养老服务体系。

第二，充分发挥市场和民间力量创办养老服务机构。广泛吸引国内外资金，借鉴先进技术和管理经验，鼓励包括民间组织、企业和个人等在内的多元主体参与创办养老机构。当前，我国正在积极探索和实践政府兴办、集体集资兴办、民间资本兴办以及政府与非营利机构联合等多种投资经营模式，在实践过程中也不可避免地出现了一系列管理、服务方面的问题。因此，未来应进一步加强对养老机构的监管，规范养老服务收费标准，加大政策扶持

力度，切实保障养老服务水平和质量；多途径整合各类社会资源，建立面向老年人的紧急援助服务信息系统和平台，全天候为老年人提供养老服务，尤其是要关注高龄、空巢老人的养老服务。

第三，充分认识到未来老年人口对医疗、护理等机构及人员需求的扩张，做好城镇医疗、护理机构发展规划，以满足老年人口对医疗服务及护理服务日益增长的需求。促进城镇老年病综合性医疗机构建设，增加老年病专科或老年病门诊，加强对老年性疾病的预防、治疗、护理、康复等方面的指导。充分预估未来老年人口对护理人员的需求增长，加强对护理人员的职业培训，改善高龄病残老年人的护理服务。

（四）大力发展养老事业

随着平均预期寿命的延长和医疗卫生事业的持续发展，未来老年人口将更为全面地分享经济发展、社会发展的成果，进而除了基础的物质需求外，老年人口对健康的、愉悦精神和丰富生活的需求更为强烈。因此，未来既要保障老年人口老有所养、老有所医的需求，还要满足老年人口老有所为、老有所乐、老有所学等更高层次的精神需求。

首先，围绕老年人口的衣食住行等各种需求，整合现有资源，充分发掘银色产业经济，调整优化产业结构。加强对银色产业消费市场的挖掘与培育，结合城镇老龄人口日益增长的护理、服务需求，全方位、多层次挖掘老年人群体对食品、日用品的细分市场需求，挖掘老年人口医疗、康复、护理、生活照料、临终关怀等特殊需求潜力，创新老年产业的经济增长点。

其次，推进养老服务社会化水平，发展市场化的中介机构，建立完善监管体系。对社会福利中介组织的发展给予政策及资金支持，促进养老服务社会化发展。扩展老龄事业发展规划，将社会福利中介机构的培育与发展纳入其中，以优惠税收等政策手段鼓励社会力量对养老服务的投入，完善老龄服务机构的创业扶持政策。加强养老服务从业人员培训，提升从业人员的服务意识，规范服务技能，促进养老服务人员职业化、专业化及规范化水平。建立服务的质量评估国家标准，设立准入门槛，完善整个行业的监督监管，促使养老服务中介机构的规范化、制度化和健康化发展。

最后,逐步实施弹性退休制度,满足部分身体健康的低龄老人老有所为的需求。实行灵活的就业和退休政策,根据老年人的专长和意愿,为低龄健康的老年人参与社会发展建设创造良好的社会环境。充分发挥老年人口宝贵的经验和技能,推动老年人各展所长,参加科学咨询、教育培训、史料编写、传授技艺等活动。

B.8
中国城市医疗卫生服务现状、问题与对策

苗艳青　赵美英*

摘　要： 随着我国社会经济的发展，医疗服务水平快速发展，城市基本建成"15分钟医疗卫生服务圈"，城市居民对医疗卫生服务利用次数快速增长，医疗联合体、医生集团、医养结合等新型服务模式创新不断。但是，随着城镇化和人口老龄化进程加快，疾病谱向非传染性疾病转变，埃博拉出血热等新发传染病疫情不断涌现，城市医疗卫生服务也面临着诸多问题，政府的卫生投入尤其是基层医疗卫生机构的投入不足，优质医疗资源过度集中在城市三级大医院，满足多样化服务需求的能力有待提升，部分地区医患矛盾升级，医患关系紧张等。为此，我们认为政府应进一步加大对社区医疗卫生机构的建设力度，发挥政府资源调节的杠杆作用，着力建设分级诊疗制度，进一步发展社会资本办医，逐步提升城市医疗服务能力和水平，增加城市居民的服务获得感。

关键词： 城市医疗服务　基本公共卫生服务

实施新医改以来，我国城市医疗卫生服务体系发展迅速，服务能力快速

---

* 苗艳青，国家卫生计生委卫生发展研究中心研究员，研究室主任，主要研究绿色卫生服务体系、卫生经济、卫生政策；赵美英，国家卫生计生委卫生发展研究中心助理研究员，主要研究卫生服务体系建设标准、卫生资源配置依据及相关政策。

提升，城市居民的健康水平不断提高，2015年我国居民人均期望寿命达到76.34岁。但是随着我国步入老龄化社会、城镇化进程加快和疾病谱变化，城市居民对于医疗卫生服务需求逐步提升，对服务的多样性及个性化方面也提出较高要求。为了解当前我国城市医疗卫生服务的发展现状及满足居民需求的情况，本文对城市医疗服务的现状、问题进行了深入分析，并对进一步提升城市医疗卫生服务水平提出相关建议。

一 中国城市医疗卫生服务现状

（一）城市医疗卫生服务资源配置

1. 医疗卫生机构数量

2009年以来，在中央各级财政的大力支持下，城市医疗卫生服务体系不断发展，城市医疗卫生机构数量快速增长。截至2014年底，我国城市医疗卫生机构数量达到15.6万家，其中医院数量1.3万家，社区卫生服务机构2.4万家，专业公共卫生机构9198家（见表1）。

表1 2010年和2014年城市医疗卫生机构数

单位：家，%

医疗卫生机构类别	2010年	2014年	增长量	增长率
总计	132465	156256	23791	18
医院	11297	13495	2198	19
基层医疗卫生机构	115636	132269	16633	14
社区卫生服务中心	5359	6436	1077	20
社区卫生服务站	16737	17654	917	5
诊所、卫生所、医务室	86721	98809	12088	14
专业公共卫生机构	4514	9198	4684	104

资料来源：2011年、2015年中国卫生和计划生育统计年鉴。

2. 医疗卫生机构可及性

医疗卫生机构可及性是指居民能够到达最近医疗卫生机构的距离和时

间。2013年，93.8%的城市居民到达最近医疗点的距离在3公里以内，87.8%的城市居民能够在15分钟内抵达最近的医疗卫生机构（见表2），我国城市地区已基本建成"15分钟医疗卫生服务圈"。

表2　2013年城市居民居住地到最近医疗点距离和时间

居住地到最近医疗点距离	百分比构成(%)	居住地到最近医疗点时间	百分比构成(%)
<1公里	71.0	≤15min	87.8
1~2公里	15.1		
2~3公里	7.7	16~20min	6.9
3~4公里	3.1		
4~5公里	1.3	>20min	5.3
≥5公里	1.8		

资料来源：2015年中国卫生和计划生育统计年鉴。

3. 卫生技术人员和床位

2014年，我国城市每千卫生技术人员数增长到9.7人，千人口执业（助理）医师增至3.5人，已达到高收入国家[①]平均水平（2.8），千人口注册护士增至4.3人，已达到中上收入国家[②]平均水平（4.0），医护比由2010年的1∶1增长至1∶1.2，医护结构比例得到改进。2014年城市医疗卫生机构床位数量达318.9万张，每千人口床位数达到7.8张（见表3），超过高收入国家平均水平（5.8）。

表3　2010年、2014年城市千人口卫生技术人员、医护人数、床位数

单位：人，%

年份	卫生技术人员	执业（助理）医师	注册护士	医疗卫生机构床位数（张）
2010	7.6	3.0	3.1	5.9
2014	9.7	3.5	4.3	7.8

资料来源：2011年、2015年中国卫生和计划生育统计年鉴。

---

① 按照世界银行经济数据表（2015年7月），高收入国家指会员国人均GDP等于或高于12736美元的国家。
② 按照世界银行经济数据表（2015年7月），中上收入国家指会员国人均GDP介于4126~12735美元的国家。

4. 中央财政支持建设情况

2009年以来，中央财政共支持3937所城市医疗卫生机构建设，其中包括657所医院，2545所社区卫生服务中心，136所专业公共卫生机构和599所全科医生规范化临床培养基地，中央投资总额为381.8亿元（见表4），约占全国医疗卫生机构中央投资总额的24%。

表4 2009年以来中央支持城市医疗卫生机构建设情况

	项目个数	中央投资（万元）	平均中央投资（万元）
总计	3937	3818080	970
医院	657	2283000	3475
地市级医院	255	1050000	4118
儿童医院（综合医院儿科）	402	1233000	3067
基层医疗卫生机构	2545	445000	175
社区卫生服务中心	2545	445000	175
专业公共卫生机构	136	140080	1030
地市级妇幼保健机构	88	105080	1194
地市级疾控中心	48	35000	729
全科医生规范化临床培养基地	599	950000	1586

资料来源：国家卫生计生委中央投资建设项目2015年一季度报表。

（二）城市医疗卫生服务利用及效率情况

1. 城市医疗服务利用

截至2014年底，赴医院和社区医疗卫生机构就诊的城市居民达到36.6亿人次，较2010年增长了45%，其中接受住院服务的城市居民达到1.57亿人次，较2010年增长了61%。2014年底，城市居民年平均赴医院和社区医疗卫生机构诊疗次数由2010年的3.8次增长至4.9次，住院率由2010年的14.6%增长至20.9%。从城市居民选择接受门诊和住院服务的比例构成来看，城市居民由于其交通便利等原因，往往直接选择赴各类医院就诊，仅有19%的城市居民选择赴社区医疗卫生机构接受医疗服务，而选择赴社区医疗卫生机构接受住院服务的城市居民数量则更少，2014年底这一比例仅为2%（见图1）。

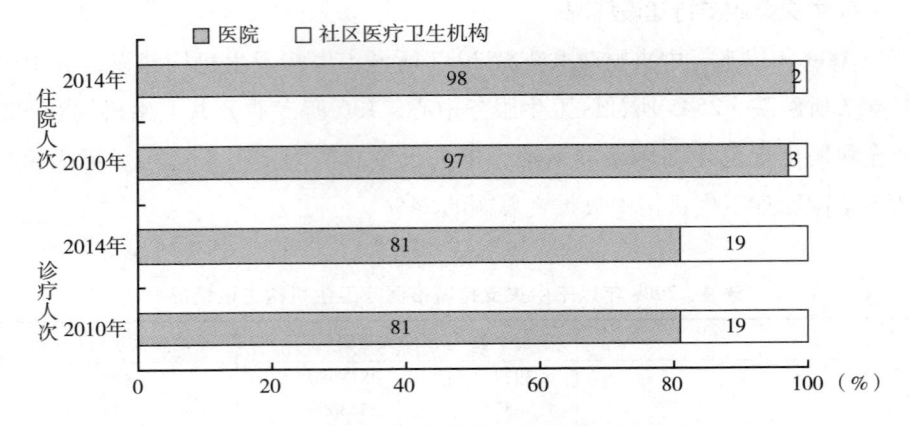

图1　2010年、2014年诊疗人次和住院人次构成

资料来源：2011年、2015年中国卫生和计划生育统计年鉴。

2. 城市医疗服务效率

与2010年相比，2014年医院医师日均担负诊疗人次、医师日均担负住院床日、床位使用率均有增长，分别增长了10.29%、8.33%和1.5%。社区卫生服务中心的医师日均担负诊疗人次增长了18.38%（见表5）。

表5　医院和社区医疗卫生机构服务效率

指标	2010年		2014年		增长率(%)	
	医院	社区卫生服务中心	医院	社区卫生服务中心	医院	社区卫生服务中心
医师日均担负诊疗人次	6.8	13.6	7.5	16.1	10.29	18.38
医师日均担负住院床日	2.4	0.7	2.6	0.7	8.33	0.00
病床使用率(%)	86.7	56.1	88.0	55.6	1.50	-0.89

资料来源：2011年、2015年中国卫生和计划生育统计年鉴。

从各级城市综合医院服务效率看，医院级别越高，医师服务效率越高，床位使用率也越高（见表6）。随着选择综合医院就医的人数不断增加，医师只能以缩短与病人交流时间来满足患者的医疗服务需求。

表 6　各级城市综合医院服务效率

机构类别	2010 年			2014 年		
	医师日均担负诊疗人次	医师日均担负住院床日	病床使用率（%）	医师日均担负诊疗人次	医师日均担负住院床日	病床使用率（%）
中央属	9.8	2.5	105.5	11	2.5	104.6
省属	7.4	2.5	103.5	8.8	2.7	102.5
地级市属	7.0	2.5	99.3	7.9	2.7	100.2

资料来源：2011 年、2015 年中国卫生和计划生育统计年鉴。

3. 城市公共卫生服务利用

2009 年以来，我国政府针对居民健康问题，以儿童、孕产妇、老年人慢性疾病患者为重点人群，向所有城市居民免费提供最基本的公共卫生服务。随着改革不断深入，基本公共卫生服务的内容和范围不断增加，2015 年，我国基本公共卫生服务项目增至 12 项（见表 7），2016 年中央财政将安排专项补助资金 499 亿元[①]，用于基本公共卫生服务的提供，人均基本公共卫生服务经费增至 45 元。截至 2014 年，我国规范化电子建档率达到 70%，我国适龄儿童免疫规划疫苗接种率均达到 90% 以上，妇女儿童系统管理率基本实现了全覆盖。3 岁以下儿童系统管理率由 2010 年的 81.5% 增长至 2014 年的 89.8%，孕产妇系统管理率由 2010 年的 84% 增长至 2014 年的 90%。

表 7　2015 年国家基本公共卫生服务项目

1. 居民健康档案管理	8. 严重精神障碍患者健康管理
2. 健康教育	9. 结核病患者健康管理
3. 预防接种	10. 中医药健康管理服务规范
4. 儿童健康管理	11. 卫生监督协管服务规范
5. 孕产妇健康管理	12. 肺结核患者健康管理服务
6. 老年人健康管理	13. 传染病和突发公共卫生事件报告和处理
7. 慢性病(高血压、2 型糖尿病)患者健康管理	

① 《深化医药卫生体制改革 2016 年重点工作任务》。

（三）城市医疗卫生服务模式

为了满足城市需求多样化、多层次的医疗服务需求，城市的医疗卫生服务模式也在不断探索和创新。

1. 医疗联合体

目前，很多城市正在探索发展"医疗集团"、"医院联合体"等服务模式，通过上下联动、业务指导等多种方式，使优质医疗资源得到共享和推广，使更多的居民能够突破公立医院地域限制，获得更好更可及的优质医疗服务。根据各地医疗机构的联合方式，可以将医疗机构的协同分为三种①：一是组建医疗联合体，一般由城市三级医院为龙头，下辖市级、区级医院和政府办的社区医疗卫生机构，实行人、财、物统一管理，作为统一的联合体为居民提供各类服务。二是托管，主要是"大托小"或"强托弱"，将行政管理权、人事调配权和经营管理权委托给城市大医院，进一步加强大医院对联合体其他医院的业务带动作用，提升医联体的服务协同作用。三是院办院管，一般是由公立医院直接出资举办基层医疗卫生机构，能够充分整合服务资源，推动公立医院的优质服务直接下沉到基层卫生机构，提升基层服务水平。

附1 江苏省镇江市医联体的做法

江苏康复医疗集团由镇江市属公立医院和11个社区卫生服务中心组成，集团内部组建了儿科、产科、心血管等3个临床诊疗中心，影像、临检、病理等3个临床诊断中心。在集团运行过程中，卫生局履行出资人职责，集团实行理事会领导下的院长负责制，内部实行行政管理、人员管理、财务管理、学科建设、服务标准、后勤保障、集团信息、社区管理、文化建设等九位一体化。

江苏江滨医疗集团由江苏大学附属医院、部队医院、民营医院、部分市

---

① 国家卫计委体改司《城市公立医院改革报告》（内部资料，未出版）。

属医院和7所社区卫生服务中心构成,并组建了集团疑难病会诊、病理诊断、临床检验、影像会诊等中心,向城市居民提供全方位的服务。

两大集团均成立社区管理中心,通过实行按病种付费、按人头付费和按服务单元付费相结合的复合式支付方式,加强集团形成利益机制,加强集团间医疗机构的联动和协作,并推动集团总体业务水平的提升。据统计,2015年镇江市基层医疗卫生机构门急诊诊疗量占比从24.14%提升到55.2%。

2. 医生集团

医生集团是由多名医生联合形成的组织[1],一般为独立法人,以合伙制或股份制运营。[2] 医生集团是以医生为主、以资本为辅的新型组织形式,医生在集团运营管理和重大战略投资决策中起着主导作用。这种新型的组织形式重塑了医患关系[3],将传统的机构与个人的关系,转变为医生与病人一对一的医患关系,在这种转变中,医生将从医疗服务的主导者转为医疗服务的提供者,居民的服务体检及服务获得感也将随之改变;另外,医生集团的执业方式不同于公立医院的单一或定点执业,而是采取多点执业或自由执业的方式。目前,医生集团在我国仍处在探索起步阶段。2014年6月,我国首个体制外医生集团——张强医生集团正式成立。此后,广州私人医生工作室、大家医联等多种形式的体制内医生集团也陆续出现,这些医生集团的运营方式、签约机构、签约医生身份、业务开展程度等情况各不相同。总体上看,医生集团多由医生发起,以公司形式注册,采用与医生和医疗机构分别签约的形式运营。在调研中还了解到,大多数医生集团在发展规划方面都提到最终要筹建自己的诊所、医院,并进行上市,最后通过拥有股权获得收益。有些甚至提出要成立医生经纪人公司,通过制造"明星医生"获得

---

[1] 苗艳青:《美国医生集团的发展与现状研究报告》(内部资料,未出版)。
[2] Bazzoli GJ, Dynan L, Burns LR, et al. Two Decades of Organizational Change in Health Care: What Have We Learned? *Medical Care Research and Review*, 2004, 61 (3): 247 - 331.
[3] 谢宇等:《中国医生集团的现状、挑战及发展方向分析》,《中国医院管理》2016年第4期,第1~4页。

收益。

在这些形形色色的医生集团层出不穷过程中，又陆续成立了心血管医生集团、春雨线下医生集团、哈特瑞姆心律专科医生集团、中欧医生集团等等。上述医生集团都是刚刚成立，对自身的发展规划、运营方式、服务人群等等还没有一个清晰的认识。尽管各类医生集团不断涌现，但这些医生集团还处于萌芽探索时期，对于医生集团这一执业模式的走向、效果和影响，大家仍需静观其变。

3. 社会资本办医

随着我国对社会资本办医条件的不断放宽及激励政策的出台，我国民营医院正在快速发展，2014年底我国民营医院数量增至12546所，年平均增长速度达到15%，民营医院服务量及服务人数快速增长。特别是城市地区，由于城市居民居住较集中，人员构成复杂，支付能力较高，对于多样化、个性化的服务要求也较高。目前，在城市地区，提供护理、住院分娩、美容、康复等高端医疗服务的民营医院发展迅速。

4. 医养结合

目前医养护相结合的服务模式发展较快，其主要发展模式主要有三种[1]，一是在养老服务机构中内设医疗机构，如厦门市提出准许规模较大的养老机构申请办理内设医疗机构，北京、上海、江苏、广东等地的老龄服务机构特别是大型老龄服务机构中，医疗机构的配套已经非常普遍；二是医院直接建立养老服务机构，借助医疗机构的医疗优势，提供老年人所需的医疗服务，如重庆医科大学附属第一医院设立的老年护养中心、沈阳德济医院成立的民营老年人关爱服务中心等；三是以专业的护理机构、老年病医院为依托，提供集医疗、预防、保健与康复等于一体的的综合性医疗服务，如重庆颐宁医院是以治疗和预防老年病为特色的，集医疗、预防、保健与康复为一体的二甲综合性医院，河南省成立的老年医养协作联盟，把郑州第九人民医

---

[1] 王莉莉、杨晓奇：《我国老龄服务业发展现状、问题及趋势分析》，《老龄科学研究》2015年第7期。

院建设成为养老机构的医疗保障基地。另外，依托健全的社区卫生服务网络及移动信息设备，居民居家养老可以不断向社区医疗卫生机构发送医疗信息，这种模式在北京等地也在不断推进。

二 当前城市医疗卫生服务存在的问题

（一）城市医疗资源过度集中在大型医院

从2009年开始，国家开始大力投资公立医疗卫生机构的基础设施建设。从投资数量看，中央财政支持的基层医疗卫生机构和专业公共卫生机构占总投资数量的80%，投资建设的医院数量占投资机构总量的20%；但从资金分布看，基层医疗卫生机构和专业公共卫生机构的中央投资仅占总投资的20%，而医院投资资金占总资金量的80%（见图2），大量资金流向医院，使本就集中于医院的医疗资源更加集中，高水平的医疗资源也更加集中于大型医院。

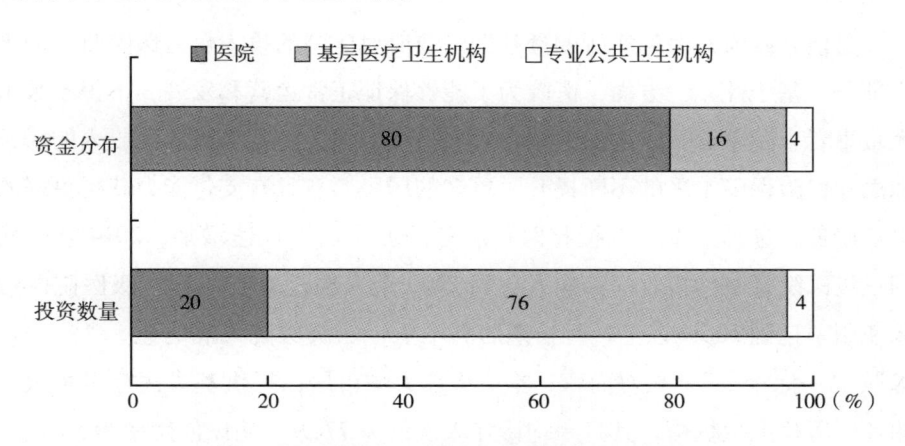

图2 2009年以来中央投资城市医疗机构情况

资料来源：国家卫生计生委中央投资建设项目2015年一季度报表。

粗略地用二、三级医院医疗资源分布来表示城市医疗资源分布情况，二、三级医院占医院总量的34%，却占据了79%的床位、86%的注册护士和82%的执业（助理）医师，而占据总量27%的一级医院，却仅拥有8%的床位、5%的注册护士及7%的执业（助理）医师。

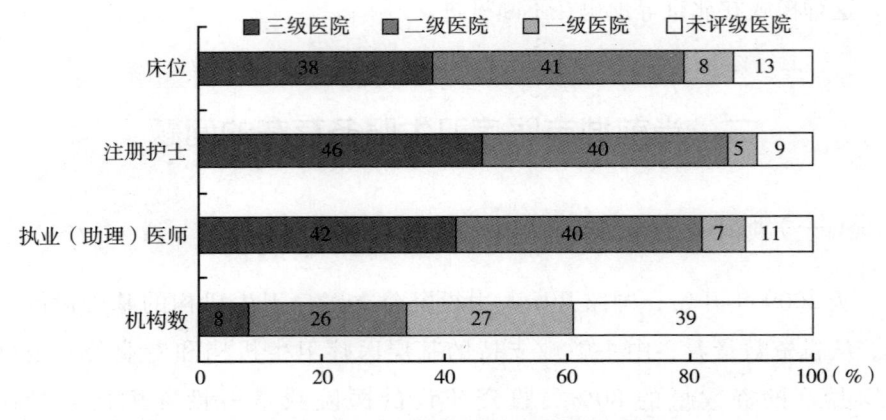

图3　一、二、三级医院医疗资源分布情况

资料来源：2015年中国卫生和计划生育统计年鉴。

（二）大型医院人满为患、基层卫生机构使用效率低下

目前，政府对医院实行差额补助，政府对医院的投入仅占医院收入的极小部分。基于此，一方面，医院为了能够保证正常运营和发展，不得不吸引大量患者来院就诊，以增加医院收入。另一方面，随着城市居民收入的增长和医疗保险保障水平的不断提升，更多的居民愿意且有支付能力获得更好的医疗服务，选择大型医院接收医疗服务的城市居民快速增加，2014年，我国三级医院日平均接收门诊病人达到2700余人次，2010年起三级医院的病床使用率达到100%以上，且长期居高不下，三级医院人满为患、"一号难求"、"一床难求"。相对而言，本应为广大城市居民提供基本医疗卫生服务的社区医疗卫生机构，其日平均诊疗人次仅为77人，病床使用率为55%。

（三）基本公共卫生服务"形式大于内容，考核大于服务"

2015年，我国面向全体居民提供的基本公共卫生服务项目已增至12类，且每项服务项目均明确严格的服务规范，并建立相应的考核指标。目前，承

担基本公共卫生服务的社区医疗卫生机构，其提供基本公共卫生服务的人员数量仍较少，在面临数量巨大的随访服务、表格填写及重点人群管理等服务的基础上，还要面临严格的服务情况考核。由于当前对社区医疗卫生机构的公共卫生服务经费一般都是考核发放，而考核支撑材料又包含大量的表格填写等工作，因此部分地区的公共卫生服务提供出现了"重形式、轻内容"、"重考核、轻服务"的现象，公共卫生服务人员无暇且无动力开展"消耗较多时间的公共卫生服务"。以孕产妇健康管理服务项目为例，《国家基本公共卫生服务规范（2011年版）》提出居民免费获得的服务项目包括5次产前随访、1次产后访视及1次健康检查（见表8），但实际服务提供情况各地不一，居民为了获得此类服务，一般赴医院付费购买，居民对免费公共卫生服务的"获得感"较低。

表8　孕产妇健康管理项目服务内容

服务项目	服务时间	服务内容
孕早期健康管理	孕12周前	建立《孕产妇保健手册》，进行第1次产前随访
孕中期健康管理	孕16～20周 孕21～24周	2次随访，评估孕妇的健康状况和胎儿的生长发育情况
孕晚期健康管理	孕28～36周 孕37～40周	督促孕产妇去有助产资质的医疗卫生机构进行一次随访，发现高危产妇，增加随访次数
产后访视	产后3～7天	到产妇家中进行产后访视，进行产褥期健康管理，加强母乳喂养和新生儿护理指导，同时进行新生儿访视
产后42天健康检查	产后42天	产后健康检查

（四）满足居民多样化和个性化服务能力不足

随着社会经济的发展，疾病谱的改变、城镇化和老龄化进程加快，我国城市居民的医疗服务能力仍有待提升，特别是满足多元化、个性化医疗服务能力不足。第一，我国很多城市已经进入老龄化社会，65岁以上人口比例已达10.1%，城市65岁以上人口两周患病率达到73.6%[①]，特别是慢性病和

---

① 《2013年第五次国家卫生服务调查分析报告》。

精神疾病最为突出，养老、护理等服务需求较大。有研究结果表示，被调查老年人中，需要上门看病的老年人比例达到54.9%、需要上门护理服务的比例为36.9%[①]；第二，由于疾病谱的变化，恶性肿瘤和心脑血管疾病等慢性非传染性疾病，成为影响居民健康的主要疾病，占疾病死因的68.7%（见图4），患病居民愈后仍需接受一段时间的康复和护理等服务；第三，由于城市工作压力大、生活节奏快、竞争相对激烈，很多居民对于心理咨询、心理疏导等精神卫生服务需求在增加；第四，城市地区人员构成多、经济收入差距大、职业类型广，对于不同类型、不同质量的服务也提出了"多而全"的要求。但是从目前城市医疗机构服务供给情况来看，提供的服务仍以医疗服务为主，提供护理、康复等服务的机构数量极少。2014年底，城市康复医院数量仅为265所、护理院数量仅为103所、疗养院数量仅为113所、精神病医院446所，提供美容、康复、心理咨询、健康咨询等多样化服务能力仍不足。

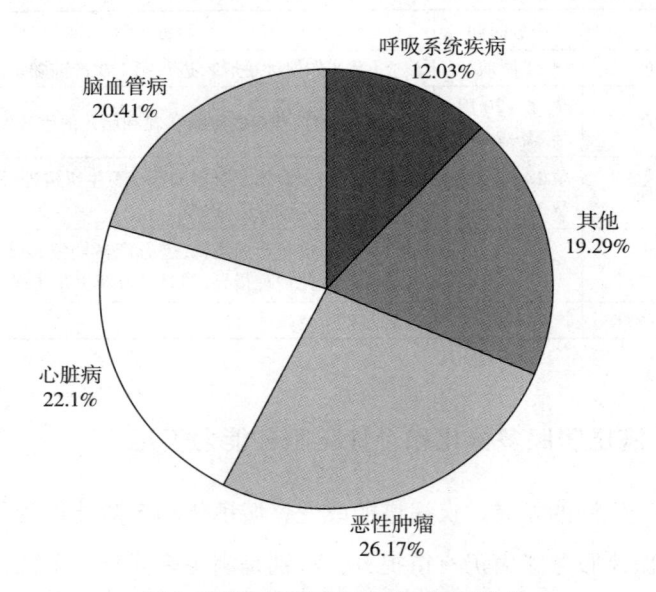

图4　2014年居民主要疾病死因构成

资料来源：2015年中国卫生和计划生育统计年鉴。

① 其为中国老龄科学研究中心的调查数据。

（五）医患关系紧张

随着城市生活水平的不断提升，居民对于健康日益关注，对于医疗卫生服务的期望也不断增加。由于目前我国医疗服务供给能力相对医疗服务需求仍有较大差距，部分城市大医院人满为患，为应对大量患者，医生只能快速诊断，患者往往会面临"排队几小时、五分钟被打发"的结果。若是对就医结果不满意（患者死亡/病情加重/有后遗症等），部分患者则会"大动干戈"，或出言责难医务人员，一些恶性伤医杀医事件也频频发生。据新闻公布的伤医杀医事件统计，仅2015年就有56起恶性伤医杀医事件，共造成65人受伤、1人死亡，伤医杀医事件覆盖范围达20个省，医疗卫生机构及医务人员的社会安全性堪忧。

（六）儿童医疗服务供需缺口较大

当前儿童医疗资源总量不足。据统计，2014年儿科门急诊人次和住院人次较2007年分别增长了95%、106%，但是儿科床位及执业（助理）医师数量分别增长89%、67%，每千儿童人口儿科床位数、执业（助理）医师数仅为2.0和0.6，儿童医疗资源严重短缺。另外，我国城市儿童医疗优质资源主要集中在少数专科医院和大型综合医院的儿科，这些医院长期处于超负荷运行状态。相对而言，很多城市的地市级医院及区（市）级医院的儿科优质资源非常短缺，相对其他科室，儿科医务人员尤其短缺，很多医学院校毕业生不愿选择从事儿科临床工作，儿科人才队伍来源不足，儿科医务人员流失也比较严重，大量儿科医生转行从事其他工作。据统计，2014年儿科执业（助理）医师数量仅占执业（助理）医师数量的4.2%。

三 相关建议

（一）充分发挥政府杠杆作用，引导城市医疗资源下沉

建议"十三五"时期，中央建设资金应进一步加大对社区医疗卫生服

务网络的建设，资金量向社区医疗卫生机构倾斜，加大中央及各级财政投入比重，完善社区医疗卫生机构基础设施条件，提升基本医疗和公共卫生服务能力。结合"十二五"时期建设实际，建议政府投资建设范围和资金应更倾向于城市基层医疗卫生机构。

1. 推动社区医疗卫生机构标准化建设

对于社区卫生服务中心的建设，应充分考虑城镇化进程的推进速度，"十三五"期间主要以社区卫生中心"空白点"建设为主，根据《社区卫生服务中心、站建设标准》加强业务用房建设，并配备提供基本医疗及公共卫生服务所需设备。对于当前正在使用的社区医疗卫生机构，建议根据在社区医疗卫生机构合理评估的基础上，分阶段完成所有社区医疗机构的标准化改造，也可考虑按照建设内容开展专题改造工程，如危房消除工程、污水垃圾改造工程、康复养老用房改造工程等。

2. 加强城市医院薄弱科室建设

当前部分城市医院仍存在业务用房面积紧缺、床位供应不足等问题，建议在城市医院的建设过程中，优先支持儿童、精神、护理、妇产、康复等服务薄弱环节的建设，增加上述医疗卫生服务的可及性，满足城市居民的基本需求。

（二）建立"基层首诊、双向双诊、急慢分治、上下联动"的分级诊疗体系

明确城市社区医疗卫生机构的基本医疗服务功能，明确城市医院诊治疑难病、复杂病的作用，在此基础上，逐步建立社区医疗机构首诊制，除急诊以外的一般常见病、多发病都一律优先到社区医疗机构就诊，社区医疗卫生机构无法诊治的患者再转到各类医院进行救治；进一步推广家庭医生签约服务工作，重点加强对慢性病、老年人及儿童等重点人群的签约服务工作，提升签约服务质量，以此作为抓手合理引导患者下沉至基层医疗卫生机构；建立多样化的双向转诊制度，由社区医疗机构和各类综合医院、专科医院建立双向转诊关系，"重患上转、轻患下转"，在方便城市居民就诊的同时，还

能降低诊疗费用；通过信息化的手段建立医院与社区医疗机构之间信息互联互通的渠道，加强上下级机构业务指导的同时，能够确保上转和下转的患者能够得到及时、安全和规范的医疗服务。

（三）加强基层卫生人才队伍建设，增加基本公共卫生服务的可获得性

建议多渠道培养基层卫生人才队伍，通过订单定向、全科医生培养、转岗培训等方式多渠道培养基层卫生人才人员，逐步提升基本医疗和公共卫生服务能力。建议"十三五"期间，稳步增加人均基本公共卫生服务经费财政补助标准，优化现有基本公共卫生服务项目，合理分配各机构间公共卫生服务分工。建议加强基本公共卫生服务项目绩效考核，完善考核方式，加强对服务内容的考核，将城市居民对于基本公共卫生服务的获得感及满意度作为考核主要依据，与经费拨付相衔接，切实落实服务项目的提供，增加居民对基本公共卫生服务的可获得性。

（四）加快发展社会资本办医，满足多样化和个性化服务需求

虽然政府办医疗卫生机构是服务提供的主体，但为满足日益多样化和个性化的城市居民服务需求，引入社会资本，发展健康服务业及养老服务业等，形成多元化的办医格局，也十分重要。"十三五"期间，建议政府大力发展非公立医疗卫生机构，放宽社会资本举办医疗卫生机构准入范围，鼓励有实力的企业、慈善机构、基金会、商业保险机构等社会力量及境外投资者举办医疗卫生机构，改善医疗卫生服务薄弱环节，重点提升儿童、精神疾病等医疗卫生服务的服务能力，进一步推动护理、康复、养老等服务水平的提升。建议进一步鼓励具有资质的人员（包括港、澳、台地区人员）依法开办私人诊所，公立医院资源丰富的城市，可引导社会资本以多种方式参与包括国有企业所办医院在内的部分公立医院改制重组，形成多元化办医格局。

（五）充分利用信息化技术的发展，提升医疗服务体验

据统计①，2016年我国手机用户已突破13.06亿，占总人口的95.5%，手机已越过所有媒体成为城市居民主要的通信工具和信息采集工具。基于此，建议"十三五"期间，可以通过信息推送、权威发布等形式，使城市居民能够及时获得权威的健康服务，结合目前正在探索中的可穿戴式设备（如智能手环、智能手表、智能鞋、智能眼镜），监测身体情况，加强健康管理；建议充分利用物联网和信息化等技术，大力推进远程医疗、推动信息互联互通，增强高水平医疗卫生服务的可及性；充分利用信息化网络，加强对医疗卫生机构合理化就诊流程的监管，减少就医等待时间，提升城市居民医疗服务体验。

（六）加强医院安全建设，推动发展第三方调解机制

进一步加强医院安全建设，建议卫生、公安等相关部门，开展维护医疗秩序、打击涉医违法犯罪等专项行动，依法严惩暴力伤害医务人员和患者人身财产安全的违法行为，以及扰乱医疗秩序的"医闹"等行为。一是强化医院安全防范工作，加强医患矛盾和纠纷的排查化解，保障医患双方合法权益，维护正常医疗秩序；二是完善医疗纠纷调解处理机制，提高医疗纠纷"第三方"调解成功率和满意度，推进医疗责任保险；三是推动建立和谐医患关系长效机制，加强法制建设，研究制定打击"医闹"的有关政策措施，完善人民"第三方"调解、医疗责任保险等制度；四是加强宣传教育和舆论引导，弘扬医疗卫生系统救死扶伤人道主义精神，加强医疗常识的普及，引导患者看病就医的合理预期，对于"恶性伤医杀医案件"，建议加强对后续进展及判决结果的追踪报道。

---

① 《工业和信息化部关于电信服务质量的通告》（2016年第1号）。

B.9
中国城市公共文化服务发展分析

孟雨岩*

摘　要： 中国城市公共文化服务经过长期发展，取得了较大成就，主要表现为公共文化服务基础设施体系框架基本形成、免费开放机制基本建立、公共文化服务信息化发展迅速、国家公共文化服务体系示范区建设初见成效等。存在的问题主要包括公共文化服务供给与需求错位；公众参与程度较低；建设水平区域差异大，总量供给不足，质量不高；供给主体单一等。针对以上问题，本文提出加快政府职能转变；培育公民素质，建立社区层面的公众参与机制；加大中西部地区公共文化服务投入力度，加强文化人才建设；建立多元化的公共文化服务供给机制等政策建议。

关键词： 城市　公共文化服务　政府　转变职能

文化对于城市社会经济生活的影响深刻而广泛，可谓城市的灵魂。从历史到现实，从微观到宏观，文化渗透于城市经济、社会、环境的各个方面，成为影响城市发展和形成城市特色的关键因素。健康的城市离不开健康的城市文化。在摆脱生存必需品的短缺时代之后，文化产品和文化服务成为重要的民生需求。在城市中，文化民生需求更为集中和强烈。倡导健康的文化，

---

* 孟雨岩，博士，中国社会科学院城市发展与环境研究所科研人员，主要从事城市文化与城市社会研究。

满足公民不断增长的多种多样的文化需求，一方面有赖于市场提供的产品，另一方面，政府提供的公益性的文化产品和服务——公共文化服务亦至关重要，两者缺一不可。本文主要探讨与健康城市相适应的中国城市公共文化服务的发展问题。

一 中国城市公共文化服务的发展历程

新中国成立以来，公共文化服务的发展历程大致可以分为改革开放之前与改革开放以来两个阶段。

（一）改革开放之前

1. 1949~1965年

这一阶段，城市文化发展具有以下特征。

第一，文化发展的核心目的是为社会主义改造和社会主义建设服务。新中国成立之初，文化为巩固社会主义国家政权服务、为促进社会主义改造和社会主义建设服务成为文化发展的首要任务，这一时期的文化具有鲜明的主流意识形态特征。

第二，明确了文化发展"双百"方针。"百花齐放、百家争鸣"方针的提出，极大促进了社会主义文化的繁荣发展和对优秀传统文化的继承，涌现出一大批优秀的文化作品，丰富了人们的精神文化生活。

第三，建立了社会主义文化管理与服务体制。从中央到省、市、地区、县等各级政府，都成立了专门的文化主管行政机构，制定了文化工作的一系列政策法规。并比照行政序列，从中央到地方设置了各级群众文化事业机构。

第四，公共文化服务设施体系初具形态。国家对文化事业的投入随着新中国经济的发展不断提高，各类文化基础设施逐步建立。从1949年到1965年，公共图书馆、博物馆、艺术表演团体和表演场馆等文化基础设施发展迅速（见表1）。

表 1 历年城市公共文化设施

单位：个

年代	公共图书馆	县市级以上文化馆	博物馆	艺术表演团体	艺术表演场馆
1949	55	896	21	1000	891
1952	83	2430	35	2084	1510
1957	400	2748	72	2884	2296
1962	541	2575	230	3320	2249
1965	562	2660	214	3458	2943
1970	323	2332	182	2541	1432
1975	629	2670	242	2836	1464
1978	1218	2840	349	3150	1095
1980	1732	3130	365	3533	1444
1985	2344	3295	711	3317	1377
1990	2527	3321	1013	2805	1955
1995	2615	3259	1194	2682	1958
2000	2675	3297	1392	2619	1900
2005	2762	3226	1581	2805	1866
2010	2884	3264	2435	6864	2112
2011	2952	3285	2650	7055	1956
2015	3139	10052	3852	10787	2143

资料来源：历年中国社会统计年鉴及国家文化发展统计公报。

2. 1966～1978年

1966～1976 年是新中国历史上一段特殊时期。在这一时期，文化发展主要表现出以下特点。第一，文化为政治服务的特征高度突出；第二，囿于政治背景的限制，文化创作的思想和艺术形式自由受到限制，文化产出单调，种类较少；第三，中国传统文化受到否定和批判；第四，公共文化服务设施建设在这一阶段的前期有所倒退，后期有所发展，如表1。

1976～1978 年，社会政治背景较前一时期产生了巨大变化，属于一个承上启下的阶段，文化政策基本未有大的改变，一些文化基础设施如公共图书馆建设取得了较快发展，如表1。

（二）改革开放以来

1. 1979~2000年

为顺应计划经济向市场经济转变的社会背景，这一时期开始推行文化事业单位的市场化改革。但是由于长期在计划经济体制下运行，大多数文化事业单位短期内尚不能很好适应市场的环境和需求，因此形成了双轨制的局面，即国家事业单位的性质还保留，但可以进行市场化的经营活动，政府投入逐步减少，这一时期文化单位普遍出现经费不足、公共设施私营化等问题。虽然在改革初期提出物质文明和精神文明两手都要抓、两手都要硬的方针，但是在市场经济迅速发展、社会体制逐步转型的背景下，城市公共文化发展相对滞后，一度出现了"一切向钱看"、"信仰危机"等社会文化问题。这一时期的主要城市公共文化设施建设情况如表1。

2. 2001~2006年

2001年以来，我国文化发展进入全新的阶段。文化发展受到重视，文化发展的目标更加清晰明确。主要表现出以下特征。

第一，文化发展上升为国家战略之一。2002年，十六大报告把经济、社会、文化、环境"四位一体"的发展列为全面建设小康社会的目标，这标志着文化不再居于从属地位，而是上升为国家核心战略之一。

第二，文化事业和文化产业正式并列发展。十六大报告将文化事业和文化产业作为两个并列的概念提出，自此之后，文化事业和文化产业形成"双轮驱动，两翼齐飞"局面。国家支持和保障文化公益事业，扶持体现民族特色和具有国家级水准的重大文化项目和艺术团体，扶持历史文化遗产和优秀民间艺术的保护工作，继续加强文化基础设施建设力度，积极发展各类群众文化。同时，为了更好地繁荣社会主义文化、满足人民群众精神文化需求，文化产业的发展受到国家政策的大力扶持和推进。

第三，确立了公共文化服务的理念。2005年10月，《中共中央关于制定国民经济和社会发展第十一个五年规划的建议》提出：加大政府对文化事业的投入，逐步形成覆盖全社会的比较完备的公共文化服务体系。"公共文化服务"这一概念首次在中央文件中被明确提出。这一概念的出现，不仅反映了我国文化发展建设思路的转变，更反映出国家治理意识的进步。公共文化服务这一概念是在倡导政府职能转变的大背景下产生的。公共文化服务是政府公共服务职能的重要组成部分，其满足公民基本文化需求的同时，也保障公民基本的文化权益。

3. 2007年至今

这一阶段，文化建设进入新中国成立以来最佳发展时期。主要表现为以下特征。

第一，文化发展和建设被提到前所未有的高度。文化之所以受到如此高度重视，是基于对文化及其功能的更加深刻的认识。当今世界，文化不仅作为民族凝聚力和创造力的源泉，文化软实力也越发成为综合国力竞争的重要因素。改革开放以来经济和社会的发展，使广大人民群众尤其是大部分城市居民的需求层次提高，已经超越了满足生存条件的物质需求，向文化需求的层级过渡，社会大众对精神文化产品和服务的需求迎来高潮。十七届六中全会发布《关于深化文化体制改革，推动社会主义文化大发展大繁荣若干重大问题的决定》，提出应充分认识推进文化改革发展的重要性和紧迫性，更加自觉、更加主动地推动社会主义文化大发展大繁荣。正是在这样的战略思想和社会背景之下，各级政府充分认识到公共文化服务是我国经济社会发展的一项长期战略任务，文化建设和发展被推到前所未有的高度。

第二，公共文化服务的发展思路更加清晰。在建设思路上，对公共文化服务发展提出了公益性、基本性、均等性、便利性的基本原则；在经费投入方面，提出以公共财政为支撑，以公益性文化单位为骨干，把主要公共文化服务项目纳入公共财政支出预算。通过政府采购、定向资助、项目补贴、税收减免、贷款贴息等政策措施，鼓励文化企业参与公共文化服务，拓展投资渠道；在具体内容上，提出加强社区层面公共文化设施建设，把社区文化中心建设纳入城乡设计规划。这些政策和发展思路为公共文化服务体系的长期健康发展指明了方向，奠定了基础。

第三，对公共文化服务体系建设提出了更高要求。2015年，中央办公厅与国务院办公厅印发《关于加快构建现代公共文化服务体系的意见》，提出要提升公共文化设施建设、管理和服务水平，提升公共文化服务的社会效能，推动公共文化服务向优质化转变。完善公共文化设施免费开放的保障机制，培育和促进文化消费。加大文化科技创新力度，结合"智慧城市"、"宽带中国"等重大信息工程建设，推进公共文化服务数字化建设快速发展。

二 城市公共文化服务发展的主要成就与主要问题

（一）主要成就

1. 基础设施体系框架基本形成

2016年4月发布的文化发展统计公报显示，2015年末，全国共有公共图书馆3139个，其中少儿图书馆113个。县县有图书馆的目标早已实现，县级以上公共图书馆服务网络基本形成。全国公共图书馆实际使用房屋建筑面积1316.76万平方米；图书总藏量83844万册，其中古籍2712万册；电子图书83041万册。全年全国公共图书馆发放借书证5721万个；总流通58892万人次；书刊文献外借50896万册次；全年共为读者举办各种活动114544次，参加5908万人次。目前，手机图书馆、24小时自助图书馆等新的服务形式发展迅速。总分馆、流动图书馆、图书馆联盟等多种图书馆服务体系建设模式日趋成熟。图书馆新馆建设持续升温，出现了一批具有国际一流水平、堪称城市标志性建筑的图书馆。

2015年末，全国共有国有美术馆408个，全年共举办展览5121次，参观3053万人次；全国共有博物馆3852个，全年接待观众78112万人次；全国共有群众文化机构44291个，其中城市群众文化机构9998个；全国共有艺术表演团体10787个，演出210.78万场，其中在城市演出71.7万场，国内观众9.58亿人次，其中城市观众3.73亿人次；全国共有艺术表演场馆2143个，观众座席数178.67万个。

以上数据显示，我国城市公共文化服务基础设施体系框架已经基本形成。

2. 基础设施免费开放机制基本建立

"十一五"以来，城市社区级文化活动中心作为社区建设的标配设施，成为城市居民就近方便的免费文化娱乐活动场所。改革开放之初被承包、转包经营的城市公共文化服务设施也逐渐被政府收回，恢复其公共属性，成为城市居民进行文化、娱乐活动的开放的公益性场所。2008年，全国各级各类博物馆、纪念馆以及爱国主义教育示范基地基本实现免费开放；2011年，全国省级以上美术馆、所有的公共图书馆、文化馆（站）基本实现了免费开放。公共文化服务设施实行免费开放制度显示出政府保障"文化民生"的决心，同时也意味着公共文化服务财政投入力度的加大。公共文化服务设施免费开放，受到广大群众热烈欢迎，各类公共文化服务设施的服务人次急剧增加，获得了良好的社会效益。

3. 公共文化服务信息化发展迅速

现代信息技术与网络技术的发展，为城市公共文化服务更加公平、方便、快捷地服务于人民群众提供了技术支持，为充分利用信息化、网络化手段为社会提供便捷、优质的公共文化服务，文化部、财政部协同开展了全国文化信息资源共享工程、数字图书馆工程和电子阅览室建设工程。目前，已经建成覆盖全国的从国家级到省、市（地）、县、乡镇（街道）、村（社区）的六级公共文化数字网络。地市级以上完成了数字图书馆平台。在乡镇（街道）层面建成了一大批公共电子阅览室。公共文化资源库建设进展迅速，目前，共享工程资源达412.46TB，数字图书馆资源达1024TB。这些重大文化信息化工程的实施，构成了覆盖全国的公益性数字文化服务网络。另据2016年4月发布的文化发展统计公报，2015年末，全国公共图书馆共有电子图书83041万册，较2014年增长63.9%；供读者使用的电子阅览终端12.67万台，较2014年增长4.2%。

4. 创建了若干国家公共文化服务体系示范区

2010年12月，文化部联合财政部发出开展国家公共文化服务体系示范区（项目）创建工作的通知，此项活动的目的在于创建若干公共文化服务体系示范区，充分发挥典型的示范影响和带动作用，分类指导东、中、西部公共文化体系建设。公共文化服务示范区创建活动要求被批准创建的城市结合当地实际，一是在制度上探讨公共文化服务体系建设中的突出问题和矛盾，探索解决问题的渠道和措施；二是探讨文化与经济社会协同发展的机制和模式；三是对成功的范例进行经验总结和理论梳理。公共文化服务体系示范区（项目）创建工作分三期进行，第一期从 2011 年到 2012 年，第二期从 2013 年到 2014 年，第三期从 2015 年到 2016 年。第一期有 31 个城市（地区）获得批准，进入创建国家公共文化服务体系建设示范区的行列，目前已全部通过验收正式授牌。第二期有 32 个城市（地区）被批准创建国家公共文化服务体系建设示范区，目前已大部分通过验收正式授牌。第三期创建过程仍在进行中。示范区创建活动，为推进公共文化服务体系建设提供了有效的实践示范和制度建设方面的经验。

表 2 国家公共文化服务体系建设示范区名录

分期	国家公共文化服务体系示范区名录
第一期	北京市朝阳区、天津市和平区、河北省秦皇岛市、山西省长治市、内蒙古自治区鄂尔多斯市、辽宁省大连市、吉林省长春市、黑龙江省牡丹江市、上海市徐汇区、江苏省苏州市、浙江省宁波市鄞州区、安徽省马鞍山市、福建省厦门市、江西省赣州市、山东省青岛市、河南省郑州市、湖北省黄石市、湖南省长沙市、广东省东莞市、广西壮族自治区来宾市、海南省澄迈县、重庆市渝中区、四川省成都市、贵州省遵义市、云南省保山市、西藏自治区林芝地区、陕西省宝鸡市、甘肃省金昌市、青海省格尔木市、宁夏回族自治区银川市、新疆维吾尔自治区喀什地区
第二期	北京市东城区、天津市河西区、河北省廊坊市、山西省朔州市、内蒙古自治区包头市、辽宁省沈阳市沈河区、吉林省延边朝鲜族自治州、黑龙江省哈尔滨市南岗区、上海市浦东新区、江苏省无锡市、浙江省嘉兴市、安徽省安庆市、福建省三明市、江西省新余市、山东省烟台市、河南省洛阳市、湖北省襄阳市、湖南省岳阳市、广东省深圳市福田区、海南省保亭黎族苗族自治县、广西壮族自治区玉林市、重庆市北碚区、四川省南充市、贵州省贵阳市、云南省楚雄彝族自治州、西藏自治区山南地区、陕西省渭南市、甘肃省张掖市、青海省西宁市、宁夏回族自治区石嘴山市、新疆维吾尔自治区克拉玛依市、新疆建设兵团农八师石河子市

资料来源：以上名录根据文化部官方网站资料整理而成。

（二）城市公共文化服务发展的主要问题

1. 公共文化服务供给与需求错位

城市公共文化服务建设的目的是保障公民的文化权益，满足大众基本文化需求，这一立意无疑是合乎现代社会服务型政府要求的。但是在现实中，由于体制、机制、观念等方面的原因，公共文化服务供给与公众文化需求不能很好地契合。公共文化服务是一项重要的政府职能，它主要是由基层政府实施和供给的。正像目前政府实施的很多工作一样，公共文化服务的实施和供给遵循的是"行政的逻辑"而非"服务的逻辑"。所谓"行政的逻辑"，是指工作任务自上而下布置贯彻到基层政府，任务完成之后，对基层政府实施绩效考核的评价权来自上级领导。因此，公共文化服务工作的第一驱动力是自上而下的行政压力。表现为上级政府的压力就像指挥棒一样，既决定着基层政府提供公共文化服务工作的积极性，也以"规定动作"的束缚力决定着基层政府提供公共文化服务的形式和内容。"行政的逻辑"导致公共文化服务供给的实施背离了其原意，不是向下为服务对象负责，而是向上为政绩考核负责，在这种逻辑牵引下，基层政府不会关心公众的具体需求想法和效果评价，公共文化服务在落实过程中也缺乏规范的民意表达、参与和反馈机制，因此导致一些地方政府提供的公共文化服务脱离公众需要，成为政府的一厢情愿或形象工程。

2. 公众参与公共文化服务活动的积极性不高

公共文化服务以社会公众为服务对象，公众参与是实现公共文化服务根本目的和社会效益的关键所在，但是目前我国大部分城市公众参与公共文化活动的积极性主动性不高。相关调研显示，表示了解公共文化服务的被调查者占4.85%，基本了解的占18.45%，只了解一点的占56.31%，从来没有听说过的占20.39%。15.53%的被调查者表示对接触到的公共文化服务不满意，56.8%的表示一般满意，26.21%的表示基本满意，仅有1.46%的被调查者表示满意[①]。公

---

① 罗云川、张彦博、阮平南：《"十二五"时期我国公共文化服务建设研究》，《图书馆建设》2011年第12期。

众对公共文化服务活动缺乏积极性的原因是多方面的。首先是政府提供的公共文化服务与公众需求错位，不能为公众所喜闻乐见，因此公众缺乏参与积极性。其次是公众缺乏权利意识和对社会公共活动的参与意识。在计划经济时代，人们一切听从安排，至今还保留有被动的社会心理烙印。及至进入市场经济时期，原来的单位、邻里等社会归属被打破，人们尚没有建立起新的可及的归属感，因此产生心理上的淡漠与疏离感，也是公共文化服务公众参与不足的原因；另外，基层政府也没有着意建立公民参与公共文化服务活动的规范渠道，大多时候主要是靠社区工作人员动员参加，工作难度较大，因此导致一些社区公共文化服务活动实际上是靠有限的固定的积极分子在支撑，失去了普惠公众的意义。

3. 公共文化服务体系建设区域差异大，总量供给不足，质量不高

我国经济发展不均衡，公共文化服务体系建设投入能力不同，东、中、西部地区以及大、中、小城市之间，公共文化服务体系建设存在极大差异。一些东部大城市在设施配备和人才配置方面达到较高水平，但这不能说明全国的普遍情况，总体而言，目前我国城市公共文化服务还处于总量供给不足、质量不高的状态，这种情况在中、西部县级城市表现尤为突出。"十二五"期末，我国城市公共文化服务体系建设基本做到网络健全，也即省、市、县、街道各级文化机构和设施的建设基本从面上有了全覆盖，但是人均拥有量偏低，就满足城市居民普遍需要来说远远不足。另外，硬件设施网点布局看似完善，其实质量不高，其中最突出的一点是人才建设滞后，文化人才匮乏，文化机构中专业人员比例较低、行政人员比例过高的现象较为普遍。缺乏合理有效的人才培养和引进机制。对公共文化服务缺乏来自受众的评价和反馈机制，其质量好坏、社会效果如何对提供主体没有影响，因此限制了各级文化机构提高公共文化服务和产品质量的积极性。

4. 公共文化服务供给主体过于单一

公共文化服务以实现公民文化权益和满足社会大众基本文化需求为出发点，体现的是国家和社会的公共利益，公益性、基本性、均等性、便利性是其发展的基本原则，其中最本质的要求是公益性。公益性产品和服务具有非

排他性和非营利性，因此不能由市场直接提供。计划经济时期，我国公共文化服务主要由政府以及作为其延伸的企事业单位承担社会供给任务。进入社会转型期以来，为了促进社会文化发展繁荣，国家对大部分文化企事业单位进行改制，其中绝大部分已经面向市场，成为文化产业的一部分，这导致政府以及公共部门为社会提供公益性文化服务的直接机构资源减少，而人民群众文化需求却不断增加，如果不扩大公共文化服务提供主体，必然产生供给不足的局面。

公益性事业不仅是政府的责任，也是全社会的责任，一个成熟的文明社会，政府、企业、社会团体、个人等社会力量应该共同参与公共文化服务的提供。我国目前的现实情况是，公共文化服务的提供者主要是政府以及国有文化事业单位，企业参与一般都是通过政府购买，在此企业的行为并非公益性的，公益性的直接提供者还是政府。另外，由于部门分割，非公共文化机构的其他政府部门或国有企事业单位占有的文化资源不能为公共文化服务所统筹使用（例如大学图书馆不对社会开放），造成社会文化资源的严重浪费。供给主体来源单一，大大削弱了全社会公共文化产品和服务的供给能力，限制了其发展水平，降低了其服务质量。因此，必须对这一问题给予足够重视，探索解决的途径。

三 城市公共文化服务发展对策与建议

（一）加速推进政府职能向服务型政府转变

推进政府职能向服务型政府转变是解决城市公共文化服务现存诸多问题的关键一环。服务型政府以服务社会为宗旨，其组织架构、工作流程、人财物等资源配置、绩效考核等方方面面，无一不是为了更好地服务于社会，服务于人民。只有真正转向全心全意为人民服务的政府职能，才能彻底解决政府部门工作目的只对上级领导负责的局面，才能使政府文化部门和事业单位真正做到眼睛向下看，关心公众的实际需求，千方百计地为社会提供高质量的、受公众欢迎的文化服务和文化产品，才能真正提高公共文化服务的社会效益，切实保障公民的基本文化权利。

（二）培育公民素质，建立社区层面的公众参与机制

社会公众是公共文化服务的服务对象和文化权利保障主体，只有让公众广泛参与到公共文化活动中来，并在其中享受到实际的精神文化收益，公共文化服务的目的才能达成。基于目前的现实情况，想要提高公共文化服务的公众参与程度，主要应该从两个方面入手。一是提高公民的权利意识与社会热情，二是建立规范可及的公众参与机制。公民意识是现代社会个人与国家关系的心理认同，其中包括法律意识、群体意识、互助意识以及正当的责权意识等。公民意识的养成需要相应的社会背景和文化濡染，应该以多种方式加强宣传教育。公共文化服务的目的之一即是提高社会大众的公民素质，而大众公民素质的提高又可以更好地促进公共文化服务的发展。建立规范可及的公众参与机制，使每一个公民都有平等享受公共文化服务的机会，能够参与决策过程，才能真正唤起公众的主体意识和责任意识，从而提高参与公共文化服务活动的热情。社区在此应该担当起重要的角色，因为社区是居民最直接的生活环境，达至社区层面的公共文化服务最为便利可及。充分利用社区接近公众的独特优势，建立公共文化服务的需求表达机制、服务反馈机制以及社会评价机制，让普通公民以主人的姿态积极参与、主导、监督公共文化服务，提高公共文化服务的公众参与率，切实保证公共文化服务社会效益的真正实现。

（三）加大中西部地区公共文化服务投入力度，加强文化人才建设

由于不同区域城市政府和公共部门提供公共文化服务的财政能力不同，经济欠发达地区城市和经济发达地区城市相比，公共文化服务供给的数量和水平相差巨大。要解决这一问题，既要靠政府加大投入，也要靠社会多种力量鼎力支持。首先，中央政府应该通过各种工程项目对中西部地区公共文化服务体系建设给予足够的倾斜和大力扶持，中西部地区地方政府也应该对此

给予足够的重视，确保公共文化服务各项资金的落实。其次，应该动员具有公益承担能力和责任心的社会企业共同参与公共文化服务建设，增强社会投资力度。应该大力加强欠发达地区公共文化服务人才队伍建设，努力形成高质量的人才支撑体系，为未来的持续发展提供保障。除积极引进人才以外，还应对现有队伍加强专业培训，努力提高从业人员的专业水平。

（四）建立多元化的供给机制

公共文化服务过于单一的现实，导致了供需脱节、效率低下、社会效益难以实现等种种问题，同时也限制了社会力量参与的渠道，不利于公共文化服务的全面发展。因此，必须建立多元化的公共文化服务供给机制，引导企业、社会组织和自主公民共同承担社会责任，参与到公益（或半公益）性的公共文化产品和服务供给活动中来。

企业的参与可以通过直接和间接两种方式。直接方式是指企业出资捐助公益性文化事业，或者投资兴办公益性文化实体（如博物馆、艺术馆、图书馆等）；在这种方式下，企业行为是公益性的，非营利性的，是与市场行为相违背的，表现出企业的社会责任感。如果政府对企业的此类公益行为不能给予相应的激励和补偿机制，那么企业的公益行为就会是有限的和不可持续的。美国对企业的慈善行为采取减免税收的做法，值得借鉴。另外，可以利用政府掌握的宣传资源，大力弘扬企业参与公共文化服务的善举，一方面弘扬正能量，另一方面也可以使企业获得美誉和口碑，赢得品牌形象资源，在市场行为中获得利益的补偿。企业间接参与公共文化服务的途径主要是指政府出资向企业购买文化产品或服务，再以公益的方式提供给社会。在这种途径下，企业虽然是市场行为，但是其参与丰富了公共文化服务供给的数量和种类，更好地满足了公众需求。目前这种方式在我国各级城市政府被普遍采用。

在许多发达国家（如美国、加拿大、德国等），非营利性的社会组织是提供公共文化服务的主要力量，政府并不直接承担经营文化设施或文化事业的角色，只是为社会公益力量提供便利条件，培育、扶持多种形式的民间公

益力量担当公共文化服务的社会重任。政府为社会组织提供的便利条件不仅包括拨款资助，也包括立法和经济政策。社会组织是国家与社会的桥梁与中介，由社会组织承担公共文化服务的主要供给责任，可以实现政府行为难以达到的效率和效益。目前，我国社会组织发育刚刚开始，社会组织数量少，大部分组织功能机制尚不成熟健全，短期内难以担当公共文化服务中坚力量的社会大任，但无疑的是，公益性社会组织一定也应该在公共文化服务中起到越来越重要的作用，因此，积极培育和支持公益性社会组织，通过立法、经济等多种政策，以及提供场地、设备、技术、信息等支持，为其创造生长发育的良好土壤和便利条件，是政府不可推卸的责任。

自主公民参与公共文化服务供给的方式主要有出资捐助和提供志愿服务两种模式。随着我国经济发展水平和人民收入水平的提高，有能力出资捐助文化公益事业和有闲暇参与公共文化志愿服务的人口数量已经形成了一个庞大的群体，政府应该积极鼓励公民个人参与公共文化服务的提供，一方面要建立方便的参与渠道和机制，另一方面，对此善举要大力弘扬和表彰，使出资捐助或志愿服务的公民得到充分的精神回馈，以激发其动力，起到良好的社会影响带动作用。

参考文献

吴理财：《公共文化服务的运作逻辑及后果》，《江淮论坛》2011年第4期。
刘文俭：《公民参与公共文化服务体系建设对策研究》，《行政论坛》2010年第3期。
吴理财、王前、贾晓芬、庄飞能：《积极引导和鼓励社会力量参与公共文化服务》，载《中国公共文化服务发展报告（2014~2015）》，社会科学文献出版社，2015。
李少惠、余君萍：《西方公共文化服务体系综述及其启示》，《图书馆理论与实践》2012年第3期。
蔡秀云、赵春生：《非营利组织公共文化服务供给研究》，《经济研究参考》2014年第41期。

环 境 篇

Environment Reports

B.10
中国地级及以上城市建成区黑臭水体状况及治理对策建议

高红杰　宋永会*　王　谦　吕纯剑　韩　璐　刘瑞霞

摘　要： 城市化的快速发展导致了一系列水环境问题，造成部分水体出现黑臭现象。本文深入分析了我国地级及以上城市建成区黑臭水体状况、特点。基于目前我国城市水环境管理现状和存在的问题，结合《水污染防治行动计划》关于城市水环境的要求，提出了积极完善法规标准、制定城市水环境系统综合规划、实施城市水环境质量目标管理、构建城市可持续水循环利用模式、加强监管和信息公开等城市水环境管理策略建议。对实现我国城市黑臭水体消除、水环境质量全面改善，

---

* 第一作者：高红杰，博士，副研究员，中国环境科学研究院城市水环境科技创新基地，主要研究方向为城市水环境管理、城市水生态修复；责任作者：宋永会，博士，研究员，中国环境科学研究院，主要研究方向为城市与区域水污染控制。

促进水环境保护与城市发展共赢的目标具有一定的借鉴意义。

关键词： 城市　水环境　黑臭水体　"水十条"

　　随着我国城镇化的快速推进，城市水资源和水环境承载力问题日益凸显。长期以来，党中央、国务院都高度重视水环境保护工作。"九五"时期国家就已经开始集中力量对"三河三湖"等重点流域进行综合整治；"十一五"以来，我国积极探索环境保护新路，大力推进污染减排，水环境保护从指导思想到工作实践均逐步全面深化，成效显著。根据2014年《中国环境状况公报》，2001~2014年，七大流域和浙闽片河流、西北诸河、西南诸河的总体水质明显好转，其中，Ⅰ~Ⅲ类水质断面比例提高了32.7%，劣Ⅴ类水质断面比例下降21.2%。但是，随着城市快速发展，部分城市水体出现黑臭现象，已成为社会关注焦点，人民群众反映强烈。在今后的一段时期内，我国城市化水平将进一步提高，我国城市水环境污染、水资源短缺、生态脆弱等问题将进一步加剧[1][2][3]。因此，2015年4月，国务院正式印发的《水污染防治行动计划》（以下简称"水十条"）在指标设计上，既关注大江大河总体水质目标，落实到断面水质类别上；又牢牢把握改善民生要求，着眼百姓房前屋后、小沟小汊，将城市黑臭水体整治作为一项切实改善百姓生活环境质量的重要民生工程，明确要求到2020年，地级及以上城市建成区黑臭水体比例均控制在10%以内；到2030年，城市建成区黑臭水体总体得到消除，同时还明确了详细的目标任务要求。社会普遍反映，黑臭水体整治是"水十条"中难度最大的工作之

---

[1] 孟伟、刘征涛、张楠等：《流域水质目标管理技术研究》，《环境科学研究》2008年第1期。
[2] 胡涛、张凌云：《我国城市环境管理体制问题分析及对策研究》，《环境科学研究》2006年增刊。
[3] 曹东、祝宝良、蒋洪强等：《中国节能减排重点行业环境经济形势分析与预测》，中国环境科学出版社，2009。

一；把城市黑臭水体作为攻坚重点，也体现了大小并重、知难而进的治理和管理思路。

一　全国地级及以上城市建成区黑臭水体状况

住房城乡建设部和环境保护部等部门高度重视城市黑臭水体整治工作，建立了密切的合作机制，联合印发了《城市黑臭水体整治工作指南》等一系列工作文件和技术文件，健全了相关制度要求，构建了城市黑臭水体整治监管平台，创新应用卫星遥感技术进行监管，通过引入公众参与、接受社会监督等，组织完成了全国城市黑臭水体排查工作。

（一）全国地级及以上城市建成区黑臭水体空间分布情况

根据全国城市黑臭水体整治平台发布数据，截至2016年4月15日，全国295座地级及以上城市中，共有221座城市排查并报送黑臭水体1945个，74座城市没有发现黑臭水体。1945个黑臭水体中，河流1674条，占86.1%；湖、塘271个，占13.9%；从省份来看，60%左右的黑臭水体分布在广东、安徽、山东、湖南、湖北、河南、江苏等东南沿海经济相对发达地区。广东黑臭水体数量最多，以243个居首，安徽、山东分别以217个、161个居第二、第三位。浙江、陕西、宁夏、新疆黑臭水体数量低于10个，分别为6个、5个、5个和2个。西藏没有黑臭水体。情况见表1。

表1　全国地级及以上城市黑臭水体排查情况表

序号	省(区、市)	地级及以上城市数量（座）	已报黑臭水体	
			城市数量(座)	黑臭水体数量(个)
	合计	295	221	1945
1	北　京	1	1	61
2	天　津	1	1	20
3	河　北	11	9	40
4	山　西	11	9	69

续表

序号	省（区、市）	地级及以上城市数量（座）	已报黑臭水体	
			城市数量（座）	黑臭水体数量（个）
5	内蒙古	9	3	12
6	辽宁	14	11	61
7	吉林	8	6	58
8	黑龙江	12	8	22
9	上海	1	1	56
10	江苏	13	13	104
11	浙江	11	5	6
12	安徽	16	15	217
13	福建	9	9	82
14	江西	11	9	26
15	山东	17	17	161
16	河南	17	12	128
17	湖北	12	12	128
18	湖南	13	13	149
19	广东	21	20	243
20	广西	14	10	72
21	海南	4	2	25
22	重庆	1	1	27
23	四川	18	14	97
24	贵州	6	2	15
25	云南	8	5	12
26	西藏	4	0	0
27	陕西	10	3	5
28	甘肃	12	4	17
29	青海	2	1	25
30	宁夏	5	4	5
31	新疆	3	1	2

资料来源：全国城市黑臭水体整治平台（http://www.hcstzz.com），统计数据截至2016年4月15日。

（二）全国地级及以上城市建成区黑臭水体等级差异

全国1945个黑臭水体中，黑臭等级为重度的有687个，占35%，轻度的有1258个，占65%（见图1），轻度黑臭水体数量远多于重度黑臭水体，是重度黑臭水体数量的1.83倍。各省轻度黑臭和重度黑臭水体数量如图2所示。

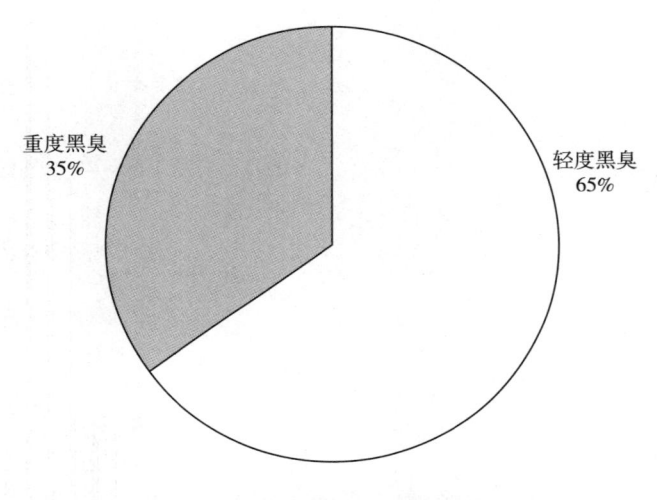

图1 全国不同等级黑臭水体差异

（重度黑臭 35%，轻度黑臭 65%）

二 重点区域地级及以上城市建成区黑臭水体状况

（一）京津冀、长江三角洲、珠江三角洲重要城市群黑臭水体空间分布情况

京津冀、长江三角洲、珠江三角洲城市群是我国的三个主要城市群，根据《2014中国城市统计年鉴》，三个城市群的总面积为49.25万平方公里，占全国总面积的5.1%左右，人口总数为2.74亿，占全国人口总数的20%；建成区面积为1.20万平方公里，占全国建成区总面积的33%左右。三个城市群黑臭水体共有456个，占全国黑臭水体总数的23.5%，其中重度黑臭水体168个，轻度黑臭水体288个。

京津冀城市群包括北京、天津，河北的保定、张家口、秦皇岛、唐山、石家庄、廊坊、邢台、邯郸、衡水、沧州、承德，以及河南的安阳共14个

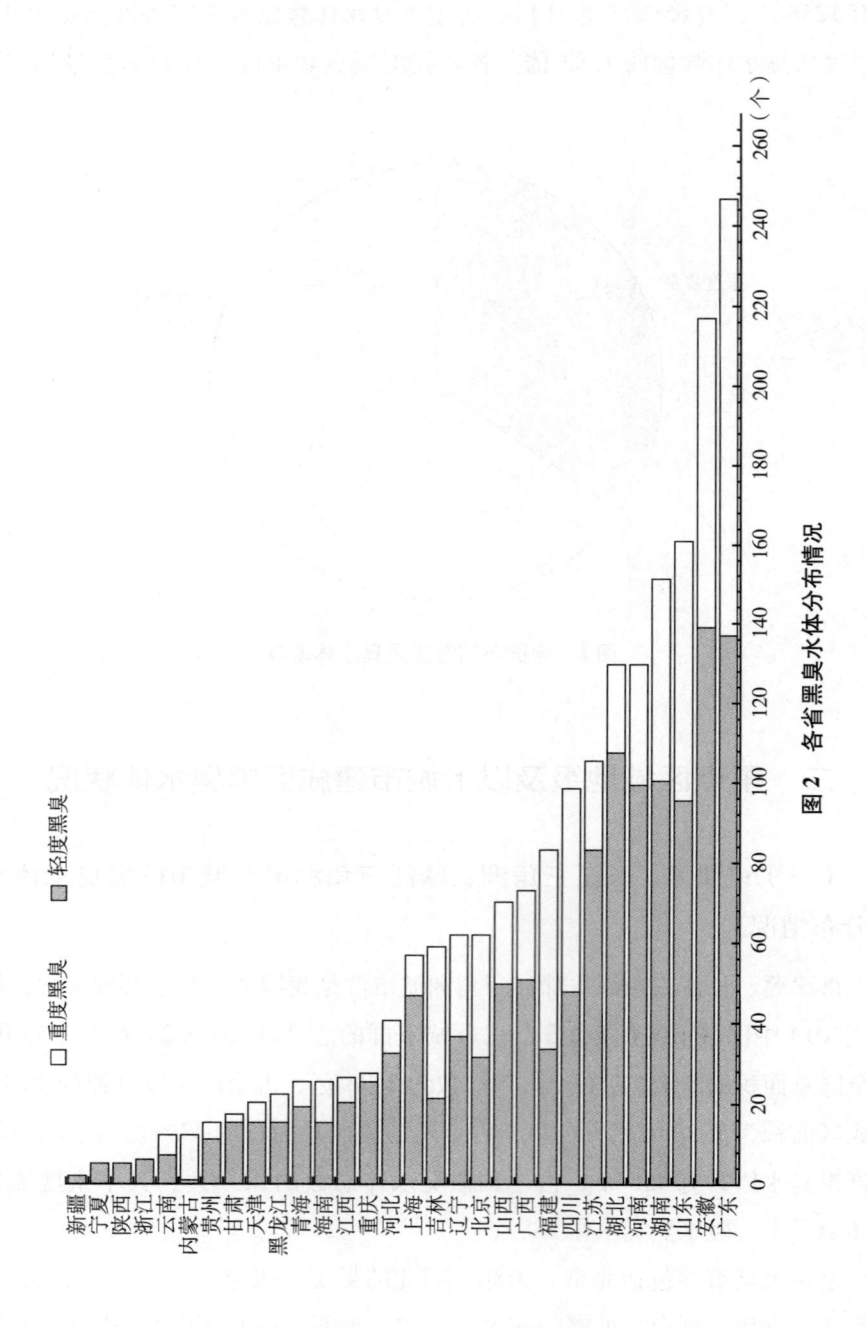

图2 各省黑臭水体分布情况

城市。数据显示,京津冀地区黑臭水体共有 136 个,占全国黑臭水体总数的 7.0%,其中,重度黑臭水体 54 个,轻度黑臭水体 82 个。北京市黑臭水体 61 个,数量最多,张家口市和承德市无黑臭水体。如图 3 所示。

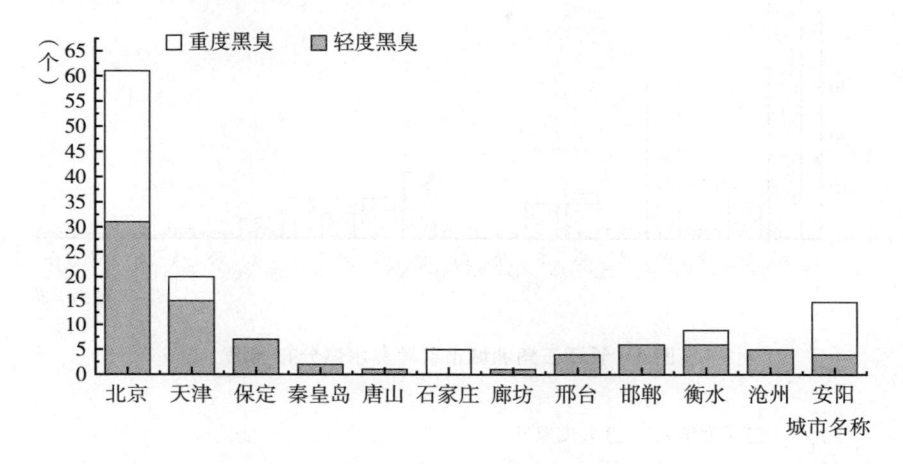

图 3 京津冀城市群黑臭水体分布情况

根据国务院 2010 年批准的《长江三角洲地区区域规划》,长江三角洲地区包括上海市,江苏省的南京、无锡、徐州等 13 个城市,浙江省的杭州、宁波、温州等 11 个城市,共 25 个城市。数据显示,长三角地区共有黑臭水体 166 个,占全国黑臭水体总数的 8.53%,其中,重度黑臭水体 32 个,轻度黑臭水体 134 个。上海市黑臭水体个数为 56 个,数量最多,浙江省宁波、温州、绍兴、湖州、嘉兴、衢州 6 城市无黑臭水体。如图 4 所示。

珠江三角洲地区包括广州、深圳、佛山等 9 个广东省的城市以及香港和澳门,考虑数据可得性,这里仅对广东省的城市进行分析。数据显示,珠江三角洲地区有黑臭水体 154 个,占全国总数量的 7.9%,其中,重度黑臭水体 72 个,轻度黑臭水体 82 个。深圳市黑臭水体 45 个,数量最多,肇庆市黑臭水体 2 个,数量最少。如图 5 所示。

(二)全国36个重要城市黑臭水体空间分布情况

"水十条"要求,36 个直辖市、省会城市、计划单列市建成区要于 2017

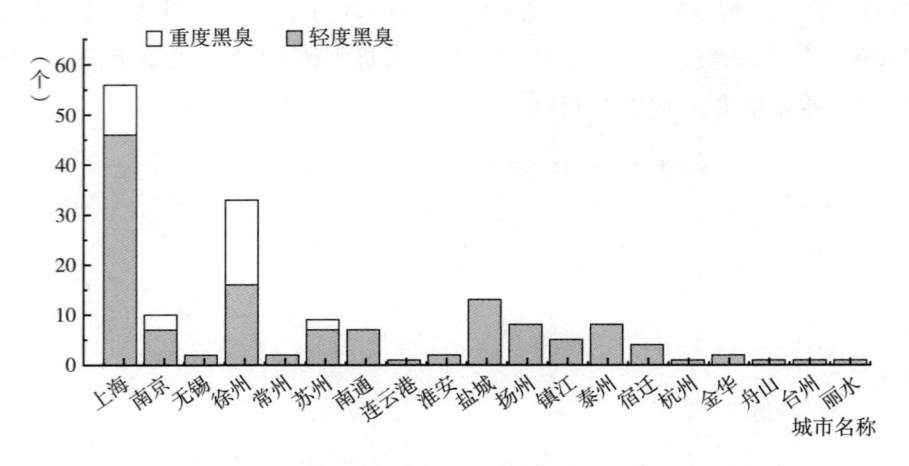

图4 长江三角洲城市群黑臭水体分布情况

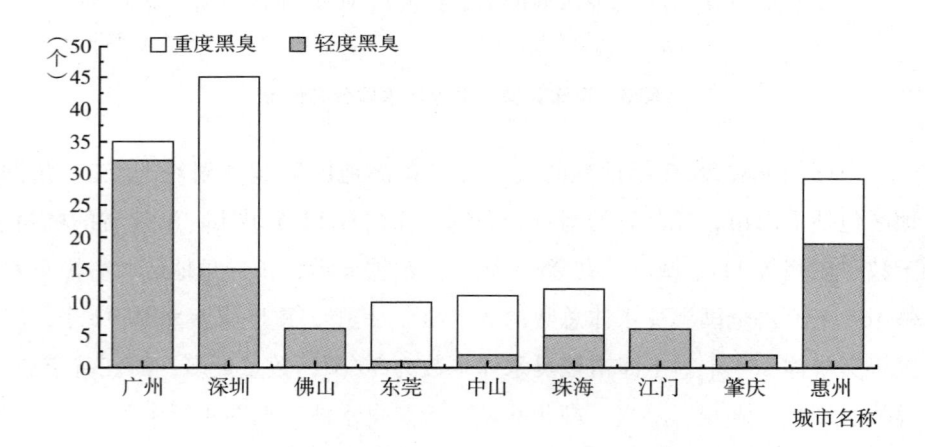

图5 珠江三角洲城市群黑臭水体分布情况

年底前基本消除黑臭水体,重点城市2017年底前消除黑臭水体。根据《2014中国城市统计年鉴》,36个重点城市的总面积为52.8万平方公里,占全国总面积的5.4%;人口总数为2.56亿,占全国人口总数的18.7%;建成区面积为1.62万平方公里,占全国建成区总面积的44.4%。36个重点城市黑臭水体共有607个,占全国黑臭水体总数的31.2%,其中重度黑臭水体268个,轻度黑臭水体339个。北京、上海、福州、深圳、南宁、成都黑臭水体数量均等于或超过 40 个。宁波、郑州、贵阳、拉萨、西安无黑臭水体。石家庄、呼和浩特、厦门黑臭水体均为重度黑臭。具体情况见表 2。

表 2　36 个重点城市黑臭水体排查情况

单位：个

序号	城市	黑臭水体数量		
		总数	轻度黑臭	重度黑臭
	合　计	607	339	268
1	北京市	61	31	30
2	天津市	20	15	5
3	石家庄市	5	0	5
4	太原市	17	12	5
5	呼和浩特市	7	0	7
6	沈阳市	5	1	4
7	大连市	8	4	4
8	长春市	37	4	33
9	哈尔滨市	3	1	2
10	上海市	56	46	10
11	南京市	10	7	3
12	杭州市	1	1	0
13	宁波市	0	0	0
14	合肥市	4	4	0
15	福州市	40	9	31
16	厦门市	5	0	5
17	南昌市	5	3	2
18	济南市	31	5	26
19	青岛市	12	10	2
20	郑州市	0	0	0
21	武汉市	5	5	0
22	长沙市	24	19	5
23	广州市	35	32	3
24	深圳市	45	15	30
25	南宁市	48	29	19
26	海口市	19	12	7
27	重庆市	27	25	2
28	成都市	41	19	22
29	贵阳市	0	0	0

续表

序号	城市	黑臭水体数量		
		总数	轻度黑臭	重度黑臭
30	昆明市	1	1	0
31	拉萨市	0	0	0
32	西安市	0	0	0
33	兰州市	7	7	0
34	西宁市	25	19	6
35	银川市	1	1	0
36	乌鲁木齐市	2	2	0

资料来源：全国城市黑臭水体整治平台（http://www.hcstzz.com），统计数据截至2016年4月15日。

三 黑臭水体整治监管及公众参与情况

为强化监管，住房城乡建设部和环境保护部联合建立了由信息报送、信息发布和公众参与3个子系统组成的城市黑臭水体整治监管平台。信息报送子系统由各城市人民政府有关主管部门负责信息填报工作，信息填报内容包括基本信息和黑臭水体整治工作进展两方面。信息发布子系统是城市黑臭水体整治工作对外发布信息的窗口，由两部门在各自官方网站设立的专栏发布。主要包括黑臭水体信息查询统计、发布政策及解读、典型案例和地方经验、发布公众参与信息以及城市主管部门对信息的处理情况等内容。公众参与子系统利用微信公众号，作为公众监督客户端，接收社会公众举报信息，建立信息举报渠道，便于社会公众举报未纳入整治计划的黑臭水体，发挥公众监督力量。目前已通过城市黑臭水体公众监督平台发布了13期"全国城市黑臭水体整治公众监督及回复情况周报"。根据全国城市黑臭水体整治平台发布数据，截至2016年4月15日，城市黑臭水体公众监督平台共接到群众举报信息1034条，其中已受理918条，35条正在受理，有81条逾期未受理。湖北、河北、河南、云南、辽宁等省逾期未受理情况较多，详见表3。已受理的918条举报信息中，其中有效举报信息428条，涉及黑臭水体151

个，已列入整治计划。无效举报信息 490 条，主要原因是举报信息描述不清或位置不准确、无法核实等。

表3 城市黑臭水体公众监督信息情况

单位：条

序号	省(区、市)	公众举报信息总数	举报信息受理情况（以信息条数计）			正在核实	逾期未受理
			已受理				
			合计	有效举报	无效举报		
	合计	1034	918	428	490	35	81
1	北京	415	404	163	241	11	0
2	天津	2	2	1	1	0	0
3	河北	16	1	0	1	4	11
4	山西	8	7	6	1	1	0
5	内蒙古	1	1	1	0	0	0
6	辽宁	5	0	0	0	0	5
7	吉林	3	2	2	0	0	1
8	黑龙江	3	3	0	3	0	0
9	上海	6	2	1	1	1	3
10	江苏	41	37	5	32	4	0
11	浙江	6	4	0	4	1	1
12	安徽	19	18	15	3	0	1
13	福建	31	27	3	24	2	2
14	江西	6	6	1	5	0	0
15	山东	45	42	10	32	1	2
16	河南	22	12	3	9	2	8
17	湖北	45	8	1	7	1	36
18	湖南	245	243	185	58	2	0
19	广东	40	38	7	31	2	0
20	广西	1	1	0	1	0	0
21	海南	0	0	0	0	0	0
22	重庆	13	12	12	0	0	1
23	四川	19	17	4	13	0	2
24	贵州	3	0	0	0	2	1
25	云南	12	5	4	1	1	6
26	陕西	14	13	0	13	0	1
27	甘肃	9	9	0	9	0	0
28	青海	0	0	0	0	0	0
29	宁夏	0	0	0	0	0	0
30	新疆	4	4	4	0	0	0

资料来源：全国城市黑臭水体整治平台（http://www.hcstzz.com），统计数据截至2016年4月15日。

四 我国城市水环境管理策略建议

城市黑臭水体整治是城市水环境管理的一个重要部分，是城市水污染防治工作的薄弱环节和难点，也是新型城镇化绕不开的"伤疤"。城市黑臭水体具有几个特点：一是系统性管理缺失，城市水体管理大多涉及住建、水利、环保等多个部门，每个部门的工作目标、要求、重点各不相同，缺乏系统性、长效性的管理要求和工程措施；二是多因素复合所致，在截污不够、流量不足、流动性差、河道垃圾堆放、河底淤积严重等多因素作用下，大量外源输入和内源底泥释放的污染物在水体流动性差及较高温度下，造成水体缺氧，进而导致水体黑臭；三是缺乏常规水质监测，我国多数城市内河水体较小，大多不在常规水质监测范围内；四是治理任务重，且容易出现反弹。

为消除城市黑臭水体，应该加强城市水环境管理顶层设计，以城市水环境质量全面改善、水生态系统健康发展、促进水环境保护与城市发展共赢为目标导向，深入贯彻落实"水十条"，构建我国城市水环境管理技术体系。为此，本文从法规、规划、目标管理、利用模式、监管等方面提出具体的对策建议。

（一）积极制定完善的法规标准

我国在1984年颁布了《水污染防治法》，1996年进行了修订；1988年颁布了《中华人民共和国水法》，并于2002年进行修订。这两部法规是我国水环境管理方面的主要法规，从现实情况来看，还不能满足我国城市水环境管理的需要。为此，建议在全面执行《环境保护法》的基础上，贯彻落实"水十条"。一要加快制定相关法律法规的修订和制定，主要包括水污染防治法以及关于水环境质量目标管理、水资源节约和循环利用、饮用水源保护等方面的法律法规。二要积极制定和完善相关标准，发挥水环境标准对水环境管理转型的支撑作用。要加快修订地表水环境质量标准，修订城镇污水、污泥处理处置标准，健全重点行业水污染排放限值等标准体系。

（二）开展城市水环境系统综合规划

我国现行的城市规划缺少城市水环境系统性规划，城市规划制定过程中较少考虑城市建设和发展对城市水环境影响，大部分城市的水环境管理和修复相对滞后[①]。为此，在未来的城市规划制定过程中要科学评估城市水资源和水环境的承载力，同时要逐步推广制定城市水环境系统综合规划，对城市的水源、供水、用水、排水及循环利用等子系统进行统筹安排和综合规划，实现对城市水环境的全面的分级分类管理。为了从根本上解决城市水环境问题，实现城市水环境问题的"源头控制"，这要求在水环境系统规划和城市各项规划制定过程中，积极落实"水十条"中以水定城、以水定地、以水定人、以水定产的原则，促进我国城市水环境管理思路的战略性转变，以此促进城市可持续发展。除此之外，要通过制定综合规划，加强各职能部门的统筹协调，提高水环境的综合管理效率。

（三）实施城市水环境质量目标管理

1996年，国务院制定了《关于环境保护若干问题的决议》，该决议制定了污染物排放的总量控制目标。在此基础上，当时的国家计委、国家经贸委、国家环保总局三部委联合制定了《"九五"期间全国主要污染物排放总量控制计划》[②]，这是我国第一个全国污染物总量控制计划。为了进一步加强各地区污染控制，2011年，国务院明确提出在对领导干部的综合考评、政府绩效考核和国有企业业绩管理中加入节能减排目标完成情况这一指标，并要求对环境问题实行问责制和"一票否决"制。这对水环境质量改善发挥了重要作用。目前，我国水环境管理目标正在从过去的污染物总量控制，向以改善环境质量为核心转变，随着"水十条"的颁布，水环境质量目标管理有望进一步加强。要在污染物排放总量控制的基础上，建立完善水环境

---

① 王秉杰：《流域管理的形成、特征及发展趋势》，《环境科学研究》2013年第4期。
② 王金南、田仁生、吴舜泽等：《"十二五"时期污染物排放总量控制路线图分析》，《中国人口·资源与环境》2010年第8期。

质量的目标管理平台；按照水环境质量目标的要求，加强污染物排放总量管理和标准调整，积极制定排污许可证制度，以此切实改善城市水环境质量。

（四）构建城市可持续水循环利用模式

城市水系统具有自然和社会双重属性[①②]。以往在利用水资源过程中，大部分城市不太重视水的自然循环规律，一定程度上出现了无度取用现象和污水盲目排放问题。为了改善我国城市水资源短缺和水环境脆弱的现状，应该注重多水源的综合统筹和合理配置，按照"水十条"要求，积极构建城市可持续水循环利用模式。一要对用水总量实施严格控制；二要积极提高水资源利用效率，积极开发实施节水技术；三是加大力度推进污水循环利用、雨水集蓄利用等，逐步建立完善城市水循环利用模式。

（五）加强水环境监管和信息公开

在环境监管能力建设方面，我国先后发布了《全国环境监测站建设标准》、《全国环境监测站建设补充标准》、《污染源监控中心建设规范》等相关标准，以及《主要污染物总量减排监测体系建设考核办法（修订）》、《环保举报热线工作管理办法》等管理办法，对我国环境保护能力建设起到一定的促进作用。在此基础上，在环境保护部网站上公开发布了重点断面水质自动监测结果，而且大部分城市开通了环保举报热线等。在此背景下，我国水环境监管能力大幅提升。但是，较弱的执法力量制约了监管能力的全面提高。同时，目前我国城市地表水体水质监测项目和监测断面、排污口的排污水量水质状况的监控等方面的能力还非常有限，有待进一步提升。为了提高水环境监管能力，"水十条"提出了比较严格的水环境质量目标责任考核机制，要求向社会公布考核结果。因此，在城市水环境监管能力建设方面，要积极完善相关的政策措施，通过法律、行政、经济等

---

① 张杰、熊必永：《城市水系统健康循环的实施策略》，《北京工业大学学报》2004年第2期。
② 张杰、陈立学、熊必永等：《我国水环境与水循环的健康之路》，《给水排水》2005年第5期。

手段，引导社会合理利用水资源、保护水环境。与此同时，要积极发挥社会公众的监管作用。发达国家的社会公众往往在环境政策的制定和实施过程中发挥着关键作用。"水十条"还提出要定期公布黑臭水体整治情况、城市水环境状况等，这让公众在环境保护中起到非常重要的作用，有利于促进城市水环境质量的改善。

B.11
城市雾霾：问题、机理与协同治理

罗 勇*

摘　要： 从雾霾成因可以看出雾霾治理的复杂性，其远非一般污染排放那么简单，治理的难度超出想象。梳理已经出台的政策措施容易发现，这些措施过于单一和机械，彼此之间缺少有机联系，形成的分力较多，合力较少。中国的雾霾污染可能比伦敦雾霾事件和洛杉矶光化学烟雾事件更为复杂，在当前对雾霾成因仍缺乏科学解释之际，从政策措施的决策、组合、运行、成效等方面完善防霾治霾的政策机制，将能起到开拓思路、助力治理和效益倍增的作用。中国城市雾霾治理需要科学的环境经济考量，治霾路径与目标必须均衡。既要摒弃懒政不为的方式，也要防止采取极端的做法。一个设计成功的治理战略，应该是在所付出的治理成本与所取得的环境经济收益之间取得平衡。在城市雾霾治理行动中政府必须承担关键性的作用。

关键词： 城市　雾霾　治霾　政策机制

一　问题

雾霾使城市经济社会形势面临着一个新的环境组合局面，就是要一如既

---

* 罗勇，中国社会科学院城市发展与环境研究所研究员。

往地治理一般传统污染，同时必须立刻实行消除雾霾影响的特殊措施。城市发展的环境挑战越来越复杂和尖锐。

雾霾使大气环境这个公共物品变得更加突出和典型，涉及更多学科和更深入的社会各个方面。综合国际治理经验和现有技术经济条件，即刻彻底去除雾霾可行性不高，代价或许非常高昂；相关科学和经济学研究结果的不确定性也令人失望和茫然。

在未来的一段时间，城市雾霾的出现很可能成为一种常态。

从已掌握的资料和数据而论，当前城市空气环境质量问题的根源是工业化和城镇化；其中城市发展对空气质量的影响是复杂和多元的，这是由城市经济空间的组织结构特征所决定的。

1. 双刃的聚集

人口和经济活动在城市空间聚集，获取经济利益是其根本原因。城市发展直接推动物质生产规模的扩大，导致总产出的大幅增加，同时也产生了资源大量消耗和污染集中排放等不良外部性后果。

从成本节约方面增进聚集经济效益是城镇化的一个基本特征。从城市发展的实践观察，在同等富裕水平上，城市区域的效率更高，这印证了城镇化可以具备使多数人口的财富增长与污染排放（相对）"脱钩"的功效。

城市本来可以在这种减少成本的积极层面上健康发展，享受效率和节约所带来的聚集收益和乐趣。然而，现实中的城市被异化为生产和消费规模无限扩张的工具，人们贪婪地追求生产和消费的极致和最大化。于是，城市发展伴生的环境问题越来越失控，污染排放集中地凸显和加剧了。

汽车是现代城市必不可少的基础配备，为城市提供了时间节约、便利与效率；但汽车数量的过快集中增长，带来了交通拥堵、能源消耗和大气污染排放等一系列问题，成为雾霾的一个直接诱因。环境保护部机动车排污监控部门的数据显示，我国城市空气环境中的 NO_x 和 O_3 水平，由于机动车排放而持续上升，O_3 超标日数和小时数增多，低能见度和重霾日数明显增加。

2. 纠结的结构

城市产业结构在工业化的初中期通常以工业为主，其中最能带动经济发

展的当属重化工业。这一时期具备污染排放急剧增加的特征，经济增长成为城市环境问题的直接推手。随着交通和信息条件的进步，工业化向纵深发展，城市中金融、房地产和信息等第三产业和知识密集型产业，逐渐取代传统产业的主导地位，传统产业纷纷迁出城市区域。

城市经济增长与污染排放相关，在城市产业结构"高级化"下呈现多样化和复杂化趋势。城市环境保护不再那么简单和纯粹，而必须综合地考量包括外围区和边缘区的整个相关区域的污染与排放。如果城市产业高级化进程使高排放产业转移和发生在城市边缘区或外围区，则城市环境问题不能算作真正解决。北京及周边地区关于雾霾问题正在发生的情形非常典型。

能源结构问题更加严峻。众所周知，我国城市的传统大气治理一直在加大力度，空气污染物指数近年来呈不断下降趋势。全国工业废气2012年的排放量为63.55亿立方米（标态），比上年减少5.8%，工业废气排放总量首次出现下降。2013年全国工业废气排放量61.34万亿立方米，也同比下降了3.48%[①]。一般工业废气排放逐年下降，但雾霾反而越来越严重。一种说法是工业废气并非雾霾的主因。

中国的火力发电占总发电量的80%，是主要的能源提供者；而煤是我国火电的几乎全部的燃料。钢铁、水泥和石油等重污染行业，也无一例外地都使用燃煤动力。

2013年，我国的煤炭消费总量约42.2亿吨[②]。虽然2014年和2015年分别有2.9%和3.7%的降幅，我国当前的煤炭总消费量仍处于40亿吨水平，约占世界消费总量的一半，成为雾霾产生的首要来源。

二 机理

雾霾问题既有技术根源，又有制度根源。技术根源产生于人与自然

---

① 前瞻产业研究院：《2015~2020年中国大气污染治理行业市场前瞻与投资战略规划分析报告》，前瞻网，2015年9月24日。
② 《中国煤炭消费量或已在2013年达到峰值》，《中国经济导报》2016年3月22日。

环境的关系和作用，雾霾就是一种典型的人类活动与特定气候条件相互作用的结果。城市人口高度聚集与经济社会活动高度聚集极易产生大量细颗粒物（PM 2.5），如果城市空间的大气循环和承载能力存在问题，细颗粒物浓度将持续升高。此时若再遇到静稳气象，则雾霾就成为大概率事件。

雾霾有多种多样的源头，比如工业排放、汽车尾气、工地扬尘、垃圾焚烧，甚至做饭生火等等，多种污染源混合作用是雾霾天气形成的因素。在各个不同地区，不同污染源对雾霾天气的作用程度也千差万别。

多年的快速经济增长与城市化，我们多数城市排放的污染物已累积到临界水平，许多城市的规划也有缺陷，使城市环境对气象条件的敏感和依赖程度陡升。在气象扩散条件较好时空气质量能够维持，不利天气条件一旦出现，城市大气环境状况立刻陷入崩溃。

作为一种自然现象，雾本来是无毒无害的；而雾中如果有大量悬浮的微粒和污染物，所形成的雾霾就具有了很大的危害。

在城市，污染物排放为雾霾提供了不断的"源头"；城市规划建设上的不足是雾霾的"帮凶"，协助提供了水汽、静风、逆温、凝结核等自然条件。因此，在城市空间雾霾更易相伴而生。

2013年1月，四波强大的雾霾遍及中东部大部分地区，举国震惊。在那个难忘的月份，北京几乎终日（仅5天不是）灰霾雾蒙。相关报告也集中发布，中国500个城市中达到世界卫生组织推荐的空气质量标准的不超过5个城市，全球污染最严重的10个城市有7个在中国[1]，等等。"雾霾"在2013年首次成为年度关键词。

北京雾霾真正源头在哪？这个问题直接关系北京相关治理政策措施的科学性与正当性。2015年12月18日，北京再度拉响雾霾红色预警，采取的措施包括：机动车单双号限行（纯电动车除外），中小学、幼儿园停课，企

---

[1] 亚洲开发银行：《迈向环境可持续的未来中华人民共和国国家环境分析》（中文版），2013年1月14日发布。

业停限产等。这都是非常严厉的政策措施。其间，环保部发出了一份通报，首次全面剖析华北治霾中存在的问题，认为"工业围城"、"一钢独大"、"一煤独大"是华北治霾的困境所在。这是环保部督查组，对华北地区22个城市进行全方位的环保综合督查的结果。北京启动空气重污染红色预警后，环保部专家组评估了各项减排措施的效果。结果显示，与机动车相关的氮氧化物削减幅度很大，与燃煤相关的硫化物污染却仍然较快上升。联想到重雾霾红色预警解除与气象条件变好的较大相关，可以认为，机动车限行类政策措施的边际效应已经严重下降。

三 治理必须协同

城市雾霾治理迟迟不奏效。2014年，74个重点城市中仅有8个城市空气质量年均值达标。2015年雾霾又频频来袭。环境经济矛盾陡升，使我们不得不回头寻找一下制度与政策方面的原因。

雾霾治理，中央和国家的政治意愿不可谓不强。党的十八届五中全会通过的《中共中央关于制定国民经济和社会发展第十三个五年规划的建议》明确提出加大环境治理力度的要求，要在补齐短板上取得突破性进展，把改善生态环境作为全面建成小康社会决胜阶段的重点任务。

2013年环保部门宣布，力争在2030年前把全国所有城市的PM2.5的年均值降到 $35\mu g/m^3$ 以下。随后出台的"大气国十条"里又提出2017年前把北京市PM2.5年均浓度控制在 $60\mu g/m^3$ 左右。为此，许多环境方面的专家提出了大量具体的治理措施，仅北京就提出了80多项措施。城市政府在治霾作风上很强势，立志要用硬措施完成硬任务。各种政策措施手段成体系地摆在桌面上，不可谓不丰富。这么多硬性的环保政策密集出台，治霾效果却依然不显著。

从雾霾成因可以看出雾霾治理的复杂性，其远非一般污染排放那么简单，治理的难度超出想象。梳理已经出台的政策措施容易发现，这些措施过于单一和机械，彼此之间缺少有机联系，形成的分力较多，合力较少。

比如，治霾与一般污染物减排。怎么能够一句"根本在减排"就解决问题？到底需要控制哪些污染物？控制到什么程度，经济社会损失最小，福利最大？减排政策需细化，不能再粗放。

治霾与燃煤电厂。能源结构调整是中长期任务，短期怎么办？

治霾与气象。以北京雾霾溯源为例，北京 PM2.5 30%~40% 来自原始排放，20%~30% 来自大气中的光化学转化，30%~40% 来自区域输送。北京治霾要"三分之一靠天气，三分之一靠自己，三分之一靠周边"。[①] 这三分之一靠天气，怎样充分利用好？

治霾与交通。限行政策已到极致，效果究竟如何？现又要收拥堵费，拥堵费与治霾有多少关联？相关的交通政策是否已经异化？

2015 年 12 月，北京曾启动雾霾红色预警，实施机动车单双号限行。搜狐调查随即发起"重度雾霾天单双号限行，你怎么看？"的网络调查。结果显示，在"单双号限行是否有助减少雾霾"的问题上，认为"没啥作用"的网民占 41.75%，表示"能减一点是一点"的网民占 31.35%，认为"作用很大"的网民只有 18.85%。

针对"重度雾霾和机动车排污关系"的问题，认为"没有什么大关系"的网民占 28.86%，认为"关系直接，属罪魁祸首"的网民仅有 17.09%，有近一半的网民认可"是污染源之一，有间接关系"。对于"是否支持北京遇重度污染天，单双号限行措施"，支持与不支持的网民分别占 38.78% 和 37.46%，政策支持度并不高。

调查结果表明，网民对环保部门关于"北京 PM2.5 的首要污染物为机动车"的判断结论有较大的疑惑。许多民众想不通的是，纽约、东京等城市的机动车数量超过北京，为什么没雾霾？

环保部门的解析和解释显得有些无力，比如北京地区 PM2.5 有六大主要来源，包括土壤尘、燃煤、生物质燃烧、汽车尾气与垃圾焚烧、工业污染

[①] 无所不能：《三分钟看懂中国雾霾的成因、危害和解决方案》，腾讯科技网，2015 年 12 月 9 日。

和二次无机气溶胶。其中机动车对PM2.5的贡献，除直观的尾气排放外，还有道路扬尘（土壤尘的重要来源）和二次无机气溶胶。于是有一段时间大街上到处是洒水车；后来专家论证说空气中湿度过大是雾霾的起因，洒水车又悄然减少了。至于"二次无机气溶胶"，即使证明有一部分是汽车尾气与一次无机气溶胶（即直接进入大气中的气体污染物或者颗粒物）反应生成的，也并没有解释清楚雾霾的成因。[①]

还有区域之间联动。河北地区排放是北京PM2.5的一个主要来源，倘若没有激励机制让河北考虑污染的外部性，或该地区没有足够的能力进行减排，其排放问题终将得不到妥善解决[②]。必须按照环境经济原则，处理好贡献与补偿的关系，同时降低整个区域的减排成本。

雾霾治理需要"最严格的环保制度"，但形不成有效的政策机制，最严格环保制度只是一句空话。

中国的雾霾污染可能比伦敦雾霾事件和洛杉矶光化学烟雾事件更为复杂，在当前对雾霾成因仍缺乏科学解释之际，从政策措施的决策、组合、运行、成效等方面完善防霾治霾的政策机制，将能起到开拓思路、助力治理和效益倍增的作用。

（一）均衡的治理战略

中国城市雾霾治理需要科学的环境经济考量，治霾路径与目标必须均衡。既要摒弃懒政不为的方式，也要防止采取极端的做法。一个设计成功的治理战略，应该是在所付出的治理成本与所取得的环境经济收益之间取得平衡。

当前，迫切需要进行符合实际的治理雾霾环境经济分析，尤其是重点城市如北京，以及重点区域如京津冀等。环境经济分析的重点是衡量治霾所付出的成本与雾霾所带来的损失，这是制定真正科学战略的基础，目前已经实

[①] 游时珺：《蓝天归来 机动车限行贡献有几分?》，中国环境新闻网，2015年12月10日。
[②] 马骏：《2015雾霾治理：关键在于"调结构"》，《中国新闻周刊》，2015年1月9日。

施的政策与措施也应该在此基础上进一步确定和完善。

中国城市的发展环境远不及发达国家城市，尚未摆脱传统环境污染的现实困扰，又遭遇雾霾之雪上加霜。环境报告数据显示，我国50%的城市仍受到酸雨的侵袭，城市垃圾问题越来越严重，主要河流的1/6严重超标，沿海区域的排放日益失控。新常态下，城市面临着"十分严峻"的环境经济形势，城市发展需要在环保与增长等问题上进行更多的环境经济考量与权衡。

（二）政策选择

对于雾霾治理，是否存在适当的政策来保证其实现，涉及环境经济系统的能控性问题。能控性问题实际上也是政策的选择前提问题。

一般地，对于能控性的判定应该首先区别两种不同的情况：一种是在适时控制中，根据控制系统的功能是否正常而判定能控性。另一种是针对受控系统的能控性判定。丁伯根（J. Tinbergen）认为，目标变量和控制变量的数目之间存在着一定的关系。应用到环境政策问题时的一般结论是：在通常情况下，目标变量的数目应该等于控制变量（政策手段）的数目，这时的环境经济系统具有能控性。

根据现代控制理论可以进一步探讨这一结论。一个动态的环境经济系统可以写成：

$$X_{t+1} = A X_t + BU_t$$

其中 X 为 n 维目标变量向量，U 为 m 维控制向量，A 和 B 分别为 n×n 与 n×m 的常系数矩阵。

如果调整控制向量 Ut，从初始状态 Xo 开始，能使目标向量在 N 时达到预先设定的 X_N^i，则称系统是能控的。

上式可以改写为：

$$X_N = A_N X_0 + \sum A_N - (j+1) BU_j$$

当 $X_N = X_N'$，则：$A_N X_0 + \sum A_N - (j+1)BU_j = X_N'$

或 $\sum A_N - (j+1)BU_j = X_N' - A_N X_0$

或 $(B, AB, \cdots, A_{N-1}B) \cdot \begin{vmatrix} U_{N-1} \\ U_{N-2} \\ \cdots \\ U_0 \end{vmatrix} = X_N' - A_N X_0$

此方程组有解的充要条件是能控性矩阵：$(B, AB, \cdots, A_{N-1}B)$ 的秩为 n，且这时

$$n \leq mN$$

上述分析给予我们的启示是，一个环境经济系统是否能够实现目标状态，与这个系统本身的性质有关，同时也与控制变量的数目和时间期限的长短有关。如果控制变量的数目有限，为了实现一定的目标，我们需要较长的时间；而为了在不太长的时间实现一定的目标，则需要较多数目的控制（政策）。

上面的讨论是把环境经济的调节问题做了一定的简化。实际上，下面的几种情况造成了环境政策问题的复杂性[①]。

第一，我们要实现多个环境与经济目标，但只有有限的政策手段可以使用。这时，通常无法保证所有目标的顺利实现。由于环境与经济之间存在着辨证协调的关系，在环境经济调控中，从来都需要同时考虑环境保护与经济发展之多个目标，因此，相关的政策手段必须要综合运用。

第二，在一般情况下，政策手段对目标变量的作用不是充分独立的，因此，即使目标变量的数目与政策手段的数目相等，仍会存在不同目标变量之间的替换，影响政策手段的效果。

第三，环境经济系统远比一般的经济系统复杂，因此，环境政策对环境

---

① 罗勇：《环境保护的经济手段》，北京大学出版社，2003。

经济的影响具有更大的不确定性。当运用某些政策手段去实现一定的政策目标时，不能避免政策失效的风险，而在环境经济领域发生政策失效的后果，要比其他经济领域严重得多，有些甚至是不可弥补的。为保证环境和经济的协调发展，使政策风险尽可能降低，我们不能过度集中地使用少数政策手段，而应该使政策手段多样化，并加以综合运用。

第四，很少有哪一种政策手段是十全十美的。一种政策手段的运用往往既会带来收益，也会产生一些副作用，而收益和副作用往往并不同时体现出来。综合运用各种政策手段，可以使它们互相补充、扬长避短，取得良好的政策效果。

（三）城市政府的担当

在城市雾霾治理行动中政府必须承担关键性的作用。

1. 政府职能的有效整合

针对空前复杂性的雾霾治理问题，政府的责任绝不仅仅限于环境保护部门，而需要各职能部门之间的合理协同，同时必不可少的是政府与非政府机构的积极配合、政府与公众之间的密切协调。城市环境问题的发展越来越呈现波及范围越来越广的趋势，倒逼城市各个部门与阶层的共识和共治。新形势下，城市环境治理必须强调最优协同：政府生态与环境职能部门自身的最优工作，与社会、经济等职能部门之间及非政府机构及社会公众之间相互的最优配合。

2. 多着力点综合治理

城市雾霾所困扰的，绝不仅仅是环境问题，还应该上升为经济问题，甚至民生问题，从更高的角度来把握。要把雾霾治理与优化经济社会结构、创新创业驱动和生态文明建设紧密结合起来，着力于民生改善，着力于新增长点的培育。雾霾治理战略应该短长结合，中长期战略注重可行性，短期战略注重操作性。短期战略不等同于限产限排、机动车限行或收拥堵费等短视行为，而要有调结构方面的长远性措施。能否按照环境经济规律办事，在雾霾治理中挖掘环境经济潜在效益，是提升城市政府治理能力的一大考验。

雾霾治理，已经制定了数十项环境控制措施，比如严格脱硫脱硝、油品质量升级、强化机动车限行、增加对 VOC 监测，控制工业粉尘与建筑扬尘等。目标是（与 2012 年的水平相比的 PM2.5）使每吨燃煤的排放降低 70%，机动车单位公里的排放下降 78%，工业与建筑业单位产出的排放下降 80%。如果治理完美实施，单位经济活动的排放强度可以顺利降低 70% 以上。

然而，如果 GDP 增长率保持在 7% 左右，10 年经济总量就要增加一番，就是说，目前单一的雾霾治理之减排措施的效应将在不到十年的时间内被完全抵消。这种情形分析提醒我们，治霾不仅仅是环境保护行为，更是一种经济行为。环境政策必须配套更全面的经济政策，尤其是要与经济结构的深入调整改革结合起来。

这种配套的结构调整，至少应该包括下列内容：工业建筑在 GDP 组成中比重的下降，清洁能源在能源结构组成中比重的上升，以及公共交通在城市交通结构中比例的上升。马骏认为，到 2030 年，全国城市 PM2.5 减排目标要实现从 2013 年的平均 65 降低到平均 30，GDP 中第二产业所占比重需要降低 9 个百分点，清洁能源在能源结构中占比需要上升 30 个百分点，轨道交通在城市交通运输结构中占比需要提高 20 个百分点，其中，地铁总里程的迅速提高是控制汽车保有量增长的关键。[①]

3. 增加政府管理系统的非平衡力

即使面对雾霾这类典型的市场失灵事件，政府扭转失灵的行动也应该充分借助市场和社会。政府的环境政策应该更多地选取经济手段并综合运用。

环境保护的经济手段作为一个优选的调节系统，具有多方面的功能。在治霾行动中，面对复杂的雾霾环境经济现象，通常是多种环境经济规律同时在起作用。我们在考虑运用经济手段时，不能孤立地看问题，企图运用某一种经济手段即可解决环境经济活动中的复杂问题；而应该按照不同的特点和作用，合理地组合各种经济手段，并使所运用的经济手段与其他政策手段相

---

① 《"治理雾霾"我们来算个经济账!》，《环境保护》，凤凰财经网，2015 年 12 月 10 日。

互配套、步调一致，形成合动力，以取得雾霾治理的最佳政策效果。

政府应该主动地寻求社会上的雾霾治理积极参与者，向非政府组织和社会公众提供各种治理规划与管理的机会，向社会开放雾霾治理的决策、实施和监督的全过程，把治理变成全社会的共同行动。政府在过程中主要行使监督和组织功能，专注于序变量的控制和引导，把雾霾治理行动提升为动态的有序结构，效率更高，成效更佳。

（四）绿色低碳转型

新常态下，城市还要站在更高的角度看待雾霾和治霾。不断涌现的各种大气污染控制技术和措施，为雾霾治理提供了广阔的想象空间；但城市最应该坚持的方向是绿色低碳经济之转型，并在此基础上实现城市经济的可持续繁荣与发展。

为此，与治理雾霾相关的技术进步必须与投资相互促进的机制相匹配，其所形成的绿色低碳经济应该能够促进由经济系统自我推动的增长与繁荣。这是与新增长理论的逻辑相一致的。

与雾霾治理相互促进的绿色低碳经济，应该具备下列主要内容：

①优化的能源结构，优良的能源效率，从改善城市能源基础设施入手；

②绿色生产，低碳运输和生态文明社区等，城市经济社会结构的全面调整；

③再生能源，稳定的绿色能源供应；

④城市家庭特别是社会弱势群体对能源价格的合理负担。

B.12
城市固体废物管理：现状、问题与对策

李宇军*

摘　要： 由于城市固体废物产生量和排放量逐年增加，垃圾围城现象逐渐增多。只有通过转变经济发展模式、消费模式以及垃圾管理模式，建立循环型社会，才能从根本上解决垃圾问题。

关键词： 城市　固体废物　垃圾围城　减量管理　循环型社会

一　城市固体废物管理现状

我国将城市固体废物分为：一般工业废物、危险废物①和城市生活垃圾三大类。2016年6月21日，环保部联合国家发展和改革委员会、公安部发布了《国家危险废物名录（2016版）》，于2016年8月1日起施行，我国全面禁止倾倒危险废物。而平常所说的垃圾主要是指城市生活垃圾，因为城市还产生一般工业废物和危险废物，城市所需要处理的固体废物要比城市垃圾多得多。只有全面了解城市固体废物产生、排放状况，才能从根本上解决"垃圾围城"问题。

一般情况下，城市生活垃圾由城市市政管理部门负责管理，但每个城市管理部门不太相同，如"北京市市政市容管理委员会"负责对垃圾进行管理，而上海则是由"上海市绿化和市容管理局"负责垃圾管理。一般工业

---

* 李宇军，中国社会科学院城市发展与环境研究所副研究员，研究领域为环境经济与管理、环境政策、固体废物减量管理、生态城市。
① 危险废物：主要是指具有腐蚀性、毒性、易燃性、反应性或者感染性等一种或者几种危险特性的固体废物和液态废物。

废物和危险废物则由属地环境保护局进行管理。

1. 中国固体废物概况

2014年，全国一般工业固体废物产生量32.6亿吨，与2013年相比，减少了0.2亿吨，其中综合利用固体废物量为20.4亿吨，处置量达8.0亿吨，固体废物贮存量4.5亿吨，59.4万吨被排放到外环境当中，其中倾倒废弃量比2013年减少了近60.9万吨，固体废物综合利用率为62.1%。大宗工业废物主要是：尾矿、粉煤灰、煤矸石、冶炼废渣、炉渣和脱硫石膏等。

2014年，中国工业危险废物产生量约为3634万吨，与2013年的产生量相比，增加了476.6万吨，其中，综合利用量约为2062万吨，放置贮存量约为691万吨，危废处置量929万吨。中国工业危废综合利用处置率约为81%，比2013年提高了6.4个百分点，2015年生活垃圾清运量有所提高，与再生资源回收价格下滑有一定关系，垃圾中可回收物增多。

2015年，城市生活垃圾清运量共计1.92亿吨，2014年为1.79亿吨，增加了0.13亿吨，2015年垃圾无害化处理率约为94%，2014年为90%，提高了4个百分点。2015年生活垃圾清运量有所提高，与再生资源回收价格下滑有一定关系，垃圾中可回收物增多。

目前，我国垃圾处理主要以卫生填埋处理为主，约占总处理量的64%左右，填埋量为1.15亿吨；其次是焚烧处理，约占34%，处理量为0.61亿吨；其他处理方式占2.2%。其中，生活垃圾处理厂共2277座，与2013年相比，增加了142座。

表1 2014年城市固体废物总体情况汇总

	产生量（比2013年数据对比）	综合利用量	贮存量	处置量	倾倒丢弃量（与2013年数据对比）
一般工业固体废物（亿吨）	32.6(+0.13↑)	20.4	4.5	8.0	59.4万吨(-60.9↓)
工业危险废物（万吨）	3633.5(+476.6↑)	2061.8	690.6	929.0	0
生活垃圾为(亿吨)	1.79(清运量)(+0.06↑)				

资料来源：环保部：《全国环境统计公报（2014）》，环保部网站，2014。

2. 城市固体废物状况

（1）总体情况①

据统计，2014年，244个城市产生一般工业固体废物、工业危险废物和医疗废物分别为19.2亿吨、2436.7万吨和62.2万吨，生活垃圾清运量约为16816.1万吨。其中，一般工业废物的综合利用量、处置量、贮存量和倾倒丢弃量分别为12亿吨、4.8亿吨、2.6亿吨和13.5万吨，综合利用、处置和贮存量分别占总产量的61.9%、24.7%和13.4%。

（2）工业危险废物

2014年，244个城市产生2436.7万吨工业危险废物，其中综合利用量为1431.0万吨，处置量达889.5万吨，贮存量为138万吨，综合利用、处置和贮存分别占58.2%、36.2%和5.6%。我国禁止排放工业危险废物。

山东、湖南、江苏三省的工业危险废物产生量位于前三位。其中山东烟台市、山东聊城市、湖南岳阳市、四川省攀枝花市和浙江宁波市分列工业危物产生量前五位。前10位城市产生的工业危物约占总产生量的38%。

（3）医疗废物

2014年，244个城市医疗废物产生量约为62万吨，其中处置量约为61万吨，大部分城市的医疗废物处置率达到了100%。广东、浙江、河南三省医疗废物产生量最多。上海市医疗废物产生量最高，为3.5万吨，北京、广州、成都和杭州分列其后，分别为2.8万吨、2.0万吨、1.7万吨和1.6万吨，这与大城市医疗机构多、就医人数多有关。医疗废物产生量排在前10位城市的总量约为18.2万吨，占29.3%。

（4）生活垃圾

2014年，244个城市生活垃圾产生总量为16816.1万吨，处置率达97.8%。上海市生活垃圾产生量为742.7万吨，列第一，北京、重庆、深圳和成都次之，分别为733.8万吨、635.0万吨、541.1万吨和460.0万吨。前10位城市产生的城市生活总量占总量的28.7%。

---

① 环保部：《2015年全国大、中城市固体废物污染环境防治年报》，http://www.mep.gov.cn/。

二 城市固体废物管理面临的问题

1. 我国城市固体废物的特点

我国许多城市都存在"垃圾围城"的现象。

根据以上数据分析,我国城市固体废物有以下几个特点。

一是产量大,无论是一般工业废物、危险废弃物,还是生活垃圾清运量都逐年增长。目前,我国许多城市均未实施严格意义的分类收集、运输与处理,因此,生活垃圾主要特点是湿度大,热值低,成分复杂。

二是一般工业废物主要以综合利用为主,辅以处置。生活垃圾主要以卫生填埋为主,占64%,焚烧处理次之,占34%,焚烧处理比例逐年上升。

三是无害化处理率逐年提高。2015年为94%,较2014年提高了4个百分点。

四是部分城市卫生填埋场服役期满之后,选择新建焚烧厂,这是焚烧逐年提高的主要原因,无论是卫生填埋场还是焚烧厂的选址都面临问题。

2. 我国城市固体废物管理模式问题

我国城市固体废物管理存在诸多问题,到底导致"垃圾围城"问题的根本原因是什么呢?为什么固体废物逐年增长?为什么垃圾无害化处理率逐年提高,可是垃圾问题并没有根本解决?

从管理结果来分析,我们现有的固体废物管理模式,导致了现在固体废物状况的出现。当前,固体废物管理的结果并不是我们所想要的结果,因此,必须从固体废物管理模式入手进行剖析。

我国普遍采用的末端管理模式已经不适应现在固体废物管理的需要,必须变革。

我国固体废物末端管理模式的特征表现:一是固体废物产生量逐年增长,生活垃圾处理处置量缓慢增长;二是无害化处理率逐年提高。这些特征表明,我们的管理没有对固体废物(生活垃圾)产生的前端进行有效地控制,使其呈直线增长。另外,无害化处理率的逐年提高,说明我们除了建设填埋场、焚烧厂外，别无他为。这两个特点说明我们的固体废物管理仍处于落后的末端管理模式。虽然政府一直探讨垃圾分类、资源回收等思路，但固体废物管理模式仍然沿用了末端管理模式，所以，新的管理思想并未在实践中得以落实。

3. 垃圾处理处置设施选址问题

在我国，垃圾处理主要以卫生填埋为主，填埋场未来空间不足是许多城市面临的严峻挑战，垃圾无害化处理已经成为城市发展过程中必须解决的问题。有些城市选择建设焚烧厂，想将垃圾一烧了之。但是，焚烧厂的选址成为老大难问题。

2009年11月，广州番禺垃圾焚烧发电项目遭到附近居民反对，是我国较为典型的反对垃圾焚烧事件。2014年5月，近2万多人联名反对杭州市中泰乡附近的垃圾焚烧项目，发生了大规模的群体性抗议事件。2006年6月湖北仙桃市也因群众大规模抗议，暂停了在建的焚烧发电项目。近几年，北京、广州等城市在垃圾焚烧厂建设过程中，均遭遇了居住在项目附近居民的强烈反对，垃圾处理设施遭遇了无处可建的尴尬境地。这一现象与美国在1980年代出现的"邻避运动"（Not in my back-yard）差不多，当时美国在7年中，将有81家申请建有关垃圾处理等公用设施，遭遇周边居民的强烈反对，拒绝垃圾设施建在自己的后院边上，最后只有6家完工。同样，"邻避运动"在我们的邻国日本、韩国等也出现过。

4. 垃圾问题出路在哪里？

我国城市目前面临的垃圾问题，20世纪80～90年代，在发达国家业已出现。在公众、政府与企业的共同合作探索下，这种现象也逐步得到解决。

垃圾的首要问题就是垃圾产量的不断增加，给城市的正常运转带来了巨大的挑战，其次则是垃圾的无害化处理问题，未能得到根本的解决。如果垃圾产生量能够降低，则垃圾问题就会迎刃而解。

如何降低废物产生量呢？如何减少废物最终处置量呢？

三 固体废物管理模式的变革

降低垃圾产生量是解决垃圾问题的关键。如何能够使垃圾产生量降低呢？如何构建能够使垃圾产生量降低的固体废物管理体系呢？美国、加拿大、德国、韩国和日本等发达国家经过几十年的探索与实践，逐渐形成了有效的固体废物管理模式，我国可以借鉴并结合实际情况，推进管理模式变革。

目前，美国、加拿大等国主要推行"全过程固体废物管理"模式，对于降低固体废物的最终处置量方面有着很好的效果。日本在变革末端管理模式转变为全过程管理模式之后，发现全过程管理模式不能有效地促进固体废物产生量的减少，之后，探索推行建设"循环型社会建设"模式，经过近十几年的实践证明，其对控制全社会固体废物的产生具有非常好的管理效果。

1. 全过程垃圾管理模式

在 3R（Reduce，Reuse，Recycle）理念的指导下，制定推行"源头减量、再利用和再循环"的管理思路，将垃圾收集、运输和处理处置的末端管理模式，转变为对垃圾产生源头进行控制，通过提高资源的利用率、转化消费思想，在生产、消费环节大力推行"尽量不产生垃圾、尽量少产生垃圾"的生产消费模式，在垃圾产生前就对生产者和消费者进行引导，最终实现垃圾产生量的降低。垃圾分类后，对于可利用物品进行再利用，可利用的材料进行再循环，经过前面三步后，对剩余的资源进行资源热能回收，最后，对处理后的残渣进行无害化处置。

全过程管理模式的四个步骤如下：

第一是避免垃圾的产生，如尽量使用大包装商品，减少包装废物的产生，或是通过改进生产工艺，提高资源的利用效率，降低垃圾产生量，即实现源头的减量化；

第二是对垃圾进行再利用以及再生利用，例如，未丧失原有利用价值的物品可以进行再利用，而对于已经不能使用的物品则可以对其资源进行分类回收，实现资源化；

第三，对有机物成分可以进行生化处理，可燃物可以通过焚烧回收热能，实现深度资源化；

最后，对废渣进行无害化处置，实现固废无害化处理。

温哥华固废全过程管理案例

1998年，加拿大温哥华大都市区（Metro Vancouver）开始实施"固体废物全过程管理"模式，落实以降低"废物最终处置量"为管理目标的废物管理计划。

2006年，大温地区提出"零废物"管理目标的理念。2010年，《大温哥华都会区综合废物和资源管理规划》出台，提出了废物管理的总体目标：废物最小化；资源利用的最大化；对废物进行热源回收；无害化废物处置。

根据2010年实施情况，2011年2月推出了《大温地区零废物挑战战略》，明确进一步推进零废物管理行动重点：强化垃圾分类新法规；逐步完善利于垃圾减量与循环利用等设施的建设；设定差别化收费标准；引导鼓励废物分类的交流活动。

2015年温哥华市垃圾管理目标：生活垃圾最终填埋量比1990年减少70%。大温地区主要管理手段包括，发布处置禁令、实施住宅循环行动、建立市政循环站、庭院废物收集等减量措施。在《大温地区废物管理规章第258号》中，给出了严格管制以及禁止混入市政垃圾收集系统的材料清单。大温地区有关垃圾减量评估报告的数据显示：1999年"最终填埋量"比1990年减少了50%；到2007年，填埋量比1990年减少55%。虽然，填埋量出现了大幅下降，但是"年垃圾产生量与人均垃圾产生量"并未降低。

通过对温哥华"全过程垃圾管理-零废物模式"管理目标、措施和减量效果进行剖析发现，建立废物减量目标，科学合理地推进垃圾减量方案，大温地区"废物填埋量"实现了大幅减少。但是，"废物填埋量"降低到一定水平后，再继续降低废物填埋量，则难度加大，"垃圾填埋量"降低是有一定限度的；在大温地区实施"零垃圾"计划时，垃圾年产生量以及垃圾人均产生量并未减少。

"全过程废物管理模式"提出对垃圾产生的整个过程进行控制，是实现垃圾最终填埋量减少的非常重要的手段，但仅停留在"废物管理"层面的管理，对公众产生垃圾行为的影响与限制作用非常小。重点主要在废物产生后的分类收集与处理方面，这是在实施"全过程管理模式"中，"人均废物产生量"并未出现降低的主要原因。

2. 建立"循环型社会"模式

建立"循环型社会"模式是日本在2000年提出的一种新的固废管理思路。起因于日本废物填埋场即将用完，一般废物填埋场平均可使用年限为5.8年，工业废物填埋场只能使用3.1年。同时，日本资源匮乏，制约了经济发展。政府及全社会都意识到只有对"大量生产、大量消费"的经济消费模式进行变革，建立新型的经济体系，同时通过"循环型社会"的建立，实现资源和能源高效利用与高产出，环境才能得到有效保护，实现经济、社会与环境和谐发展。

2000年，日本发布了《促进建立循环型社会基本法》，2001年实施，并且分别对《废弃物处理法》和《资源有效利用促进法》进行了修订。之后发布实施了《促进包装容器的分类收集和循环利用法》、《家电再生利用法》、《食品再生利用法》、《绿色采购法》、《建筑材料再生利用法》以及《报废汽车再生利用法》等有关法律，支撑建立"循环型社会"的法律体系逐渐得以完善实施。同时，日本政府还制订了"促进建立循环型社会基本规划（2000~2010年）"。到目前为止，日本已经制订了三个"建立循环型社会"的五年行动方案。

日本环境部对循环型社会建设规划实施效果评估报告的有关数据显示，日本建立循环型社会理念已经在现实中逐步得到落实。2007年，日本国民生产总值与资源投入量之比为36万日元/吨，与2000年的水平相比，提高了37%；资源循环利用率为13.5%，比2000年的水平相比，提高了3个百分点；垃圾填埋量为0.27亿吨，与2000年相比，降低了53%；人均生活垃圾排放量为1089克，约比2000年降低了8%。

日本基于"建立循环型社会"模式分析：日本通过法律手段，对企业、公众与政府的责任进行明确，规范企业的生产与废物利用等行为，对消费者行为也进行强制规范，通过建立以人均生活垃圾排放减量和企业固废减量为基本目标，达到提高资源循环利用率和资源产出率的多层次管理目标，政府、企业与公众统一行动起来，共同努力，推进了全社会的生产和消费模式的根本性转变。

建立"循环型社会"案例分析

东京"垃圾战争"

1971年，东京人口已经达到1140万，由于垃圾排放量大幅度增加，爆发了"垃圾战争"，出现了"垃圾危机"。东京大部分垃圾被送到江东海湾地区的焚烧厂进行处理，在垃圾运输过程中造成了严重的污染，影响了周边居民的正常生活。由于垃圾产生的环境污染问题越来越突出，东京都实施了各区解决自己的固废问题的政策。东京杉并区为了解决本区的垃圾问题，拟建一家垃圾焚烧厂，但是，遭到区内居民的反对，致使焚烧厂未能建成，这样，杉并区所产生的垃圾只能被运送到江东区垃圾处理厂进行处理。而江东区居民认为，杉并区居民拒绝在本地区建焚烧厂处理自己的垃圾，而是要把垃圾运到江东区处理有失公平，于是，江东区区长与居民一起发起对杉并区的抗议活动，不接收来自杉并区运来的垃圾，导致了东京"垃圾战争"。

1973年，东京市的多摩地区爆发了与江东区一样的"垃圾战争"。每天约有700多辆垃圾运输车将东京都内产生的垃圾运输到瑞穗町，当地环境污染非常严重，居民苦不堪言，拒绝东京都内的垃圾运输车进入该地区，多摩区就垃圾处理污染问题诉诸八王子地方法院，1976年，利益相关方经过相互协调，才达成和解。

东京都痛苦地经历了多次"垃圾战争"之后，东京居民们达成了共识，就是自己的垃圾需要自己想办法来解决，同时，全社会应该联合起来，共同寻找解决之道，实现社会利益的最优。1989年，东京都实施推动了"东京瘦身"全民运动，最终实现废物的减量。这标志着东京都的垃圾管理模式从"末端管理",即只追求垃圾无害化处理率的管理目标,向控制垃圾产生和资源回收的全过程管理转变。

1991年,由都民、业者和都行政的各方代表组成了"东京废物会议",并开展了"我的提包"活动,旨在促进包装垃圾的减量。东京都政府派大量垃圾减量与分类指导员,直接深入约7000多所建筑物进行宣传与讲解,对落实垃圾分类管理责任人、控制废物产生量和提交资源再生利用计划书等方面给予指导,推进整个社会垃圾减量行为的落实。

2005年,笔者以"日本垃圾减量管理"为调研重点,对东京废物减量方法、实施与政策做过相应的实地调研工作。与国内城市最不同的是,东京马路上没有设置垃圾桶,只有在地铁、新干线车站或是便利店门口会设置垃圾分类收集桶。东京都对居民生活实施定点定时收集,我们调研的街区规定,每周一12:30收集不可燃垃圾,周二和周五9:30收集可燃垃圾,周六早8:00收集可回收垃圾,而对于大件完好的电器则实施收费收集。

近20年,东京人口增加了近160万,通过一系列的持续的全民参与行动,固废减量效果显著,废物产量维持在相对低的水平。1989年,东京都垃圾产量约为490万吨,2010年则减少到356万吨。

随着社会的发展,全社会对东京都实施的废物"区内处理"的原则广泛认可,与此同时,在东京都周围寻找到合适的垃圾处理场用地越来越困难。在"废物无处可去"的压力下,东京都的武藏野市通过实践,逐渐探索出了一种独特的选择垃圾处理设施用地的成功方法,被称为"武藏野法"。

第一步,需要市政府提出固废处理需求的方案,并向全社会公开全部信息;

第二步,由市长委托候选地周围居住的居民代表、市居民代表、议会代表、专家学者共同组建一个委员会,负责垃圾处理实施建设用地的选址工作,选址委员会任期一年;

第三步,政府为"选址委员会"专属的工作组配备固废处理顾问团;

第四步,"选址委员会"工作提出固废处理设施的选址方案,由市长最后决定。

最终确定的废物处理设施建设地址位于市政府办公楼旁边的排球场,经过一系列缜密的筛选,经过市长最后决定,该废物处理工厂在1981年开始建设施工,1984年完工。

在城市一级土地建设废物处理设施未被许多城市纳入思考范围,但就近建设废物处理设施,减少运输成本,也不失为促使城市摆脱垃圾困扰的一种选择。

四 推进垃圾减量管理,破解"垃圾围城"

1. 粗算一笔垃圾处理处置的经济账

当前,我国大部分城市垃圾的处理处置方式为无害化填埋与焚烧处理。全国不同城市垃圾处置费用差异不小,主要取决于处理方式,卫生填埋处置费用相对低,而焚烧处理处置费用相对高。据统计,2012年,全国113个环保重点城市每吨垃圾处置成本平均为85元,抚顺市最低为每吨6.5元,最高是云南的曲靖市,每吨375.7元,北京市为每吨151.2元。

垃圾收集、运输和处置的全成本则远远高于垃圾的最终处置成本。例如,2012年北京市生活垃圾处理的社会成本为每吨1530.7元,收集环节成本占比最大,为59%,其次是中间转运成本和末端处置成本。北京每日垃圾清运量为1.77万吨,2012年北京垃圾处理全成本支出为近百亿元。

就全国而言,我们每年需要花费上千亿的资金用于对我们自己产生的垃圾进行处理处置,看起来是不是很心疼呢?国人都有勤俭持家的美德,但在扔垃圾方面,都是不假思索,因为大家不清楚,我们的社会为扔垃圾付出了高昂的代价。如果知道这些信息,我们每个人是否可以少扔垃圾呢?

2. 粗算一笔垃圾污染账

垃圾污染发生在垃圾产生、运输与处置的各个环节,主要是垃圾本身对环境的污染,垃圾运输过程中所产生的汽车尾气污染、垃圾臭味污染,垃圾处理过程中的渗滤液污染、填埋气污染和土地污染等等。垃圾产生的污染既污染空气，还污染地表水和地下水，进而危害身体健康。

我们一方面都在呼吁改善环境，但另一方面我们每个人都在没有节制地制造着垃圾，制造着污染，如果大家知道了这样的真相，是否可以尽量少扔垃圾呢？

3. 破解垃圾围城的最有效的出路——垃圾减量

日本、韩国和我国台湾的实践经验显示，只要公众、政府和企业共同参与共同行动，垃圾产生量绝对值的减少是可以实现的。怎么做呢？如何实现呢？

（1）变革垃圾管理模式

破解"垃圾围城"之关键在于，我国城市垃圾管理者必须转换垃圾管理观念，转变为全过程垃圾管理的思路，并制定有利于源头减量的政策付诸实施。首先应将现有的"末端管理模式"向"全过程管理模式"转变。只有选择正确的管理模式，才能通过努力，实现目标结果。

末端管理模式的表现就是以"垃圾无害化处理率"的提高作为垃圾管理目标，这种管理模式下所导致的结果是，随着垃圾产量的不断增长，垃圾处理设施需要不断建设，直到实现100%的垃圾无害化处理率，但是，这是没有解的目标，造成社会资源的极大浪费。翻看国家垃圾处理设施规划或是任何一个城市的规划，都是以无害化处理率为管理目标的，这一思路必须变革。

2016年6月20日，国家发改委、住建部联合发布《垃圾强制分类制度方案（征求意见稿）》，这是一个进步，但是，笔者认为，此方案并没有充分认识到"垃圾减量"才是破解"垃圾围城"的根本，"垃圾分类"只是"垃圾减量"系统工程中的一个环节，不是"垃圾减量"的全部，这也是我国一直推进"垃圾分类"，但成效不佳的根本原因。因此，推出此"方案"并无益于"垃圾围城"的根本解决。

（2）实施垃圾按量收费

在全社会还不能全部认识到垃圾的危害时，实施按量收费，可以通过经

济手段促进垃圾减量的实现。

我国台湾台北市通过实施垃圾收费，促进了垃圾减量。2000年，台北市开始推行专用垃圾袋政策，需要花人民币5毛钱购买垃圾袋，相对来说，不便宜，台北市的阿婆、阿妈们购买专用垃圾袋还是很心疼，这一政策实施一年半后，台北市的垃圾产生量就减少了一半。2004年，决定将厨余垃圾单独收集处理后，垃圾处理量则从3000吨降到1500吨左右，由于源头实施减量，从1999到2004年，全台湾陆续停建10座大型焚化炉。随着垃圾减量的不断提高，需要进行最终处置的垃圾不断降低，原有垃圾处理设施开始处于闲置状态。

台湾的案例告诉我们，通过有效的收费手段，可以大大降低垃圾产生量。同时，将厨余垃圾单独收集处理，可大大减少垃圾最终处置量。因此，大跃进式地建设焚烧厂的城市需要慎重考虑，避免社会资源的浪费。

（3）建立适应"垃圾全过程管理"的硬件体系

全过程管理主要程序是垃圾分类收集、分类运输与分类处理，因此，必须建立与之相适应的硬件体系，才能实现全过程垃圾管理的管理目标。

（4）转变经济发展与消费模式，推进"循环型社会"的建设

我国已经提出转变经济增长方式与消费模式的目标，但是缺乏相对应的指标体系，现实中实施效果不佳，因此，需要建立转变经济发展模式与消费模式的具体指标、实施方案，才能从根本上解决资源浪费、提升社会资源利用的最大化、废物排放最小化的整体社会发展目标，推进循环型社会建设，或是资源型节约型社会的建设。

参考文献

〔日〕松田美夜子：《市民与环保城市生活垃圾减量战》，邱雅芬译，中国科学技术出版社，2000。

李宇军：《中国城市生活垃圾管理改进方向的探讨》，《中共福建省委党校学报》2008年第4期。

Ministry of Environment, *Government of Japan*: *Results of the Second Progress Evaluation of the Second Fundamental Plan for Establishing a Sound Material-Cycle Society*, 2010.

李宇军:《"零废物"管理:温哥华的实践及其对中国的启示》,《内蒙古大学学报:哲学社会科学版》2011 年第 4 期。

李宇军:《城市垃圾减量管理——破解"垃圾围城"》,《城市》2015 年第 11 期。

环境保护部:《2015 年全国大、中城市固体废物污染环境防治年报》,《中国环境报》2015 年 1 月 5 日。

管理篇
Management Reports

B.13
中国城市绿色低碳消费模式新趋势分析

娄 伟*

摘　要： 随着绿色低碳消费理念日益得到中国城市消费者的认可，各种新的绿色低碳消费模式也不断出现，深入分析这些新趋势，不仅有利于不同利益相关者从各自角度更加深刻地认知与把握这些新走势与新动向，也有利于发现问题，找到不足。本文从应用经济的角度着手，集中分析了几种中国城市绿色低碳消费模式的新趋势，如逐步由"节能减排"走向"节能减排"与"能替减排"并重；逐步由节能灯具、节能冰箱等小件家电消费延伸到绿色低碳建筑、新能源汽车等大件消费品及设施；日常消费品逐步走向智慧化，通过提高效率来节约资源；以及城区居民与城郊居民在绿色低碳消费模式上的不

---

* 娄伟，博士，中国社会科学院城市发展与环境研究所副研究员，主要研究方向为新能源与可再生能源城市。

同发展重点等。

关键词： 城市　绿色消费　低碳消费

一　城市绿色低碳消费的新趋势

绿色消费，也称可持续消费，是指一种以适度节制消费，避免或减少对环境的破坏，崇尚自然和保护生态等为特征的新型消费行为和过程。低碳消费则是指衣食住行等方面所耗用的能量要尽力减少，通过减少含碳物质的燃烧，特别是减少二氧化碳的排放量，进而减少对大气的污染，减缓生态恶化，减缓温室效应。

从二者的内涵来看，绿色消费与低碳消费的内涵接近，概念属于交叉关系，主要区别在于：绿色消费更重视从多个方面着手加强环境保护；而低碳消费更重视从减少碳排放的角度着手来改善环境特别是应对气候变化。本文把两个概念合起来使用，主要是使其涵盖范围更广。

绿色消费与低碳消费的内涵及模式参见表1。

表1　绿色消费与低碳消费的内涵及模式

名　称	内涵及模式
绿色消费	一是倡导消费时选择未被污染或有助于公众健康的绿色产品
	二是在消费者转变消费观念，崇尚自然、追求健康、追求生活舒适的同时，注重环保、节约资源和能源，实现可持续消费
	三是在消费过程中注重对垃圾的处置，不造成环境污染
低碳消费	一是消费过程中温室气体排放量最低
	二是对资源和能源的消耗量最小、最经济
	三是消费结果对消费主体和人类生存环境的健康危害最小
	四是对人类的可持续发展危害最小
	五是转向消费新能源，鼓励开发新低碳技术、研发低碳产品
绿色低碳消费	以上两个概念内涵及模式的综合

联合国环境规划署2012年发起的资源节约型城市全球倡议认为，目前，全球超过一半人口居住在城市，使用了80%的世界资源。预计到2050年，城市人口比例将高达80%。尽管城市只占有3%的土地面积，却产生了50%的全球废物，排放了60%~80%的全球温室气体。

近年来，国内城市面临的环境问题日趋严峻，在城市中推行绿色低碳消费，是保护环境、应对气候变化的重要保障。因此，我国《国家新型城镇化规划（2014~2020年）》明确提出，到2020年，"绿色生产、绿色消费成为城市经济生活的主流，节能节水产品、再生利用产品和绿色建筑比例大幅提高"。

随着低碳生活、绿色生活，以及生态文明建设等理念在我国的影响日益深入与扩大，城市绿色低碳消费模式也开始出现新的走势与新的动向。加强城市绿色低碳消费模式新趋势的研究，既有利于制定更加有针对性的政策措施，也有利于引导公众及社会资本等资源更多地关注这些领域。

在研究方面，国内近年来研究城市绿色低碳消费模式的文献很多，如，《城市低碳消费模式的选择》[1]、《我国城市低碳消费模式构建探讨》[2]、《城市低碳消费模式的构建与推广》[3]、《新时期低碳消费模式的困局与建构——基于长株潭城市群的研究》[4]，等等，但通过检索中国知网发现，专门研究我国城市绿色低碳消费模式新走势与新动向的文献尚没有。因此，加强这方面的研究也具有理论价值。

一般来说，无论基于哪个角度、哪个学科领域构建城市绿色低碳消费模式，都主要是从衣食住行等方面着手，然后再延伸到相关的理念、技术、实践等方面，本文的相关新趋势分析也主要围绕这些方面展开。

---

[1] 潘安敏、胡海洋、李文辉：《城市低碳消费模式的选择》，《地域研究与开发》2011年第2期。
[2] 刘蓓琳、邓国用：《我国城市低碳消费模式构建探讨》，《消费经济》2012年第4期。
[3] 鹿英姿、李胜毅、鹿道云：《城市低碳消费模式的构建与推广》，《天津经济》2011年第11期。
[4] 谭湘东、蔡枭：《新时期低碳消费模式的困局与建构——基于长株潭城市群的研究》，《华中师范大学研究生学报》2014年第2期。

随着人们生活水平的提高，居民的平均能源消费将持续增加，这时能源领域的绿色低碳消费将推动新能源特别是可再生能源的消费。近年来，可再生能源也逐步由"补充能源"转变成"替代能源"，并在城市能源消费中的应用面日益广泛，这就使传统的"节能减排"已经不能完全代表"能源减排"，"能替减排"的作用日益突出。

初期的城市绿色低碳消费主要围绕使用节能灯、节能冰箱等家电，以及减少塑料袋的使用等小型设备及产品着手，而近年来，开始向绿色建筑、新能源汽车等大型设施及产品延伸，整个社会及家庭的绿色低碳消费投入也随之增加。

伴随着智慧城市建设的深入，城市生活消费领域的设备及管理也日益智慧化，并呈井喷式爆发趋势，通过提高效率，也极大节约了能源等资源。其中，最典型的就是智慧家居。

随着人们对健康的重视，步行、骑自行车等"反机动化"的运动模式开始流行，这也意味着城市交通规划等规划也需要作相应的调整，以适应这种运动理念及其带来的新型消费模式的需要。

城区居民与城郊特别是远郊居民的居住条件及所处环境不同，其在绿色低碳消费模式方面也存在一些差异，城郊居民除可以采用城区居民的绿色低碳消费模式之外，还有着更多的选择，比如自能源模式。

城市绿色低碳消费的新趋势		
	新能源消费量逐步增加	通过能源替代，减少碳排放
	向楼房等大宗商品延伸	节能减排规模大幅度提升
	智慧产品使用量增加	通过提高能源利用效率，减少碳排放
	反机动化思潮开始流行	步行、骑自行车等低碳出行模式受欢迎
	城区与城郊的差异化发展	有着各自的绿色低碳消费重点与路径

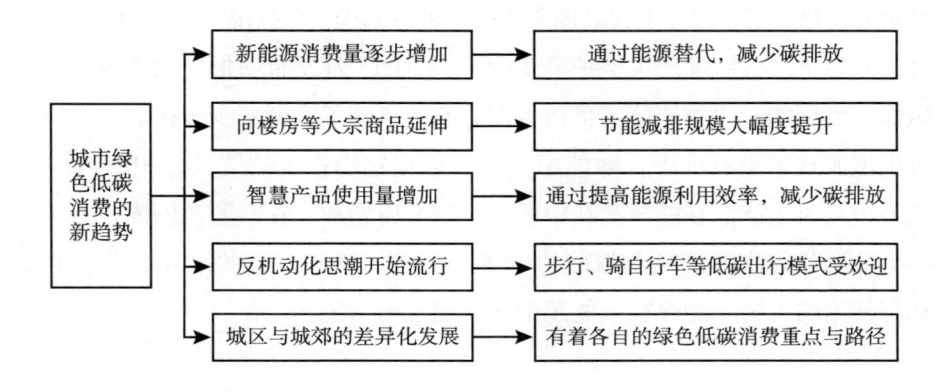

图 1　城市绿色低碳消费的新趋势

二 能源消费由"节能减排"转向"节能减排"与"能替减排"并重

随着可再生能源逐步从"补充能源"变成"替代能源",能源减排的途径也从过去单一的"节能减排"走向"节能减排"与"能替减排"并重。

根据发达国家经验,人们的生活水平越高,个人平均能源消费量将越大,因此,从能源角度来看,城市绿色低碳消费也需要积极引导城市居民开发利用新能源特别是可再生能源。也就是说,扩大新能源与可再生能源的消费比例将是未来城市绿色低碳消费的重要发展趋势。

从能源角度来看,减少二氧化碳及其他污染物排放的途径主要有两个方面:一是通过提高能源利用效率等措施,减少化石能源使用量,通过节能来减排;二是利用相对清洁的新能源替代化石能源,也就是"能替减排"。

"能替减排"是指通过利用新能源替代传统化石能源来减少二氧化碳及其他污染物的排放。随着可再生能源等清洁能源在整个能源结构中的比例日益提高,"能替减排"的价值已经逐步同"节能减排"的价值趋同。

国际可再生能源署(IRENA)发布题为《反思能源:可再生能源与气候变化》的报告指出,可再生能源是各国实现气候目标,同时促进经济增长和就业以及支持可持续发展的核心要素。至2030年,使可再生能源占全球能源总量的份额加倍,再加上提高能源效率,可以完成全球控温2℃目标的一半。

欧盟下属的欧洲环境保护署2015年2月17日发布的报告也认为,使用风能、太阳能、生物质能等可再生能源有效推动了欧洲减少碳排放,同时可再生能源技术也有助于保障能源安全。根据这份报告的统计,2013年,欧盟各国可再生能源在能源消耗中的占比都有所增加。在欧盟范围内,当年可再生能源达到能源消耗总量的约15%。其中,瑞典、拉脱维亚、芬兰和奥地利使用的可再生能源在总能源中比例超过了1/3。[①]

[①] 《可再生能源助欧洲减排》,新华网,http://news.xinhuanet.com/fortune/2015-02/18/c_1114403473.htm。

目前，我国已成为全球第二大经济体，是世界第一大能源生产和消费国，由于能源结构以煤为主，带来了日益严重的资源紧张、环境污染和气候变化等问题。解决问题的根本出路只能是转变能源发展方式，加快可再生能源等清洁能源的开发利用，坚持走低碳发展道路，积极推动可再生能源等清洁能源替代化石能源工作。特别是在我国逐步实施碳排放总量控制的大背景下，要保障经济增长与减排工作目标的同时实现，通过能源替代推动能替减排是必然的选择。

"十二五"时期，我国非化石能源占一次能源消费比重从2010年的8.6%提高到2015年的12%。根据我国能源发展规划，"十三五"时期的目标是，到2020年，非化石能源占一次能源消费比重提高到15%。

随着我国整体新能源消费比例的提高，城市及城市居民的能源消费模式也随之发生变化，清洁能源的消费比例不断上升，比如，北京在城郊推广天然气以替代散煤等。这在能源减排方面就多了一个途径，从过去单一的"节能减排"，转变为"节能减排"与"能替减排"并存模式。

三 家庭消费由节能小家电延伸到大件绿色商品

从家庭消费品角度来看，我国城市的绿色低碳消费逐步由节能灯具、节能冰箱等小家电消费品延伸到绿色低碳建筑、新能源汽车等大件绿色商品及设施。

1. 绿色建筑将逐步成为居民购买住房的主流类型

据统计，建筑在建造和使用两个阶段所耗用的能源已占社会总能耗的44.3%。在建造过程中，建材的生产能耗占社会总能耗的16.7%。在使用过程中，建筑能耗在过去二十年来增长迅速，年均增长率为5.4%。目前，我国建筑能耗约占社会总能耗的1/3，随着生活水平的提高，建筑能耗有继续增长的趋势，因此，建筑节能问题受到各方的关注。

目前发达国家的建筑节能已经经历了三个阶段：第一个阶段，在建筑中节约能源；第二个阶段，在建筑中保持能源，减少热量损失；第三个阶段，

提高建筑中能源的利用效率。无论哪个阶段，建筑节能都重视对可再生能源技术的应用。

美国从20世纪70年代开始加强对建筑领域节能的重视。1979年颁布了一个专门运用于新建民用建筑以及商业建筑的能源之星标准草案（BEPS）。美国并一直致力于开发相关的软件，帮助开发商以更低成本达到较为理想的建筑节能标准。更为重要的是美国政府为了进一步降低建筑能耗，不断加大对节能技术研究的投入。[1]

在我国，绿色建筑、低碳建筑、可再生能源建筑的理念传播，评价标准及技术标准的制定等工作也开始受到广泛关注。比如，2014年初我国出台的《国家新型城镇化规划（2014~2020）》就提出，绿色建筑占比要从2012年的2%大幅提升至2020年的50%。再如，新版的《绿色建筑评价标准》自2015年1月1日起实施。修订后的标准评价对象范围得到进一步扩展，评价指标体系更加完善，评价方法也更加科学合理，评价阶段相对也更加明确。

同时，随着城市对绿色建材的需求迅速增加，我国也制定了更高的绿色建材发展目标。工业和信息化部、住房城乡建设部联合印发的《促进绿色建材生产和应用行动方案》指出，"到2018年，我国绿色建材生产比重要明显提升，发展质量也要明显改善。与2015年相比，建材工业单位增加值能耗下降8%，氮氧化物和粉尘排放总量削减8%，新建建筑中绿色建材应用比例达到30%，绿色建筑应用比例达到50%，试点示范工程应用比例达到70%，既有建筑改造应用比例提高到80%。"[2]

由中国建筑装饰协会材料委员会发布的我国首部《中国建材家居产业发展报告》则显示，房地产、建筑装饰企业、建材生产企业已经逐渐意识到绿色建材的重要性，越来越多的企业加入研发、生产、设计、应用绿色建材的队伍中来。

---

[1] 邓中亚、韩若兰：《浅谈可再生能源在建筑领域的应用》，《建筑节能》2009年第8期。
[2] 中华人民共和国工业和信息化部、中华人民共和国住房和城乡建设部：《促进绿色建材生产和应用行动方案》，2015。

很多城市也逐步提升了对新建筑的绿色标准的要求。比如，北京市要求新建项目至少要达到绿色建筑一星标准。也就是说，城市建筑中绿色建筑的比例将逐步提升，标准也将逐步提高，城市居民在新购住房方面的投入也意味着在绿色建筑方面的投入，不管是自觉的或是被动的。

2. 新能源汽车将逐步成为城市居民汽车消费的一个方向

当前，汽车已经成为化石能源消费的一个重要领域，在很多国家，交通能耗约占全社会能源消耗的1/3左右。同时，也带来很大的环境污染。在能源和环境等压力下，近年来，国内外开始兴起绿色交通、低碳交通等新模式，这些交通新趋势的核心都是推广使用新能源与可再生能源，或者不使用能源。其中，新能源汽车在我国一些城市已逐步成为越来越多消费者的选择。

新能源汽车，是以清洁能源替代污染较大的化石能源（如汽油）的环保型汽车的统称，其主要特征是污染相对小。新能源汽车一般包括燃料电池汽车、天然气汽车、混合动力汽车等。为使清洁能源汽车最终造福于生产生活以及生态环境，各国政府为推广清洁能源汽车做出了一系列努力，在投资技术研发的同时，纷纷制定并实施推广计划。其中美国的决心很大，到2015年，美国计划电动车保有量达到100万辆，中国计划新能源汽车的销量达到50万辆，而英国较为保守，仅为24万辆。未来，中国对新能源汽车提出了更高的需求，计划到2020年达到500万辆，一举超越欧美国家。

据公安部交管局统计，截至2015年年底，我国新能源汽车保有量达58.32万辆，与2014年相比增长169.48%。其中，纯电动汽车保有量33.2万辆，占56.93%，保有量与2014年相比增长317.06%。从增长的角度来看，新能源汽车发展速度很快，但相对我国2.79亿辆的机动车保有量，新能源汽车保有量显得微不足道。尽管目前我国新能源汽车产业尚处于初期阶段，但随着技术及市场的日益成熟，新能源汽车在城市推广的规模及速度将呈快速发展态势。

目前，基于国家政策的定位与引导（我国2012年出台的《节能与新能源汽车产业发展规划（2012~2020年）》明确提出以纯电驱动为我国汽车工业转型的主要战略取向），我国城市居民消费的新能源汽车主要是纯电动汽车。在推广电动汽车中存在的问题和障碍主要有：汽车价格高、一次充电续驶里程短、充电时间长、充电设施不完善、动力电池的安全性等问题，而且由于政府相关部门认识不统一，存在部门掣肘，也削弱了推广力度。

四 消费产品智慧化、高效化、节能化

从技术角度来看，日常消费品正逐步走向智慧化，通过提高效率，节约资源。近年来，随着国家大力加强信息高速公路及互联网+等技术建设，我国各个城市也都加强了智慧城市的建设力度，这为各种智慧产品的推广普及提供了有利的技术环境及平台。在日常消费品方面，智能家电比较具有代表性。

智能家电就是利用智慧技术的家电产品，能够把多种电器连接起来，并可以根据周围环境自动调整工作时间、工作状态，因此，更能实现节能减排效果。以某品牌的 WIFI 电热水器为例。"该款智能 WIFI 电热水器拥有三种智享模式：手动模式、定时模式、夜间模式。定时模式下，用户可通过手机 APP 对电热水器进行多达一整周一天两次的定时设置，让电热水器在预约时间定时加热，有效避免电热水器长期通电、保温所带来的能效浪费。该款电热水器还应用了自动节能设计。用户通过启动电热水器内置的'智能芯片'，电热水器就能以 7 天为一个周期，智能记忆用户的用水习惯，包括用水时间、用水温度及用水量。通过对这些用户信息的处理，该款电热水器能够以最节能的模式运行，实现最高效的能量利用。"[①]

近年来，各种智能产品在我国城市居民中得到广泛认可，并且推广普及迅速。如，根据中国家电网联合中怡康在 2016 年 1 月发布的《中国高端家电消费调查报告》，消费者在购买电器时，是否具备智能化日益成为消费者

[①] 《阿里斯顿智能 WIFI 电热水器开启"智慧化"节能新模式》，京华网，http://beijing.jinghua.cn/20160524/f43130.shtml。

关注的一个重点。

2016年4月，GFK（捷孚凯市场研究集团）等机构在杭州发布的《2015数码家电消费趋势报告》显示，在中国，43%的消费电子消费者拥有至少一样智能设备，91%的消费电子消费者在家中使用智能手机，超过50%的消费电子消费者拥有平板电脑，接近40%的消费电子消费者已拥有智能电视。

智能家居的概念由来已久，尽管相关产品尚未真正占领市场，但智能的概念早已深入人心，而生活类智能家电的出现彻底引爆了智能家居的概念。尽管从市场的角度来说，智能家电作为换代产品，还不可避免地面临一些市场推广障碍，但大趋势已不可逆转。从这个意义上讲，以智能家电为代表的智能家居将逐步成为城市绿色低碳消费的一种重要模式。

五 倡导绿色交通和低碳出行

从交通工具角度来讲，随着人们对健康的重视，反机动化思潮开始流行，近年来，国内外城市居民都开始重视自行车、步行等绿色低碳交通模式。

在欧美一些发达国家，低碳交通、绿色交通较早受到广泛的关注。如，丹麦欧登塞市自1999年起走上了一条"反机动化"的道路。长达510公里的自行车专用道已投入使用，密密麻麻的自行车专用道竟占了约80%的城市道路。

美国国家统计局指出，2008~2012年，估计每年有78.6万人骑车上班，而2000年这一数字仅为48.8万。2013年一份报告表明，美国上班族中有大约0.6%的人骑车，英格兰和威尔士有2.9%。骑车人数的增多是因为越来越多的州和社区建造了像自行车专用车道这样的基础设施来促进骑车。[①]

---

① *Rate of US Bicycle Commuters Rises by 60%*，http://www.bbc.com/news/world-us-canada-27403717.

尽管购买小轿车是当前我国城市居民的一种时尚，并快速普及，但随着家庭轿车作为身份标志（炫耀）的功能逐步丧失，回归其作为众多交通工具中一种的本来定位，步行、骑自行车等绿色低碳出行模式将逐步重新流行起来。特别是在中小城市（镇），由于上班距离较近，更适宜步行或骑自行车上班。近年来，在我国城市中，步行、骑自行车等绿色低碳出行模式开始受到更多市民的欢迎，这也在一定程度上影响了居民的交通出行消费模式。

但由于我国城市普遍存在着污染较严重、上班路程远、道路设计不合理等不利因素，重新推广步行、骑自行车等绿色低碳出行模式面临很多挑战。以北京为例。根据国际环保组织自然资源保护协会（NRDC）2014年发布的国内首个《中国城市步行友好性评价报告》，北京的步行友好性评价总分为51.99分（"不及格"），其中人行道管理为0分（满分5分）、城市路网密度也仅得0.87分（满分10分）。打分依据的是该报告构建的一套城市步行友好性评价体系，该套评价体系共设置了4个维度，即人们行走的安全性、舒适性、便捷性以及政策与管理。其中，每个维度涵盖3个具体指标。

面对这些问题，就要求城市管理当局要在城市污染治理、道路交通规划、控制私家车等方面加大力度，以适应人们日益增长的绿色低碳出行的需要。

六　不同居民绿色低碳消费的不同特点

对于城市来说，影响绿色低碳消费模式的因素很多，如城市居民的收入水平、居住模式、生活方式、生态环境状况、交通状况，以及节能减排技术的进步、建筑技术的进步等因素。[①]

城区居民与城郊居民在居住条件、土地资源、收入等方面有着不同的优劣势，这决定了两者在绿色低碳消费方式上也有着一些不同的发展重点。

城区的特点是：人口多，能源消费总量大，产业较发达，高层建筑及大

---

① Energy Analysis for Sustainable Mega-Cities, Aumnad Phdungsilp, Sweden 2006, pp13-31.

型厂房等大型建筑相对多，居民以居住高层建筑为主。在城区，由于收入较高，推广高成本的绿色低碳产品也相对容易，但在建筑上安装太阳能热水器、太阳能屋顶等可再生能源产品或设备则较难。因为，尽管从整栋建筑角度看，可利用空间很大，但对于居住在高层建筑中的一家一户来说，可利用的空间只有阳台、玻璃窗等较小的空间，缺乏应用可再生能源产品或设备的动力。由于缺乏独立住宅空间，在城区推广新能源汽车也有较大难度，比如，电动汽车的在家充电问题就难以解决。

城郊的主要特点是：人口相对稀少，能源消费总量也较少，居民居住形式以独立住宅为主，这就有利于在建筑上开发利用可再生能源。比如，安装太阳能热水器、太阳能屋顶就比较容易。同时，新能源汽车，特别是对于需要安装充电设施电动汽车来说，城郊的独立居住条件有利于解决这一问题。但城郊特别是远郊也有不足，主要是规模化不足，以及居民经济接受能力相对弱一些，这对于需要较多初次投入的绿色低碳产品的推广来说是不利的。比如，偏僻的远郊（特别是山区）居民就很难通天然气管道，因为建设成本高，且由于用户规模小而回收周期长。

另外，由于城区与郊区农村生活方式、工作方式有较大的区别，因此，居民对待绿色低碳消费的态度也存在很大的不同。比如，在开发利用可再生能源方面，有研究认为[1]，城市居民支持可再生能源的主要原因是：不产生空气污染、很少或没有景观影响、不伤害野生动物，但创造工作机会不是关键的因素。而农村居民支持可再生能源的主要原因有：省钱、能带来新的就业机会。

因此，成本相对高的高端绿色低碳产品较难在城郊农村推广，价廉物美才是硬道理。一般来说，新的绿色低碳产品需要先在城区推广，待规模化及成本降低后才会在城郊农村推广。但也有些绿色低碳产品更适合走农村包围城市的道路，比如，太阳热水器、电动汽车等。同时，也有些绿色

---

[1] Ariel Bergmann, Sergio Colombo, Nick Hanley. Rural Versus Urban Preferences for Renewable Energy Developments. *Ecological Economics*, Volume 65, Issue 3, 15 April 2008, pp622–623.

低碳消费模式主要适合农村使用，比如，生物质固体颗粒燃料、沼气的开发利用等。

七 结论

随着公众对生态环境的日益重视，以及社会的发展、科技的进步，绿色低碳消费模式将逐步成为城市消费的主流模式。但由于绿色低碳产品还面临价格高、技术有待完善，以及政策支持体系不完善等问题，绿色低碳产品的推广普及尚面临诸多挑战。

由于新技术不断获得突破，各类新型的绿色低碳产品也会不断出现，这将推动城市绿色低碳消费模式不断发生变化。深刻把握未来一段时期城市绿色低碳消费模式的新走向、新动态，有利于调动有限的社会资源集中力量进行突破。同时，也有利于各种规划设计提前考虑到相关问题，避免不必要的浪费及发展制约。比如，以前的建筑规划设计中如果把电动汽车的充电桩所占空间考虑在车位内，将大幅度降低电动汽车在城市中推广的难度。

城市绿色低碳消费模式的新走势与新动向还包括其他很多种，由于篇幅所限，本文只选择几个有代表性的发展趋势进行了分析。

B.14
海绵城市——在争论和探索中快速建设的2015年

王家卓[*]

摘　要： 2015年年初，财政部、住房城乡建设部和水利部下发通知，在全国开展中央财政支持一些城市进行海绵城市试点工作。之后，海绵城市在全国迅速推广。本文从政策的简要解读、对海绵城市的认知，以及海绵城市规划设计等方面对我国2015年的海绵城市建设情况进行简单的回顾和梳理。

关键词： 海绵城市　绿色基础设施　PPP

　　2015年，是我国海绵城市快速发展的一年。年初，财政部、住房城乡建设部和水利部下发通知，在全国开展中央财政支持一些城市进行海绵城市试点工作，快速带动了地方政府的积极性。之后海绵城市在全国迅速推广，全国16个试点城市加上一些其他没有成为第一批试点的城市，在海绵城市理念概念的普及、规划、设计、建设等方面都在进行积极的探索。2015年10月，国务院办公厅下发的国办发〔2015〕75号文件，进一步提出了要全面推广海绵城市，文件从目标、指标、规划、建设、投融资等方面对海绵城市的建设做出了具体的要求。文件下发后，各地也迅速组织学习，海绵城市

---

[*] 王家卓，住房和城乡建设部海绵城市建设技术指导专家委员会委员，中国城市规划设计研究院水务与工程专业院资源能源所所长，高级工程师，主要研究方向为城市排水防涝、海绵城市建设、黑臭水体治理。

的概念进一步得到推广。但是在全国全面推广普及海绵城市建设的过程中，关于海绵城市的理念、概念、目标、指标等方面的争论从未停止过，本文力图用较短的篇幅，从政策的简要解读、对海绵城市的认知，以及海绵城市规划设计等方面对我国2015年的海绵城市建设情况进行简单的回顾和梳理。

一 关于海绵城市建设的相关政策

（一）三部委试点文件

2014年底，财政部、住房城乡建设部和水利部下发《财政部住房城乡建设部 水利部关于开展中央财政支持海绵城市建设试点工作的通知》（财建〔2014〕838号）。随后，财政部、住房城乡建设部和水利部这三部委办公厅又联合下发了《关于组织申报2015年海绵城市建设试点城市的通知》（财办建〔2015〕4号）。两个文件的下发对全国海绵城市快速启动起到至关重要的作用。三部委下发的关于海绵城市试点的通知具有以下几个方面的意义。

一是在全国层面，第一次明确了由中央财政对海绵城市建设试点给予专项资金的补助。按照传统来说，海绵城市建设本属于地方政府事权和财权范围，但是中央财政拿出专项资金来支持海绵城市试点建设，而且给予资金支持的力度还比较大，直辖市、省会城市和其他城市中央财政支持的资金分别达到6亿元、5亿元和4亿元。中央财政拿出专项资金支持地方政府建设海绵城市的方式和力度，一下点燃了地方政府的积极性。在住房城乡建设部和相关协会、学会的组织下，全国海绵城市建设的培训快速开展，各地开展管理和技术人员参与技术培训工作快速行动起来，超过130个城市在2015年海绵城市建设试点申报中编写了海绵城市建设的实施方案。

二是文件明确了海绵城市试点建设的组织形式和试点选择的流程。财建〔2014〕838号文件中明确提出了由省级财政、住房城乡建设和水利部门联合申报，然后财政部、住房城乡建设部、水利部组织资格审查，最后通过竞争性评审的方式，由专家进行现场评审，现场公布评审结果。这种采用公开竞争性评审的方式，有力地保障了海绵城市试点申报的公平性和公正性。

三是文件初步明确了海绵城市建设的要求。财建〔2014〕838号文件对试点城市申报提出了初步的要求，财办建〔2015〕4号又进行了细化说明。从两个文件中可以非常明显地看出，海绵城市是关于水资源、水环境、水生态、水安全方面的全面提升。比如文件提出的资格审查中，要求城市对排水防涝基础设施建设、调蓄雨洪和应急管理能力需求强烈，这既体现了对2013年国办发23号文件的响应，也将海绵城市建设的要求没有仅仅局限于雨水径流的源头控制，这从一开始就将我国的海绵城市建设的内涵和外延进行了初步的界定，也决定了我国的海绵城市虽然是从美国的低影响开发（Low Impact Development，LID）和绿色基础设施（Green Infrastructure，GI）而起，但是我国海绵城市是比美国的LID和GI更加广泛、更加综合的城市发展理念。

四是试点实施方案的编制大纲初步奠定了海绵城市近期建设规划的编制框架和内容要求。财办建〔2015〕4号文件的附件之一是《海绵城市建设试点城市实施方案编制提纲》，该文件包括以下方面的内容：城市基本情况、问题与需求分析、海绵城市建设的目标和指标、技术路线、建设任务、预期效益分析和可行性论证、主要示范内容和保障措施。这个框架结构和逻辑顺序比较清晰地表达了我国海绵城市试点建设的内容和要求，具有明显的近期建设规划的色彩，也奠定了今后各地海绵城市近期建设规划的编制框架和内容。虽然这个提纲并不是一个需要严格遵守的内容要求，但是从最后全国各地上报的海绵城市试点实施方案来看，大部分城市都没有突破这个提纲提出的内容框架和逻辑顺序。当然，这个实施方案也有一些不尽完善的地方，比如将海绵城市建设的主要任务按照2014年住房和城乡建设部发布的《海绵城市建设技术指南》中提出的"渗、滞、蓄、净、用、排"六个字对海绵城市建设的工程措施进行分类，在技术逻辑、可操作性和区分的意义方面都欠缺深入的考虑。

（二）2015年国办发75号文件

2015年10月16日，国务院办公厅下发了《国务院办公厅关于推进海绵城市建设的指导意见》（国办发〔2015〕75号），从而将海绵城市的建设从试点带动推广到全国全面开展，对我国海绵城市的建设乃至城市生态文明建设都具有重要意义。2015年国办发75号文件对我国海绵城市建设的意义主要体现在以下几个方面。

第一，首次将海绵城市定义为一种城市发展方式。关于海绵城市的定义，2014年住房和城乡建设部下发的《海绵城市建设技术指南》中提出，所谓"海绵城市"，是指城市在适应环境变化和应对自然灾害等方面具有良好的"弹性"，能够像海绵一样，下雨时吸水、蓄水、渗水以及净水，需要用水时，则将蓄存的水"释放"。该指南中给出的是一个对海绵城市特征的描述，即一个城市建设成为海绵城市之后应当具备哪些特征，准确地说，这个还不能算是一个严格和完整的定义。2015年国办发75号文件则明确提出：海绵城市是一种积极的城市发展方式，旨在通过加强城市的规划建设与管理，充分发挥建筑、道路和绿地、水系等生态系统对雨水的吸纳、蓄渗以及缓释作用，有效控制雨水径流，实现城市用水的自然积存、自然渗透和自然净化。经过梳理后不难发现，文件中用海绵城市定义了一种新的城市发展方式，这对我国海绵城市发展具有重要意义。该定义弱化了海绵城市的技术属性，更加强调了海绵城市的理念属性和方法学方面的属性，是对海绵城市理解的一次战略性的升华。

第二，明确海绵城市的建设意义。在2015年国办发75号文件中提出了海绵城市的建设意义，具体包括五方面，即：增强城市防涝能力，修复城市水生态、涵养水资源，扩大公共产品有效投资，提高新型城镇化质量，以及促进人与自然和谐发展。经过梳理不难发现，这里边包括了三个层面的意义。第一个层面是明确了海绵城市建设对于我国城市水资源、水环境、水生态、水安全等问题解决的直接意义；第二个层面明确了海绵城市建设对于我国经济发展的有效意义，即有利于扩大公共产品的有效投资；第三个层面是明确了海绵城市建设对于生态文明和新型城镇化质量等方面的意义。这三个层面由低到高、由浅入深地全面阐述了我国海绵城市建设的意义，这其中尤其值得注意的是关于海绵城市建设对于我国经济发展的重要意义和作用。当前我国经济下行的压力较大，积极推行海绵城市建设，不光有利于解决城市水方面存在的问题，更有利于扩大投资，带动就业，促进经济增长。

第三，海绵城市从试点全面推向了全国。在此文件下发前，全国在大力推进海绵城市的还主要是第一批的16个试点城市，但是该文件的下发，明确提出了全国要全面开展海绵城市建设，即不管是不是海绵城市试点城市，不管有没有中央财政资金支持，都需要全面启动海绵城市的建设，这是我国海绵城市建设从试点先行快速转变为全面启动的重要标志。

第四，明确了海绵城市建设的目标和时间节点。文件提出，到2020年，城市建成区20%以上的面积达到目标要求；到2030年，城市建成区80%以上的面积达到目标要求。根据住房和城乡建设部组织编写的《城市建设统计年鉴》，2014年底我国城市建成区的面积约4.97万平方公里。按照国办文件的要求，到2020年我国建成海绵城市的面积至少在1万平方公里以上。另外，文件还提出了我国海绵城市建设要将70%的降雨就地消纳和利用，对这句话的理解，是当前学术界争论的焦点之一，本文稍后会进行进一步的阐述。

第五，提出了各相关规划建设中要将海绵城市建设的关键指标作为项目前置条件。海绵城市规划建设不能自身孤立起来开展，必须和城市规划、设计、建设管理等环节全面结合起来，但是此前各地在城市规划、土地出让、项目立项、设计和规划建设许可等环节并没有考虑到海绵城市建设的要求，国办文件中提出的要将海绵城市建设的关键指标作为项目建设前置条件的做法，为各地制订规划建设管理办法、全面落实海绵城市的建设要求提供了有力保障。

第六，明确提出海绵城市建设目标。国办75号文件中明确提出了海绵城市的建设目标是要"小雨不积水，大雨不内涝，水体不黑臭，热岛有缓解"，可以进一步看出我国海绵城市建设的内涵不仅包括了对小雨的控制，

也全面覆盖了城市排水防涝、水环境治理等方面的内容。

第七，在国家层面首次提出了防治污水渗漏和合流制污水溢流污染控制的要求。截至2014年底，我国设市城市中雨污合流制管网约10.7万公里，合流制排水系统约占1/3，比起英国、法国、德国等国家要低不少，但是我国的合流制排水管网问题比较多，比较典型的问题是截留倍数比较低、缺乏调蓄和其他合流制污水溢流污染（Combined Sewer Overflows, CSOs）控制的要求和措施，造成雨季合流制管网溢流口频繁溢流，污染了水环境。过去我国也曾强调过要进行雨污分流改造，有些地方实施过大规模的雨污分流改造工程，比如南京，但是大部分地方不是太理想。雨污分流改造的城市实施，必须从小区接入管到支管再到干管，都要全面实施改造，还要尽力避免雨污混接问题，这些在实际操作中都比较困难。这次国办文件中提出了合流制污水溢流污染控制则在国家政策层面，为我国合流制污水管网的改造提供了一个全新的思路。此外，国办文件还提出了要控制污水管网的渗漏问题，这对我国当前城市黑臭水体的整治乃至城市水环境质量的全面改善，提供了重要的支撑。我国近些年城市污水处理厂建设速度较快，但是有些地方尤其是南方地区，污水处理厂的进水浓度偏低，不少污水处理厂进水的COD都在100mg/L左右。这不仅浪费了管网的输送空间和污水处理厂的处理能力，政府还为此浪费了大量的财政经费，而且在一定程度上加剧了合流制排水系统的溢流污染问题。实际上，欧美等国家近些年一直非常重视河水的倒灌和地下水的入渗（Inflow & Infiltration, I&I）对于污水管网的影响。国务院办公厅在此次文件中明确提出的关于控制污水渗漏的要求，为我国未来解决这类问题指明了方向，也提供了很好的政策接入口。

第八，明确提出了PPP模式和开发性、政策性金融在海绵城市建设中的地位。我国要大力推广海绵城市建设，资金是一个重要问题。国办文件明确了鼓励社会资本参与海绵城市投资建设和运营管理。强化合同管理，严格绩效考核并按效付费。通过PPP的方式，广泛吸引社会资本参与海绵城市建设，既解决了投融资渠道的问题，又能引入专业的公司来做专业的事情，对于推动海绵城市建设具有重大意义。另外，文件还特别明确提出要充分发挥开放性、政策性金融的作用，这对于降低当前各地海绵城市建设融资成本高、贷款期限长等问题，提供了重要的保障。

第九，明确提出在发挥整体效益的原则上，组建具有综合业务能力及专业素质的企业集团及联合体，使科研设计单位、施工企业、制造企业与金融资本相结合，利用总承包等方式统筹组织实施海绵城市建设相关项目。海绵城市的建设涉及技术、建设、投资、运营管理等方方面面的问题，通过采用优势企业组建联合体的办法，可以优势互补。此外，海绵城市建设涉及城市雨水排水区的问题，只有采用连片建设，才能发挥整体效益，而且只有采用连片建设的模式，才能够和国家当前大力推广的PPP模式的考核和付费机制对应起来。国办文件中提出了这种采用企业联合体进行总体承包的方式，对我国未来的海绵城市建设影响巨大。

第十，明确了城市人民政府在海绵城市建设中的主体责任。文件明确提出，城市人民政府是海绵城市建设的责任主体，要完善工作机制，统筹规划建设，抓紧启动实施。同时，文件还明确住房和城乡建设部、国家发展改革委、财政部、水利部和其他各部门在海绵城市建设中的责任分工，这对我国今后海绵城市建设工作的全面和顺利开展提供了有力保障。

（三）建设部和国开行、农发行分别下发的两个文件

2015年，住房和城乡建设部先后分别同国家开发银行联合下发了《住房城乡建设、部国家开发银行关于推进开发性金融支持海绵城市建设的通知（建城〔2015〕208号）》，同中国农业发展银行联合下发了《住房城乡建设部中国农业发展银行关于推进政策性金融支持海绵城市建设的通知（建城〔2015〕240号）》。住房和城乡建设部同国开行、农发行分别下发的两个关于支持海绵城市建设的通知是对2015年国办发75号文件的落实和细化，对于解决海绵城市建设中融资渠道问题提供了重要路径。

通知中明确了国家开发银行和中国农业发展银行要充分发挥开发性、政策性金融的作用，大力支持海绵城市建设，切实增强信贷资金对海绵城市建设的支撑保障能力，其中农发行更是明确提出贷款期限最长可达30年，贷

款利率可适当优惠。通知对之前国办发 75 号文件中提出了海绵城市项目储备制度进行了细化。通知要求，2016 年 3 月底前，各城市要尽快明确项目滚动规划和 2016 年度建设计划编制工作，之后将年度建设计划确定的项目信息及其他报住房和城乡建设部。此外，还要在每年 10 月底前报送下一年度的建设计划确定的项目信息。另外，通知还明确提出了滚动规划和年度建设计划的要求，一是对各地上报的项目进行评估，负责部门为住房和城乡建设部海绵城市建设技术指导专家委员会；二是优先推荐评估结果好且采用 PPP 模式整体打包运作的海绵城市建设项目，对于今后各地海绵城市建设项目的内容和质量也是一个有力保障。

二 关于海绵城市的认知

（一）对年径流总量控制率的理解

2015 年，对海绵城市认知中，争论最多的可能是对年径流总量控制率的理解。在住房城乡建设部发布的《海绵城市建设技术指南》中对这个词的解释说：年径流总量控制率（volume capture ratio of annual rainfall）是指根据多年日降雨量统计数据分析计算，通过自然和人工强化的渗透、储存、蒸发（腾）等方式，场地内累计全年得到控制（不外排）的雨量占全年总降雨量的百分比。

当前对于年径流总量控制率的争论主要集中在几个方面。第一个争论是对这个术语本身的叫法。不少人认为，这个词的叫法有错误，不应该叫年径流总量控制率，应该叫年降雨控制率，这样更加准确，也更加方便理解。实际上，我们从《海绵城市建设技术指南》名词术语的解释中不难看出，我们中国当前所用的年径流总量控制率其实说的是多年平均降雨（rainfall）总量控制率，但是由于历史原因，采用了径流（runoff）这个词，因而引起了不少误解和争论，尤其是对于刚开始接触海绵城市相关知识的部分专业认识，很容易产生误解。但是鉴于 2015 年国办发 75 号文件中也采用了这个词，而且这个词汇当前在不少规划设计人员和政府官员中已经接受度比较高，如果再换成年降雨总量控制率，也容易引起新一轮的混乱。

第二个争论的关键是对"控制"两个字的理解。在《海绵城市建设技术指南》给出的英文术语中，对于"控制"一词用的是"capture"，之后的解释中也清楚地表明，"控制"指的是自然和人工强化的渗透、储存、蒸发（腾）。但是容易引起误解的主要是后边的"不外排"三个字。实际上，海绵城市建设中所谓的"控制"指的是不直接外排的那部分降雨，比如对于地下水位较高，或者原土排水能力较弱、下部是地下室的生物滞留设施，底部都需要安装渗透盲管（underdrain），将经过渗透、过滤、净化以后的雨水缓慢排走或者进行收集利用，对于这部分设施处理的雨水，从客观上来说对雨水起到净化和缓排的作用，显然应该是被"控制"过的，但是这部分很可能是要外排的。随着大家对海绵城市实践的深入和不断的讨论，业内也基本达成共识了，年径流总量控制率中所提到的控制，其实是指"不直接外排"的那部分降雨量占多年平均降雨量的比例。

第三个争论的关键是针对年径流总量控制率的计算方式。《海绵城市建设技术指南》给出的是得到控制的雨量占全年总降雨量的比例。而熟悉美国 LID 的人可能更习惯于采用降雨事件频率（percentile event）。这二者的计算方式和表达方式略有不同，但是最后都对应于 24 小时内的一个降雨量，二者并无本质区别。经过业内多次讨论，大家已经基本达成共识，对这个采用降雨总量的概念和计算方法基本无须再争论。

（二）对海绵城市建设标准的理解

除了对名词术语本身的理解以外，当前围绕海绵城市建设标准和年径流总量控制率等方面还有几个比较常见的争议。

一是为什么要采用年径流总量控制率作为海绵城市建设的核心指标。海绵城市是因雨水问题而起的，但是涉及水资源、水环境、水生态、水安全等方面的问题，选用什么作为衡量海绵城市建设的核心指标非常关键。《海绵城市建设技术指南》和 2015 年国办发 75 号文件，均明确强调了年径流总量控制率在海绵城市建设指标中的地位，尤其是国办发 75 号文件更是明确提出了要将年径流总量控制率作为核心控制指标。个人理解，年径流总量控制率作为核心指标，是基于以下几个方面的考虑。第一是在城市降雨的频率分布上，以小雨和中雨居多，而这部分降雨带来的污染比较严重，控制了这部分降雨，就能在很大程度上控制降雨的净流污染。实际上，在美国常见的五级雨水管理标准中，我国海绵城市建设中的年径流总量控制率相当于第二级的管理标准，即雨水水质（water quality）管理标准。美国的雨水水质管理标准也是通过控制 90% 左右场次的降雨，从而达到降雨径流污染控制的目的。第二是年径流总量控制率是一个比较综合的指标，可以在一定程度上综合反映雨水管理和控制的水平。比如通过控制 75% 左右的年径流总量，就可以在一定程度上回补地下水，恢复或者接近城市开发前的水文特征，大幅度削减城市降雨径流污染等问题。

涉及年径流总量控制率还有一个核心的争论，那就是该指标的取值问题。在 2015 年国办发 75 号文件中提出要将 70% 的降雨就地消纳和利用。当然，中国北方、南方城市降雨量、降雨分布特征差异比较大，一刀切都取 70% 显然有不合理的地方。个人理解，这里说的是 70% 左右的降雨。对于中国大部分地区来说，70% 的年径流总量控制率对应的降雨都不会超过 25mm，这个和美国目前大部分地方在推广 LID 和 GI 中制订的要控制 24 小时内 1~1.2 英寸（25.4~30.8mm）的降雨是基本一致的，而且从目前国内海绵城市试点推行情况和美国西雅图、纽约、华盛顿特区等地的实践来看，这个目标也是基本可以实现的。

（三）对海绵城市作用的理解

2015 年，围绕海绵城市到底是起什么作用的讨论也比较多。2015 年初，在各地刚开始接触海绵城市概念的时候，有不少城市将海绵城市简单理解为排水防涝，也有一些城市将海绵城市理解为雨水收集利用。要想准确理解海绵城市的概念及其作用，需要区分海绵城市的语境。从目前文件的表述上来看，我们常说的海绵城市有一个狭义的海绵城市和一个广义的海绵城市之分。比如在国办发75号文件中提出的自然积存、自然渗透、自然净化的海绵城市，以及将70%的降雨就地消纳和利用，此处所说的海绵城市是狭义的海绵城市，其内涵与美国当前提倡的绿色基础设施比较类似。这个狭义的海绵城市的主要作用是改善城市水生态，使城市恢复开发前的水文状态，同时缓解城市降雨径流带来的污染问题。

但是大多数时候说的海绵城市，比如2015年国办发75号文件中提出的海绵城市，其概念包括了绿色基础设施和传统灰色基础设施。在75号文件中提出了海绵城市建设是要将"源头减排、过程控制、系统治理"相结合起来，以达到"小雨不积水、大雨不内涝、水体不黑臭、热岛有缓解"的目的。在具体的建设项目安排中，也提到海绵型道路与广场、海绵型建筑和小区等，这些是属于源头的绿色基础设施部分。文件中也提到排水防涝问题，污水管网渗漏和合流制溢流污染控制问题以及黑臭水体治理问题，这些显然都是要通过灰色基础设施与绿色基础设施的配合才能达到的效果。

三　海绵城市规划设计

（一）海绵城市专项规划

2015年全国海绵城市专项规划的编制也取得较快进展。在国内较早启动海绵城市专项规划的城市包括南宁、遂宁、鹤壁、萍乡、迁安等。目前各地编制的海绵城市专项规划一般分为两个层次，一个是全市中心城区层面的，有些叫海绵城市总体规划，有些叫海绵城市专项规划，还有些叫海绵城市建设专项规划等。另一个层面是全市海绵城市近期建设区的规划，有些地方叫近期建设区详细规划，有些叫做近期建设规划等。

这两个层面的规划在城市规划序列中都属于专项规划。前者一般包括分析全市海绵城市建设的基础条件、存在的问题、建设需求、研究确定年径流总量控制率指标，并对其进行分解，分析规划区内的自然山水生态空间格局，进行海绵城市建设分区，划定近期海绵城市建设重点区域等。后者一般在更小的尺度上，对近期海绵城市建设区域进行可行性分析论证，确定近期需要建设的海绵型建筑与小区、海绵型道路与广场、河流湖泊的生态化改造等内容，并分析确定建设指标和建设内容等，有些城市则做到分图则的深度。

从本质上来说，前者一般对应于城市总体规划范围，其研究的内容是城市总体规划的深化和补充，是对全市海绵城市建设做出的空间和时序上的安排。后者一般对应于城市详细规划，是对详细规划的有力支撑，是对城市近期海绵城市建设内容和建设项目以及其具体建设指标的安排。

（二）海绵城市项目设计

海绵城市项目最终要落地，必须依靠科学合理的设计。由于海绵城市对于很多规划院和市政院来说都是一个比较新的课题，也是一个新的挑战，目前不少规划院、市政院、园林景观院等都在广泛参与海绵城市的规划设计项目。从目前来看，海绵城市的项目设计中也存在一些典型的问题，比如对场地的分析不足，缺乏竖向分析和合理的径流组织，规划设计手段过于单一，过分依赖于生物滞留设施、透水铺装和雨水蓄积模块，设计中对土壤的问题关注不足，设计中缺乏方案比选和优化，计算和最终校核过程科学性不足，同景观的结合不足等方面的问题。

（三）海绵城市规划设计导则与标准图集

由于海绵城市的建设技术和本地的降雨、土壤、地下水等密切相关，而之前发布的《海绵城市建设技术指南》为了实现对全国情况的普适性，因此涉及普遍原理性的东西比较多。各地在2015年普遍采用的方式是编制本地的海绵城市规划设计导则和标准图集。南宁在全国率先推出了南宁市海绵城市规划设计导则和标准图集，随后各城市也基本按照这种模式快速推进。从本质上来讲，编制本地的海绵城市规划设计导则和标准图集实际是将海绵城市的普遍原理和本地的实际情况相结合，是对全国《海绵城市规划设计导则》深化、细化和本土化的过程，编制这些文件对各地的海绵城市建设提供了有力的支撑。

但是随之也出现了一些雷同、抄袭和针对性不足等问题，还有一些道路的做法不适合当地的习惯、单项设施的技术参数不太合适等问题，需要各技术单位在今后的工作中尽力避免。

四 小结

总之，2015年是我国海绵城市建设的元年。年初，三部委关于海绵城市试点的文件点燃了各地的热情，国办发75号文件将海绵城市建设的范围推向全国的设市城市，之后住建部和国开行、农发行下发的关于支持海绵城市建设的文件又进一步为各市海绵城市的建设提供了资金保障。

这一年围绕海绵城市的争论一直没有停止，集中争论的问题包括年径流总量控制率的概念、指标的确定、对海绵城市内涵的理解和对海绵城市作用的理解等问题。一年来，业内专业技术人员通过各种论坛、会议、培训、学术期刊和媒体平台，就这些问题展开了激烈的讨论。随着时间的推移，大家对这些问题的理解也越来越趋于一致。总体来说，共识在增加，分歧、海绵城市无用论和海绵城市万能论等极端观点在减少。

同时，在16个首批全国海绵城市试点城市的带动下，我国海绵城市的规划、设计、研究，以及施工、运行、维护等方面的研究和实践也都取得了积极的进展，南宁、济南、镇江、迁安等地海绵城市PPP项目也在快速推进中。不少城市都启动了海绵城市专项规划的编制。

总体上来说，2015年是中国海绵城市建设在争论和探索中快速前进的一年。通过争论，业界统一了认识；通过探索，各地积累了经验。虽然当前各地海绵城市建设中不同程度地存在人才、技术、资金、体制机制等方面的困难和挑战，但是海绵城市建设是国务院近期部署的一项重大工作，对于统筹解决我国水资源、水环境、水生态、水安全等方面的问题都有重要意义，各地在接下来还要加强交流，加强探索，以便更好地推进海绵城市建设这项重要工作。

参考文献

《财政部、住房城乡建设部、水利部关于开展中央财政支持海绵城市建设试点工作的通知》，http://www.mohurd.gov.cn/zcfg/jsbwj_0/jsbwjcsjs/201501/t20150115_220129.html。

《关于组织申报 2015 年海绵城市建设试点城市的通知》，http://jjs.mof.gov.cn/zhengwuxinxi/tongzhigonggao/201501/t20150121_1182677.html。

《海绵城市建设试点城市实施方案编制提纲》，http://mp.weixin.qq.com/s?src=3&timestamp=1471402351&ver=1&signature=W5tFy7Ibi8AmGS8RgatfA7*N6R9DFL6k0U04k2s7mp3duxFlUrWddo5bjj3ZNfEmu77-PwBBq0ymCmLao1s6B3XFnJo9kFWHIPMhaili4nsLYCTPIpNk96Wcwi6aiZTvCCOBh5lPA2t3W6t5b02kSw==。

《国务院办公厅关于推进海绵城市建设的指导意见》，http://www.djy.gov.cn/xxgk/zyxxzz/201510/t20151016_46623.html。

B.15
城市安全与社区风险防控体系建设

李国庆*

摘　要： 城市风险防控是城市社会治理的重要内容。从灾害社会学和国外防灾制度发展趋势看，组织应对是抵御灾害的重要机制，以社区居民为主体的社会组织是与行政组织、保安企业同样有效的风险防控主体，"共助"能够有效弥补"公助"可能发生的功能失灵。吉林省延吉市和山东省乳山市调研结果表明，以政府为主体的城市应急管理体系已经建立，政府应急管理预案完备，应急技术手段和行政体系日趋健全。今后的改革创新目标是创建生活化的社区防灾制度体系，大力提高社区防灾能力，积极培育防灾社会组织，把政府的公助力量与社区组织、社会组织的共助力量有机结合起来，公助与共助力量发挥乘数效果，共同提升城市社区的防灾能力，建设安全、安心的城市生活环境。

关键词： 社会治理　城市风险　公助　共助　地区防灾力

探索新常态下城市社会安全治理是新型城市化建设的紧迫课题之一，社会风险防控成为社会管理创新与社会治理的重要内容。2014年《政府工作报告》正式提出社会治理概念，明确指出社会治理创新的基本特征是注重

---

* 李国庆，社会学博士，中国社会科学院城市发展与环境研究所研究员、城市政策与城市文化研究中心理事长、中美富布莱特学者，研究领域为城市社会学、环境社会学、日本社会论。

运用法治方式，实行多元主体共同治理。推进社会治理涉及五个领域，一是改革城乡社区管理体制；二是改革社会组织；三是加强应急管理，提高公共安全和防灾救灾减灾能力；四是改革创新公共安全体系，改革信访工作制度与行政复议工作，及时就地化解社会矛盾。由此可见，城市社会安全与社会风险防控在社会治理创新中占有极为重要的地位。

在大力推进社会治理的今天，风险城市治理格局正在从传统的单位制、街居制向多元主体共治的新型治理体制转变。城市社会风险管理体制创新是社会治理体系的重要内容，城市安全管理体制与城市组织体制、社区组织体制、社会组织体系、业主自主治理四大体系一道，共同提升城市社会的治理能力。

一 城市安全与风险防控的社会学研究视角

城市风险的社会学研究不仅包括突发性社会事件，同时也涵盖自然灾害与经济风险。这是因为人们在应对自然风险、经济风险与社会突发事件时，组织机制都是最为关键的因素，城市安全与社会风险防控首先是一项社会工程。

城市社会风险治理是灾害社会学的研究范畴。灾害社会学把社会学理论与研究方法运用到灾害救助与风险防控研究领域，组织应对是灾害社会学的基本视角，组织主体包括行政组织、专业企业和社区组织，主体范围从公助扩展到共助[①]。

关于风险治理的组织应对，灾害社会学尤其关注风险发生前、发生过程中以及发生之后个人、家庭、组织、社区以及政府的组织行为方式。有防控准备的组织行为将有效降低受灾程度，而高度紧张状态下的组织失灵将加剧受灾程度。必须高度重视灾害防控的组织创新，推进组织之间富有成效的共同合作。

---

① 参考武国春《灾害救助的社会学研究》，北京大学出版社，2014，第1~14页。

灾害社会学关于组织应对的研究表明，行政组织是灾害防控的重要主体，城市应急管理指挥中心是风险应对的核心部门，负责制定应急预案，明确政府相关职能部门各自的职责与部门之间的合作程序，通过智慧监测及时预测风险状况，向职能部门发布救急指令。这一风险防控体系在小规模的应急事件处理中通常是有效的，但是面对大规模突发的自然灾害，行政组织常常会发生失灵，需要多中心救助体系提供有效、及时的灾害救助。社区组织是与行政组织、专业企业同样重要而有效的风险防控主体，能够弥补行政组织失灵与企业失灵。

从"公助与共助"视角观察已有风险应对案例就会发现，在城乡行政组织与社区组织之间存在着大量灾害应对主体，这些主体可能是跨越社区的，例如各种志愿者组织以及其协会组织。灵活的共同援助机制使社会组织成为与行政和企业组织同等有效的风险防控主体。

灾害社会学的组织视角对于中国城市风险防控体系建设具有重要参考价值。中国的灾害防控主体是行政组织，风险防控工作是由政府行政力量主导的，尚未充分渗透到城市社区基层，缺少生活化要素，灾害救援志愿者组织更是处于发育阶段。提高社区防灾能力、培育防灾志愿者组织是与强化行政组织的防灾功能同等重要的城市防灾力构成要素，城市安全与风险防控工作必须与我国正在大力推进的智慧城市、智慧社区建设相结合，建立贴近生活的城市灾害评估与防控体系。

二　中国城市安全与社会风险现状及问题

经过30余年的高速发展，中国经济已经进入三期叠加的新时期，经济增长由持续十数年的高速经济发展向中高速发展过渡；经济结构从以往依靠投资、消费和出口"三驾马车"向供给侧改革创新发展转变；多年来积累的深层次矛盾急需化解。特殊的自然条件以及经济发展模式转型反映在城市经济社会领域，使中国的城市发展呈现高度多样性和复杂性，各种自然的、工程的、生产的、社会的风险交织并存，预警、防控和处置难度不断加大，使城市安全风险防控成为城市管理的重要内容。

首先，中国是世界上自然灾害频发的国家，其基本特征是灾害种类多、分布地域广、发生频率高、损失程度严重。我国2/3以上的国土面积受洪涝灾害威胁，约占国土面积69%的山地、高原区域滑坡、泥石流、山体崩塌等地质灾害频繁发生。2008年汶川8.0级特大地震及南方雨雪冰冻灾害、2010年西南旱灾及青海玉树7.1级地震、2012年"7·21"北京特大暴雨、2015年新疆暴雪等灾害事件给经济社会发展带来了严重损害，造成人民生命财产的重大损失。民政部和国家减灾委员会办公室联合公布的数据显示，"十二五"期间（2011~2015年），各类自然灾害年均造成我国约3.1亿人次受灾，紧急转移安置受灾人员900多万人次，因灾死亡和失踪1500余人，农作物受灾2700多万公顷，房屋倒塌近70万间，直接经济损失达3800多亿元。其中仅2015年，我国各类自然灾害就造成18620.3万人受灾，直接经济损失达2704.1亿元。而更为复杂的国情是，中国有50%以上的人口居住在气象、地震、地质、海洋等自然灾害严重地区，随着城镇面积的迅速扩大，防灾减灾日益成为城市治理能力建设的重要内容。

其次，中国正处于快速城市化过程，2015年底，中国城镇化率达到56.1%，城镇常住人口7.7亿人，其中流动人口为2.78亿人，占城市人口总数的36%以上。由于城市人口规模大、密度高、人的异质性强，本身就是一个典型的风险社会。始于20世纪80年代末的中国城市化动力机制具有特殊性，既包括现代城市化动力，又包括全球城市化力量，使中国城市化呈现后发型和压缩型特征，在推进城市现代化发展的同时，又要面对发达国家正在经历的全球城市化，从而使中国城市的社会风险管理呈现高度复杂性。

中国政府历来重视防灾减灾工作，特别是党的十八大以后，防灾减灾救灾工作进入制度建设新时期。党的十八届三中全会通过的《中共中央关于全面深化改革若干重大问题的决定》将"推进国家治理体系和治理能力现代化"纳入了总目标，提出了"健全防灾减灾救灾体制"的新要求。2015年5月，中共中央政治局就健全公共安全体系进行集体学习，习近平总书记强调要牢固树立切实落实安全发展理念，确保广大人民群众生命财产安全，全面提高全社会抵御自然灾害的综合防范能力。

在中央层面，近年来我国防灾减灾救灾工作的法制化体制建设取得了显著进展。2016年3月，国务院办公厅印发修订后的《国家自然灾害救助应急预案》，对适用范围、应急响应启动条件、启动程序及响应措施等进行了调整和完善，进一步提高了预案的针对性、实用性和可操作性，使灾害救助更加适应我国自然灾害和救灾工作新形势、新变化。此外，国家综合防灾减灾"十三五"规划出台，进一步明确了防灾减灾救灾标准体系，为自然灾害预防和救助工作提供了政策支撑，标志着我国防灾减灾救灾工作发展到规范化和标准化新阶段。

在地方层面，中国各级城市正在加紧落实中央政府关于建立城市应急管理体制的部署，建立起了多层级的城市应急管理组织体系和应急预案体系。吉林省延吉市的城市应急管理制度改革走在了全国前列，"一号式受理、联动式服务"城市应急管理经验具有在全国大力推广的价值。山东省乳山市经验表明，中国城市已经建立起相对完善的城市应急预案体系，城市灾害监控设施与评估达到国际先进水平，城市行政机构具有较强的防灾能力。

但是从灾害社会学理论以及国际先进经验看，中国城市安全管理亦存在突出问题，主要表现在应急管理机制停留于政府行政部门层面，没有深入落实到社区居民的日常生活；防灾社会组织处于培育初级阶段，没有形成社会多元主体共助的合力。社会力量的共助与居民的自助能力非常重要，是对行政的公助力量的有效补充。在"十三五"乃至更长时期，我国社会治理发展的基本思路是要树立城市的"生活中心主义"理念，大力普及城市安全理念，提高城市风险管理能力，创造安全、安心的城市生活环境。

三 城市安全与风险防控的国内外经验

城市社会安全与社会风险评估研究是一个具有高度实践意义的题目，笔者采用了实地考察调研和国际经验比较研究手法进行研究。

首先，对国内在城市社会安全管理领域创造了先进经验的城市进行实地

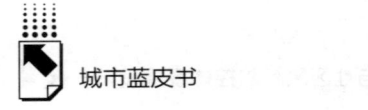

调研，探讨城市应急管理机制建设的社会因素。国内实地考察调研选取了在城市风险管理中独具特色的两个城市。一是吉林省延吉市，2015年8月上旬在吉林省延吉市政府应急办、城市应急管理指挥中心调研"一号式受理、联动式服务"城市管理体制。二是山东省乳山市，2015年8月下旬，在山东省威海市政府应急办、乳山市政府应急办协助下就志愿者参与社会防灾机制展开实地调研。

与此同时，以在城市风险管理领域有着丰富实践积累与理论创新的日本为例，实施实地考察及文献研究，提炼出日本防灾制度的基本特征，以期对中国城市社会风险管理能力提升有所借鉴。

（一）吉林省延吉市"一号式受理、联动式服务"经验

1. 建立独立的城市应急管理中心

延吉市早在2010年4月就成立了城市管理指挥中心，目前已经进驻了市长热线（12345）、应急办、公安、消防、卫生、住建、交通、执法、水利、环保、林业、延吉市人民广播电台第二直播间等12个与应急管理相关的部门，承担着110、122、119、120、12345、12319、12369等特殊服务的应急管理业务的受理及处置职责。延吉市的独特做法是，居民拨打到指挥中心的任何一部电话，所反映的问题都会在第一时间受理并转接到对口职能部门受理解决，这种做法目前在中国为数甚少。

2. 城市应急指挥中心的三大作用

延吉市城市管理指挥中心系统在城市管理实践中发挥着重要作用。2011年11月11日，延三公路朝阳川镇八道村路口北侧发生一起交通事故，造成6人死亡，25人受伤。事故发生后，延吉市及时启动应急预案，成立救援善后指挥部，全力组织抢险救援，救治伤员、处理善后、维护稳定。"11·11"事故应急处置反应迅速、处置及时有效，主要得益于城市应急管理指挥系统。13时40分事故发生后，延吉市城市管理指挥中心接到报警，在指挥中心合署办公的应急办、公安局、消防大队、卫生局、交通局、住建局等部门同时启动预案，调动救援力量赶赴现场，并上报事故信息。13时52

分，3辆消防车、4辆警车、2辆救护车及时赶到事故现场，迅速开展救援工作。根据对事故伤员初步判断，市卫生局紧急协调延边医院和市医院做好救治准备，市应急办请示州应急办协调龙井市救护车辆增援。至14时20分，伤员全部被接入医院进行治疗。

延吉市城市应急管理模式的特点之一，是有12个政府部门进驻城市管理指挥中心合署办公，其中1个部门接警后，可形成多部门联动，快速反应，节省电话通知时间，并赢得了宝贵救援时间。

这一应急管理机制的效果首先是现场急救快速高效。救护人员到达事故现场后，紧急成立检伤组，分别进行现场检伤，优先抢救急危重伤员，有序组织转送轻伤员。在现场利用携带急救设备，采取止血、包扎、固定等急救措施，对伤员进行现场抢救，为挽救生命、稳定伤情、减少伤残提供有力保证。副市长和市卫生局局长分赴延边医院、延吉市医院指导、协调医疗急救工作。

延吉市应急管理体系的作用之二是预案完备、机制顺畅，奠定了突发事件高效处置的基本前提条件。"11·11"事故发生后，无论是州、市两级政府，还是公安、消防、卫生等相关部门，之所以面对突如其来的事故能够做到反应迅捷、从容应对、科学处置，得益于近年来对应急管理工作的高度重视。各部门应急预案完备，应急机制顺畅，才能做到遇难不慌、有备有序展开各项救援善后工作。延吉市政府及各部门还将结合州政府有关强化应急预案编制、修订工作的要求，按照对路、管用、适用原则，切实细化应急预案编制、修订工作，研究编制各类突发事件简明预案操作手册，进一步简化程序、明确流程，进一步强化应急演练，形成各级各类突发事件和安全事故应急应对体系，确保各项预案演练扎实有效，确保一旦发生突发事件能够迅速反应。

延吉市应急管理体系的作用之三是多方共同救援有助于发挥专业救援经验，保证突发事件救援必备的队伍要求。"11·11"事故应急救援中，现场处置之所以能够有效避免二次事故的发生，与得当的救援指挥和得力的救援措施密不可分，救援人员分秒必争的精神和丰富的救援处置经验发挥了关键

作用。之后的遇难者善后工作所以很快取得突破并顺利推进，得益于延吉市采取包保组工作方式，组织了一大批基层工作经验和群众工作经验丰富的干部参与工作。整个事故的顺利处置，更是得益于延吉市广大干部大局意识强、担当意识强。今后将进一步加强各类应急救援队伍建设，加大装备投入，强化业务培训，提高救援队伍实战能力。切实加强专家组队伍建设，选拔一批业务突出、经验丰富、值得信赖的专家补充到各类事故专家组，为领导决策提供保障。同时，注意通过各类突发事件发现具有担当意识、处理各种矛盾经验丰富的干部，重点培养。

3. 建立独立、高级别的城市应急管理指挥系统

"一号式介入、联动式服务"的做法看似简单，实际上涉及政府部门之间的职权协调，需要全市统一部署才能将应急部门从多个职能部门中独立出来，建立高于各个职能部门、相对独立的城市应急管理指挥系统。应急办直接进驻使应急管理和社会管理得以有机结合，在第一时间能够迅速有效地指挥和协调解决各类突发事件，显著提升了应急管理能力和城市管理水平。

指挥中心与延吉市人民广播电台第二直播间的开播，可以在第一时间发布城市交通、供水、供热以及其他与百姓息息相关的生活信息。

延吉市的应急管理体制机制在全国属于领先水平。延吉市在建立应急管理机制时曾经参考了南宁市和南京市的相关经验，结合本地实际情况加以完善，最重要的是在实际运营中真正发挥了作用，具有推广价值。

（二）山东省乳山市应急处理体系中的公助与共助

1. 公助：乳山市政府自然灾害救助预案体系

乳山市是山东省威海市下属县级市，人口57万，是著名的海滨旅游景区。由于旅游地产发展迅速，乳山市正在逐步从夏季的海滨旅游度假城市向全年的健康休闲养生城市发展。

2013年12月，乳山市根据《中华人民共和国突发事件应对法》、《山东省突发事件应对条例》、《山东省突发事件总体应急预案》、《威海市突发事

件总体应急预案》，对《乳山市自然灾害救助应急预案》等38个专项应急预案进行了系统修编。应急预案的适用范围包括乳山市行政区域内的气象灾害、地震灾害、地质灾害、海洋灾害、自然灾害以及其他突发事件的应急处置工作。预案编制目的是建立健全应对突发自然灾害救助体系和运行机制，规范应急救助行为，提高应急救助能力，最大限度减少人民群众生命和财产损失，维护社会稳定。

乳山市应急管理工作原则是以人为本，减少损失；统一领导，综合协调；分级负责，属地管理；政府主导，社会互助。按照这一工作原则，政府首先成立了市减灾委员会，作为全市的灾害救助领导机构。减灾委由分管副市长担任，成员包括市委宣传部、气象等政府职能局、供电公司等公用企业及武警、部队，明确每一个成员单位的职责。减灾委办公室设在民政局，根据需要设立市现场指挥部，统一组织、协调现场应急处置工作。现场指挥部设立技术专家组、抢险救助组、医疗救护和卫生防疫组、治安警戒组、人员转移和安置组、社会动员组、物资经费和生活保障组、应急通信组、气象海洋水文组、综合信息及新闻发布组、涉外工作组、基础设施保障及生产恢复组、善后处理组等。

乳山市应急管理运行机制首先是应急准备，包括资金准备、物资准备、通信信息准备、装备和设施准备、人力准备、社会动员、科技准备。为了确保预案发挥作用，市每年定期组织应急演练，对预案进行评估，利用广播、电视、报刊、互联网等多种媒体，向社会各界广泛宣传应急基础知识，增强防范意识；定期组织应急管理人员、专业技术人员、救援人员进行技能培训，提高应急处置能力。

市政府应急办印制颁布突发事件级别初判标准、市领导赴现场处置突发事件工作参考、市政府办公室突发事件处置流程指南。从工作程序和组织机构建设角度看，乳山市的做法代表了中国城市应急管理体系的普遍状况。乳山市已经建立起电子市政服务大厅，但没有入驻的政府职能机构，公安系统建立了单独的应急指挥中心。如果与上面介绍的延吉市应急管理体制相比，乳山市还应建立日常性的政府职能部门统一办公的城市指挥中心机制。而要建立延吉市独立、一体化的城市应急管理体系，前提条件是打破部门壁垒，协调各个职能部门的责任与权利。从长远看，这必将促进政府职能配置的合理化、公开化和组织结构的优化。

2. 共助：乳山市应急管理志愿者团队的经验

和其他城市一样，乳山市建立了完善的政府应急管理机制。然而乳山市的应急管理体制特色更突出表现在有当地居民参与的共助应急体系上。

乳山市活跃着一支红十字蓝天志愿救援队乳山支队，目前有25名志愿者。志愿者主要职业是教师、公务员。志愿者自费配备了先进的通信器材和救援汽车等专业设备，周末自愿安排在全市巡逻监视，并多次参加应急救援。救援队员具有中国红十字会颁发的《红十字急救员证》，具备心肺复苏以及外伤处理等相关急救专业知识与救助技能。

这支蓝天志愿救援队是志愿者自发组成的。作为山东省革命老区，乳山军民在中国革命史上留下了丰富的红色文化资源和宝贵的革命精神财富，近年来乳山市深入挖掘以马石山为代表的红色文化底蕴，将红色文化作为一种精神力量，鼓舞和激励全市人民加压奋进、拼搏进取，有力地推进了经济社会发展，提升了文化软实力。乳山市一直保持着为社会献爱心的文化传统，2011年被中华社会救助基金会授予"爱心城市"称号。

乳山市政府应急办与志愿者救援队有密切联系。乳山市应急工作原则之一是"政府主导，社会互助"。市应急管理预案在"人力准备"部分突出强调要培养、发展和引导相关社会组织和志愿者队伍，鼓励其在救灾工作中发挥积极作用。政府正在研究以政府采购社会服务方式支持救援社会组织的发展。与此同时会同共青团、红十字会、慈善总会等有关单位拟订《应急志愿者队伍建设和管理办法》，规范应急志愿者管理工作。

乳山市社会救助志愿者组织体现了社会共助精神，乳山市应急管理预案体现的是政府主导的"公助"原则。在交通事故、火灾等特定范围的灾害中，政府系统的专业救援队伍将发挥主导作用。但是在像地震、海啸等大规模、地区性灾害发生时，由于交通、通信、抢险体系不可避免地发生混乱，政府的救助体系力量即使得到充分发挥也是远远不够的，唯有发挥地区居民的公共力量，建立以志愿者为主体的新的共助救援体系，实施有居民参与的"共助"，才能应对大规模自然灾害带来的救助需求。

（三）国际经验：日本防灾体制基本特征

1. 防灾法律的完善与公助防灾组织体系

日本是一个灾害多发国家，国民传统上对自然灾害与突发事件的防范意识强烈，易于自觉接受防灾法律制度。日本在战后建立了主要包括 5 部法律的防灾制度体系。第一部法律是战后初期出台的《灾害救助法》。该法律制定于 1947 年南海地震背景之下，确定了对受灾者实施救助的基本框架。与此配套，日本制定了促进受灾居民生产生活重建的法律，包括 1947 年的《关于减免受灾者租税的法律》和《农业灾害补偿法》。

第二部法律是 1961 年制定的综合性法律《灾害对策基本法》，制定背景是 1959 年发生的伊势湾台风灾害。《基本法》规定了灾害预防、灾害应急对策、灾后恢复重建、财政援助措施，明确了减灾责任、灾害行政推进方式。与此配套，1962 年制定了《有关特别严重灾害应对的特别财政援助法律》，1966 年还制定了《关于地震保险的法律》。

第三部法律是 1978 年出台的《大规模地震对策特别措施法》。该法律以可能发生的东海地震说为前提，指定了"地震防灾对策强化地区"，一是强化观测体系，二是依据地震财政特别法提供财政援助。

第四部法律是 1998 年的《受灾者生活重建支援法》。该法律制定于 1995 年阪神淡路岛大地震之后，旨在都道府县政府从互助角度出发，灵活使用基金向因自然灾害导致生活遭遇严重影响的受灾者提供生活援助[①]。

第五部法律是 2013 年制定的《地区防灾计划制度》，制定于 2011 年 9 级东海大地震之后，旨在要求各个社区居民根据当地的实际情况，自主制定应急预案，实施防灾训练，使每一个居民了解灾害发生时的逃生方案，将灾

---

① 以上 4 部灾害救助法律的描述，参照武国春《灾害救助的社会学研究》第五章"日本防灾制度的完善"。

害救助建立在社区基点之上。

2. 1995年阪神淡路大地震与地方共助支援体系建立

1995年被称为日本"志愿者元年",日本防灾制度从政府主导的公共救助体制向有居民参与的共同救助体系演变。

1995年1月17日,日本发生里氏7.3级阪神大地震,震灾造成多达6500人死亡。由于强震使通信系统和交通设施瞬间瘫痪,政府的救灾体系遭受破坏,救灾无法按预定方案系统展开,指挥体系不协调、救援物资供应混乱,政府行动极为迟缓。与此相对照,各地民众和非政府组织纷纷行动参与救援和灾后重建,整个救灾活动中来自日本各地的130多万名志愿者参与了救援,救援关键期每天有超过2万名的志愿者赶赴灾区提供多种形式救援。震灾催生了大量志愿者组织,共同参与救援。著名的"神户加油村"在最初三个月每天为避难居民提供最多达7000份的便当;此外以"假牙救护队"、"婴儿救护队"、"温心草甸队"为代表的志愿者组织提供了针对老年人、儿童等不同年龄群体的个性化救援。灾区居民需求多元,志愿者组织的救助活动也各具特色,人们不再仅仅依赖政府救援,而是努力寻求自救与共助之路。志愿者建立了组织网络,保持密切交流,自律发展,并在灾后重建过程中持续发挥作用。

阪神大地震救援活动给人们留下的最深刻启示,就是与政府救援和军队救援相比,来自全国各地、有丰富救援经验的救灾志愿组织的力量更加机动灵活、有效可靠。志愿者的出色活动让中央和地方政府充分认识到市民的力量,随后制定和实施了一系列志愿者活动支援政策,并于1998年12月正式实施《特定非营利活动促进法》。该法律赋予志愿组织、市民组织法人资格,获得了以组织身份签署合同、租借办公场所、管理组织基金、与行政对话等合法地位,标志着社会信任度的提升,被认为是日本政府向社会开放更多活动空间的重要标志[1],1995年作为"志愿者元年"载入日本NGO发展

---

[1] Mary Alice Haddad, Transformation of Japan's Civil Society Landscape [J]. *Journal of East Asian Studies*, 2007 (7): 413-418.

史册。

3. 2011年东海大地震之后的"地区防灾计划制度"

2011年日本发生9级东日本大地震，超过1.5万人在灾害中丧生，并诱发了对规模更大的东海大地震的猜测。内阁府着手制定"地区防灾计划指南"，指出"公助的有限性"，强调"自助、共助"的重要性，要求各个社区由居民自主研究当地最可能发生的灾害，制定相应的防灾预案。

2011年之前，日本的防灾计划都是在最高层次制定国家级的应急法律，然后都道府县和市町村制定防灾计划。防灾成为政府部门固有的行政职责，居民则处于等待救助的位置。但是在1995年阪神淡路岛大地震和2011东海大地震之后，出现了"公助的有限性"概念，特别是在地震和海啸等大规模灾害发生后，地方政府同样遭受冲击，职员缺位，交通通信中断，行政功能瘫痪，无法履行救援职责。

实践证明，受灾地区居民以及企业、商店、学校为主的"自助"发挥了有效的救助功能。此外，町内会、邻里之间的"互助"也常常发挥奇迹般的救助作用。也就是说在灾害发生时，日本人已经从过度依赖政府的"公助"，转向越来越重视町内会、邻里之间的"共助"。这一转变来自地区居民的自我认识，而不是政府自上而下的倡导。居民开始自发组织起来，利用地质资料研究当地可能发生的自然灾害，实施灭火训练和避难训练，建立灾害发生时的相互通信联系网络。

基于日本民众自主发起的灾害公共救助动向，2013年日本内阁修改了《灾害对策基本法》，追加了自助与共助内容，建立了地区居民与驻区单位制定"地区防灾计划"并向市町村政府提议、市町村政府防灾会议审议后将其纳入政府防灾计划的制度。

日本内阁于2014年3月发布了《地区防灾计划指南——面向地域防灾力提升与社区活力增强》，对地区防灾计划的背景、计划基本思路、计划内容、向地方政府提议的程序、计划的实施与检验等作了说明，对地区居民的共助防灾活动提供援助。市町村政府召开防灾会议，审议地区防灾计划，在认定有必要的前提下，将相关部分纳入市町村政府的防灾计划。根据本地区的实际由居民和地方组织自下而上制定生活化的灾害预案，纳入地方政府的防灾计划，把居民确立为防灾计划的实施主体。加强政府与社区居民的互动和联系，是日本将灾害程度降到最低限度的有效制度保障。

四 创建生活化的城市社区防灾制度

（一）完善法律体系，建立生活化的城市安全体制

随着城市人口增加、人的异质性增强以及城市建设规模的扩大，城市的经济安全、社会安全以及自然环境安全成为城市治理的重要课题。但是由于城市化发展过快，中国城市安全体制建设还处于初级阶段，急需弥补防灾体制的短板。

"十三五"期间，中国亟须完善灾害救助法律体系，制定"城市安全基本法"、"灾害救助法"等相关法律，建立城市自然灾害和社会灾害对策的目标、应急机制、预警机制、协调机制与评价体系，建立地震与城市火灾避难体系、居民避难体系、防灾信息体系以及突发公共事件应对机制。

（二）确立"社区防灾力"理念，完善城市应急管理体系

在新型城市化建设过程中，城市安全已经成为不可缺少的重要内容，新型城市必须是能够安全、安心居住的平安城市。在城市安全能力建设方面，应把社区放在突出位置。城市社区承担着最为基础的作用。

城市灾害是不可避免的，而一座城市、一个社区的防灾能力是能够培育的。防灾力主要取决于防灾主体即人力资源，在加强政府主导的公助力量的基础上，建立有居民参与的共助体系极其重要。地区防灾力还包括物质资源，包括信息收集与传达能力、避难诱导能力、自救能力、救助能力、运送能力等，需要科学研究，科学认识当地的防灾能力，不断完善地区防灾力评估体系，最终创建出安全、安心的城市生活环境。

（三）制定务实的地区防灾计划，发挥社会共助力量

近年来，《政府工作报告》都把自然灾害和突发事件的应急管理作为社会治理的重要组成部分，表明社会治理意识的提升。正如延吉市和乳山市经验所表明的，政府已经制定了极为严密详尽的防灾预案，政府的公助主体地位得以确立。

实践经验表明，政府的应急预案对于小规模突发事件是有效的，面对地震、洪水、海啸等大规模灾害，政府的公助作用是极为有限的，常常发生失灵现象，唯有当地居民和社会组织有计划、科学地自助与共助才是最为有效的途径。

为了建立有居民参与的地区防灾体系，由社区或业主委员会为单位制定针对本社区的防灾计划最贴近生活、最具有实用性。政府需要以法律形式，鼓励以社区为单位对城市风险的历史与现状加以研究，制定针对本社区的防灾计划，并转变为每一个居民的防灾意识、防灾技能与防灾行为，提高危机管理与抗风险能力。政府需要为居民制定本社区的防灾计划提供技术指南和相关信息，建立政府与居民之间通畅的合作渠道，使公助和共助力量发挥乘数效果。

综上所述，中国以地方政府为主体的城市应急管理体系已经得以建立，政府应急管理预案制定完备，应急行政组织体系日趋健全有效。今后的工作目标是创建生活化的社区防灾制度体系，大力提高社区防灾能力，积极培育防灾社会组织，把政府的公助力量与社区组织、社会组织的共助力量有机结合起来，不断提升城市社区的防灾能力，建设安全、安心的城市生活环境。

参考文献

李国庆、戴秋娟：《日本社会公共性建设镜鉴》，《人民论坛》总第438期，2014年

4月中。

武国春:《灾害救助的社会学研究——印尼、中国、日本案例比较》,北京大学出版社,2014。

梶秀樹、塚越功:『都市防災学』(改訂版)、学芸出版社、2013年。

西澤雅道、筒井智士:『地区防災計画制度入門』、NTT出版株式会社、2014年。

Ostrom, Elinor. *Understanding Institutional Diversity*, New Jersey: Princeton University Press, 2005.

Ostrom, Elinor. *Governing the Commons: the Evolution of Institutions for Collective Action*. Cambridge University Press, 1990.

Ostrom, Vincent, Robert, Bish, and Elinor, Ostrom. *Local Government in the United States*. San Francisco: ICS Press, 1988.

《城市社区防灾减灾手册》,民政部国家减灾中心出品。

《农村社区防灾减灾手册》,民政部国家减灾中心出品。

威海市人民政府应急管理办公室、威海市人民政府办公室编《威海市公众应急知识手册》,2012。

威海市人民政府办公室编《应急管理工作资料汇编》,2012。

案例篇
Cases Reports

B.16
苏州市健康城市建设实践与思考

卜 秋 刘俊宾*

摘 要： 健康城市是20世纪80年代世界卫生组织针对城市化问题给人类健康带来的挑战而倡导的一项全球性行动，建设健康城市是解决城市病的一个有效途径。苏州市健康城市建设自1999年起步，历经试点启动、全面发展、项目推动、稳步发展四个阶段，在健康环境、健康社会、健康服务、健康人群等方面开展系列工作，本文总结了苏州健康城市建设的主要工作经验，分析了目前苏州健康城市建设面临的新形势和存在的主要问题，并对健康城市建设下一步发展方向提出对策建议。

---

* 卜秋，硕士，苏州市卫生和计划生育委员会副主任，市爱国卫生运动与健康促进委员会办公室主任，主要研究方向为卫生事业管理、爱国卫生与健康城市建设；刘俊宾，硕士，苏州市卫生发展与健康城市指导中心副主任，主要研究方向为健康城市建设。

关键词： 健康城市　健康促进　苏州

健康城市是世界卫生组织针对城市化问题给人类健康带来的挑战而倡导的一项全球性行动。苏州自1998年建成国家卫生城市后，围绕健康服务、健康环境、健康社会、健康人群等核心要素，积极探索健康城市建设，将其作为巩固发展国家卫生城市创建成果的主要载体来开展建设工作，至今已有18年。

一　苏州市建设健康城市发展历程

（一）试点启动阶段（1999～2002年）

健康城市是一个外来概念，在国内没有成型的经验可以借鉴，为了使健康城市建设达到更高成效，就必须充分理解健康城市的内涵、基本方法和路径等，必须通过小范围试点摸索建设经验。邀请世界卫生组织专家授课、翻译国外健康城市经验资料、总结试点经验，以及开发政治资源等就显得尤为重要，试点阶段主要围绕上面工作来开展。形成了建设健康城市系列丛书、健康城市指导手册、健康城市建设项目标准、市委市政府对健康城市建设的政治承诺性文件等成果。通过试点调研，探索创新，积累健康城市建设经验。

（二）全面发展阶段（2003～2006年）

健康城市建设需要全社会的知晓和支持，经历过了试点，总结出了可行的路径，就需要在全社会进行普及推广、全面发展，需要运用到制定政策、创造支持性环境、强化社区行动、调整服务方向、发展个人技能等健康促进核心策略上。在制定政策上，苏州市十三届人大一次会议将"加快健康城市建设"列入今后五年的市政府目标任务之一，并成立了苏州市建设健康城市领导小组，由市委副书记、市长任组长，市委、市政府制定了《关于加快健康城市建设的决定》、《苏州市建设健康城市行动计划》和《建设健康城市部门职责分工》等政策性文件；在支持性环境创造上，征集确定了健康城市宣传口号和健康城市标识，确立"健康城市'12+7'宣传活动"品牌，并且加入世界卫生组织西太区的健康城市联盟，举办了苏港澳健康城市论坛和第二届健康城市联盟大会，发表《健康城市市长苏州宣言》；在社区行动上，全面推开健康社区、健康单位建设，动员全社会和广大市民积极参与健康城市建设；在卫生服务方向上，注重传染病预防、疾病预防控制体系建设，投入7亿多元建立完善的疾病预防控制体系；在发展个人技能上，制作发放限盐勺、控油壶、腰围尺等健康支持工具。

（三）项目推动阶段（2007～2010年）

项目建设体现了PDCA的质量控制思维，也符合循证的思维，在健康城市专家委员会的指导下，苏州市开展健康城市项目建设，包括老年人健康公平性研究、道路安全、无烟城市等国际性的健康城市建设项目；垃圾分类等部门间健康城市建设项目；近百项社区级健康城市项目。通过项目建设，将科学的方式方法进行普及深入，为健康城市建设的良性运转奠定基础。

（四）稳步发展阶段（2011年至今）

健康城市建设到这个阶段已经走过了10年，处于一个高位运行、稳步发展的时期。成立了健康城市研究所，依托苏州大学等学术机构科研力量指导苏州健康城市建设，开展健康城市科学诊断；根据科学诊断结果，开展"十二五"期间健康城市十大行动，主要围绕优化健康服务、改善健康环境、构建健康社会、培育健康人群、巩固卫生创建成果、全民健康促进、健康素养普及、公共场所控烟、健康社区建设等方面开展工作。

二 苏州市建设健康城市主要措施和成效

苏州市健康城市建设围绕影响城市健康的医疗卫生服务、自然和社会环境、个人等因素展开，主要包括健康环境、健康服务、健康社会和健康人群等建设内容。苏州市2001年被全国爱卫办推荐成为国内第一个世界卫生组织健康城市项目试点，2007年成为全国首批健康城市试点市，2008年被WHO西太区授予"杰出健康城市奖"。截至2015年底，户籍人口平均期望寿命增加到82.87岁，婴儿死亡率降低至2.71‰，孕产妇死亡率始终控制在5/10万以内，城乡居民健康素养水平上升到21.3%，累计获得27项世界卫生组织和健康城市联盟颁发的健康城市奖项。

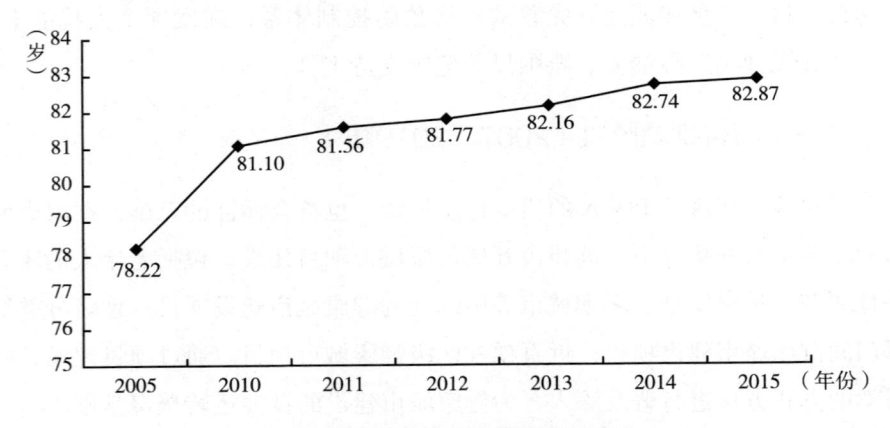

图1 苏州市平均期望寿命变化情况

资料来源：根据2005～2015年苏州市卫生事业发展情况公报整理。

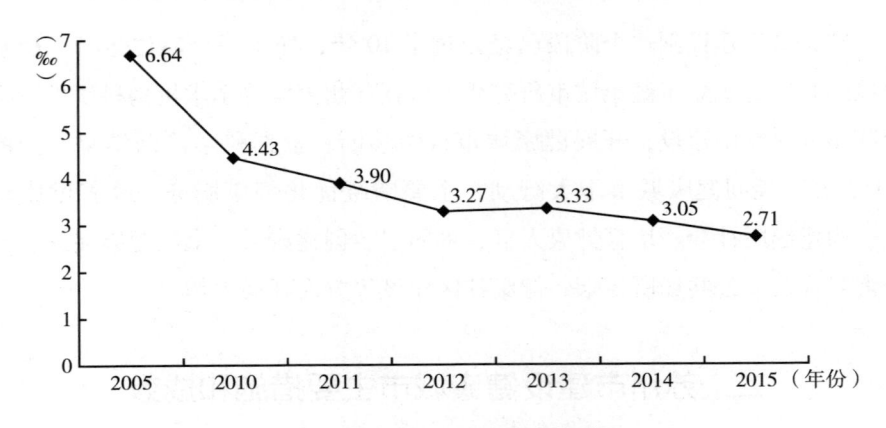

图2 苏州市婴儿死亡率变化情况

资料来源：根据2005～2015年苏州市卫生事业发展情况公报整理。

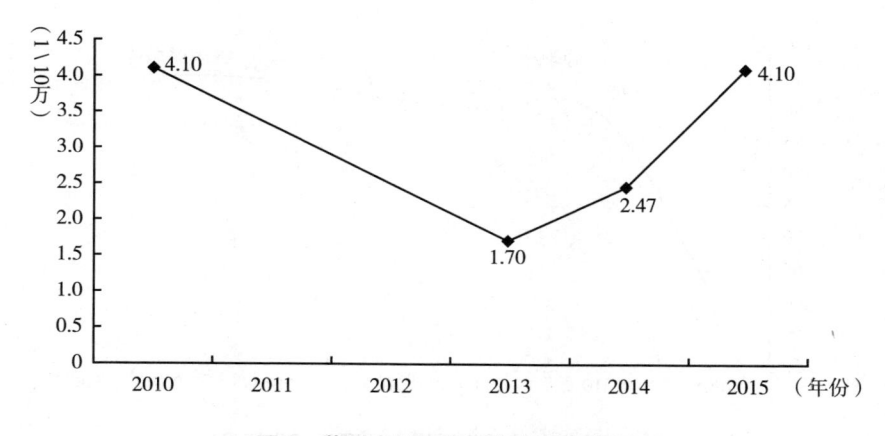

图3 苏州市孕产妇死亡率变化情况

资料来源：根据2010~2015年苏州市卫生事业发展情况公报整理。

（一）改善环境健康

影响人群健康的自然环境主要包括水、空气、绿化、居住环境、生活垃圾等，健康环境的改善主要围绕上述因素展开。

加强了水环境治理。加强水源地保护，集中式饮用水源地水质达标率保持在100%，自来水厂全部采用深度处理工艺，末梢水卫生监测合格率近三年保持在100%。实施古城区河道治理、农村黑臭治理、东太湖综合整治、石湖水质提升等水质提升工程。提高生活污水处理能力，城镇生活污水处理率达到95.03%，农村（规划保留点）生活污水处理率达到64.5%。

实施了蓝天工程。加大节能减排力度，PM2.5年均浓度持续下降。推进生态文明建设"十大工程"，建成国家生态城市群，国家环保模范城市复核实现"满堂红"。

实施了绿化工程。建成区绿化覆盖率达42.93%，人均公园绿地面积达到14.98平方米，形成了以公园绿地为重点、道路绿化为网络、小区绿化为依托、街头绿地为亮点的城市园林绿化格局。

加强市容环境卫生执法力度，打造最干净、最整洁城市。健全数字城管体系，网格化、精细化管理不断强化，"数字城管"实现全覆盖。加大环卫

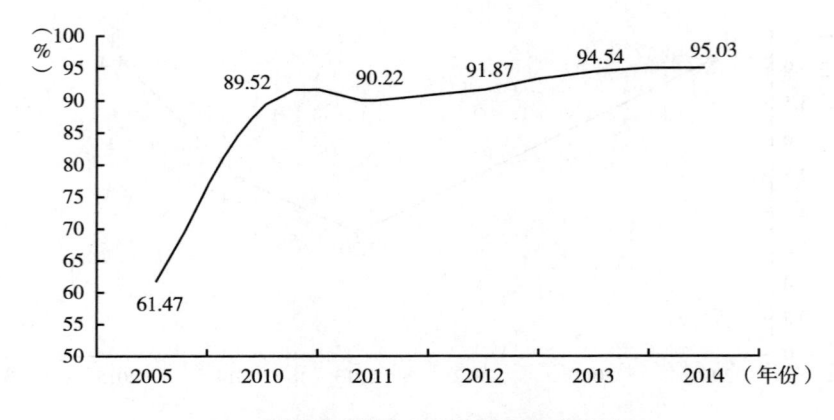

图4 苏州市城镇生活污水处理率变化情况

资料来源：根据2006～2015年苏州市统计年鉴整理。

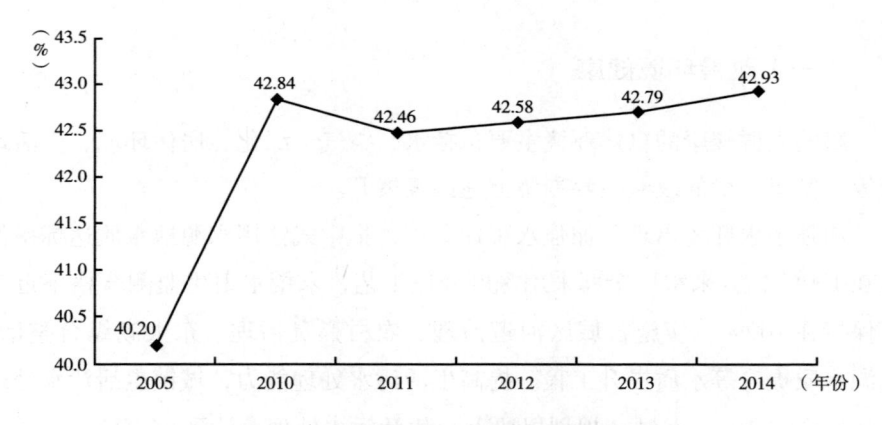

图5 苏州市建成区绿化覆盖率变化情况

资料来源：根据2006～2015年苏州市统计年鉴整理。

基础设施建设力度。优化提升环卫收运体系，农村建立户集、村收、镇转运、县处理的生活垃圾收运模式，生活垃圾集中收运率达到100%。

加强卫生创建，重点解决背街小巷、城乡接合部、农贸市场、五小行业等存在的影响群众健康的突出卫生问题，城乡卫生面貌和群众的健康素质明显提高。全市省级卫生镇实现全覆盖，国家卫生镇比例达84.3%，省级卫生村比例达98.5%。

近年来，还开展了城市环境综合整治提升、城市老住宅小区与城中村改造、环境卫生全民大行动、生活垃圾分类、病媒生物防制、城市和农村改厕、农贸市场标准化改造、村庄环境综合整治、美丽城镇与美丽村庄建设等行动和工程，城乡环境卫生面貌得到日益提升，健康环境持续改善。

（二）健康社会不断构建

社会环境的健康与否与城市健康有很大的关系，社会保障、社会治安、食品安全、交通体系等等都是健康的社会影响因素。

苏州市致力于建立公平高效的社会保障体系，城乡养老保险、居民医疗保险、最低生活保障标准全面并轨，城镇职工五险、居民医疗保险和养老保险覆盖率都保持在99%以上，统一城乡居民最低生活保障标准，2015年提高到每月750元，建成全国首个统筹城乡社会保障典型示范区。

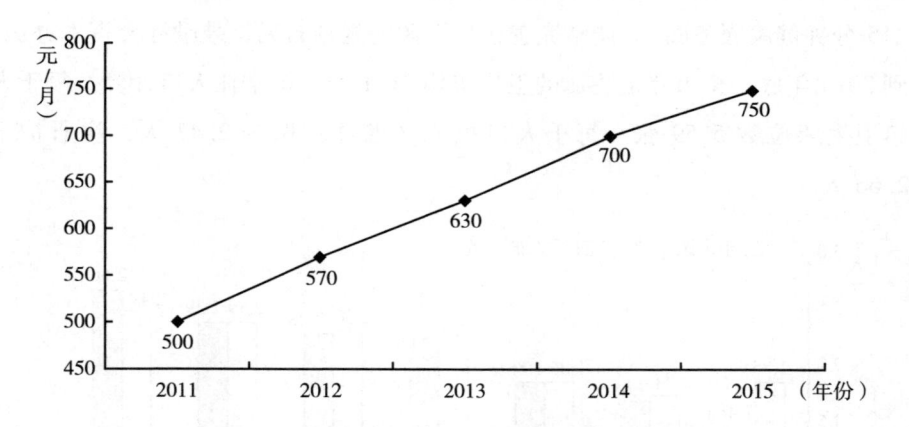

图6　苏州市城乡居民最低生活保障标准变化情况

资料来源：根据2011～2015年苏州市统计年鉴整理。

加强社会治安综合治理，全市布建视频监控探头39.5万个，其中重点部位4.8万个探头联网运行，建立3万多人义警队伍，推进平安苏州建设。

深入开展食品安全集中整治，建成覆盖城乡的食品安全监测预警体系和肉类流通追溯体系，加大食品安全抽检力度，全市千人食品抽检率突破4批次/千人，动态合格率保持在98%以上。全面推行食品安全监督信息公示和餐饮单位量化分级，全市餐饮单位食品安全量化分级管理率达100%。

大力发展公共交通，实施公交优先战略，制定《苏州市中心城区慢行交通系统规划》和《苏州市区公共自行车专项规划》，截至2015年10月底，市区共建成公共自行车站点1576个，车辆36057辆，日均周转次数近5次，市民公交出行比例达到29%。

（三）健康服务日益完善

卫生服务是人们能够感受到的，同健康密切相关的因素之一，医疗资源的合理配置，卫生服务的普及性、公平性和高效性，弱势群体的卫生服务等，都是健康服务的重要内容。

苏州市在健康城市建设过程中，不断深化医药卫生体制改革，完善四级医疗卫生服务网络，全市城乡社区卫生服务覆盖率达到100%，基本建成"15分钟健康服务圈"。调整完善医疗资源的规划布局，鼓励社会资本办医，到2015年底，全市登记注册的卫生机构3121个，按常住人口计算，每千人口卫生床位数5.59张，每千人口执业（助理）医师2.47人，注册护士2.66人。

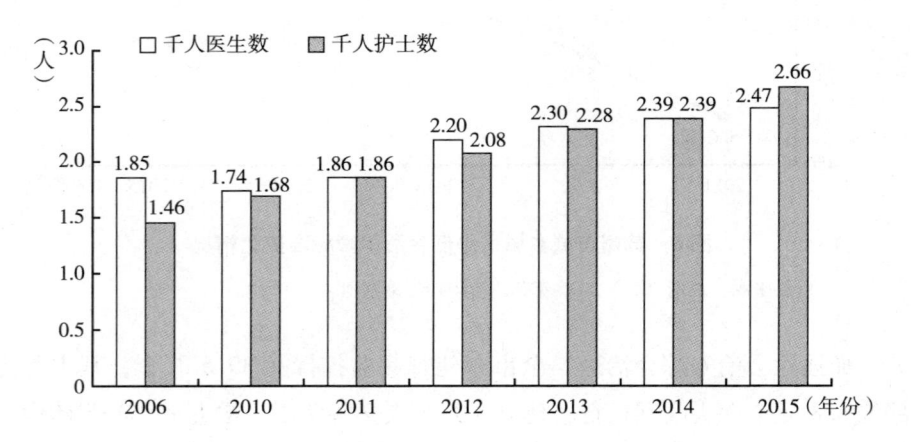

图7 苏州市每千常住人口医师、护士数变化情况

资料来源：根据2006~2015年苏州市卫生事业发展情况公报整理。

推进城乡基本公共卫生服务,创设母婴阳光工程、重性精神病免费服药和困难人群高血压患者免费服药等一批特色公共卫生服务项目,人均基本公共卫生服务经费达60元。建立全科医师培训基地,开展全科医师规范化培训,推进家庭责任医师制度。

加强疾病预防控制,传染病总发病率降低到107.47/10万,建成2个国家级慢性病防控示范区。开展母婴阳光工程,实施出生缺陷社会化干预,推行一站式免费婚检,婚检率提高至95.96%,出生缺陷发生率降低至5.55‰。

图8　苏州市传染病总发病率变化情况

资料来源:根据2005~2015年苏州市卫生事业发展情况公报整理。

积极推进卫生信息化建设,建成社区影像远程会诊中心、社区临床检验集中检测中心、心电远程会诊中心,实施医疗自助服务进家庭,完善医疗便民服务"一卡通"和集约式预约挂号12320平台建设,有效缓解了看病难等问题。

实施全民健身工程,建成"10分钟体育健身圈"。全市共有3543个晨晚练健身点,部分学校健身场地免费按时向市民开放,人均公共体育设施面积达2.7平方米,每万人拥有社会体育指导员数近31人,为广大市民和群众提供免费的健身指导服务和体质监测服务。

实施老年人免费健康体检,加快推进养老服务,居家养老服务实现全覆盖,社区养老服务形成网络,机构养老服务初具规模,千名老年人拥有各类养老床位40张。

（四）健康促进广泛开展

世界卫生组织（WHO）指出，个人的健康和寿命60%取决于自己。所以开展健康教育和健康促进、发展个人健康技能、提升个人健康素养，对健康城市建设尤为重要。

苏州市大力开展健康促进百千万工程，开设"健康苏州大讲堂"，成立了健康促进讲师团，市级讲师每年开展健康苏州大讲堂100余场。开展"健康大巴进社区"活动，组织苏州各医院名医深入社区，免费为居民开展健康咨询服务，指导居民养成良好的生活习惯。建设"健康教育场景"。全市累计建成健康主题公园50个，健康步道178条，健康教育园70个，形成覆盖城乡的健康教育场景体系，成为健康生活方式教育和实践基地。

开展健康素养促进行动，开发制作多套健康支持工具，发放给市民群众，在传播健康知识的同时让市民共享发展实惠。开设"天天健康"等新闻媒体健康专栏，建立微信公众号等，广泛宣传健康知识，城乡居民健康素养水平达21.3%。

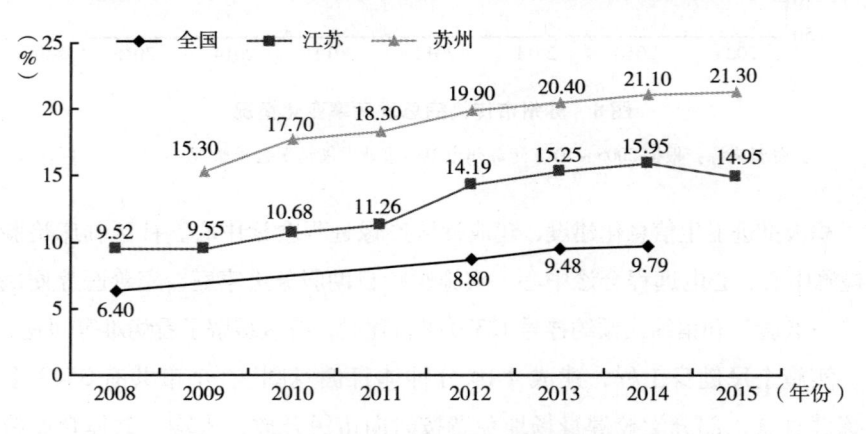

图9　全国、江苏及苏州健康素养水平变化情况

资料来源：根据2008~2015年苏州市居民健康素养报告整理。

开展公共场所和工作场所控烟工作，医疗卫生机构控烟率保持100%，开展"无烟城市——盖茨中国控烟项目"，在市委、市政府大院31个行政机关和事业单位开展机关工作人员控烟工作。

实施流动人口健康促进，在流动人口集宿区、集中务工企业、子女学校开展健康促进干预，引导开展健康促进企业创建活动，关注员工身心健康，有40家企业建成江苏省"省健康促进示范企业"。

三 苏州市建设健康城市主要经验

（一）突出政府主导

政府主导在当前一个时期是健康城市奋力发展的最大驱动力。从苏州市健康城市建设历程来看，各项政策的出台、各项行动的实施，都离不开政府主导，从未来健康城市发展的内涵来看，也离不开政府的主导参与。市委、市政府将"继续推进健康城市建设，提升城乡居民健康素质"列入苏州市国民经济与社会发展规划纲要及党代会决议，并作为率先基本实现现代化、保障和改善民生及创新和加强社会管理水平的战略举措之一加以推进，为健康城市建设提供了很好的组织保障。

（二）注重科学指导

科学化建设贯穿苏州市健康城市建设始终。从专家指导委员会到健康城市研究所，从健康城市项目标准到健康城市指标体系，从健康城市诊断到行动计划，都体现了科学指导这一灵魂。特别是在成为全国健康城市试点市以后，依托苏州市健康城市研究所，先后完成"苏州市健康城市诊断"、"苏州市健康城市发展策略研究"、"健康城市建设中的健康促进能力"等十多项课题研究，组织编写了《现代健康城市发展研究——苏州健康城市建设范例》、《健康城市科学管理体系——张家港市健康城市建设》等专著，提升了健康城市科学管理水平。

（三）强化以人为本

健康是群众感受最直接的民生工作，只有坚持以人为本、以人的健康为核心，倡导健康公平，才能得到群众的拥护。近年来，苏州市针对妇女儿童健康，开展"六免三关怀"母婴阳光工程；针对流动人口健康，实施流动人口健康促进行动；针对老年人健康，开展老年人免费健康体检及健康养老服务等等，真正体现了以人为本和保障改善民生的需要，也使健康城市建设受到市民的大力支持。

（四）加强宣传动员

建设健康城市是"社会大卫生"系统工程，必须加强社会动员，促进全民参与。苏州市每年结合爱国卫生月和各种卫生节日，动员全社会开展爱国卫生运动和健康知识普及，累计向市民免费发放上百万份的健康素养读本、控盐勺、控油壶、腰围尺等宣传资料和物品。同时，调动社会组织积极参与健康城市建设，人寿保险公司、基层卫生协会、健康管理学会、原健康促进会等社会组织的参与，为苏州市健康城市建设持续发展打下良好根基。

（五）坚持城乡一体

苏州市城市化率达到75%以上，健康城市已经不单单局限于城市建成区范围内，健康镇村建设也成为健康城市建设不可或缺的一部分。苏州市健康城市建设始终坚持城乡一体理念，自健康城市起步以来，各县市同步推进，2007年起，又开展了健康镇村建设，截至目前，70%的国家卫生镇和45.6%的省级卫生村建成了苏州市级健康镇和健康村。苏州市作为江苏省唯一的城乡一体化发展综合配套改革试点地区，城乡一体在未来仍然是健康城市建设的根本原则。

四 苏州市健康城市建设面临的形势及存在的问题

（一）健康城市建设面临的形势

1. 国内发展趋势对健康城市提出新要求

党的十八届五中全会明确要求推进健康中国建设，国务院也时隔25年专门就新时期爱国卫生工作做出重要部署，印发了《关于进一步加强新时期爱国卫生工作的意见》，提出探索开展健康城市建设。国务院专门召开全国爱国卫生工作电视电话会议，就健康城市建设做出部署。此外，国务院近期还制定了有关发展健康服务业、保险业、康养产业等一系列文件，将健康城市建设提升到新的高度，健康得到党和国家的高度重视。苏州市的健康城市建设现状，与党中央、国务院的指导精神和世界卫生组织、省政府等的标准要求还存在着一定差距，亟待我们进一步提高对深化健康城市建设重要意义的认识，在前阶段工作基础上及早谋划，力争在未来全国健康城市建设大潮中走在前列、引领潮流。

2. 苏州经济社会发展特点对健康城市提出新要求

（1）城镇化和城乡一体化。苏州被国务院规划为特大城市，国家发改委和省政府分别批准为"全国农村改革试验区"和"江苏省城乡一体化发展综合配套改革试点市"，城乡一体化的政策导向和制度安排的框架体系已经确立，形成以苏州市区为核心、4个县级市为枢纽、50个镇为基础的城乡一体化的区域发展规划。苏州市建成区面积从2005年的432.8平方公里增加到2014年的735.2平方公里。2005年，苏州城镇化率为63.5%，到2014年苏州城镇化率已经达到74.0%。根据《苏州市城市总体规划》所确定的目标，到2020年苏州市城镇化率将达到80%。目前全市已经实现了区域集中供水、生活垃圾集中收集处理，此外，农户集中居住率达到50%以上，二元化社会结构逐步消失，这就要求苏州健康城市建设不能仅仅关注城市建成区，还必须坚持城乡一体，兼顾城市和农村。

（2）人口外来化和老龄化。2015年末苏州户籍总人口数667.01万人（含大量已落户的新苏州人），较2006年增加51万人；另外，尚有登记流动人口数698.1万人，比2006年末增加201万人。登记的流动人口绝对数和年增长数，已超过户籍人口数，如果再考虑到户籍人口中的新苏州人，外来人口绝对是苏州社会的主体，苏州也是一个典型的移民化城市。

此外，健康水平的提高使苏州市人口老龄化水平不断提升，2015年末，

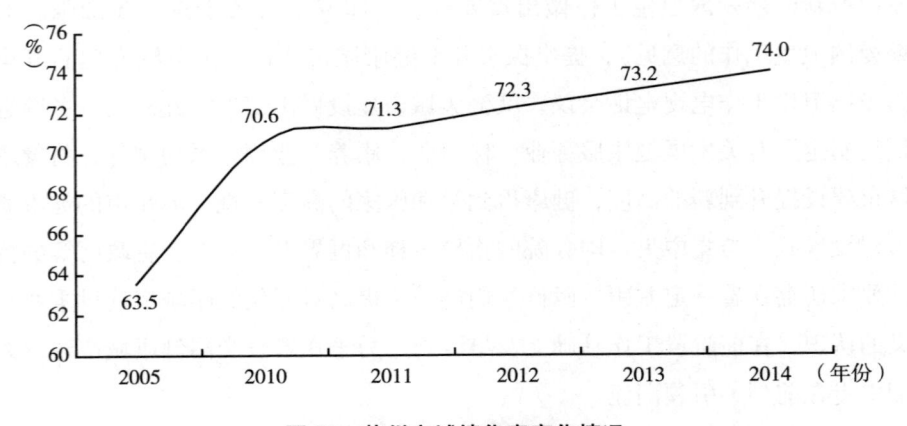

图10 苏州市城镇化率变化情况

资料来源：根据2006~2015年苏州市统计年鉴整理。

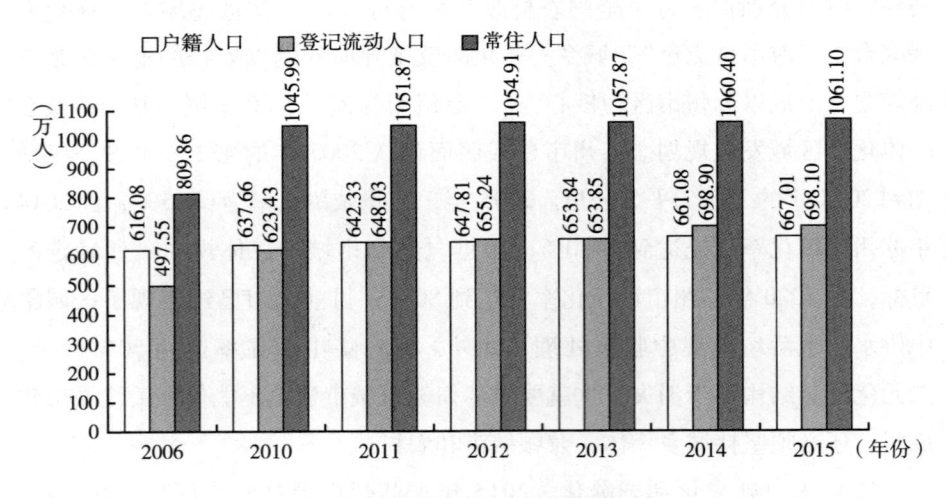

图11 苏州市人口变化情况

资料来源：根据历年苏州市公安局人口发布数据整理。

全市户籍60岁以上的老年人为165.7万，老年人口系数为24.84%，远超世界卫生组织老龄化社会标准。人口外来化和老龄化为健康城市建设带来诸多挑战，资源的配备、健康素养水平的提升、传染病和慢性病的防治等都是健康城市建设需要关注的重点。

（二）健康城市建设存在的主要问题

1. 恶性肿瘤和慢性疾病病死和发病情况严峻

苏州市 2015 年前五位死因依次是恶性肿瘤、脑血管病、呼吸系统疾病、心脏病、损伤和中毒，占全部死亡的比重分别为 30.30%、19.18%、13.09%、10.88% 和 7.93%。苏州市居民 2015 年共有恶性肿瘤死亡 13914 例，恶性肿瘤死亡率 209.53/10 万，前三位分别是肺癌、胃癌、肝癌。其中肺癌占所有恶性肿瘤的 25.17%，胃癌占 17.25%，肝癌占 11.20%。全市恶性肿瘤报告发病率 316.44/10 万，男性前五位的是：肺癌（78.91/10 万）、胃癌（65.97/10 万）、结直肠癌（44.93/10 万）、肝癌（27.48/10 万）、前列腺癌（21.13/10 万）；女性前五位的是：乳腺癌（46.10/10 万）、肺癌（36.75/10 万）、结直肠癌（30.21/10 万）、胃癌（25.39/10 万）、甲状腺癌（23.08/10 万）。常见慢性病登记报告发病率分别是，缺血性心脏病（200.27/10 万）、脑卒中（490.22/10 万）、糖尿病（328.32/10 万）。

2. 健康城市建设还未形成完善的治理格局

健康城市是一项共享发展的社会事业，目前苏州市在健康城市建设中虽然有一些社会组织参与，但是总体参与氛围不够浓，其治理主体仍然以政府相关部门为主，社会组织和居民自治不足，健康城市建设还未形成完善的治理格局。

3. 健康城市建设水平与市民期盼仍有距离

随着生活水平的提高，越来越多的市民群众更加关注自身健康，并且在环境健康、心理健康、社会健康等方面也显现出更大的需求。新时期苏州市呈现的城镇化、老龄化、人口结构外来化特点，也使我们认识到在应对影响健康生活的传染病、慢性病等的同时，必须着力解决食品安全、环境卫生、身心健康、职业健康等新问题，这些对苏州市的医疗资源、环境、食品、健身、心理、生活方式、工作场所等方面都提出了更多新要求。

4. 部分地区健康城市建设方法还较为粗放

在健康城市建设过程中，部分地方工作是开展了不少，但实际效果并不明显，对所开展的工作没有进行认真地研究和分析，哪些可行？哪些不可行？哪些暂缓？哪些急需？具体实施的程序、步骤、方法、评估、效果如何？对这些问题缺乏严谨的分析考虑。虽然有时也花费了大量的人力、物力，开展了调查，却不注意调查质量，调查结果也没有科学分析，造成建设效果大打折扣。

五 苏州健康城市建设发展建议

没有全民健康，就没有全面小康。建设健康城市是实现全民健康的有力抓手，也是健康中国建设的有效载体。苏州市应结合苏州城市发展特点，坚持政府主导、公众参与、市场推动、科学指导等原则，创新理念、思路和方法，推进健康城市深入、持续、较快、平稳发展。具体建议如下。

（一）针对主要问题，采取干预措施

针对苏州市居民中存在的主要死因和健康问题，采取有针对性的干预措施。建立胸痛、卒中、创伤、高危孕产妇、高危新生儿五大城市多中心协同救治体系；建立恶性肿瘤、心脑血管疾病、高危妊娠筛查机制，开展筛查，做到早发现早治疗；将社区卫生服务中心建成社区综合健康管理中心，履行综合健康管理服务功能，重点做好针对重大疾病和慢性病的健康教育和健康促进；开展筛查并形成健康评价报告，据此向社区居民推荐分年龄、分性别、有针对性的体检套餐；通过市民综合健康管理服务信息平台，实现社区与大医院的专业联动和专科协作，为加强社区居民综合健康管理提供坚实的平台支撑。

（二）加大宣传力度，提高参与程度

开发具有影响力的、参与范围广的健康城市品牌活动，吸引广大市民踊跃参与健康城市建设。从青少年抓起，加强中小学健康教育，养成健康行为和生活方式。在传统的电视、报纸等媒介基础上，结合网络、微信等新媒

体,加强宣传,传播科学、权威的健康知识,营造健康城市建设的良好社会氛围。丰富健康城市治理主体和治理手段,突破政府相关部门这一单一主体,充分发挥社会组织作用,引导、鼓励和支持社会各界积极参与,由政府大包大揽向明确政府边界、社会共同治理转变,实现政府治理和社会主动参与、居民自治良性互动。

(三)提高思想认识,强化组织领导

加强各级领导干部的思想认识开发力度,将健康城市建设作为共享发展成果的有效途径,争当"迈上新台阶、建设新江苏"先行军排头兵的有力抓手,率先基本实现现代化、保障和改善民生及创新和加强社会管理水平的战略举措之一来加以认识,大力推进健康苏州建设。将健康城市建设主要指标纳入政府绩效考核内容,定期对板块及条线健康城市建设工作进行考核,建立考核激励机制。建立和完善更为有效的部门协调机制,实行条块结合,针对"健康诊断"发现的问题,共同讨论并提出解决方案,明确职责和分工,充分调动部门积极性,把健康城市的理念融入部门实际工作。

(四)加强科学指导,建设健康场所

健康城市建设各项工作,应以科学思维作为指导,注重循证和绩效评估,通过广泛深入的社会调查,进行健康诊断,从中发现城市、社区、单位存在的主要健康问题和影响健康的主要因素,然后有针对性地开展工作。同时,结合新形势、新要求,修订新的健康镇、村、单位创建标准,推进新标准下的健康市、区和健康镇村、健康单位、健康家庭等建设,并形成长效管理,不断扩大健康城市建设覆盖面。

(五)培育健康文化,发展健康产业

实施文化精品战略,围绕健康文化主题,深入挖掘本土文化艺术资源,创作一批思想性、艺术性、观赏性俱佳的文艺精品。鼓励文艺院团和公共文化服务单位开展以健康为主题的公益性演出和展出活动。推动健康知识传播

机构的发展，鼓励举办健康论坛、健康讲座等活动。科学制定全市健康服务产业发展规划，特别是在医疗服务业、健康养老产业、体育产业、科学育儿产业、保险业、医疗服务业等健康产业上有所突破，助推经济结构的转型升级。

参考文献

张月林：《现代健康城市发展研究——苏州健康城市建设范例》，光明日报出版社，2012。

王彦峰：《中国健康城市建设研究》，人民出版社，2012。

李忠阳、傅华：《健康城市理论与实践》，人民卫生出版社，2007。

苏州市卫生计生委：《2015年苏州市居民健康素养调查报告》，2016。

杜尔：《生活方式与健康》，《健康生活》，1996。

B.17
加快推进非文保区棚户区改造的模式与路径研究

——以北京市东城区天坛周边简易楼腾退改造实践为例

张家明*

摘　要： 天坛周边简易楼腾退项目是当前首都核心区最大规模的成片简易楼腾退项目，社会关注度极高，属于纯公益性质，其实施尚无任何现成的模式和路径可循。本文主要从天坛周边简易楼腾退项目的实施入手，重点研究纯公益性项目推进的模式和实施路径，探讨遇到的问题和破解之策，努力为东城区非文保区棚户区改造找到一条可推广和可复制的道路。通过对天坛周边简易楼腾退项目的实施过程和效果进行详细的调研，本文认为要破解棚户区改造的难题，必须妥善处理政府、市场、社会三者关系，构建"政府主导、企业实施、居民参与"的多元协作模式和路径。此外，还要重视社会组织的作用，做到保护首都风貌与留住乡愁兼顾。

关键词： 天坛周边简易楼腾退　改造模式　多元协作

棚户区改造工作是重大的民生工程、环境工程、安全工程和发展工程，党中央、国务院和市委、市政府领导高度重视，制定了一系列加快推进的决

---

* 张家明，中共北京市东城区委书记，美国罗斯福大学工商管理硕士，高级经济师。

策部署。北京市力争2017年底基本完成四环路以内的棚户区改造任务，其中天坛周边简易楼腾退项目已列入2015年市政府折子工程。东城区委、区政府认真贯彻市委、市政府对中心城区棚改工作的指示精神，把实施天坛周边简易楼腾退项目列入全区重点工作。本文主要从天坛周边简易楼腾退项目的实施入手，重点研究纯公益性项目推进的模式和实施路径，探讨遇到的问题和破解之策，努力为东城区非文保区棚户区改造找到一条可推广和可复制的道路。

一 天坛周边简易楼腾退的必要性和研究意义

天坛周边指的是以天坛公园为中心，东起天坛东路，西至永定门内大街，南起永定门东街，北至天坛内坛墙的这片区域，是东城区简易楼最为集中的区域，环形分布着65栋简易楼，共包括7个社区，居民（产籍）3218户，总建筑面积8.6万平方米，其中直管公房41栋，总建筑面积5.4万平方米；单位自管楼24栋，总建筑面积3.2万平方米。此外，还有自建房2123处，总建筑面积约为1.6万平方米。这些简易楼建于20世纪六七十年代，已超过使用年限，最长的甚至超期使用30余年。由于楼体框架酥化，基础设施陈旧，自制土暖气、私搭乱接管线，安全隐患严重；违法建设蔓延，外来人口大量涌入，低端业态聚集；居民居住条件差，公共环境秩序脏乱，带来社会治安、城市管理等诸多问题，严重影响居民的生活、安全和首都功能核心区形象。

作为世界历史文化遗产，天坛是我国现存最大的祭天建筑群，也是唯一完整保存下来的皇家祭坛，是北京乃至中国的文化地标。坛墙过去分成内、外两道，从空中看是"回"字形，但由于历史的原因，天坛的完整性受到破坏，目前环绕的65栋简易楼及大量违法建设，把古老的坛墙遮挡得严严实实。天坛公园早已享誉世界，每年接待大量国内外游客，其周边区域的破败与环境秩序乱象，不仅与首都功能核心区的城市形象极不相称，而且与我们恢复天坛完整风貌的申遗承诺不一致，居民改善居住条件的呼声越来越强烈，已经到了必须彻底改造的阶段。

为改善民生、疏解人口、恢复天坛风貌、兑现申遗承诺和改善天坛周边环境，在市委、市政府领导下，东城区委区政府以强烈的责任感和担当精神，认真研究天坛周边简易楼腾退工作，确定57栋楼同时搬迁。该项目是当前核心区最大规模的成片简易楼腾退项目，社会关注度极高，属于纯公益性质，涉及风貌保护、市政绿地建设项目，主要依靠财政投资，后期没有收益。目前，尚无任何现成的模式和路径可循。因此，研究天坛周边简易楼腾退工作，具有十分重要的现实意义。

（一）探索核心区城市更新改造的新模式

当前，东城区正处于城市更新改造的攻坚期。近年来，东城区迎难而上，加强统筹协调，成立了城市更新改造指挥部，集中力量啃"硬骨头"，先后在宝华里、西河沿等长期停滞的历史遗留项目上取得了实质性的进展。但是，一方面，土地商业开发模式已经在中心城区走不通了，资金、房源、拆迁安置成了最大瓶颈，东城区仅靠一区之力难以突破，亟待探索城市更新改造的新模式。另一方面，平房区"大城市病"集中爆发，成了制约东城区经济社会发展的主要因素。全区现有平房（包含简易楼）房屋20.86万间374.55万平方米，在册人口33.39万人，包括天坛周边简易楼在内的许多危楼、危旧破房的改造迫在眉睫，既等不得，也拖不起。作为首都"四个中心"的重要承载区，东城区亟待探索出一条适合平房区，特别是非文保区棚户区改造的新模式。

（二）探究天坛周边简易楼腾退的模式与路径

天坛周边简易楼腾退项目的实施，为我们提供了一个可以近距离观察和研究的"纯公益性腾退"范本。如在破解"融资难"方面，市、区如何联手，如何在投融资方面进行合作与联动；在破解"房源难"方面，在区政府筹措困难的情况下，从市级层面如何提供支持，在房屋建设、宣传、配套设施等方面市、区如何加强合作，让广大居民支持并积极响应；在破解

"拆迁安置难"方面,面对复杂的居民家庭情况、产权关系、不同的利益诉求,面对困难群体多,以及"天价拆迁"造成居民过高的补偿预期,如何摸清居民情况,制定绝大多数居民拥护的搬迁补偿政策,依法阳光拆迁,维护社会公平正义,重塑政府公信力。通过对腾退过程的认真研究,探讨其破解资金、房源、拆迁安置等难题的做法及其得失,将对加快项目推进、探索棚户区改造的模式和实施路径大有裨益。

(三)为非文保区棚户区改造提供政策建议

东城区非文保区现有平房(简易楼)一共7.25万间130.21万平方米,13.5万人,其中许多危楼、危房是今后棚户区改造的重点和难点。研究天坛周边简易楼腾退的模式和路径,不能仅仅局限于挖掘其自身的特殊性,而是要站到东城区棚户区改造的高度,探究纯公益性棚改的一般意义,从中找出一条以改善民生为目标,以政府、市场和居民多元协作为模式,以平和的搬迁腾退为特征的非文保区棚户区改造道路,为中心城区城市更新改造与实现可持续发展提供具体的政策建议。

二 天坛周边简易楼腾退的模式及实施路径

天坛周边简易楼腾退项目(以下简称"天坛棚改")是市政府2015年折子工程的重要内容,也是东城区2015年城市建设领域的重点项目。为确保"天坛棚改"的顺利实施,东城区成立了项目总指挥部,下设五个分指挥部,组建"一委两团三站四组"[①]工作网络,确立了"政府主导、国企实施、居民参与、整体启动、分步实施"的腾退模式,市、区联手攻坚克难,努力探索纯公益性棚户区改造的具体路径。

[①] "一委"即临时党委(支部),"两团"是法律服务团、政策宣讲团,"三站"是居民咨询接待站、社会监督举报站、矛盾纠纷调解站,"四组"是大病认定组、特困帮扶组、补偿预算组、信息公示组。

（一）多措并举，破解融资难与房源难

融资难和房源难是中心城区城市更新改造的重要瓶颈。建立市级统筹、区级协力的工作机制，避免以往棚改中市区两级投融资平台衔接联动不足的问题，充分发挥市级平台的资源和优势，是破解"天坛棚改"融资和房源难题的关键。

一是纳入全市棚户区改造项目。在市委、市政府的大力支持下，"天坛棚改"正式列入"北京市 2015 年棚户区改造和环境整治任务"和"2013 ~ 2017 全国 1000 万户棚户区改造计划"，可以享受优惠的棚改政策，有资格进入市级统贷统还平台申请贷款，这为项目实施及融资创造了有利的条件。

二是联手组建实施主体，实行专业化运作。"融资难"问题主要由市、区联手解决。由市保障性住房建设投资中心与东城区住宅发展中心联手，组建"天坛棚改"的实施主体——燕华投资有限责任公司，具体负责腾退工作，办理各项手续、落实资金房源，由区征收办委托征收中心负责实施房屋征收。该项目总投资 49.5 亿元，市、区财政资金合力注入，包括市财政局、市发改委各 6.77 亿元，区财政 7 亿元，共计 20.54 亿元，通过市棚户区项目统贷平台，向国家开发银行申请专项贷款 20 亿元，剩余资金通过发行政府债筹集。双方商定市级投资以保证项目实施为依据，不受项目资本金限制；区级资金主要用于未来偿还部分贷款及利息。

三是联手落实安置房源及配套设施建设。为解决房源问题，市里筹措焦化厂项目北侧地块为对接房建设用地，明确区政府与市保障房投资中心进行战略合作，加快对接房项目的实施。安置房占地面积 10.3 万平方米，总建筑规模约 52.3 万平方米，计划建设安置房 4160 套，项目分两期施工，预计 2018 年 4 月全部竣工。对于对接地块的房屋建设、宣传、配套设施等问题，由市、区合作解决，双方定期协商，加强统筹协调，与腾退工作协同进行。

（二）政策透明，"一把尺子量到底"

制定公平合理的补偿政策，关乎居民的切身利益及腾退工作的成功，责

无旁贷地落到区委、区政府肩上。总指挥部以"解危排险、适度改善居民居住条件、保护古都风貌、提高城市环境品质"为目标，扎实开展前期工作，入户调查民意征询同意率达到97%，完成99.3%的入户调查，并按照公平、公开、公正原则制定补偿标准。具体做法如下。

一是坚持以人为本，适度改善居住条件。腾退补偿政策坚持以人民利益为本，适度改善居住条件，千方百计满足居民实际的居住需求。补偿标准一律由市场评估后确定，但考虑到成套楼厨房、厕所部分的面积等因素，统一再增加40%的补贴金额，如果居民符合速签奖、签约比例奖规定的标准，最终实际补偿价在9万元/平方米左右，高于同地区的市场价格。政府还提供优惠的对接房源，统一定价为1.1万元/平方米（首套房）和1.6万元/平方米（居住困难家庭的第二套奖励房），低于该地区3万元/平方米的市场均价，实际上在房价上又补贴了居民，最大限度为居民谋求利益。

二是增强契约意识，发挥居民主体作用。通过学习外省份棚改的经验，针对只能整楼居民同进退的现实，指挥部确定了57栋"同时启动、整楼腾退"的目标。以楼为单位设定二次征询比例，在北京尚属试行，旨在发挥居民的主体作用，培育居民的契约精神，使搬迁由各家各户的家务事，变成整幢楼、邻里之间共同的事情，有利于居民相互做工作，有助于实现整楼腾退。首轮征询中，同意率达97.88%，项目正式启动。考虑到预签比例、剩余裁决等问题，二次征询将预签协议生效的比例定为85%，即在预签征收补偿协议期限内，每栋楼的全部被征收人预签协议比例达到85%时，区政府做出征收决定，进入正式签约期；若未达到85%，该栋楼征收自动终止。在征收方案补助与奖励部分，创造性地设定了个人"速签奖"和全楼"签约比例奖"，将补偿与签约率、签约时间挂钩，推动整楼腾退，积极营造"签约速度快、签约比例高、全楼受益多"的氛围。

三是全程公开透明，严格执行政策。指挥部确定了"六公开"原则，即征收程序、调查结果、补偿方案、补偿结果、房源情况、监督方式全公开，就是要确保征收流程的公平公正，杜绝暗箱操作和不当得利，重塑政府的公信力。首先，创建信息化的公示平台。居民可根据承租人身份证号登录系统，随时查询本楼居民的住房面积、补偿款项及最后的购房情况，并且每次在系统上修改数据都留有痕迹；启动签约后，大屏幕实时更新每栋楼的签约比例等情况，做到全过程公开透明，强化居民腾退导向。其次，依托专业化腾退工作团队，做到过程公开透明。通过政府购买服务，利用专业化的调查征询队伍、评估公司、拆迁公司，以及公证和法律服务开展腾退工作。房产评估经居民民主协商、投票、摇号等程序，确定六家评估公司，实现评估过程公开和房产评估结果公开，确保公正。拆迁公司通过招投标方式进驻，征收中心与拆迁公司签订合同，按签约比例支付拆迁服务费，确保协商流程透明与拆迁成本整体可控。拆迁员以楼为单元进行包干，按照整楼签约比例达到85%和未达85%两种情况得到不同的报酬，规范了拆迁员的行为。再次，简化补偿和奖励政策。与以往历次拆迁不同，本次征收补偿借鉴了上海"无搭建补贴"的做法，对自建房不予考虑，而是本着公平的原则，统一确定了40%的补贴标准，"居住困难"者可以公开申请第二套房，防止索要自建房补偿，堵住了违规操作的空间。最后，严守政策，决不放水。政策确定后决不能随意更改，根据政策统一确定每户的补偿额，要保持前后一致，做到"一把尺子量到底"。严格认定特殊困难居民，并予公示。如遇重大共性问题确需调整，则严格按程序进行，并对已签约居民启动召回机制。

（三）增强居民在搬迁腾退中的参与度和获得感

"天坛棚改"正式启动预签约工作以来，指挥部主要围绕发动群众参与、增强获得感和营造搬迁氛围三个方面，紧张有序地开展搬迁腾退工作。

一是全面动员居民参与。搬迁腾退成败的关键，就在于能否把握和引导好居民微妙的心态，多措并举，营造良好的腾退氛围。首先，贴近群众，把政策讲清楚讲透彻。充分发挥拆迁员、基层干部、邻里、家人、律师等各类人员的作用，走进每一户家庭，倾听住户心声，从"利"、"情"、"理"、"法"方面贴近住户，设身处地从住户实际出发，把政策的实惠讲到居民心里，增强居民的获得感，赢得居民理解与支持。其次，充分发挥已签约居民的作用。签约进入攻坚阶段后，干扰因素增多，签约进度不可避免会拖延。指挥部统筹各分指挥部,及时召开多个层面的群众座谈会,及时掌握居民的整体情况,增强居民签约意向。最后,加强对未签约居民的思想工作。充分发挥部门、机关、企事业单位和社会组织在腾退中的作用,加强对未签约居民的工作;适时召开座谈会,促成未签约居民尽早转变观望心态;各分指挥部还借助于微信平台,加强对居民的思想引导和政策解释,助力腾退工作。

二是增强早签约的获得感。项目对接安置房源一共有4160套,其中一居室1038套,二居室2490套,三居室632套,套型有限,只能保障居民基本的住房需求,对居民的吸引力还不强。指挥部从实际出发,精心筹划,努力营造加快签约的紧迫感。首先,积极营造加快签约氛围。在周边简易楼及胡同附近,贴满加快签约的标语和海报,加强舆论引导;指挥部现场通过大型沙盘、户型图和价格示意图,营造利于签约的浓厚气氛。其次,确定先签约、先选房、先受益。安置房单价仅设定两个统一价位,第一套1.1万元/平方米,第二套1.6万元/平方米。本来房地产市场上是一房一价,而有意做出这样的单价安排,就是要利用每套房市场价值的差异,对先签约先选房者进行潜在激励,早签约者在两套房源之间的配比更为自由,能够以更低的价格买到楼层好、面积大的户型,增加居民的获得感。最后,严格规定购房限制条件,强化先选优势。不同于以往的拆迁购房,补偿方案明确规定,原房屋建筑面积大于或等于32平方米可购三居、在15平方米到32平方米之间可购两居、小于15平方米可购一居房型。补偿方案对可用于购房的款项(补偿款、补贴款、装修评估,不含奖励及特殊情况补助)也做出了详细规定,不能另增房款。通过这些重重限制,有效地强化了先选优势。

三是营造有利于腾退的社会氛围。加强执法和舆论宣传,是推进搬迁腾退的重要手段。一方面,加大严格执法力度。当前公房管理尚不规范,非法转租转借带来居民不当得利,这些居民想借拆迁之机"捞一把",迟迟不愿签约。预签约启动后,总指挥部对非法出租经营活动进行专项整治,彻底清理了所有的非法经营活动,为签约创造了好的社会环境。另一方面,指挥部运用各种新闻宣传手段，努力营造良好的舆论氛围，使广大居民逐步增进对政府的理解、信任和支持，越来越多的居民从自身居住安全、自身收入普遍较低等实际出发，认清了棚改带来的改善居住条件的宝贵契机，签约的居民越来越多。截至2015年1月15日，天坛简易楼项目预签约2265户，占总户数的93.8%，57栋简易楼预签比例全部达85%以上，其中11栋楼预签约比例达到100%，协议生效。

（四）项目实施过程中的一些问题探讨

"天坛棚改"在稳步推进的过程中，也暴露出来一些问题，主要体现为以下几个方面。

一是政策设计经验不足。当前腾退工作的难点，就是居民对于补偿政策的信心不足。保持政策前后一致至关重要，一旦确定了拆迁安置和补偿政策，一定要保持不变。由于"天坛项目"规模大、情况复杂，在政策设计上对一些共性问题考虑不足，造成实施政策时出现多次修正。每次政策修正，哪怕只是严格把握原则的微调，都会引起居民的敏感和摇摆，增加腾退工作的困难和压力。

二是群众工作方法还存在不当之处。腾退工作启用了专业化的征询、评估和法律队伍，但随之而来的是这些人缺乏群众工作经验，工作方法较为生硬，接待居民、沟通交流不畅，反而与居民产生了距离，增加了后期工作的难度。面对居民长期形成的以住房为中心的工作和生活轨迹的重大变动，缺乏换位思考，没有考虑到原有的利益格局被打破，带来居民生活成本增加等问题。

三 推进非文保区棚户区改造的思考与建议

加快推进中心城区城市更新改造，全面提升城市形象品质，是中央、北京市赋予首都功能核心区的一项重要政治任务，也是落实首都"四个中心"城市功能定位和深入实施京津冀协同发展战略的必然要求。"天坛棚改"的实践表明，要破解棚户区改造的难题，必须妥善处理政府、市场、社会三者关系，构建"政府主导、企业实施、居民参与"的多元协作模式和路径，这是今后东城区非文保区棚户区改造的重要方向。

（一）坚持政府主导、区政府主责、市区联手实施

中心城区无论是当前的危改，还是今后非文保区改造和文保区保护复兴，都是改善群众住房条件的民生工程，均具有很强的公益性质，这和商业性质的房地产开发完全不能混同。借鉴上海、南昌等地旧城改造的经验，应明确中心城区危旧房改造的公益性质，坚持"政府主导、区政府主责、市区联手实施"的模式与路径。"天坛棚改"是这一模式和路径的集中体现，由于市、区两级政府发挥主导作用，没有把纯公益性的棚改项目混同于商业性质的房地产开发，加大财政投入和支持力度，从而确保了立项实施、拆迁安置、房源建设等工作的稳步推进。

为更好地推进中心城区城市更新改造，建议强化市级统筹、区级协力的联动机制，充分发挥市、区各自的资源优势，统筹好资金、房源及配套建设、拆迁安置等方面工作；精简审批事项，规范审批标准，优化审批流程；增进东、西城在城市更新改造中的工作协同，制定协调一致的中心城区征收补偿和安置标准；加大与属地中央、部委和市属单位的沟通协调，争取各方面力量对城市更新改造的支持；加强政策研究和集成，创新棚改思路，完善旧城保护规划与行动方案，计划经过持续努力，到2020年彻底改变中心城区城市面貌。

（二）坚持以大型国有企业为实施主体

推进东城区非文保区更新改造、文保区保护复兴工作，意义重大、任务艰巨而又紧迫。但是，实力一般的企业很难承担，也不愿意介入。以"天坛棚改"为例，尽管处于黄金宝地，但是项目收益低、难度大，加上57栋同时腾退存在的潜在挑战，以及房源建设的巨大体量，社会资本、实力一般的企业都望而却步。

国有企业作为实施主体，有利于把实现社会效益和企业的长远利益放在首位，综合考虑参与中心城区城市更新改造所带来的经济、政治与社会效益，而不仅仅是算"经济账"。国有企业承担着资金、政策等巨大的投资风险，政府应通过与其签订合作协议，清晰界定政府、企业的责权利关系，引入PPP、BOT等方式，允许实施主体长期持有改造后的房屋土地并获得收益，降低建设成本，帮助企业控制风险，消除国有企业的后顾之忧。

要支持企业在参与中心城区更新改造中进行自有危旧房的改造，并利用自有土地安置房源，政府要允许项目异地平衡或若干项目打包平衡；发挥国有企业在项目融资、土地开发经营等方面的优势，推动国有企业全面参与中心城区城市更新改造；通过国有收益上缴比例调整、注入资本金、税收优惠等方式，切实保障国有企业参与的积极性。

（三）坚持发挥居民的主体性作用

推进非文保区棚户区改造是利国利民的好事，好事要办好，就要坚持居民全过程参与，充分发挥其主体作用。

一是扎实做好群众工作。天坛棚改从项目动议和政策制定开始，始终坚持以群众工作为基础。要发挥街道、社区、辖区机关单位等各方面的作用，始终坚持居民全过程参与，培育居民主体意识，对居民思想的转变要有充分的耐心，切忌操之过急。要坚持做到政策制定阳光透明，执行政策前后一致，用公正、公开、公平赢得居民的衷心拥护和支持，使整个拆迁过程平稳有序推进。

二是增加群众的获得感。对于进入征收程序的棚改项目，要通过"改建征询"及"预签协议"环节，让居民参与并自主决定是否改造，发挥居民的主体作用。要真正从解决居民实际困难出发，满足合理的民生诉求，增加群众的获得感。以天坛棚改为例，居民从原先户均建筑面积约28.6平方米、人均建筑面积8.5平方米的住房条件，增加到户均两套并自有产权，比其他地区用公租房、廉租房模式更能增加群众的获得感。

三是把握好拆迁安置环节。拆迁安置应充分尊重居民意愿，向居民提供区内平移、跨区异地安置、货币补偿等多种备选方案；建议市级层面要加强对安置房源建设的统筹，将安置房建设与住房保障体系统一考虑，优先保障中心城区重点项目所需的安置房源；从满足群众实际需求出发，做好对接地块的选址、房屋建设、配套设施建设等工作，适当提高对接安置房品质；通过政府购买服务方式，全面推开平房区社区物业管理，提升留住居民生活品质。

（四）其他方面的政策建议

一是重视社会组织的作用。社会组织在腾退中的作用不可低估。要在搬迁启动前引入社会组织，为居民提供各类资源和社会服务。一方面，社会组织通过居民的互动，宣传公益性项目腾退政策，促使居民转变观念。另一方面，社会组织可以一开始就介入、进驻到对接安置房社区，成为政府和居民之间的沟通桥梁，随时化解对接安置房社区居民遇到的各种问题。

二是保护首都风貌与留住乡愁兼顾。保护首都历史风貌是东城区第一位的任务，同时要考虑如何留住乡愁。北京的简易楼是首都特定时期城市平民生活的反映，是为解决住房短缺而形成的时代印痕。在推进非文保区棚改的过程中，最好不要把简易楼统统拆掉，可以留下少量的典型建筑，适当保留那段可触摸的城市历史。可以在天坛周边或其他地方，选取个别简易楼保留下来，将来作为文化类建筑（如博物馆）与文化旅游景观，保留过去生活的印记，体现首都城市发展历史的连续性。

参考文献

徐明：《北京市棚户区改造项目融资模式研究》，《金融时报》2014年3月31日。
中共中央、国务院：《京津冀协同发展规划纲要》，2015年4月30日。
北京市东城区总体发展规划编制工作领导小组办公室：《北京市东城区总体发展规划（2011~2030）》，2011，非公开出版物。

B.18
宜昌健康城市建设回顾与分析

卢永 曹勤 方敏*

摘　要： 湖北省宜昌市将打造"宜居、宜业、平安、健康之城"作为发展定位。2012年起，宜昌市围绕健康环境、健康人群、健康服务、健康社会开展健康城市建设，通过将健康融入所有政策、建设绿色生态城市、推进城乡一体发展、营造健康支持性环境、优化健康服务、构建健康社会等举措，城市发展空间、市民健康获得感及城市知名度显著拓展和提升。宜昌市的发展定位体现了对人与城市关系的正确理解，契合人们对城市发展的希望和经济社会可持续发展的需要。

关键词： 健康城市　将健康融入所有政策　可持续发展

宜昌市是湖北省域副中心城市和长江中上游区域性中心城市，也是湖北省三峡城市群发展战略的龙头城市，当前将打造"宜居、宜业、平安、健康之城"作为其发展定位。宜昌市2008年成为湖北省首个国家卫生城市，2011年出台《健康宜昌全民行动计划（2011～2015年）》，2012年开始健康城市建设，宜昌市近年来的发展轨迹已经逐步显现出健康城市的理念和框架。在健康城市建设中，宜昌市坚持以人为本，城市发展空间、市民健康获

---

* 卢永，副研究员，中国健康教育中心理论与政策研究室副主任，主要从事健康促进与健康教育策略、政策和方法研究工作；曹勤，湖北省卫生和计划生育委员会健康促进处副处长；方敏，湖北省宜昌市健康教育所所长。

得感及城市知名度和美誉度显著拓展和提升，取得一些值得其他城市借鉴的经验。同时，宜昌市健康城市建设刚起步不久，还有一些亟待改进的地方。为进一步推动宜昌健康城市向纵深发展，更好地为其他城市发展提供经验借鉴，现将宜昌市健康城市建设回顾与分析如下。

一 主要做法及成效

（一）建设原则和组织管理

宜昌市健康城市建设设置了4个原则，包括政府主导、社会参与，坚持城乡统筹、促进公平，坚持因地制宜、量力施策，坚持问题导向、持续提高。2011年，宜昌市政府成立了健康宜昌全民行动领导小组，主要领导任组长，明确了25个成员单位工作职责，在市卫生计生委成立了健康宜昌全民行动领导小组办公室，负责各部门协调和日常具体工作。2012年，宜昌市委、市政府印发了《宜昌市创建健康城市工作实施方案》，市领导与各区及相关部门负责人签订了创建目标责任书，2015年将创建全国健康城市纳入政府"十三五"规划。

（二）将健康融入所有政策

2015年，宜昌市卫生计生委首次向社会发布了《宜昌市城区居民健康状况报告》，内容涉及人口基本情况、慢性非传染性疾病、行为生活方式、妇幼卫生、传染性疾病和公共卫生服务等领域167项指标，为政府健康决策提供依据。自2011年以来，宜昌市政府先后出台《宜昌市城区公共场所禁止吸烟规定》、《宜昌市政府办关于印发宜昌市大气污染防治实施方案的通知》、《宜昌市政府办关于印发宜昌市食品安全事故应急预案的通知》等20多个健康相关政策文件，并将健康宜昌全民行动专项经费纳入了市区两级财政预算。此外，环保、园林、公安、水利、城管、交通、文广新电、体育、教育等部门都出台了许多与健康相关的公共政策。

（三）建设绿色生态城市

1. 推进城市园林绿化建设

通过公园绿地建设、运河等河道景观整治、绿道系统建设工程、将城区山体水域绿地纳入永久性保护的范围等措施，截至2015年，宜昌全市森林覆盖率达到65%以上，城区人均绿地面积超过14平方米。"市民出门见绿、5分钟进园、望得见山、看得到水、记得住乡愁"的绿色生态城市建设已见成效。

2. 空气整洁行动

加大污染物减排行动力度。关闭两家电力公司燃煤机组，要求全市所有燃煤机组必须安装脱硫、脱硝设施，取消烟气旁路，全市所有水泥熟料生产线全面完成烟气脱硝改造。对禁养区内养殖场按计划搬迁或关闭，完成121个规模化畜禽养殖场（养殖小区）污染减排治理设施建设投运。加大对造纸、纺织、水泥、砖瓦等落后产能和高耗能、高污染企业的淘汰力度。开展机动车减排，在城区实行"黄标车"限行。开展城区禁止燃放烟花爆竹专项行动和禁止露天秸秆焚烧专项行动。启动雾霾监测项目，逐步建立全市空气污染对人群健康的风险评估。

3. 安全饮用水治理行动

将饮用水质量纳入全面建成小康社会的指标体系进行考核。市政府建立健全城镇供水水源水质监测预警机制，环保部门每日发布饮用水水源地水环境质量监测信息，加大对安全饮水工程资金投入，加大区域或集中供水力度，截至2014年，全市集中式饮用水水源水质达标率达到100%，生活饮用水水质达标率达到96.3%。

4. 推行"公交先行"行动

宜昌市总投资23.5亿元，建成全国中心城区单条线路最长、功能最完善的快速公交系统（BRT）。全线建成后每天发送旅客50万人次，每天减少5万次机动车出行，步行、自行车出行增加了50%。2014年，宜昌BRT被亚行评为国内唯一"世界可持续交通项目最佳案例"。

（四）推进城乡一体发展

开展城乡垃圾一体化处理行动，按照"户集—村收—镇转运—市处理"的四级管理模式开展垃圾的中转和处理工作，目标是垃圾日产日清，合理配置垃圾集并设施，在主次干道、居民区配置一定数量的垃圾集并箱。开展城乡环境卫生整洁行动，实施"城乡清洁工程"，通过实施净菜进城、引导居民使用菜篮子布袋子、超市和农贸市场等商业网点"限塑"、改善燃料结构、在服务性行业限制使用一次性生活用品等举措，促进城乡生活垃圾源头减量。开展城乡生活污水统筹治理，推进城镇生活污水处理设施和服务向农村延伸，建设和完善污水收集系统，养殖业污水单独收集，处理达标后排放。推广农业清洁生产技术和无公害农业生产技术，推进无公害农产品、绿色食品、有机食品和农产品地理标志产品生产，支持规模化养殖场畜禽粪污综合治理与利用，因地制宜发展规模化沼气和户用沼气。

（五）营造健康支持性环境

1. 健康传播行动

利用报纸、电视、广播、网络等媒体传播健康知识和技能，在机场、火车站、汽车站等8家重点窗口单位统一设置"健康城市"宣传栏，在社区和重点单位设置"健康城市"宣传点300处。市区两级分别成立了健康知识讲师团，组织开展健康知识"五进"活动，累计开展各级健康知识讲座2230场。向市民发放《健康素养66条》读本及健康管理包，包内含有腰围尺、握力器、限油壶、限盐勺、BMI小转盘等健康生活方式支持工具，截至2015年，全市共发放读本30万本，健康管理包30万套。

2. 健康细胞工程建设

自2012年起，全面开展包括健康社区、健康家庭、健康促进医院、健康促进学校、健康促进机关、健康促进企业等健康促进场所建设，发挥其示范、引领和辐射作用。截至2015年底，全市共有35个健康社区，2850个健康家庭，32个健康促进医院，86个健康示范单位，45个健康促进学校，全市打造了无烟学校 55 个、无烟机关 48 个、无烟医院 59 个、无烟公共场所 49 个。

3. 健康公园和步道建设

从 2012 年起每年建成 2~3 个健康主题公园，确保覆盖到每个街道、乡镇。截至 2015 年，全市主城区建成 15 个健康公园，最大规模的占地 12 平方公里。沿长江边建成长 16.5 公里、宽 2.5 米的健康步道贯穿整个城区，全市累计建设健康步道 8 条 20 公里。

4. 健康促进与教育体系建设

市爱卫办统一制定了健康教育基地创建标准，在全市建成了以市疾控中心健康教育为指导，以医疗机构重点专科健康教育为依托，以社区慢性病防治健康教育为载体，以行业健康教育阵地为补充的健康教育基地群。从 2014 年起，在宜昌城区规范建设了 100 个环境温馨、设施完备、简易实用、管理规范的健康小屋。建设宜昌市健康教育馆。

（六）优化健康服务

1. 健康管理

宜昌市在卫生工作中引入健康管理理念，逐步建立以"医防结合"、"一主两专"（"一主"即慢性病为主；"两专"即以结核病、职业病为专业）为核心的健康管理联合服务体系。各级卫生计生部门成立健康管理工作领导小组，市疾控中心加挂健康管理中心牌子，各级医院成立健康管理科，社区卫生服务中心设立健康管理门诊，每个管理门诊设有健康管理师和签约医生。将宜昌城区划分为 1600 个网格，每个网格设立 1 个网格员，负责管理 300 个左右家庭，主要提供公共卫生服务。网格员具体服务包括：组建本网格内居民 QQ 群或微信群，定期发送健康信息和临时健康预警信息；组织居民群众参加健康知识讲座；作为全民健康生活方式的指导员，做好健康小屋志愿者；开展戒烟宣传和公共场所禁烟劝阻和监督；指导居民成立相应健康自助组织并开展活动；做环境卫生监督、食品安全的协管员；做社区应急救助、养老和托幼志愿者。

2. 分级诊疗

通过引入第三方社会资源，以"互联网+"为手段，搭建"系统+服务"于一体的分级诊疗转诊协作平台。平台业务主要涵盖家庭签约系统、医生随访系统、转诊协作系统、慢病管理系统、健康档案系统等。建立基层医疗卫生机构、县级医院、城市三级医院长期稳定的分工协作机制，形成了"全程服务人性化、转诊过程智能化、政策管理规范化、服务平台社会化、患者利益最大化"的分级诊疗"宜昌模式"，该模式受到国务院通报表彰。

3. 智慧医疗

将居民健康卡、就诊卡、妇保卡、献血卡等功能整合到市民卡（集合社保卡、公交卡、银行卡等功能）中，实行多卡合一，推行市民卡银医通诊疗自助服务。建设市级人口健康信息综合管理平台，实现全市医疗机构、公共卫生机构诊疗健康信息的对接和交换。市政府投资500万元开发健康智能服务平台，整合诊疗服务、公共卫生服务、健康监测、健康体检等信息，为个体和群体开展针对性健康分析与服务。

（七）构建健康社会

开展"健康宝宝"、"健康之星"等评选活动，截至2015年，全市共评选出50名"健康之星"、50名"健康宝宝"。多部门联合开展健康餐饮推进行动，通过视频式、透明式、开放式和网络式等四种形式，让餐馆后厨从"幕后"走到"台前"，让消费者能看到美食制作的全过程，截至2015年，有1100家餐厅获得"阳光厨房"授牌。举办两届全市单位食堂健康食谱和操作技能比赛，共评选出36个健康套餐食谱，在全市企、事业机关单位食堂大力推进专兼职营养师配备，倡导低盐少油餐饮理念。开展全民健身行动，在市民中普及推广当地独有的巴山舞，举办"舞动宜昌广场舞大赛"、"中老年剑、拳、操、舞大赛"、"全国阳光少年评选"等全民健身竞赛活动。

二 经验与创新

宜昌市的发展定位契合人们对城市发展的希望。快速城镇化带来的环境污染、交通拥堵、住房紧张、公共服务不足、饮水和食品安全问题频发、慢性病高发、精神压力增大、伤害增加等各种城市病问题日益增多，不仅对人群健康带来巨大挑战，也严重影响到城市经济社会协调可持续发展。宜昌市"宜居、宜业、平安、健康之城"的发展定位体现了对人与城市关系的正确理解，既与联合国提出的《人居议程》及世界卫生组织倡导的健康城市理念相一致，也是对党中央提出的"创新、协调、绿色、开放、共享"五大发展理念的具体实践。对照联合国 2015 年发布的《可持续发展目标》，宜昌的发展定位至少体现了可持续发展目标中的目标 3、目标 6、目标 8 及目标 11。城市发展定位契合经济社会发展的基本规律，以解决与城市人群息息相关的民生问题为出发点，才能赢得民生福祉和经济社会发展的双赢局面。此外，宜昌健康城市建设围绕健康环境、健康人群、健康服务、健康社会 4 个维度开展，也符合当前国际国内对健康城市建设策略的共识。

宜昌市健康城市建设的一个特点是"多城同创、综合治理"。宜昌市自 2008 年起先后取得了全国文明城市、国家卫生城市、国家环保模范城市、国家园林城市、全国森林城市、中国优秀旅游城市等称号，2012 年实施健康城市建设以来，市政府对各类城市创建活动的指标和任务进行了整合。这种整合不仅强化了资源统筹，避免重复工作，更体现了综合治理的理念。健康的影响因素涉及经济社会发展的方方面面，解决健康问题需要从各个部门的工作着手。同时，健康又是整个经济社会可持续发展的目标和条件，将健康融入所有政策有助于各个部门政策目标的实现。在宜昌的诸多城市创建工作中，环保、园林、交通、水利、水务、发展和改革、市场监管、文广新电、体育、教育等部门各尽其责、各显其能，协同推动城市可持续发展。在城市的发展中需要秉承综合治理理念，将城市发展中相互联系的方方面面统筹考虑，减少不相容和矛盾，使各部门向着统一的治理目标推进。

宜昌市健康城市建设过程中关注城乡发展不平衡、健康教育服务体系能力不能满足公众需要等老大难问题。宜昌市健康城市建设将农村纳入建设范围，积极推进城乡一体化建设，着力改善农村基础设施、环境面貌和生活条件，加大公共资源向农村倾斜力度，缩小城乡差距。城市发展不能只重视建成区，还要将城市所辖的农村地区兼顾起来，这是社会公平和正义的体现，当前我国处于全面建成小康社会决胜阶段，统筹城乡发展尤为重要。健康教育是提高人群健康素养的重要手段，宜昌市健康城市建设非常重视健康教育服务体系建设。宜昌市构建了覆盖健康教育专业机构、医疗机构、社区、行业健康教育阵地的健康教育基地群，在城区建设了100个健康小屋，建设宜昌市健康馆。通过加强健康教育基地场馆建设，延伸了健康教育服务体系的范围，丰富了健康教育服务的内涵。

宜昌市健康城市建设勇于创新、具有活力。创新是城市发展的动力，也是健康城市建设的应有之义。宜昌市健康城市的一个亮点是快速公交系统建设。绿色公交出行不仅对环境保护有重要意义，对人群健康也非常重要，公交出行增加了身体活动机会。倡导公交出行、自行车出行和步行，仅靠理念和知识宣传是不够的，必须创造有利于人们形成健康出行方式的支持性环境。宜昌市快速公交系统的里程、服务能力、人口覆盖率都达到较高水平，其做法得到国内国际的认可。宜昌市健康城市建设的第二个亮点是形成网格化的健康管理体系。慢性病的井喷式增长已经对经济社会的可持续发展带来巨大社会和财政压力，迫切需要各国和地方执政者在卫生治理方面及时调整策略。解决人群健康问题不能仅靠修建更多的医院、投入更多的医保资金，还需要从根本上减少疾病的发生，提升人们的健康素养，就是要坚持预防为主。宜昌市健康管理体系体现了预防为主的理念，是卫生系统从"重疾病、重治疗"向"注重预防和健康促进"转型的有益探索。同时，网格员队伍的建立，也为有效解决公共卫生服务最后一公里和公共卫生服务全覆盖问题积累了宝贵经验。

三 问题与建议

在市政府层面建立健康委员会，提高政府对健康问题的统筹治理能力。宜昌市健康城市建设工作主要依托于健康宜昌全民行动领导小组，该小组包括25个成员单位。实际上，各级政府目前针对健康问题的领导协调机制往往不止一个，每个协调机制下的成员单位又不尽相同，常常是一个问题对应一个领导小组，有些需要领导协调机制的工作又没有相应的领导小组，这既增加了管理的难度，基层单位常常感到头绪太多，也使有些健康问题无法有效解决。健康问题涉及经济社会发展的方方面面，建议宜昌市以开展健康城市建设为契机，在市政府层面统筹现有与健康有关的领导协调机制，成立健康委员会，将所有部门纳进来，所有健康问题都通过这一个协调机制应对，逐步形成执政施政者对健康问题的全局观和全政府治理理念。

进一步调动各部门的积极性，全面贯彻实施"将健康融入所有政策"。尽管宜昌市许多部门已经参与到健康城市的建设中，但这种参与经常带有被动性，许多部门并没认识到人群健康与本部门的政策目标之间的相互关系，自发自省地将健康融入所有政策。而且如果再没有具体可考核的指标，一些部门只是把常规工作拿来交差，参与而没有积极性，许多部门在健康方面的潜力不能有效发挥，这种现象在各个城市具有一定普遍性。建议宜昌市在健康城市建设工作中加强"将健康融入所有政策"的实施力度，实行健康政策审查制度，对政府和各个部门所有现有和即将出台的政策都开展健康审查，结合当地主要健康问题和健康危险因素，设定相关部门政策开发的优先领域，为各个部门设定分阶段、量化可考核的工作指标，促使环境影响评价等措施落到实处，避免走形式，逐步引入和形成更广泛的健康影响评价机制。

加强监测和评价，提高健康城市建设的有效性和可持续性。判断健康城市各项措施是否有效，需要开展相应的监测和效果评价，这样既有利于观察措施是否需要调整，也有利于政府和全社会及时了解到健康城市建设的效果,增加执政者和公众对健康城市建设的信心和支持力度。宜昌开展健康城市的时间比较短,尚未对健康城市建设开展系统的过程监测和效果评估,目前政府掌握一些部门的工作指标和数据,但还有一些部门只有政策措施,还看不到工作量和结果。建议宜昌市建立长期的健康城市评价机制,定期开展监测和评估工作,并将结果及时反馈给政府各部门和社会公众。

参考文献

UN HABITAT. *World Cities Report* 2016—*Urbanization and Development*:*Emerging Futures* [R]. United Nations Human Settlements Programme, Nairobi, 2016. http://wcr.unhabitat.org/main-report/.

World Health Organization. *Why Urban Health Matters* [R]. 2010. http://www.who.int/world-health-day/2010/media/whd2010background.pdf?ua=1.

World Health Organization, Regional Office for the Western Pacific, *Healthy Urbanization*:*Regional Framework for Scaling up and Expanding Healthy Cities in the Western Pacific* 2011 - 2015 [M], Manila:WHO Regional Office for the Western Pacific, 2011.

世界卫生组织:《赫尔辛基宣言》,第八届全球健康促进大会,芬兰赫尔辛基,2013。

Kimmo Leppo, Eeva Ollila, Sebastián Pêna, et al. *Health in All Policies*:*Seizing Opportunities*, *Implementing Policies* [M]. Finland:Ministry of Social Affairs and Health, 2013.

世界卫生组织:《促进社会和经济发展:为增进健康和健康公平采取跨部门可持续行动》,第68届世界卫生大会17号决议,2015。

United Nations. *Transforming Our World*:*the* 2030 *Agenda for Sustainable Development* [Z]. General Assembly Resolution, 70th Session, 2015. http://www.un.org/en/ga/search/view_doc.asp?symbol=A/RES/70/1.

The Commission on Global Governance:*Our Global Neighbourhood* [M], Oxford:Oxford University Press, 1995.

世界卫生组织:《预防和控制非传染性疾病问题联合国大会高级别会议政治宣言的后续行动》,第66届世界卫生大会10号决议,2013。

B.19
巩固国家卫生城市成果
积极探索健康城市建设

毕建明*

摘　要： 威海市是全国第一个"国家卫生城市"。近年来，威海市以建设精品城市为载体，以强化环境保护为核心，以发展公共卫生为基础，重点推动环境持续改善、人群素养提升、服务优化、社会和谐、文化传播以及产业绿色发展，巩固国家卫生城市建设成果，积极探索健康城市建设。

关键词： 健康城市　市域一体发展　新常态

　　威海位于山东半岛东端，北、东、南三面濒临黄海，西与山东烟台接壤，下辖环翠区、文登区、荣成市、乳山市和高区、经区、临港区三个国家级开发区，常住人口约281万。威海是全国第一个"国家卫生城市"，这也是威海最早、最具影响力的城市品牌。26年来，威海历届市委、市政府都倍加珍惜、尽心呵护这来之不易的荣誉，始终把巩固国家卫生城市创建成果作为优化经济社会发展的重大举措，建立健全国家卫生城市长效管理机制，先后七次以优异成绩通过了全国爱卫会的复审。近年来，威海市按照"健康山东"总体要求，以保障和促进人的健康为宗旨，以各类健康促进活动为载体，坚持健康优先、预防为主，构建社会、环境、人群三位一体的健康

---

* 毕建明，威海市卫生和计划生育委员会爱卫办主任。

促进模式和管理体系，不断丰富国家卫生城市内涵，积极探索建设卫生城市的升级版——健康城市，加快建设现代化幸福威海。

一 威海市巩固国家卫生城市的经验成效

（一）以建设精品城市为载体，打造更加宜人的居住环境

城市规划、建设和管理是巩固发展卫生城市创建成果的重要载体。当前，威海市紧紧围绕建设"现代化幸福威海"的总体目标，以人的城市化为核心，以全域城市化为发展方向，进一步加快构建市域一体发展新格局。截至2015年，全市城镇化率达到63.16%，并成功入选国家新型城镇化综合试点。

一是进一步优化总体布局。立足威海地域相对集中、区域发展相对平衡、城市化基础相对好的特点，确定了"中心崛起，两轴支撑，环海发展，一体化布局"的发展战略，全面启动了东部滨海新城、双岛湾科技城等重点区域开发建设，构建了市域一体发展大框架。

二是加快基础设施建设。坚持适度超前、突出重点、配套完善，加快建立覆盖城乡的现代基础设施体系。先后实施了十轮"十大城建重点项目建设"，完成了城区道路、燃气热力、供排水、垃圾处理等80多个市级城建基础设施重点项目。此外，公路铁路方面，青荣城际铁路正式通车，301省道外移工程全线开通，文莱高速公路开工建设，威海机场完成升级改造。建起了市民文化中心、全民健身中心等一批城市文体设施，在所有农村和城市社区都规划建设了文化、体育等休闲设施。强化城乡环卫一体化长效管护，建成标准化垃圾转运站53个，农村全面达到每10~15户配备1个垃圾桶的标准，实现了"村收集、镇运输、市处理"城乡生活垃圾一体化处理全覆盖，全市生活垃圾无害化处理率达到100%。

三是全面改善城乡居住环境。威海市政府先后对市区107个老生活区和100多条背街小巷进行了硬化、绿化、排水以及路灯等设施的综合整治，同

时，在124个生活小区全面推行物业服务合同化管理。此外，政府还解决了城中村基础设施落后、生活不便、环境脏乱等问题，完成了市区77个城中村的改造任务。截至目前，威海市已连续七年开展农村环境综合整治，累计投入资金20亿元，共整治2109个村，使其全部达到省生态文明乡村标准，2016年共投资6609万元，全部完成剩余157个村的整治任务。

四是全面开展工厂、渔港、集贸市场搬迁改造。逐步将工业企业特别是重点污染企业迁出城区并入园区集中发展，基于此，共先后有船厂、玻璃厂、酿造厂、橡胶厂等50多家企业完成了从市区到园区的搬迁。将位于市区东海岸、发展受限、污染严重的老渔港实施整体性搬迁，新建威海中心渔港，同时，将位于市区主干道旁的水产品批发市场也随迁进入中心渔港的交易批发市场，同时有计划地搬迁改造了部分早市、晚市和露天市场。

五是全面加强市区河道综合治理。对市区33条河道进行综合整治，采取增强防洪能力、截污治污、打造人文景观等举措，进一步改善市区河道功能，优化生态环境，提升城市品质。开展河道沿线环境卫生整治，在城乡一体化河流沿线整治的基础上，大力清理河道内的"白色污染"，加大对乱堆、乱扔、乱倒垃圾行为的查处。全面排查河道沿线各类污染行为，对污染河渠查找污染源进行综合治理，杜绝视域范围内冒黑烟、排污水的现象。

六是完善城市管理体制。一方面全力推进城市精细化管理，力促城市管理提质增效。在山东省率先实现数字化城市管理市（县）、区全覆盖，将城市网格化管理拓展建设到全部城市建成区，城市综合管理信息系统覆盖区域达市辖5区、2个县级市建成区共计303平方公里，威海市城市管理迈入数字化、信息化、规范化管理新时代。另一方面扎实推进城乡社区及居民生活建设。成立了威海市"12349"居家服务呼叫中心，建立了山东省首个市域一体、覆盖城乡、惠及全体居民的便民服务平台，服务范围覆盖整个威海市，面向全体居民提供便民利民服务、居家养老服务及紧急救助服务，方便广大群众日常生活。

（二）以强化环境保护为核心，构建更加和谐的生态环境

威海最大的资源优势是其良好的生态环境，因而，也是巩固发展国家卫生城市建设成果的关键所在。将威海打造成"碧海蓝天、青山绿水"的和谐城市、生态城市，走经济与环境同步共赢、人与自然和谐发展的道路，是威海历届市委、市政府不断追求的目标。在产业发展格局上，威海市大力发展循环经济，积极推进资源的高效集约利用。在招商引资和项目建设上，严把环保审批关，同时，严格实施环境影响一票否决制及评价制度。2015年，山东省"蓝天白云，繁星闪烁"平均天数为214.7天，威海为342天，连续多年居山东省第一。在环境污染综合整治上，连年实施"四大"行动。

一是"蓝天"行动。制定大气污染防制行动计划，与各区市和市直有关部门签订《大气污染防治目标责任书》，加强重点燃煤企业脱硫脱硝设施改造和运行管理，迁建改造烟尘排放大户，关闭烟尘排放不达标的小水泥、小高炉，先后治理500多个工业污染源，拆除市区1500多座小锅炉；推进机动车排气污染防治工作，加快"黄标车"等高污染机动车淘汰工作，检测核发环保标志近28万套，淘汰老旧车及黄标车5.7万余辆；强化扬尘污染治理，实行施工现场标准化管理，对渣土车运输遗洒飘散、超载、违反禁令标志等交通违法行为严肃查处。全年空气质量指数（AQI）≤100的天数全省最多、重污染天数全省最少、环境空气质量综合指数全省最好。

二是"碧海"行动。投入专项整治修复资金8500万元，推进海岸带整治修复工程；开展养殖用海整治规范工作，清理非法养殖，合理压缩近海养殖，引导发展深海养殖，改善近岸生态环境，清理非法养殖1.6万亩、网箱490个；开展海洋垃圾防治，制定了威海市人民政府和纽约市政府海洋垃圾防治"姐妹城市"合作谅解备忘录，组织海洋垃圾检测，集中整治随意倾倒垃圾及其他废弃物等影响海岸带环境和秩序的行为；加强水源地污染防治，限期治理及取缔了饮用水源地和其流域范围内的一批超标排污企业，全市饮用水源以及近岸海域水质全部达到和优于相应功能区的标准。

三是"青山"行动。强化自然保护区、水源涵养区、森林公园、湿地

等区域保护，规范矿山资源开发秩序，整顿了800余个采石点，对山体进行矿坑蓄水、植被绿化和生态复原；持续实施封山育林、退耕还林、绿色通道林、沿海防护林和城镇园林"五林工程"，加强生态公益林抚育工作，组织开展林业执法专项行动，"十二五"以来全市森林覆盖率每年增加超过1个百分点，上年达到42.2%；建成区绿化覆盖率目前已达到49.15%，人均占有公共绿地达到26.08平方米，形成了"海在城中、城在山中、楼在林中、人在绿中"的独特地理及人文风貌。

四是"净土"行动。在完善城乡生活垃圾一体化处理模式的基础上，进一步提高垃圾综合利用水平，完成了威海市垃圾处理焚烧厂发电技改工程，启用了国际领先、国内独创的"固定化微生物"垃圾场渗滤液处理系统，实现了100%生活垃圾的无害化焚烧处理，利用垃圾焚烧锅炉产生的余热，建设1台1.2万千瓦抽凝式汽轮发电机组及相关附属设施，2014年7月正式并网发电，年处理生活垃圾23.33万吨，年对外供热25万吨，年可节约标准煤8.5万吨。

（三）以发展公共卫生为基础，营造更加健康的卫生环境

衡量卫生城市的创建成效，离不开对公共卫生管理及服务水平的考察。公共卫生事关人民群众的健康权益，因此，多年来威海市全面加强公共卫生管理及服务能力建设，全市连续多年均未发生重大突发公共卫生事件。重点完善了以下五个体系。

一是社区卫生服务体系。积极推行公办与社会力量举办并存的方式，按照公开招标的原则择优准入，建立起政府购买服务、兼顾效率与效益的长效补偿机制。全市共设置社区卫生服务中心14处、服务站68处。

二是疾病预防控制体系。形成了市、县、镇、村四级管理的疾病预防控制长效机制，建立起镇卫生院以上医疗机构传染病疫情计算机网络直报系统全覆盖。组建了病媒生物防制专业技术队伍，指导全市统一开展以"环境综合治理、消灭滋生地及化学药物消杀"为主题的综合防制活动，城区"四害"密度均控制在《国家卫生城市标准》以内。推进高血压、糖尿病等

慢性病社区综合防治试点，健全完善了慢性病监测预警和信息化管理体系、人群健康促进体系，创新以生活方式干预为核心、以公共卫生服务项目为支撑的慢病综合防治模式，促进了慢病管理策略由被动治疗转向主动预防、管理方式由粗放分散转向科学规范。乳山市成为首批国家慢性病综合防控示范区，文登区、荣成市也相继创建为国家、省级慢性病综合防控示范区。

三是中医药服务体系。充分发挥中医治未病的优势，加快发展市、县、镇三位一体的中医服务格局。全市有3所三级甲等中医院，65名省、市名中医药专家，11名中医药专家享受国务院政府特殊津贴，并在全国地级市中率先实施了国医大师带徒计划。先后建设国家级中医重点学科（专科）7个，省级中医重点学科（专科）8个。有100%的社区卫生服务中心、镇卫生院、社区卫生服务站和98.4%的村卫生室能够提供中医药服务。

四是食品农产品监管体系。深入开展国家食品安全城市和国家农产品质量安全市"双城联创"活动，以"五小行业"和农产品质量安全监督管理为重点，加强食品追溯体系建设，探索建立"城乡同步、陆海同管、内外同标"的食品农产品质量安全管理模式，将全市划分为7个区市大网格、74个镇街中网格、2917个村居小网格，建立了全域覆盖的监管网格，1200多名一线执法人员、5375名协管员全部纳入监管网格，做到信息采集在网格、政策宣传在网格、教育培训在网格、安全预警在网格，实现目标定位、区域定量、人员定责。

五是妇幼卫生保健体系。高度重视妇幼健康服务工作，不断加大财政投入，推行妇幼重大项目，通过政府购买、项目引导、政策配套、完善链条等多措并举，推动全市妇幼健康服务工作有效实施，全市出生人口素质稳步提升，孕产妇死亡率和婴儿死亡率始终控制在较低水平，建立起政府主导、多部门协作、全社会共同参与的长效工作机制。

二 威海市健康城市建设的发展建议

2014年，《国务院关于进一步加强新时期爱国卫生工作的意见》正式提出要探索开展健康城市建设，山东省政府也出台了进一步加强新时期爱国卫生工作的实施意见，对探索实施健康城市建设提出了明确要求。世界卫生组织把建设健康城市作为一项全球性行动战略来倡导，以应对城市发展中出现的影响健康的问题。对此，威海市委、市政府高度重视，认为建设健康城市，是新时期爱国卫生运动的重要载体，是推进以人为本的新型城镇化的重要目标，也是推进健康中国建设、全面建成小康社会的重要内容，立即责成卫生计生委、发改委等有关部门着手研究健康城市建设事宜。

2015年2月，国家卫生计生委王国强副主任到威海调研时指出，威海是全国第一个国家卫生城市，各方面基础条件都很好，市委、市政府也很重视，希望威海能够作为国家健康城市建设试点城市，在国家健康城市建设指标、考核评价等方面先行先试。2015年3月，威海市政府分管市长带领宣传、发改、财政、卫生计生等部门前往上海、苏州、杭州等城市考察学习健康城市建设工作，市委、市政府专门听取了考察工作汇报，认为建设健康城市，契合威海市绿色发展的大健康理念，能更好地满足人民群众对健康的多样化需求，决定借鉴外地先进经验，结合威海实际，全面开展健康城市建设。2015年7月，威海市政府将市爱卫办起草的《关于建设健康城市的意见》印发7个区市和市直55个部门征求意见。2015年8月，全国健康城市建设研讨会在威海召开期间，根据国家卫生计生委领导及有关专家提出的意见和建议，对建设健康城市的意见进行了修改完善。经过先后5次征求意见，报请市政府常务会议审议并通过。2016年1月，以威海市委1号文件印发了《中共威海市委威海市人民政府关于建设健康城市的意见》，确定健康城市全域共建，市域一体化。

2016年4月8日，威海市召开了高规格的健康城市建设动员大会，山东省卫生计生委袭燕主任出席会议并做了重要讲话。她指出，作为全国第一个国家卫生城市，时隔26年，威海市又在全省率先启动健康城市建设，为全省树立了标杆、做出了表率，意义重大，影响深远，希望威海走出一条独具特色、可借鉴推广的健康城市建设之路。为此，今后威海市将积极推动健康城市建设向纵深发展，重点打好"六张牌"。

（一）健康环境持续改善牌

1. 科学规划发展规模和布局

根据城市环境容量和生态承载能力，合理控制人口规模，科学确定城市发展方向、发展规模和发展速度。通过实施《威海市城市化发展纲要（2012~2020年）》，按照"中心崛起、两轴支撑、环海发展、一体化布局"的总体战略布局，推动规划威海市的全域覆盖、产业全域布局、交通全域畅通以及社会公共服务全域均衡，提高其城市的综合承载力、集聚力以及辐射力，促进市域农村居民进一步市民化，以中心城市、次中心城市为核心，以重点区域、重点镇为载体，打造适度集中、疏密相间的生态化、组合型都市区。

2. 强化城乡基础设施建设管理

加强环保、消防、污水和垃圾处理等市政公用设施建设，着力提高城市基础设施的建设质量、运营标准、运行效率和管理水平。积极推进城市地下综合管廊建设，统筹各类市政管线规划、建设和管理。研究制定海绵城市建设规划和实施方案，综合采取"渗、滞、蓄、净、用、排"等措施，修复城市水生态。发展节能建筑、绿色建筑，降低建设领域能源消耗。推进老旧居住小区综合整治，完善和提升街道、社区配套服务设施及功能，因地制宜增加健康促进元素。完善城市综合管理信息平台，全面推行精细化和网格化管理，提升应对城市公共管理问题、突发事件的响应速度和处置能力。促进城市建设与园区、城镇、农村新型社区建设有机衔接，推动城市基础设施和公共服务向农村延伸覆盖。

3. 深入开展城乡环境综合整治

加大城乡环境卫生综合管理力度，积极开展城市生活垃圾源头减量和分类收集处理，强化餐厨废弃物管理，建立健全长效机制，提高环卫保洁质量。加快环境卫生管理城乡一体化进程，推动县域农村垃圾和污水处理一体化，实施农村无害化卫生厕所改造，建设环境优良、健康宜居的美丽乡村。

4. 加大生态建设与保护力度

坚持生态立市战略，强化生态、生产、生活"三生"共融理念，实行严格的环境保护制度，增加生态产品供给，筑牢生态安全屏障。大力开展植树造林，实施水系绿化、镇村绿化和绿色通道、沿海防护林建设等重点工程，建成比较完备的林业生态体系。加快城市园林绿地建设，加强裸露地整治和居住小区配套绿化管理，增加城市绿量。强化湿地生态保护，规划建设湿地自然保护区与湿地公园，促进湿地资源可持续利用。加大自然保护区建设和保护力度。建立海洋生态红线制度，加快推进海洋生态修复，加强海岸带管理，整治规范市区养殖用海，建设刘公岛国家海洋公园，打造国家海洋生态文明示范区。加强减少垃圾流入海洋方面的国际交流合作。

5. 完善环境安全监控体系

建立健全覆盖生态环境全要素的监测网络，定期组织环境安全风险排查，消除环境安全隐患。加强流域、入海排污口及重点污染源监管，对涉重金属、涉化学品、涉危险废物和涉核与辐射行业实行分级分类管理，确保落实责任。推动智慧环保建设，提高环境监管执法、监控预警和社会服务能力，构建信息公开、方便公众监督的环保平台。

6. 全面优化环境空气质量

持续开展环境空气质量全面优化行动，严格落实大气污染防治联防联控机制。利用2年时间，全部完成燃煤电厂锅炉超低排放改造任务。整治工业废气，加强散流物体运输、建筑工地、弃土堆等扬尘污染治理，强化成品油质量监督检查，严禁随意焚烧秸秆。加强机动车尾气治理，全面淘汰黄标车。力争到2018年，细颗粒物（PM2.5）、可吸入颗粒物（PM10）、二氧化硫（SO_2）、二氧化氮（NO_2）等4项指标均稳定达到国家二级标准。完善空气质量信息发布制度，实时发布空气质量指数（AQI），强化重污染天气空气质量预警和应急响应。加强工业企业、建筑施工、道路交通、社会生活噪声污染防治，严防噪声扰民。

7. 切实提升水环境质量

组织开展水污染防治行动计划，深入推进水生态环境治理，保护和修复水生态环境。实行最严格的水资源管理制度，加大集中式饮用水水源地保护力度，确保水质优良。加强对市域13条主要河流水质监测，严格监管流域内重点排污企业，严厉查处违法违规排污倾弃等行为。逐步完善排水管网系统，全面实施雨污分流。实施农村饮水安全工程，加快推进农村规模化供水工作，保证水质达标和饮水安全。

8. 强化土壤污染防治

建立并实施严格的土壤环境保护制度，确定土壤环境优先保护区域，对集中式饮用水水源地、果树种植基地、畜禽养殖基地等土壤环境开展例行监测，建立保护档案，加强评估考核。强化农业面源污染治理，开展农药、化肥零增长行动，积极推广高效低残留农药，广泛应用测土配方施肥等实用技术，实施土壤改良修复工程。加强重点区域土壤环境管理，完善土壤环境监测网络，健全土壤环境应急能力和预警体系。

（二）健康人群素养培育牌

1. 促进妇女儿童健康

全面做好优生优育、生殖健康服务工作，保障母婴安全，降低孕产妇、婴儿死亡率。加强婚前保健、孕前保健、孕产期保健、新生儿疾病筛查、儿童早期发展、出生缺陷儿童早期干预治疗等综合防治，有效预防和减少出生缺陷，优化出生人口素质。加强妇女宫颈癌和乳腺癌筛查服务，探索建立妇女"两癌"防治模式和协作机制。落实学生常见病防治措施，建立学生健康档案，为义务教育阶段学生免费体检。

2. 倡导健康生活方式

推进健康机关、健康企业、健康医院、健康学校、健康社区、健康家庭等健康单位建设活动，夯实健康城市建设基础。结合创建慢性病综合防控示范区，加强居民营养监测，开展合理膳食指导与干预，倡导平衡膳食、合理营养，实现"吃动两平衡"。严格落实公共场所控烟措施，组织开展"青少年拒吸第一支烟"活动，预防和控制未成年人吸烟。推广居民健康自我管理模式，引导城乡居民从自我做起，养成良好卫生习惯，保持健康生活方式。

3. 提高居民身体素质

积极推进全民健身运动，定期举办威海市运动会、职工运动会、中小学体育联赛等各类综合性赛事，发展各类群众性体育健身团体，大力宣传倡导科学健身方式。推广体质监测，指导群众根据自身体质和健康状况，开展适宜的健身运动。加强学校体育工作，扎实开展帆船、游泳、铁人三项、足球进校园等特色活动，保障学生每天体育锻炼不少于1小时。推动学校、机关和企事业单位体育场馆向社会公众开放，实现体育资源共享。加快公共体育场地配套设施建设，每个区市至少建设1处综合性公共体育场所，免费向社会公众开放。推动新建社区体育设施全覆盖，建立10分钟健身圈。依托现有的公园、景点等休闲场所，建设健康主题公园、健康广场、健康步道，将健康文化融入自然环境和城市设施。推进健康关口前移，开展医保卡用于大众化、基础性健身消费试点。

4. 加强精神卫生服务

加强青少年心理疏导服务平台建设，组织开展"留守儿童、空巢老人、失独家庭"关爱活动，健全心理危机干预预案，进一步完善精神卫生服务体系。加强严重精神障碍患者的康复和管理，规范各类心理健康咨询服务。开展医疗机构心理健康服务试点，组织医务人员进行精神卫生知识培训，非精神科医生对重点精神疾病的识别率达到60%以上。强化心理卫生健康教育，提高城乡居民心理卫生知识知晓率。

5. 强化康复医疗服务

建立健全康复医疗服务体系，着力提高城乡居民享有康复医疗服务的公平性和可及性。建立康复医学专业技术人才引进、培养、使用、管理等制度体系，强化康复医学专业人员规范化准入管理。建立残疾人康复专项救助制度，完善残疾人参加城乡居民医保补助措施，确保有康复需求的残疾人普遍得到康复服务。市及各区市（含国家级开发区、南海新区，下同）分别建设1处残疾人康复中心。

（三）健康服务优化提升牌

1. 优化配置医疗卫生资源

按照全域城市化、市域一体化部署，组织编制威海市区域卫生规划和医疗机构设置规划，合理确定各类医疗机构的功能定位、人员数量、床位规模以及设备标准，提高医疗资源利用效率。鼓励二级以上公立医院，尤其是三级公立医院整合或托管基层医疗卫生机构，组建医疗联合体，推行县镇村三级一体化管理，推动医疗资源在医疗联合体内合理流动，引导优质医疗资源下沉。

2. 推动医疗服务能力升级

做优做强城市公立医疗机构，加大人才培养引进力度，优化专业设置和服务流程，提升服务能力和管理水平。加强以人才、技术、重点专科为核心的县级医院服务能力建设，实现医院管理规范化、精细化和信息化，有效承担县域内居民常见病、多发病诊疗与危急重症抢救及疑难病转诊任务。启动"百名医师援基层"工程，每年从二级以上公立医院至少抽调100名中级以上职称的卫生专业技术人员，到镇卫生院、社区卫生服务中心进行支援帮扶，夯实基层医疗卫生服务基础。鼓励和引导各级医疗机构主动延伸康复、护理、保健、养生等服务，推广家庭医生签约服务方式，探索开展家庭病床服务。

3. 推进公立医院综合改革

统筹推进公立医院管理体制、补偿机制、价格机制、人事编制、收入分配、医疗监管等综合改革，建立健全运行高效、富有活力、优质服务的公立医院运行体制机制。完善政府办医体制，逐步推进公立医院去行政化和内部治理现代化，推行以公益性为导向的绩效考核评价制度，提高公立医院运行活力。加快构建基层首诊、双向转诊、急慢分治、上下联动的分级诊疗模式，形成科学合理的就医秩序。改革药品保障制度，公立医院药品全部实行零差率销售，破除以药补医机制，降低群众就医负担。改革医保支付方式，发挥基本医保的基础性作用，控制医疗费用不合理增长。鼓励和引导社会力量办医，扩大优质卫生资源总量。加强医德医风建设，强化医疗质量监管，创造良好的就医环境。

4. 发挥中医药特色优势

坚持中西医并重，实施"治未病"健康工程，开展中医药养生保健服务。推进中医预防保健服务网络建设，探索创新中医药健康保障服务模式。加快中医药优势技术推广应用，扩大中医优势病种收费方式改革实施范围，减轻患者费用负担。实施基层中医药服务能力提升工程，到2017年，所有镇卫生院、社区卫生服务中心建成国医堂，具备较强中医药服务能力。

5. 强化疾病预防控制

加快推动卫生服务模式向"重疾病预防"转变，加强对严重威胁群众健康的传染病、地方病、职业病和慢性病等疾病预防控制和监测；对高血压、糖尿病、心脑血管病、恶性肿瘤、精神疾病等重点慢性病高危人群、患者，实施有效干预和服务，提高重点慢性病规范管理率。建立新发传染病快速检测技术平台，健全多部门联防联控机制。推进数字化预防接种门诊建设，加强儿童预防接种信息化管理。加强卫生应急队伍和装备建设，着力提升重大疾病和突发公共卫生事件预测预警和处置能力。

6. 加快发展智慧医疗

构建市域人口健康信息平台，整合公共卫生、医疗服务、医疗保障、药品管理、综合管理等应用系统和信息资源，实现区域间医疗机构电子病历、处方、检验报告、影像检查结果、住院病案、社区慢性病信息等互联互通、实时共享。加强数字化医院建设，利用物联网、移动医疗等技术，促进患者与医务人员、医疗机构、医疗设备信息化互动，自助完成挂号、缴费、取药、检验结果查询等过程，提高医疗服务智能化水平。加强远程医疗系统建设，强化远程会诊、教育等服务功能，促进优质医疗资源共享。建设健康服务门户网站，开发手机客户端、微信、微博等便民惠民应用，面向公众提供统一的预约挂号、健康信息查询、健康教育、健康咨询等服务，提高健康管理水平。

（四）健康社会和谐构建牌

1. 营造平安社会环境

深化海陆一体平安威海建设，健全组织严密、网络健全、反应迅速的平安建设工作机制。加快推进公共安全视频监控系统建设，加强公共安全隐患治理，构建立体化社会治安防控体系。加强和改进流动人口、特殊人群服务管理，深入开展禁毒工作。严格落实安全生产责任制，提高灾害应急救助能力，保障人民群众生命财产安全。以网格化管理、社会化服务为方向，健全社会治安综合治理三级工作平台。做好矛盾纠纷排查化解工作，切实维护社会和谐稳定。

2. 完善城乡社会保障体系

进一步完善基本医疗和社会养老保障体系，扩大覆盖范围，提高保障水平。全面实施居民大病保险制度，完善基本医疗保险病种定额结算办法。建立健全以公共租赁住房为主的保障性住房体系，解决城市低收入群体家庭住房困难问题。健全城乡平等就业制度，构建覆盖城乡的公共就业服务体系，优化创业环境，鼓励自主创业，促进充分就业。健全精准扶贫长效工作机制。构建新型社会救助体系，强化对农村"五保"和城镇"三无"人员的救助帮扶，完善低保标准动态调整机制，扩大医疗救助、就业救助、教育救助等覆盖范围，健全临时救助制度，发挥社会救助的托底保障功能，努力做到困难群众应助尽助。

3. 促进教育优质均衡发展

深化教育综合改革，推动基础教育均衡化、优质化。建立以公办及公办性质和民办普惠性幼儿园为主体的办园模式，形成政府主导、社会参与、公办民办协调发展的学前教育发展格局。实施义务教育学校管理标准化改革，建设国家义务教育学校管理标准化实验区，中小学教育应重点推动其管理的科学化及办学的规范化，高中教育应推动品质化、多样化和特色化发展，同时，还应进一步加快发展特殊教育。此外，还应注重规范民办教育的发展，积极建立现代化的职业教育体系，以此提升教育及教学质量。全面推行素质教育，深化学校体育、卫生、艺术教育改革，提升学生体质和艺术素养。

4. 健全食品药品安全责任体系

深化国家食品安全城市和国家农产品质量安全市创建工作，进一步强化源头管控，夯实基层基础，落实主体责任，持续提高食品农产品安全监管水平。强化网格化管理，健全镇村农产品质量安全监管体系，加强基层监管队伍建设，完善农业投入品监管、标准化生产和检验检测等制度。加强农产品产地准出与市场准入衔接，严格市场经营主体准入管理。加强对食品生产、流通和消费环节的监管，营造放心消费环境。完善电子追溯平台功能，推动食品农产品质量安全信息互联互通和资源共享，形成来源可追溯、去向可查证、责任可追究的全程追溯体系。发挥国家海产品质量监督检验中心作用，加快推进省医疗器械产品质量检验中心威海分中心和市食品药品检验检测中心建设，推动检验检测资源整合，提升检验检测支撑水平。加强食品安全应急体系建设，开展食品安全风险监测和评估，提高食品安全预警和应急处置能力。

5. 构筑健康交通网络

实施公路安全生命防护工程，提升公路综合管理和服务水平。坚持公交优先，加大公共交通投入力度，打造城市低碳交通。在适宜区域建设公共自行车交通系统，倡导绿色健康出行。深化道路交通"平安行·你我他"行动，加强道路交通安全综合治理，依法严厉查处各类交通违法行为。加强智慧交通建设，提高道路通行能力。完善校车发展新模式，加强校车管理，保障学生交通安全。

（五）健康文化营造传播牌

1. 拓展健康文化传播平台

利用广播、电视、报刊等传统媒体和微博、微信等新媒体，开展"健康威海·人人共享"科普宣传。建立健全健康教育工作网络，各区市至少建设一处健康文化长廊，进一步发挥"健康大讲堂"作用，大力宣传普及健康知识，倡导低碳绿色生活理念，让群众了解健康文化、喜爱健康文化，成为健康文化的承载者、践行者、受益者。

2. 弘扬和谐人文理念

积极践行社会主义核心价值观,弘扬优秀传统文化、威海精神,深化"君子之风·美德威海"建设。强化舆论宣传引导,创作群众喜闻乐见的优秀健康文化作品,传播正能量。完善公共文化服务体系,加强公共文化设施建设,培育群众性文化艺术团体,创建优秀文化艺术传承学校。发挥博物馆、图书馆、群众艺术馆、美术馆、科技馆、青少年宫、中小学生综合实践教育中心等平台作用,组织开展丰富多彩、有益身心健康的文化活动,形成良好的文化环境和文化生态。

3. 提升居民健康素养

组织形式多样的健康专题宣传教育活动,开展人人知晓自我血压、适宜运动、健康知识、健康行为、急救技能等"五个人人知晓"健康管理倡导行动,广泛宣传健康素养基本知识与技能,规范居民就医行为、用药偏好、饮食习惯和婚育方式等,不断提升全社会的保健意识。

(六)健康产业绿色发展牌

1. 推动绿色产业发展

积极适应经济发展新常态,加快推进转方式调结构,促进经济提质增效升级。强化绿色招商,提高环保门槛,从源头上严控"两高一资"项目,积极化解过剩产能、淘汰落后产能。注重强化结构调整,改造提升传统优势产业,加快发展现代服务业,发展壮大战略性新兴产业,进而培育产业增长新动力。积极推进农业标准化基地建设,大力发展生态高效安全农业,加快培育现代果业和特色农业。科学规划养殖区域,合理确定养殖规模,推行生态养殖模式。按照减量化、再利用、资源化原则,推进企业循环式生产、产业循环式组合、园区循环式改造,推动工业企业依法实施自愿性和强制性清洁生产审核,支持各类园区创建生态园区。深化再生资源回收体系建设试点工作,加快再生资源回收利用。强化环保科技创新,壮大节能环保产业。

2. 加快发展养老服务业

建立医疗卫生机构和养老机构相合作的机制，发展医疗与养生养护相融合的健康养老。完善居家养老服务，发展数据与服务相融合的智慧养老，开发面向全体市民的定位求助、健康监测、卧床监测、痴呆老人防走失等服务。发展居家与机构相融合的社区养老，打造社区"嵌入式"养老服务模式，建设集日间照料、全托、居家养老服务、医疗服务等功能于一体的社区养老服务中心，创建社区养老服务品牌。发挥"12349"便民服务热线平台作用，为居家老年人提供便捷服务。鼓励社会力量兴办养老机构，激发社会养老服务发展活力。

3. 发展壮大医药和医疗器械产业

加快推进医疗器械产业园建设，搭建药物研究创新服务平台、医疗器械产品管理平台等公共服务平台，积极培育康复器械、健身器材产业，推动医药和医疗器械产业加快发展，打造新医药和医疗器械产业集群。大力发展中医药产业，积极培育中医药养生、保健、康复、旅游、养老等新业态，开展中医药对外医疗服务贸易，形成多层次、全方位的中医药健康服务产业集群。

4. 拓展健康服务和休闲产业发展空间

结合中韩自贸区地方经济合作示范区建设，加大对保健食品、化妆品产业发展的支持力度，打造集医疗、美容、养生、旅游等于一体的健康产业基地。积极引进境内外知名医疗保健机构，开发温泉、药膳、中医调理等系列服务产品。开展大众休闲活动，推动体育产业与相关产业融合发展。引导和支持社会力量发展健身培训、健康体检、专业护理、心理咨询、母婴照料、临终关怀等专业健康服务。进一步挖掘沙滩、海景、山地、温泉、森林、古村等资源，注入更多的休闲娱乐元素，引导健康休闲产业做出特色、创出品牌。

参考文献

威海市委、市政府下发《关于建设健康城市的意见——朝健康城市迈进》，http：//

www. yintan. gov. cn/content/? 18243. html。

《威海建设健康城市动员大会——朝健康城市迈进》，http：//weihai. house. qq. com/a/20160409/030558_ all. htm。

《全国爱卫会关于印发国家卫生城市标准（2014 版）的通知》，http：//www. whws. gov. cn/zhuanti/V2 - 8 - 8610. aspx。

《中共威海市委威海市人民政府关于建设健康城市的意见》，http：//www. whws. gov. cn/zhuanti/V2 - 8 - 10286. aspx。

《清洁风动文明城——威海迎接国家卫生城市复审》，http：//www. whnews. cn/news/node/2015 - 08/20/content_ 6527713. htm。

《国务院关于进一步加强新时期爱国卫生工作的意见》（国发〔2014〕66 号），http：//www. tech-food. com/kndata/detail/k0162085. htm。

《威海城市化发展纲要（2012 ~ 2020 年）解读》，http：//www. whnews. cn/news/node/2013 - 08/29/content_ 5787231. htm。

中国城市发展大事记

B.20
中国城市发展大事记[*]

（2015年7月1日至2016年6月30日）

2015年7月2日 国务院发布了《关于同意设立南京江北新区的批复》（国函〔2015〕103号），同意设立南京江北新区。该新区的设立对于推动苏南现代化建设和长江经济带更好更快发展具有重要意义。

2015年7月4日 国务院发布了《关于积极推进"互联网+"行动的指导意见》（国发〔2015〕40号），指出要积极推广基于互联网的城市便民服务，并加快制定智慧城市领域的基础共性标准。

2015年7月20日 国务院发布了《关于兰州市城市总体规划的批复》（国函〔2015〕109号），原则同意《兰州市城市总体规划（2011～2020年）》。

---

[*] 韩镇宇、朱春筱执笔。韩镇宇，中国社会科学院城市发展与环境系博士研究生；朱春筱，中国社会科学院城市发展与环境系硕士研究生。

2015年7月23日　国务院发布了《关于同意设立云南勐腊（磨憨）重点开发开放试验区的批复》（国函〔2015〕112号），同意设立云南勐腊（磨憨）重点开发开放试验区，构建"一带一路"面向西南开放的桥头堡。

2015年8月2日　国务院办公厅发布了《关于全面实施城乡居民大病保险的意见》（国办发〔2015〕57号），指出在2015年底前，大病保险要覆盖所有城镇居民基本医疗保险和新型农村合作医疗的参保人群，到2017年要建立起比较完善的大病保险制度。

2015年8月3日　国务院发布《关于福州市城市总体规划的批复》（国函〔2015〕125号），原则同意《福州市城市总体规划（2011～2020年）》。

同日，国家发改委发布了《关于加强城市停车设施建设的指导意见》（发改基础〔2015〕1788号），旨在解决停车设施供给不足问题，推动停车产业化发展。

2015年8月6日　国务院办公厅发布了《关于同意在上海等9个城市开展国内贸易流通体制改革发展综合试点的复函》（国办函〔2015〕88号），同意在上海市、南京市、郑州市、广州市、成都市、厦门市、青岛市、黄石市和义乌市9个城市开展国内贸易流通体制改革发展综合试点。

2015年8月10日　国务院办公厅发布了《关于推进城市地下综合管廊建设的指导意见》（国办发〔2015〕61号），提出到2020年要建成并投入运行一批国际先进的地下综合管廊并投入运营，管线安全水平和防灾抗灾能力实现明显提升，逐步消除主要街道蜘蛛网式架空线以及地面反复开挖问题。

2015年8月12日　天津市滨海新区瑞海国际物流有限公司的危险品货柜发生特别重大火灾爆炸事故，造成160多人死亡、直接经济损失数百亿元。此次事故折射出了我国在城市规划、生产监管和审批、城市应急、城市居民财产保险等制度上多方面的问题。

2015年8月19日　国务院发布了《关于同意将江西省瑞金市列为国家历史文化名城的批复》（国函〔2015〕132号），同意将瑞金市列为国家历史文化名城。

2015 年 9 月 9 日 国务院发布了《关于同意设立福州新区的批复》（国函〔2015〕137 号），同意设立福州新区。福州新区初期规划范围包括马尾区、仓山区、长乐市、福清市部分区域，面积约 800 平方公里。

2015 年 9 月 11 日 住建部、环保部发布了《关于印发城市黑臭水体整治工作指南的通知》（建城〔2015〕130 号），提出要抓紧部署、强化监管，加快我国城市黑臭水体整治。

2015 年 9 月 15 日 国务院发布了《关于同意设立云南滇中新区的批复》（国函〔2015〕141 号），同意设立云南滇中新区。云南滇中新区是滇中产业聚集区的核心区域，初期规划范围包括安宁市、嵩明县和官渡区部分区域，面积约 482 平方公里。

同日，国务院发布了《关于环渤海地区合作发展纲要的批复》（国函〔2015〕146 号），原则同意《环渤海地区合作发展纲要》，支持把环渤海地区建设成为我国经济增长和转型升级新引擎、区域协调发展体制创新和生态文明建设示范区、面向亚太地区的全方位开放合作门户。

2015 年 9 月 16 日 国务院办公厅发布了《关于批准烟台市城市总体规划的通知》（国办函〔2015〕92 号），原则同意《烟台市城市总体规划（2011～2020 年）》。

2015 年 10 月 8 日 国务院办公厅发布了《关于批准安阳市城市总体规划的通知》（国办函〔2015〕101 号），原则同意《安阳市城市总体规划（2011～2020 年）》。

2015 年 10 月 13 日 国家发改委公布了 2014 年度各省（区、市）单位地区生产总值二氧化碳排放降低目标责任考核评估结果，北京、天津、河北、山西、内蒙古等 19 个省份被评为优秀等级。

同日，国务院发布了《关于苏州工业园区开展开放创新综合试验总体方案的批复》（国函〔2015〕151 号），原则同意《苏州工业园区开展开放创新综合试验总体方案》。

2015 年 10 月 16 日 国务院办公厅发布了《关于推进海绵城市建设的指导意见》（国办发〔2015〕75 号），提出要加快推进海绵城市建设，通过修复城市水生态、涵养水资源以增强城市防涝能力,实现提高新型城镇化质量,并促进人与自然和谐发展。

2015年10月18日 国务院发布了《关于同意将广东省惠州市列为国家历史文化名城的批复》(国函〔2015〕177号),同意将惠州市列为国家历史文化名城。

2015年10月28日 国家发改委、财政部发布了《关于印发〈国家"城市矿产"示范基地中期评估及终期验收管理办法〉和〈园区循环化改造示范试点中期评估及终期验收管理办法〉的通知》,指出要加强对国家"城市矿产"示范基地、园区循环化改造示范试点的监督管理,充分发挥试点示范的引领作用,提高中央财政资金使用效益。

2015年11月3日 《中共中央关于制定国民经济和社会发展第十三个五年规划的建议》公布。《建议》指出在国际发展竞争日趋激烈和我国发展动力转换的形势下,必须把发展基点放在创新上,深入实施创新驱动发展战略;《建议》还指出要进一步推进以人为核心的新型城镇化,提高城市规划、建设、管理水平,提出要深化户籍制度改革、实施居住证制度、健全财政转移支付同农业转移人口市民化挂钩机制、维护进城落户农民权益、深化住房制度改革以及加大城镇棚户区和城乡危房改造力度。

2015年11月6日 国务院办公厅发布了《关于批准扬州市城市总体规划的通知》(国办函〔2015〕132号),原则同意《扬州市城市总体规划(2011~2020年)》。

2015年11月17日 国务院发布了《关于呼和浩特市城市总体规划的批复》(国函〔2015〕194号),原则同意《呼和浩特市城市总体规划(2011~2020年)》。

2015年11月18日 国家发改委发布了《关于印发〈老工业基地产业转型技术技能人才双元培育改革试点方案〉的通知》,提出地市人民政府要结合地方实际,通过体制机制创新建立校企双元办学模式。

2015年11月25日 国务院发布了《关于进一步完善城乡义务教育经费保障机制的通知》(国发〔2015〕67号),提出整合农村义务教育经费保障机制和城市义务教育奖补政策，建立统一的中央和地方分项目、按比例分担的城乡义务教育经费保障机制。

2015年11月27日　国家发改委发布了《关于公布第二批国家新型城镇化综合试点地区名单的通知》，同意将北京市房山区等59个城市（镇）列为第二批国家新型城镇化综合试点地区，其中包括北京市大兴区、山西省泽州县、内蒙古自治区和林格尔县、黑龙江省安达市等14个农村土地制度改革试点。

2015年12月4日　国务院发布了《关于成都市城市总体规划的批复》（国函〔2015〕199号），原则同意《成都市城市总体规划（2011～2020年）》。

2015年12月9日　国家发改委、交通部发布了《关于印发〈城镇化地区综合交通网规划〉的通知》，提出了2020年、2030年城镇化地区交通网络建设目标。

2015年12月12日　国务院发布了《居住证暂行条例》（国令第663号），指出公民离开常住户口所在地到其他城市居住半年以上，符合有合法稳定就业、合法稳定住所、连续就读条件之一的，可以依照本条例的规定申领居住证。

2015年12月17日　国务院发布了《关于加快实施自由贸易区战略的若干意见》（国发〔2015〕69号），指出要进一步优化自由贸易区建设布局，加快建设高水平自由贸易区。

2015年12月18日　国务院发布了《关于西宁市城市总体规划的批复》（国函〔2015〕214号），原则同意《西宁市城市总体规划（2001～2020年）（2015年修订）》。

2015年12月20日　住建部、国开行发布了《关于推进开发性金融支持海绵城市建设的通知》（建城〔2015〕208号），提出建立健全海绵城市建设项目储备制度，加大海绵城市建设项目的信贷支持力度。

2015年12月20～21日　中央城市工作会议在北京举行，这是时隔37年中国再次召开中央城市工作会议，指出要在"建设"与"管理"两端着力、转变城市发展方式、完善城市治理体系、提高城市治理能力以及解决城市病等突出问题。

2015 年 12 月 22 日 国务院发布了《关于同意设立哈尔滨新区的批复》（国函〔2015〕217 号），同意设立哈尔滨新区。哈尔滨新区包括哈尔滨市松北区、呼兰区、平房区的部分区域，规划面积 493 平方公里。

2015 年 12 月 29 日 国务院发布了《关于上海市开展"证照分离"改革试点总体方案的批复》（国函〔2015〕222 号），原则同意《上海市开展"证照分离"改革试点总体方案》，支持上海市浦东新区"证照分离"改革试点方案，试点期为自批复之日起 3 年。

2016 年 1 月 7 日 国务院发布了《关于支持沿边重点地区开发开放若干政策措施的意见》（国发〔2015〕72 号）。沿边重点地区包括 5 个重点开发开放试验区、72 个沿边国家级口岸、28 个边境城市、17 个边境经济合作区和 1 个跨境经济合作区。

2016 年 1 月 11 日 住建部发布了《关于 2015 年中国人居环境奖获奖名单的通报》（建城〔2016〕1 号），上海市嘉定区新城核心区生态系统规划建设等 31 个项目获得 2015 年中国人居环境范例奖。

2016 年 1 月 12 日 国务院发布了《关于整合城乡居民基本医疗保险制度的意见》（国发〔2016〕3 号），旨在整合城镇居民基本医疗保险（以下简称城镇居民医保）和新型农村合作医疗（以下简称新农合）两项制度，建立统一的城乡居民基本医疗保险制度。

2016 年 1 月 14 日 国务院发布了《关于青岛市城市总体规划的批复》（国函〔2016〕11 号），原则同意《青岛市城市总体规划（2011～2020 年）》。

2016 年 1 月 15 日 国务院发布了《关于同意在天津等 12 个城市设立跨境电子商务综合试验区的批复》（国函〔2016〕17 号），同意在天津市、上海市、重庆市、合肥市、郑州市、广州市、成都市、大连市、宁波市、青岛市、深圳市以及苏州市设立跨境电子商务综合试验区。

2016 年 1 月 19 日 国务院发布了《关于杭州市城市总体规划的批复》

（国函〔2016〕16号），原则同意《杭州市城市总体规划（2001~2020年）（2016年修订）》。

2016年1月26日 国务院发布了《关于淄博市城市总体规划的批复》（国函〔2016〕23号），原则同意《淄博市城市总体规划（2011~2020年）》。

2016年1月27日 国务院发布了《关于批准大庆市城市总体规划的通知》（国办函〔2016〕9号），原则同意《大庆市城市总体规划（2011~2020年）》。

2016年1月29日 住建部发布了《关于2015年国家生态园林城市、园林城市、县城和城镇的通报》（建城〔2016〕16号），决定命名江苏省徐州市等7个城市为国家生态园林城市、河北省沧州市等46个城市为国家园林城市、河北省高邑县等78个县城为国家园林县城、山西省巴公镇等11个镇为国家园林城镇。

2016年2月5日 住建部组织编制了《城市综合管廊国家建筑标准设计体系》和《海绵城市建设国家建筑标准设计体系》（建质函〔2016〕18号）。

2016年2月6日 国务院发布了《关于深入推进新型城镇化建设的若干意见》（国发〔2016〕8号），在积极推进农业转移人口市民化、全面提升城市功能、加快培育中小城市和特色小城镇、辐射带动新农村、完善土地利用机制、创新投融资机制、完善城镇住房制度、加快推进新型城镇化综合试点和健全新型城镇化工作推进机制等多方面提出了详细意见。

2016年2月15日 国务院发布了《关于同意设立长春新区的批复》（国函〔2016〕31号），同意设立长春新区。长春新区范围包括长春市朝阳区、宽城区、二道区、九台区的部分区域，规划面积约499平方公里。

2016年2月16日 国家发改委、住建部发布了《关于印发城市适应气候变化行动方案的通知》，积极应对全球气候变化，落实《国家适应气候变化战略》的要求，有效提升我国城市适应气候变化的能力，统筹协调城市适应气候变化相关工作。

2016 年 2 月 18 日　国务院办公厅发布了《加快众创空间发展服务实体经济转型升级的指导意见》（国办发〔2016〕7 号），提出重点在电子信息、生物技术、现代农业、高端装备制造、新能源、新材料、节能环保、医药卫生、文化创意和现代服务业等产业领域先行先试。

2016 年 2 月 19 日　国务院发布了《关于广州市城市总体规划的批复》（国函〔2016〕36 号），原则同意《广州市城市总体规划（2011～2020年）》。

2016 年 2 月 22 日　国务院发布了《关于厦门市城市总体规划的批复》（国函〔2016〕35 号），原则同意《厦门市城市总体规划（2011～2020年）》。

2016 年 2 月 25 日　国务院发布了《关于同意开展服务贸易创新发展试点的批复》（国函〔2016〕40 号），原则同意商务部提出的《服务贸易创新发展试点方案》，同意在天津、上海、海南、深圳、杭州、武汉、广州、成都、苏州、威海和哈尔滨新区、江北新区、两江新区、贵安新区、西咸新区等城市（区域）开展服务贸易创新发展试点，试点期为 2 年。

2016 年 3 月 2 日　住建部办公厅、财政部办公厅、水利部办公厅发布了《关于开展 2016 年中央财政支持海绵城市建设试点工作的通知》（财办建〔2016〕25 号），决定启动 2016 年中央财政支持海绵城市建设试点工作。

2016 年 3 月 11 日　国家发改委发布了《关于印发哈长城市群发展规划的通知》，督促吉林、黑龙江省人民政府和国务院有关部门努力将哈长城市群建设成为具有重要影响力和竞争力、宜居宜业的绿色城市群。

2016 年 3 月 15 日　国务院办公厅发布了《关于批准临沂市城市总体规划的通知》（国办函〔2016〕24 号），原则同意《临沂市城市总体规划（2011～2020 年）》。

2016 年 3 月 18 日　住建部发布了《海绵城市专项规划编制暂行规定》（建规〔2016〕50 号），抓紧编制海绵城市专项规划。

2016 年 3 月 25 日　国家发改委发布了《关于开展国家电子商务示范城市评价工作的通知》，宣传推广典型经验和做法，切实发挥示范城市的示范引领作用，以加快带动各地区务实推动电子商务健康快速发展。

2016年3月29日 住建部发布了《地铁国家建筑标准设计体系》（建质函〔2016〕36号），为进一步推进以地铁为代表的城市轨道交通工程建设工作。

2016年4月1日 国务院办公厅发布了《关于完善国家级经济技术开发区考核制度促进创新驱动发展的指导意见》（国办发〔2016〕14号），在完善考核评价体系、夯实产业基础、激发创新活力、发挥区域带动作用、强化绿色集约发展、推进体制机制创新等多方面提出了详细指导意见。

2016年4月7日 国务院办公厅发布了《关于批准东营市城市总体规划的通知》（国办函〔2016〕35号），原则同意《东营市城市总体规划（2011~2020年）》。

2016年4月11日 国务院批复同意了郑洛新国家高新区、沈大国家高新区以及山东半岛国家高新区建设国家自主创新示范区。郑洛新国家高新区指郑州、洛阳、新乡3个国家高新技术产业开发区；沈大国家高新区指沈阳、大连2个国家高新技术产业开发区；山东半岛国家高新区指济南、青岛、淄博、潍坊、烟台、威海等6个国家高新技术产业开发区。

2016年4月15日 国务院发布了《关于成渝城市群发展规划的批复》（国函〔2016〕68号），原则同意《成渝城市群发展规划》。

同日，国务院发布了《上海系统推进全面创新改革试验加快建设具有全球影响力科技创新中心方案》（国发〔2016〕23号），提出在上海建设大科学设施相对集中、科研环境自由开放、运行机制灵活有效的综合性国家科学中心。

2016年4月27日 国务院发布了《关于同意设立黑龙江绥芬河—东宁重点开发开放试验区的批复》（国函〔2016〕71号），同意设立黑龙江绥芬河—东宁重点开发开放试验区。

2016年5月3日 国务院发布了《关于合肥市城市总体规划的批复》（国函〔2016〕74号），原则同意《合肥市城市总体规划（2011~2020年）》。

2016年5月4日 国务院发布了《关于同意将浙江省温州市列为国家历史文化名城的批复》（国函〔2016〕75号），同意将温州市列为国家历史文化名城。

同日，国家发改委、住建部发布了《关于印发成渝城市群发展规划的通知》，提出加快成渝城市群发展，深化细化配套政策措施，建立健全协同工作机制，努力将成渝城市群建设成为具有国际竞争力的国家级城市群。

2016年5月16日 国家发改委发布了《关于公布首批老工业基地产业转型技术技能人才双元培育改革试点城市名单的通知》，确定辽宁省沈阳市等15个城市为首批老工业基地产业转型技术技能人才双元培育改革试点城市。

2016年5月20日 国务院发布了《关于北京市开展公共服务类建设项目投资审批改革试点的批复》（国函〔2016〕83号），同意在北京城市副中心开展公共服务类建设项目投资审批改革试点，中央国家机关在京重点建设项目参照执行，试点期为3年。

2016年5月23日 国家发改委发布了《关于印发2016年国家级新区体制机制创新工作要点的通知》，鼓励国家级新区立足自身基础和特点，深化体制机制和管理模式创新的部署，推动形成可复制可推广的经验，进一步发挥国家级新区在引领发展改革和创新体制机制等方面的试验示范和引领带动作用。

2016年5月25日 国务院发布了《关于长江三角洲城市群发展规划的批复》（国函〔2016〕87号），原则同意《长江三角洲城市群发展规划》。

同日，住建部发布了《关于第十届中国（武汉）国际园林博览会先进城市、单位和个人的通报》（建城〔2016〕91号），鼓励城市园林绿化建设，打造宜居宜业宜游的美好城市。

2016年5月27日 国家发改委发布了《关于做好现代物流创新发展城市试点工作的通知》，确定了天津、沈阳、哈尔滨等20个城市为现代物流创新发展试点城市。

2016年5月31日 住房和城乡建设部、国家能源局发布了《关于推进电力管线纳入城市地下综合管廊的意见》（建城〔2016〕98号），鼓励电网企业参与投资建设运营城市地下综合管廊，共同做好电力管线入廊工作。

2016年6月2日 国家发改委发布了《关于建设长江经济带国家级转型升级示范开发区的通知》，同意将苏州工业园区等33个开发区确定为转型升级示范开发区。

2016年6月14日 国务院发布了《关于同意设立江西赣江新区的批复》（国函〔2016〕96号），同意设立江西赣江新区。江西赣江新区范围包括南昌市青山湖区、新建区和共青城市、永修县的部分区域，规划面积465平方公里。

2016年6月20日 国务院发布了《关于同意福厦泉国家高新区建设国家自主创新示范区的批复》（国函〔2016〕106号），同意福州、厦门、泉州3个国家高新技术产业开发区（统称福厦泉国家高新区）建设国家自主创新示范区。

同日，国务院发布了《关于同意合芜蚌国家高新区建设国家自主创新示范区的批复》（国函〔2016〕107号），同意合肥、芜湖、蚌埠3个国家高新技术产业开发区（统称合芜蚌国家高新区）建设国家自主创新示范区。

2016年6月22日 住建部发布了《城市地下空间开发利用"十三五"规划》（建规〔2016〕95号），明确了"十三五"时期城市地下空间开发利用的主要任务。

Abstract

Healthy China 2030 Strategy issued in 2016 has carried out strategic deployment to Chinese healthy cities, which is a significant measure to comprehensively promote urban healthy development in China, an institutional arrangement to guarantee people's health in new era, with great meaning to comprehensively construct a moderately prosperous society and accelerate the process of socialist modernization in China. However, there are many factors influencing urban healthy development with complicated mechanism of action, which proposes higher demands to both strategic guide on national level and implementation strategy on local level. Therefore, in new era, the implementation strategy, path pattern and institutional guarantee issue of comprehensively promoting urban healthy development are still needed deep research and discussion.

Annual Report on Urban Development of China No. 9 regards "towards the path of healthy city" as its theme, focuses on national overall scheme on promoting urban healthy development in current situation, closely connects with development practice of healthy cities in various regions, comprehensively analyzes development history of healthy city in China, achievements and existing problems in forms of general report, special reports, case studies, etc. , deeply explores thoughts and counter measures to fully promote urban healthy development in China, by combining with the latest features and trends of global healthy city development, especially conducting intensive studies aiming at aging population, medical treatment and public health, public cultural service, urban public security, urban renewal and transformation, ecological environment governance and other key areas and issues which have impacts on urban healthily development in order to successfully achieve strategic goals including overall construction of well-to-do society and "Healthy China 2030" by healthy city construction.

This report points out that the construction of health city in China started in the 1980s, from initial exploration of organizing "Health City" activities to realizing overall construction of "Healthy China" as the goal, and gained remarkable achievements. Firstly, people's living standard has been significantly improved, and urban unemployment rate has been effectively controlled; secondly, the life expectancy of residents steadily increased with main health indicators improving significantly; thirdly, health service system constantly improved, and overall service capabilities was promoted significantly; fourthly, health education enjoyed popular support, and residents increased health consciousness; fifthly, social undertakings rapid developed with gradual improvement of social security system; sixthly, accelerating the construction of urban construction with more convenient residents' living; seventhly, greener and low-carbon urban economy, and rapid growth of health industry; eighthly, more efforts on environmental governance, and urban ecological environment has been improved.

Looking forward "13th Five-Year Plan", urban healthy development is still facing serious challenges. To this end, This report recommends that: formulating healthy urban development plan on national and municipal levels as soon as possible, and strengthening top-level design of health city construction; further improving health service, adjusting andoptimizingmedical treatment and public health structure, and promoting accessibility and equity of medical treatment and public health service; further enhancing urban infrastructure construction and ecological environmental protection, vigorously developing green industry and circular economy, and creating livable andenterprise-adaptable healthy environment; strengthening healthy communities, health units, healthy families, healthy population and other healthy cell engineering construction, and striving to build a harmonious and safe healthy society. By systematical construction of healthy cities, we will boost the realization of strategic goals of comprehensive well-off society construction and "Healthy China 2030".

Keywords: Healthy China; Healthy City; Well-to-do Society

Contents

I General Report

B. 1 Toward Healthy City-Achievements, Challenges and
Countermeasures　　　　　*Research Group of General Report* / 001

Abstract: The Fifth Plenary Session of the 18th Central Committee of the CPC has made the decisions of promoting the construction of Healthy China, while strengthening the construction of Healthy City is the main focus of promoting the construction of Healthy China. The research in this paper has shown that since the late 1980s, the construction of Healthy City in China has made significant achievements: people's living standard has remarkably increased and urban unemployment rate has been effectively controlled; residents' life expectancy has steadily increased and main health indicators have improved significantly; the health service system has continuously improved and the capacity of overall service has improved significantly; health education has deeply rooted in people's hearts and meanwhile the residents' health consciousness has increased; social enterprise has made rapid development while social security system has gradually improved; urban construction has been accelerating, and residents' life has been more convenient; pollution control has been reinforced so the ecological environment has improved. However, at the same time, urban development is faced with severe challenges: medical and health services lag behind the social needs, the quality of residents' physical constitution and life is not high, urban safety risk has increased, all kinds of "city disease" take place frequently. Based on these facts, this paper put forward ideas and countermeasures to promote the development of Healthy City: strengthening the top-level design, creating a healthy environment, improving health services, fostering healthy people, constructing a healthy society and strengthening health support etc.

Keywords: Healthy China, Healthy City, Healthy Environment, Health Services, Healthy Society

II Comprehensive Reports

B. 2 Evaluation of Healthy Development in Chinese Cities in 2015

Shan Jingjing, Wu Zhanyun and Zhao Junteng / 041

Abstract: Abstract: In 2015, the construction of healthy city in China has stepped into whole construction stage from pilot exploration, and "Healthy China" strategy has achieved gradual goal with explication of long-acting development mechanism of healthy city. The Evaluation results show that, in 2015, the sub-healthy cities still stays at a high level, and urban safety issue is an important "short board" of urban healthy development; cities in the eastern region continue maintaining the leading position, while cities in the western region run behind; the health degree of cities in northeast China keeps declining, while that of cities in central region is relatively stable; core cities in Changsha – Zhuzhou – Xiangtan urban agglomeration are all shortlisted in national healthy city list, indicating the accomplishment of these cities in two-oriented reform and construction and transformation and innovative development; the economic benefit of megacities is significant, however, their public security assurance and urban management efficiency is needed to be improved; the healthy development of medium-sized cities is relatively balanced; the ecological environmental construction, urban security and management of small-sized cities has distinct advantage, but how to encourage development vitality, boost economic benefit and improve public service of small-sized cities in China is a key question needed to be solved for their healthy development.

Keywords: Healthy City; Healthy Development Index; Evaluation System; Sub-health

B.3 Study on the Coordinated Development of the Three Major Urban Agglomerations in China

Sheng Guangyao, Hou yanlei / 079

Abstract: Regional coordination is an important part of the healthy development of urban agglomeration, and it is also the key to the development of regional integration. This article has evaluated the development index of the Jing-jin-ji, Yangtze River Delta, Pearl River Delta urban agglomeration in comprehensive level and economic, social and environmental level firstly, and then the coordination of different urban agglomeration development were researched in many aspects by calculating the difference degree of each index. The results showed that: in the comprehensive level of regional coordinated development, the Yangtze River Delta urban agglomeration is better than the Pearl River Delta and Jing-jin-ji urban agglomeration; in the catalyzed level of development index, both of the three urban agglomerations are that the difference of economic development level is the highest, the difference of social development level of the environment governance capacity difference is the minimum; from the perspective of development trend, the coordination of the comprehensive development level of the Pearl River Delta is improving, while the difference degree of economic development level in the Jing-jin-ji and Pearl River Delta urban agglomeration is decreasing, the difference degree of the social development in the Yangtze River Delta, Jing-jin-ji urban agglomeration also has a rising trend, the difference degree of environmental governance capacity the three major urban agglomerations governance barely changes. Based on the analysis of the coordinated development of the three major urban agglomerations, some thoughts on promoting the regional coordinated development of urban agglomeration in China are put forward.

Keywords: Urban Agglomeration; Regional Coordination; Difference Degree; Coordination

III Economic Reports

B. 4 Supply-Side Structural Reform and Urban Economic Tasks during the Thirteenth Five-Year Plan

Huang Shunjiang / 092

Abstract: During the period of the thirteenth five-year plan, there are two arduous tasks for every city, that one is finishing the comprehensivelybuilding of a moderately prosperous society and the other is transformation and upgrading of urban economy. To withstand the downward pressure on economy, it is necessary to push forward the structural reform of supply side. In view of the current main contradictions and problems, main works should focus on cutting excessive industrial capacity, increasing the growth power, making up of short boards, deleveraging, cost reduction, and changing the way of development. To keep economic growth within the range of a medium-high rate, it is important to arouse the enthusiasm of the local governments to develop the economy, and to exploit rural market.

Keywords: Urban Economy; Transformation and Upgrading; The Structural Reform of Supply-side

B. 5 The Status and Counter-Measures of China's Health Industry

Su Hongjian / 113

Abstract: China's health industry has grown rapidly in recent years, and has become a real "sunrise industry". This paper defines the health industry based on the current literature, and illustrates the status-quo, future trend and existing problems of China's health industry from five aspects, namely, medical service, rehabilitation and prevention, health management and promotion, health insurance, and the health derivative industry. This paper also gives countermeasures and suggestions to the existing problems based on the future trend of China's health industry.

Keywords: Health Industry; Medical Service; Health Management; Health Insurance

B. 6　The PPP and Internet Financial Application in
　　　Urban Renewal Projects　　　　　　　*Huang Yuhua* / 130

Abstract: Urban renewal application of PPP model, opens up new financing channels, and the introduction of a more scientific management methods, Budgetary revenues and expenditures will be conducive to the government from the "management", gradually turned to "assets and liabilities management". Internet financial with its direct financing, credit evaluation, data processing, management, operation, the advantages of the platform to spread, Has great potential in the PPP project financing. For now, the Internet financial applied to old old town and shanty towns transformation and the effective mode of PPP project is P2P and all the raise, Through peer-to-peer (P2P) meet the low cost of debt financing, through the raise to raise equity capital from the society. But still exist in the operation of the following main problems: One is the financial development of the Internet also have many legal and policy barriers; The second is the PPP management lacks a unified legal system. Therefore, this article suggested: one to build a national level of Internet financial legal supervision system; Second, we must straighten out the PPP project government supervision and management system; Third, take innovation means to improve project returns and attractive.

Keywords: The PPP; the Internet Finance; Urban Renewal Projects

Ⅳ Social Reports

B. 7 Healthy City: Facing the Challenge of
       Aging Population   *Wei Xing* / 144

Abstract: By using population census dates in 2000 and 2010, this research briefly analyzes the development tendency of aging population and its characteristics. Taking Shanghai as an example, the author analyzes the development tendency of aging population in megacities and the impact of population migration on relieving aging population, and provides relative policy suggestions to the challenge of urban aging population in the future.

Keywords: Health Cities and Towns; Aging Population; Shanghai

B. 8 Current Situation, Problems and Countermeasures of
       Urban Health Services in China
                                          Miao Yanqing, Zhao Meiying / 164

Abstract: With the development of Chinese economy and society, health services in urban China have assumed a rapidly expanding scale. Chinese cities have basicallyestablished "15 -minute health service circles"; utilization of both medical services and public health services by urban residents has increased quickly; and novel modes of service provision such as medical groups, physician groups, combining medical care and nursing home care have blazed new trails. However, with the acceleration of urbanization and population ageing, there has been a shift across the spectrum of diseases towards non-communicable diseases. Besides, newly appeared infectious diseases like Ebola hemorrhagic fever are constantly emerging. Urban health services face a number of problems, for instance, insufficient government health expenditure especially for primary medical and health care institutions, excessive concentration of high-quality medical resources in urban tertiary hospitals, the need to improve capacity to meet various demands for services, escalating conflicts between patients and doctors in some areas, frequentviolentattacksthat killed or hurt doctors, and so forth. Therefore, the government should increase its efforts to the development of community health organizations, play the role of leveraging resources, establish hierarchical medical system, further facilitate the development of health care sponsored by social capital, gradually enhance the capability and level of urban health services, and improve urban residents'perception of gaining services.

Keywords: Urban Health Services; Recommendations

B. 9 Analysis of the Development of Urban Public Culture Service

Meng Yuyan / 181

Abstract: Chinese urban public culture service achieved greatly after a long-term development. Mainly manifested as the infrastructure system framework of urban public culture service has been shaped basically; the free opening institution of infrastructure of urban public culture the service has been built mainly, and several model area of state public culture service system. In the main time, there are also some problems that need to solved, including following aspects: the displacement of the demand and supply of the public culture service; the ethusiasm of participation of the public is not high, the quality of systems between areas different greatly, quality and quantity of total supply is still low; the supplier of the public culture service is single, etc. this essay propose to accelerate the transformation of government functions; increase the public quality, build the community level participation institution, overdrive the investment of the infrastructure system framework of urban public culture service in the middle and west areas, strengthen the persona training; construct multi-resource service supplyment institutions, and relative policy strategies.

Keywords: Public Culture Service; the History of the Development; Achievement; Problem; Strategy.

V Environment Reports

B. 10 Current Status and Strategic Management Proposals for Black and Odorous Water Bodies in Built-up Areas of Prefecture Level and Above Cities in China

Gao Hongjie, Song Yonghui, Wang Qian,
Lv Chunjian, Han Lu and Liu Ruixia / 195

Abstract: The rapid development of urbanization has led to a series of environmental problems, even causing that part of the water bodies become black and odorous. In this study the state and characteristics of black and odorous water bodies inbuilt-up areas of prefecture level and above cities were thoroughly analyzed. On the basis of current urban water environmental management status and the existing problems, management strategies are proposed according to the requests of the *Action Plan for Prevention and Control of Water Pollution*, and these include: to improve regulations and standards, to strengthen the management of urban water environmental quality objectives, to carry out integrated planning of urban water environment system, to build up sustainable urban water recycling mode, to strengthen supervision and information disclosure and so on. This would be of significance to eliminate black and odorous water bodies, to improve urban water environmental quality, to promote the win-win goal of water environmental protection and urban development.

Keywords: Urban; Water Environment; Black and Odorous Water Bodies; Water ten

B. 11 City Haze: Problem, Mechanism and Collaborative
Governance　　　　　　　　　　　　　　*Luo Yong* / 210

Abstract: The complexity of the governance of haze can be seen from the formation of haze, because it is far more complex than general pollution emissions, and the difficulty of governance is beyond imagination. When we collect the policy measures which have been passed, it is easy to find that these measures are too single and mechanical, which lack organic connections between each other, with more component force and less resultant force. China's haze pollution may be more complicated than the fog event in London and photochemical smog events in Los Angeles. As there is still lack of scientific explanation of the cause of haze, perfecting the policy mechanism of preventing and governing haze from the policies and measures' decision, combination, operation and effect will expand ways of thinking, facilitate governance and multiply efficiency. The governance of China's urban haze requires scientific environmental and economic considerations, and the path must be balanced with the target. We should not only abandon the negative act, but also prevent extreme actions. A successfully designed governance strategy should strike a balance between governance cost and environmental and economic benefits. Government must play a key role in the governance of the urban haze.

Keywords: Urban; Haze, Governance of Haze, Policy Mechanism

B. 12 The Current Situation, Problems and Countermeasure of
Municipal Solid Waste Management in China　　*Li Yujun* / 222

Abstract: As increasing amounts of municipal solid waste in China, the phenomenon of garbage siege is gradually increased. In order to fundamentally solve the problem of garbage, the government must guide the transformation of economic development mode, consumption patterns and waste management model, to establish a sound material-cycle society.

Keywords: Urban; Municipal Solid Waste; Garbage Siege; Reduce Managemeat; Sound Material-cycle Society

Ⅵ Management Reports

B. 13 New Trend Analysis of China's Urban Consumption
Patterns to Green and Low Carbon   *Lou Wei* / 236

Abstract: with green and low carbon consumption concept has gained recognition of Chinese urban consumers, many new green and low carbon consumption patterns also appear constantly, in-depth analysis of the new trend, not only conducive to different stakeholders more profound understanding and grasp the new trends and new trends from their different point of view, also is conducive to identify the problems. This article mainly focus on the analysis of several new trends of green and low carbon consumption patterns of China city from the perspective of application economic, such as, gradually from the "energy-saving and emission-reduction" to "energy-saving and emission-reduction" and "energy substitute andemission-reduction" both; gradually extends to green and low-carbon buildings, new energy vehicles and other large consumer goods and facilities from the energy-saving lamps, energy-saving refrigerators and other small electrical home appliances; daily consumer goods gradually intelligent, saving resources by improving efficiency; and the different development priorities in green low carbon consumption patterns between urban residents and suburban residents, etc.

Keywords: City; Green Consumption; Low Carbon Consumption

B. 14   Sponge City: a Fast Forward in Debate and Exploration
         in 2015   *Wang Jiazhuo* / 249

Abstract: In early 2015, the ministry of finance, housing in urban and rural areas, the ministry of construction and ministry of water resources issued the notice, the notice said they should carry out the central financial support for the sponge cities in some cities across the country, and then, has a rapidly promotion across the country. This interpretation will from 3 aspects, a policy brief, the cognition of sponge city and urban planning and design sponge city, to carry on a simple review and comb in construction situation of sponge city in our country in 2015.

Keywords: Sponge City; Green Infrastructure; Public-Private Partnerships

B. 15   Urban Security and Community Risk Control System
         Construction   *Li Guoqing* / 263

Abstract: Urban risk prevention and control is an important component of urban social governance. From the perspective of the disaster sociology and disaster prevention system development trend in the world, the organization coping is an important mechanism to resist disasters. As the risk prevention and control subject, community residents is as effective as the administrative organization and security company, "mutual aid" can make up the function failure of public aid effectively. The research results of Yanji City, Jilin Province and Rush an City, Shandong Province shows that the government as the main body of urban emergency management system has been established, also the government emergency management plan is complete, the emergency technical means and administrative system is more perfect as well. The goal of reform and innovation in the future is to create a life oriented community disaster prevention system to improve the community disaster prevention ability vigorously and cultivate social organization of disaster prevention actively. Combining the government's publicated, community and social organization's mutual aid is the way of safe and livable urban environment construction.

Keywords: Social Governance; Urban Risk; Public Aid; Mutual Aid; Disaster Prevention Ability

Ⅶ Cases Reports

B. 16 Practice and Thinking on the Construction of
Healthy City in Suzhou *Bu Qiu, Liu Junbin* / 279

Abstract: The healthy city is a global action advocated by WHO in 1980s to address the challenges of urbanization to human health, and building a healthy city is an effective way to solve the problem of urban disease. The construction of healthy city in Suzhou started since 1999, it experienced four stages as the pilot, all-round development, projects promotion and steady development. Suzhou healthy city has carried out a series of work in healthy environment, health society, healthy service and healthy population. This paper concise Suzhou health city construction major work experience, analyzes the new situation and the main problems, and puts forward the countermeasures and suggestions for the development of the healthy city on the next step.

Keywords: Healthy City; Health Promotion; Suzhou

B. 17 Study on the Mode and Path of Accelerating the Transformation
of the Shantytowns in Dongcheng District
—Take the project of economic buildings surrounding
Temple of Heaven to vacate as an example
Zhang Jiaming / 297

Abstract: The project of economic buildings surrounding Temple of heaven to vacate is the largest one in the core district of the capital, belongs to pure public benefit and so much social concern for it. In fact, there is no ready-made mode and path to follow in Beijing. This paper tries to focus on the whole process of the project implementing, and probe a feasible path to promote non cultural protection zone of urban renewal and transformation, even in all Dongcheng District. Through Detailed investigation about the whole process of project to implement, we argues that to solve the shantytowns problem should rely on the municipal and district government working together, properly handle with relationship among government, market and society, and to build the multi-party collaborative mode and path, that is by "government leading, enterprise implementing, residents participating". In addition, we also should pay attention to the role of social organizations, and protect the capital historical style and retain the nostalgia together.

Keywords: Economic Buildings Surrounding Temple of Heaven; Implementation Mode; Multi Cooperation

B.18 Review and Analysis of Yichang Healthy Cities

Lu Yong, Cao Qin and Fang Min / 309

Abstract: "Creating a livable, entrepreneurial, safe and healthy city" was set as the city development orientation in Yichang City of Hubei Province. Healthy Cites was launched in Yichang City in 2012, which was based on the four dimensions framework of healthy cities, including healthy environment, healthy population, healthy services and healthy society. Owing to many measures such as Health in All Policies, building green ecological city, promoting urban and rural integrated development, creating health supportive environment, optimizing health services and building healthy society, Yichang City has achieved more space of urban development, better gratification and acquisition for citizen, and significantly improved popularity of the city. Development orientation of Yichang City was based on the correct understanding of the relation between people and city. The development orientation agrees with the expectation of people to urban development and the needs of sustainable economic and social development.

Keywords: Healthy Cities; Health in All Policies; Sustainable Development; Practice and Experience

B.19 Consolidating the Achievements of the National Health City and Exploring the Construction Strategy of Healthy Cities　　　　　　　　　　　　　　*Bi Jianming* / 319

Abstract: Weihai is the first "national health city" in China. In recent years, Weihai treats the construction of high-quality city as the carrier, and strengthen the environmental protection as the core, based on the development of public health, to promote the environment to continue to improve, to improve the population's quality further, to improve services' quality, social harmony and culture communication, to promote the green development, to actively explore the health city construction, consolidate the achievements of the national health city construction.

Keywords: Healthy City; Regional Integration Development; New Normal

法律声明

"皮书系列"（含蓝皮书、绿皮书、黄皮书）之品牌由社会科学文献出版社最早使用并持续至今，现已被中国图书市场所熟知。"皮书系列"的 LOGO（ ）与"经济蓝皮书""社会蓝皮书"均已在中华人民共和国国家工商行政管理总局商标局登记注册。"皮书系列"图书的注册商标专用权及封面设计、版式设计的著作权均为社会科学文献出版社所有。未经社会科学文献出版社书面授权许可，任何使用与"皮书系列"图书注册商标、封面设计、版式设计相同或者近似的文字、图形或其组合的行为均系侵权行为。

经作者授权，本书的专有出版权及信息网络传播权为社会科学文献出版社享有。未经社会科学文献出版社书面授权许可，任何就本书内容的复制、发行或以数字形式进行网络传播的行为均系侵权行为。

社会科学文献出版社将通过法律途径追究上述侵权行为的法律责任，维护自身合法权益。

欢迎社会各界人士对侵犯社会科学文献出版社上述权利的侵权行为进行举报。电话：010-59367121，电子邮箱：fawubu@ssap.cn。

社会科学文献出版社

广视角·全方位·多品种

皮书系列
2016年

权威平台·智库报告·连续发布

社会科学文献出版社
SOCIAL SCIENCES ACADEMIC PRESS (CHINA)

社长致辞

我们是图书出版者,更是人文社会科学内容资源供应商;

我们背靠中国社会科学院,面向中国与世界人文社会科学界,坚持为人文社会科学的繁荣与发展服务;

我们精心打造权威信息资源整合平台,坚持为中国经济与社会的繁荣与发展提供决策咨询服务;

我们以读者定位自身,立志让爱书人读到好书,让求知者获得知识;

我们精心编辑、设计每一本好书以形成品牌张力,以优秀的品牌形象服务读者,开拓市场;

我们始终坚持"创社科经典,出传世文献"的经营理念,坚持"权威、前沿、原创"的产品特色;

我们"以人为本",提倡阳光下创业,员工与企业共享发展之成果;

我们立足于现实,认真对待我们的优势、劣势,我们更着眼于未来,以不断的学习与创新适应不断变化的世界,以不断的努力提升自己的实力;

我们愿与社会各界友好合作,共享人文社会科学发展之成果,共同推动中国学术出版乃至内容产业的繁荣与发展。

社会科学文献出版社社长
中国社会学会秘书长

2016 年 1 月

社会科学文献出版社
SOCIAL SCIENCES ACADEMIC PRESS (CHINA)

社会科学文献出版社成立于1985年，是直属于中国社会科学院的人文社会科学专业学术出版机构。

成立以来，特别是1998年实施第二次创业以来，依托于中国社会科学院丰厚的学术出版和专家学者两大资源，坚持"创社科经典，出传世文献"的出版理念和"权威、前沿、原创"的产品定位，社科文献立足内涵式发展道路，从战略层面推动学术出版五大能力建设，逐步走上了智库产品与专业学术成果系列化、规模化、数字化、国际化、市场化发展的经营道路。

先后策划出版了著名的图书品牌和学术品牌"皮书"系列、"列国志"、"社科文献精品译库"、"全球化译丛"、"全面深化改革研究书系"、"近世中国"、"甲骨文"、"中国史话"等一大批既有学术影响又有市场价值的系列图书，形成了较强的学术出版能力和资源整合能力。2015年社科文献出版社发稿5.5亿字，出版图书约2000种，承印发行中国社科院院属期刊74种，在多项指标上都实现了较大幅度的增长。

凭借着雄厚的出版资源整合能力，社科文献出版社长期以来一直致力于从内容资源和数字平台两个方面实现传统出版的再造，并先后推出了皮书数据库、列国志数据库、"一带一路"数据库、中国田野调查数据库、台湾大陆同乡会数据库等一系列数字产品。数字出版已经初步形成了产品设计、内容开发、编辑标引、产品运营、技术支持、营销推广等全流程体系。

在国内原创著作、国外名家经典著作大量出版，数字出版突飞猛进的同时，社科文献出版社从构建国际话语体系的角度推动学术出版国际化。先后与斯普林格、博睿、牛津、剑桥等十余家国际出版机构合作面向海外推出了"皮书系列""改革开放30年研究书系""中国梦与中国发展道路研究丛书""全面深化改革研究书系"等一系列在世界范围内引起强烈反响的作品；并持续致力于中国学术出版走出去，组织学者和编辑参加国际书展，筹办国际性学术研讨会，向世界展示中国学者的学术水平和研究成果。

此外，社科文献出版社充分利用网络媒体平台，积极与中央和地方各类媒体合作，并联合大型书店、学术书店、机场书店、网络书店、图书馆，逐步构建起了强大的学术图书内容传播平台。学术图书的媒体曝光率居全国之首，图书馆藏率居于全国出版机构前十位。

上述诸多成绩的取得，有赖于一支以年轻的博士、硕士为主体，一批从中国社科院刚退出科研一线的各学科专家为支撑的300多位高素质的编辑、出版和营销队伍，为我们实现学术立社，以学术品位、学术价值来实现经济效益和社会效益这样一个目标的共同努力。

作为已经开启第三次创业梦想的人文社会科学学术出版机构，我们将以改革发展为动力，以学术资源建设为中心，以构建智慧型出版社为主线，以"整合、专业、分类、协同、持续"为各项工作指导原则，全力推进出版社数字化转型，坚定不移地走专业化、数字化、国际化发展道路，全面提升出版社核心竞争力，为实现"社科文献梦"奠定坚实基础。

经济类

经济类皮书涵盖宏观经济、城市经济、大区域经济，提供权威、前沿的分析与预测

经济蓝皮书

2016年中国经济形势分析与预测

李 扬 / 主编　　2015年12月出版　　定价：79.00元

◆ 本书为总理基金项目，由著名经济学家李扬领衔，联合中国社会科学院等数十家科研机构、国家部委和高等院校的专家共同撰写，系统分析了2015年的中国经济形势并预测2016年我国经济运行情况。

世界经济黄皮书

2016年世界经济形势分析与预测

王洛林　张宇燕 / 主编　　2015年12月出版　　定价：79.00元

◆ 本书由中国社会科学院世界经济与政治研究所的研究团队撰写，2015年世界经济增长继续放缓，增长格局也继续分化，发达经济体与新兴经济体之间的增长差距进一步收窄。2016年世界经济增长形势不容乐观。

产业蓝皮书

中国产业竞争力报告（2016）NO.6

张其仔 / 主编　　2016年12月出版　　定价：98.00元

◆ 本书由中国社会科学院工业经济研究所研究团队在深入实际、调查研究的基础上完成。通过运用丰富的数据资料和最新的测评指标，从学术性、系统性、预测性上分析了2015年中国产业竞争力，并对未来发展趋势进行了预测。

皮书系列重点推荐　经济类

G20国家创新竞争力黄皮书
二十国集团（G20）国家创新竞争力发展报告（2016）

李建平　李闽榕　赵新力/主编　　2016年11月出版　　估价:138.00元

◆ 本报告在充分借鉴国内外研究者的相关研究成果的基础上，紧密跟踪技术经济学、竞争力经济学、计量经济学等学科的最新研究动态，深入分析G20国家创新竞争力的发展水平、变化特征、内在动因及未来趋势，同时构建了G20国家创新竞争力指标体系及数学模型。

国际城市蓝皮书
国际城市发展报告（2016）

屠启宇/主编　　2016年2月出版　　定价:79.00元

◆ 本书作者以上海社会科学院从事国际城市研究的学者团队为核心，汇集同济大学、华东师范大学、复旦大学、上海交通大学、南京大学、浙江大学相关城市研究专业学者。立足动态跟踪介绍国际城市发展实践中，最新出现的重大战略、重大理念、重大项目、重大报告和最佳案例。

金融蓝皮书
中国金融发展报告（2016）

李　扬　王国刚/主编　　2015年12月出版　　定价:79.00元

◆ 本书由中国社会科学院金融研究所组织编写，概括和分析了2015年中国金融发展和运行中的各方面情况，研讨和评论了2015年发生的主要金融事件。本书由业内专家和青年精英联合编著，有利于读者了解掌握2015年中国的金融状况，把握2016年中国金融的走势。

农村绿皮书
中国农村经济形势分析与预测（2015~2016）

魏后凯　杜志雄　黄秉信/主编　　2016年4月出版　　定价:79.00元

◆ 本书描述了2015年中国农业农村经济发展的一些主要指标和变化，以及对2016年中国农业农村经济形势的一些展望和预测。

经济类　皮书系列 重点推荐

西部蓝皮书
中国西部发展报告（2016）
姚慧琴　徐璋勇 / 主编　　2016 年 8 月出版　　估价 : 89.00 元

◆ 本书由西北大学中国西部经济发展研究中心主编，汇集了源自西部本土以及国内研究西部问题的权威专家的第一手资料，对国家实施西部大开发战略进行年度动态跟踪，并对 2016 年西部经济、社会发展态势进行预测和展望。

民营经济蓝皮书
中国民营经济发展报告 NO.12（2015～2016）
王钦敏 / 主编　　2016 年 8 月出版　　估价 : 75.00 元

◆ 本书是中国工商联课题组的研究成果，对 2015 年度中国民营经济的发展现状、趋势进行了详细的论述，并提出了合理的建议。是广大民营企业进行政策咨询、科学决策和理论创新的重要参考资料，也是理论工作者进行理论研究的重要参考资料。

经济蓝皮书夏季号
中国经济增长报告（2015～2016）
李　扬 / 主编　　2016 年 8 月出版　　估价 : 69.00 元

◆ 中国经济增长报告主要探讨 2015~2016 年中国经济增长问题，以专业视角解读中国经济增长，力求将其打造成一个研究中国经济增长、服务宏微观各级决策的周期性、权威性读物。

中三角蓝皮书
长江中游城市群发展报告（2016）
秦尊文 / 主编　　2016 年 10 月出版　　估价 : 69.00 元

◆ 本书是湘鄂赣皖四省专家学者共同研究的成果，从不同角度、不同方位记录和研究长江中游城市群一体化，提出对策措施，以期为将"中三角"打造成为继珠三角、长三角、京津冀之后中国经济增长第四极奉献学术界的聪明才智。

皮书系列 重点推荐　社会政法类

社会政法类

社会政法类皮书聚焦社会发展领域的热点、难点问题，提供权威、原创的资讯与视点

社会蓝皮书

2016年中国社会形势分析与预测

李培林　陈光金　张翼/主编　2015年12月出版　定价:79.00元

◆ 本书由中国社会科学院社会学研究所组织研究机构专家、高校学者和政府研究人员撰写，聚焦当下社会热点，对2015年中国社会发展的各个方面内容进行了权威解读，同时对2016年社会形势发展趋势进行了预测。

法治蓝皮书

中国法治发展报告 NO.14（2016）

李　林　田　禾/主编　2016年3月出版　定价:118.00元

◆ 本年度法治蓝皮书回顾总结了2015年度中国法治发展取得的成就和存在的不足，并对2016年中国法治发展形势进行了预测和展望。

反腐倡廉蓝皮书

中国反腐倡廉建设报告 NO.6

李秋芳　张英伟/主编　2017年1月出版　估价:79.00元

◆ 本书抓住了若干社会热点和焦点问题，全面反映了新时期新阶段中国反腐倡廉面对的严峻局面，以及中国共产党反腐倡廉建设的新实践新成果。根据实地调研、问卷调查和舆情分析，梳理了当下社会普遍关注的与反腐败密切相关的热点问题。

社会政法类 皮书系列 重点推荐

生态城市绿皮书
中国生态城市建设发展报告（2016）

刘举科　孙伟平　胡文臻／主编　2016年9月出版　估价：148.00元

◆ 报告以绿色发展、循环经济、低碳生活、民生宜居为理念，以更新民众观念、提供决策咨询、指导工程实践、引领绿色发展为宗旨，试图探索一条具有中国特色的城市生态文明建设新路。

公共服务蓝皮书
中国城市基本公共服务力评价（2016）

钟　君　吴正昊／主编　2016年12月出版　估价：79.00元

◆ 中国社会科学院经济与社会建设研究室与华图政信调查组成联合课题组，从2010年开始对基本公共服务力进行研究，研创了基本公共服务力评价指标体系，为政府考核公共服务与社会管理工作提供了理论工具。

教育蓝皮书
中国教育发展报告（2016）

杨东平／主编　2016年4月出版　定价：79.00元

◆ 本书由国内的中青年教育专家合作研究撰写。深度剖析2015年中国教育的热点话题，并对当下中国教育中出现的问题提出对策建议。

生态文明绿皮书
中国省域生态文明建设评价报告（ECI 2016）

严耕／主编　2016年12月出版　估价：85.00元

◆ 本书基于国家最新发布的权威数据，对我国的生态文明建设状况进行科学评价，并开展相应的深度分析，结合中央的政策方针和各省的具体情况，为生态文明建设推进，提出针对性的政策建议。

皮书系列重点推荐　行业报告类

行业报告类

行业报告类皮书立足重点行业、新兴行业领域，提供及时、前瞻的数据与信息

房地产蓝皮书
中国房地产发展报告 NO.13（2016）

李春华　王业强 / 主编　　2016年5月出版　　定价：89.00元

◆ 蓝皮书秉承客观公正、科学中立的宗旨和原则，追踪2015年我国房地产市场最新资讯，深度分析，剖析因果，谋划对策，并对2016年房地产发展趋势进行了展望。

旅游绿皮书
2015～2016年中国旅游发展分析与预测

宋　瑞 / 主编　　2016年4出版　　定价：89.00元

◆ 本书是中国社会科学院旅游研究中心组织相关专家编写的年度研究报告，对2015年旅游行业的热点问题进行了全面的综述并提出专业性建议，并对2016年中国旅游的发展趋势进行展望。

互联网金融蓝皮书
中国互联网金融发展报告（2016）

李东荣 / 主编　　2016年8月出版　　估价：79.00元

◆ 近年来，许多基于互联网的金融服务模式应运而生并对传统金融业产生了深刻的影响和巨大的冲击，"互联网金融"成为社会各界关注的焦点。本书探析了2015年互联网金融的特点和2016年互联网金融的发展方向和亮点。

行业报告类　皮书系列 重点推荐

资产管理蓝皮书
中国资产管理行业发展报告（2016）

智信资产管理研究院 / 编著　　2016 年 6 月出版　　定价 :89.00 元

◆　中国资产管理行业刚刚兴起，未来将成为中国金融市场最有看点的行业，也会成为快速发展壮大的行业。本书主要分析了 2015 年度资产管理行业的发展情况，同时对资产管理行业的未来发展做出科学的预测。

老龄蓝皮书
中国老龄产业发展报告（2016）

吴玉韶　党俊武 / 编著
2016 年 9 月出版　　估价 :79.00 元

◆　本书着眼于对中国老龄产业的发展给予系统介绍，深入解析，并对未来发展趋势进行预测和展望，力求从不同视角、不同层面全面剖析中国老龄产业发展的现状、取得的成绩、存在的问题以及重点、难点等。

金融蓝皮书
中国金融中心发展报告（2016）

王　力　黄育华 / 编著　　2017 年 11 月出版　　估价 :75.00 元

◆　本报告将提升中国金融中心城市的金融竞争力作为研究主线，全面、系统、连续地反映和研究中国金融中心城市发展和改革的最新进展，展示金融中心理论研究的最新成果。

流通蓝皮书
中国商业发展报告（2016~2017）

王雪峰　林诗慧 / 主编　　2016 年 7 月出版　　定价 :89.00 元

◆　本书是中国社会科学院财经院与利丰研究中心合作的成果，从关注中国宏观经济出发，突出了中国流通业的宏观背景，详细分析了批发业、零售业、物流业、餐饮产业与电子商务等产业发展状况。

皮书系列 重点推荐

国别与地区类

国别与地区类

国别与地区类皮书关注全球重点国家与地区，提供全面、独特的解读与研究

美国蓝皮书

美国研究报告（2016）

郑秉文　黄　平 / 主编　2016年5月出版　定价：89.00元

◆ 本书是由中国社会科学院美国所主持完成的研究成果，它回顾了美国2015年的经济、政治形势与外交战略，对2016年以来美国内政外交发生的重大事件以及重要政策进行了较为全面的回顾和梳理。

拉美黄皮书

拉丁美洲和加勒比发展报告（2015~2016）

吴白乙 / 主编　2016年6月出版　定价：89.00元

◆ 本书对2015年拉丁美洲和加勒比地区诸国的政治、经济、社会、外交等方面的发展情况做了系统介绍，对该地区相关国家的热点及焦点问题进行了总结和分析，并在此基础上对该地区各国2016年的发展前景做出预测。

日本经济蓝皮书

日本经济与中日经贸关系研究报告（2016）

张季风 / 主编　2016年5月出版　定价：89.00元

◆ 本书系统、详细地介绍了2015年日本经济以及中日经贸关系发展情况，在进行了大量数据分析的基础上，对2016年日本经济以及中日经贸关系的大致发展趋势进行了分析与预测。

国别与地区类 皮书系列 重点推荐

俄罗斯黄皮书
俄罗斯发展报告（2016）

李永全 / 编著　2016 年 7 月出版　定价 :89.00 元

◆ 本书系统介绍了 2015 年俄罗斯经济政治情况，并对 2015 年该地区发生的焦点、热点问题进行了分析与回顾；在此基础上，对该地区 2016 年的发展前景进行了预测。

国际形势黄皮书
全球政治与安全报告（2016）

李慎明　张宇燕 / 主编　2015 年 12 月出版　定价 :69.00 元

◆ 本书旨在对本年度全球政治及安全形势的总体情况、热点问题及变化趋势进行回顾与分析，并提出一定的预测及对策建议。作者通过事实梳理、数据分析、政策分析等途径,阐释了本年度国际关系及全球安全形势的基本特点，并在此基础上提出了具有启示意义的前瞻性结论。

德国蓝皮书
德国发展报告（2016）

郑春荣 / 主编　2016 年 6 月出版　定价 :79.00 元

◆ 本报告由同济大学德国研究所组织编撰，由该领域的专家学者对德国的政治、经济、社会文化、外交等方面的形势发展情况，进行全面的阐述与分析。

中东黄皮书
中东发展报告 NO.18（2015 ~ 2016）

杨光 / 主编　2016 年 10 月出版　估价 :89.00 元

◆ 报告回顾和分析了一年来多以来中东地区政治经济局势的新发展，为跟踪中东地区的市场变化和中东研究学科的研究前沿，提供了全面扎实的信息。

地方发展类

地方发展类皮书关注中国各省份、经济区域，提供科学、多元的预判与资政信息

北京蓝皮书
北京公共服务发展报告（2015~2016）

施昌奎 / 主编　2016 年 2 月出版　定价 :79.00 元

◆ 本书是由北京市政府职能部门的领导、首都著名高校的教授、知名研究机构的专家共同完成的关于北京市公共服务发展与创新的研究成果。

河南蓝皮书
河南经济发展报告（2016）

河南省社会科学院 / 编著　2016 年 3 月出版　定价 :79.00 元

◆ 本书以国内外经济发展环境和走向为背景，主要分析当前河南经济形势，预测未来发展趋势，全面反映河南经济发展的最新动态、热点和问题，为地方经济发展和领导决策提供参考。

京津冀蓝皮书
京津冀发展报告（2016）

文　魁　祝尔娟 / 等著　2016 年 4 月出版　定价 :89.00 元

◆ 京津冀协同发展作为重大的国家战略，已进入顶层设计、制度创新和全面推进的新阶段。本书以问题为导向，围绕京津冀发展中的重要领域和重大问题，研究如何推进京津冀协同发展。

文化传媒类

文化传媒类皮书透视文化领域、文化产业，
探索文化大繁荣、大发展的路径

新媒体蓝皮书
中国新媒体发展报告 NO.7（2016）

唐绪军 / 主编　　2016 年 6 月出版　　定价 :79.00 元

◆ 本书是由中国社会科学院新闻与传播研究所组织编写的关于新媒体发展的最新年度报告，旨在全面分析中国新媒体的发展现状，解读新媒体的发展趋势，探析新媒体的深刻影响。

移动互联网蓝皮书
中国移动互联网发展报告（2016）

官建文 / 编著　　2016 年 6 月出版　　定价 :79.00 元

◆ 本书着眼于对中国移动互联网 2015 年度的发展情况做深入解析，对未来发展趋势进行预测，力求从不同视角、不同层面全面剖析中国移动互联网发展的现状、年度突破以及热点趋势等。

文化蓝皮书
中国文化产业发展报告（2015~2016）

张晓明　王家新　章建刚 / 主编　　2016 年 2 月出版　　定价 :79.00 元

◆ 本书由中国社会科学院文化研究中心编写。从 2012 年开始，中国社会科学院文化研究中心设立了国内首个文化产业的研究类专项资金——"文化产业重大课题研究计划"，开始在全国范围内组织多学科专家学者对我国文化产业发展重大战略问题进行联合攻关研究。本书集中反映了该计划的研究成果。

经济类

G20国家创新竞争力黄皮书
二十国集团（G20）国家创新竞争力发展报告（2016）
著(编)者：李建平 李闽榕 赵新力
2016年11月出版 / 估价:138.00元

产业蓝皮书
中国产业竞争力报告（2016）NO.6
著(编)者：张其仔 2016年12月出版 / 估价:98.00元

城市创新蓝皮书
中国城市创新报告（2016）
著(编)者：周天勇 旷建伟 2016年8月出版 / 估价:69.00元

城市竞争力蓝皮书
中国城市竞争力报告（1973~2015）
著(编)者：李小林 2016年1月出版 / 定价:128.00元

城市蓝皮书
中国城市发展报告 NO.9
著(编)者：潘家华 魏后凯 2016年9月出版 / 估价:69.00元

城市群蓝皮书
中国城市群发展指数报告（2016）
著(编)者：刘士林 刘新静 2016年10月出版 / 估价:69.00元

城乡一体化蓝皮书
中国城乡一体化发展报告（2015~2016）
著(编)者：汝信 付崇兰 2016年8月出版 / 估价:85.00元

城镇化蓝皮书
中国新型城镇化健康发展报告（2016）
著(编)者：张占斌 2016年8月出版 / 估价:79.00元

创新蓝皮书
创新型国家建设报告（2015~2016）
著(编)者：詹正茂 2016年11月出版 / 估价:69.00元

低碳发展蓝皮书
中国低碳发展报告（2015~2016）
著(编)者：齐晔 2016年3月出版 / 定价:98.00元

低碳经济蓝皮书
中国低碳经济发展报告（2016）
著(编)者：薛进军 赵忠秀 2016年8月出版 / 估价:85.00元

东北蓝皮书
中国东北地区发展报告（2016）
著(编)者：马克 黄文艺 2016年8月出版 / 估价:79.00元

发展与改革蓝皮书
中国经济发展和体制改革报告NO.7
著(编)者：邹东涛 王再文
2016年1月出版 / 定价:98.00元

工业化蓝皮书
中国工业化进程报告（2016）
著(编)者：黄群慧 吕铁 李晓华 等
2016年11月出版 / 估价:89.00元

管理蓝皮书
中国管理发展报告（2016）
著(编)者：张晓东 2016年9月出版 / 估价:98.00元

国际城市蓝皮书
国际城市发展报告（2016）
著(编)者：屠启宇 2016年2月出版 / 定价:79.00元

国家创新蓝皮书
中国创新发展报告（2016）
著(编)者：陈劲 2016年9月出版 / 估价:69.00元

金融蓝皮书
中国金融发展报告（2016）
著(编)者：李扬 王国刚 2015年12月出版 / 定价:79.00元

京津冀产业蓝皮书
京津冀产业协同发展报告（2016）
著(编)者：中智科博（北京）产业经济发展研究院
2016年8月出版 / 估价:69.00元

京津冀蓝皮书
京津冀发展报告（2016）
著(编)者：文魁 祝尔娟 2016年4月出版 / 定价:89.00元

经济蓝皮书
2016年中国经济形势分析与预测
著(编)者：李扬 2015年12月出版 / 定价:79.00元

经济蓝皮书·春季号
2016年中国经济前景分析
著(编)者：李扬 2016年6月出版 / 估价:79.00元

经济蓝皮书·夏季号
中国经济增长报告（2015~2016）
著(编)者：李扬 2016年8月出版 / 估价:99.00元

经济信息绿皮书
中国与世界经济发展报告（2016）
著(编)者：杜平 2015年12月出版 / 定价:89.00元

就业蓝皮书
2016年中国本科生就业报告
著(编)者：麦可思研究院 2016年6月出版 / 估价:98.00元

就业蓝皮书
2016年中国高职高专生就业报告
著(编)者：麦可思研究院 2016年6月出版 / 估价:98.00元

临空经济蓝皮书
中国临空经济发展报告（2016）
著(编)者：连玉明 2016年11月出版 / 估价:79.00元

民营经济蓝皮书
中国民营经济发展报告 NO.12（2015~2016）
著(编)者：王钦敏 2016年8月出版 / 估价:75.00元

农村绿皮书
中国农村经济形势分析与预测（2015~2016）
著(编)者：魏后凯 杜志雄 黄秉信
2016年4月出版 / 定价:69.00元

农业应对气候变化蓝皮书
气候变化对中国农业影响评估报告 NO.2
著(编)者：矫梅燕 2016年8月出版 / 估价:98.00元

经济类·社会政法类

企业公民蓝皮书
中国企业公民报告 NO.4
著(编)者:邹东涛　2016年8月出版 / 估价:79.00元

气候变化绿皮书
应对气候变化报告（2016）
著(编)者:王伟光 郑国光　2016年11月出版 / 估价:98.00元

区域蓝皮书
中国区域经济发展报告（2015～2016）
著(编)者:赵弘　2016年6月出版 / 定价:79.00元

全球环境竞争力绿皮书
全球环境竞争力报告（2016）
著(编)者:李建平 李闽榕 王金南
2016年12月出版 / 估价:198.00元

人口与劳动绿皮书
中国人口与劳动问题报告 NO.17
著(编)者:蔡昉 张车伟　2016年11月出版 / 估价:69.00元

商务中心区蓝皮书
中国商务中心区发展报告 NO.2（2015）
著(编)者:魏后凯 单菁菁　2016年1月出版 / 定价:79.00元

世界经济黄皮书
2016年世界经济形势分析与预测
著(编)者:王洛林 张宇燕　2015年12月出版 / 定价:79.00元

世界旅游城市绿皮书
世界旅游城市发展报告（2015）
著(编)者:宋宇　2016年1月出版 / 定价:128.00元

西北蓝皮书
中国西北发展报告（2016）
著(编)者:孙发平 苏海红 鲁顺元
2016年3月出版 / 定价:79.00元

西部蓝皮书
中国西部发展报告（2016）
著(编)者:姚慧琴 徐璋勇　2016年8月出版 / 估价:89.00元

县域发展蓝皮书
中国县域经济增长能力评估报告（2016）
著(编)者:王力　2016年10月出版 / 估价:69.00元

新型城镇化蓝皮书
新型城镇化发展报告（2016）
著(编)者:李伟 宋敏 沈体雁　2016年11月出版 / 估价:98.00元

新兴经济体蓝皮书
金砖国家发展报告（2016）
著(编)者:林跃勤 周文　2016年8月出版 / 估价:79.00元

长三角蓝皮书
2016年全面深化改革中的长三角
著(编)者:张伟斌　2016年10月出版 / 估价:69.00元

中部竞争力蓝皮书
中国中部经济社会竞争力报告（2016）
著(编)者:教育部人文社会科学重点研究基地
　　　　南昌大学中国中部经济社会发展研究中心
2016年10月出版 / 估价:79.00元

中部蓝皮书
中国中部地区发展报告（2016）
著(编)者:宋亚平　2016年12月出版 / 估价:78.00元

中国省域竞争力蓝皮书
中国省域经济综合竞争力发展报告（2014～2015）
著(编)者:李建平 李闽榕 高燕京
2016年2月出版 / 定价:198.00元

中三角蓝皮书
长江中游城市群发展报告（2016）
著(编)者:秦尊文　2016年10月出版 / 估价:69.00元

中小城市绿皮书
中国中小城市发展报告（2016）
著(编)者:中国城市经济学会中小城市经济发展委员会
　　　　中国城镇化促进会中小城市发展委员会
　　　　《中国中小城市发展报告》编纂委员会
　　　　中小城市发展战略研究院
2016年10月出版 / 估价:98.00元

中原蓝皮书
中原经济区发展报告（2016）
著(编)者:李英杰　2016年8月出版 / 估价:88.00元

自贸区蓝皮书
中国自贸区发展报告（2016）
著(编)者:王力 王吉培　2016年10月出版 / 估价:69.00元

社会政法类

北京蓝皮书
中国社区发展报告（2016）
著(编)者:于燕燕　2017年2月出版 / 估价:79.00元

殡葬绿皮书
中国殡葬事业发展报告（2016）
著(编)者:李伯森　2016年8月出版 / 估价:158.00元

城市管理蓝皮书
中国城市管理报告（2015~2016）
著(编)者:刘林 刘承水　2016年5月出版 / 定价:158.00元

城市生活质量蓝皮书
中国城市生活质量报告（2016）
著(编)者:张连城 张平 杨春学 郎丽华
2016年8月出版 / 估价:89.00元

城市政府能力蓝皮书
中国城市政府公共服务能力评估报告（2016）
著(编)者:何艳玲　2016年4月出版 / 定价:68.00元

创新蓝皮书
中国创业环境发展报告（2016）
著(编)者:姚凯 曹祎遐　2016年8月出版 / 估价:69.00元

社会政法类

慈善蓝皮书
中国慈善发展报告（2016）
著(编)者:杨团　2016年6月出版 / 定价:79.00元

地方法治蓝皮书
中国地方法治发展报告 NO.2（2016）
著(编)者:李林　田禾　2016年3出版 / 定价:108.00元

党建蓝皮书
党的建设研究报告 NO.1（2016）
著(编)者:崔建民　陈东平　2016年1月出版 / 定价:89.00元

法治蓝皮书
中国法治发展报告 NO.14（2016）
著(编)者:李林　田禾　2016年3月出版 / 定价:118.00元

反腐倡廉蓝皮书
中国反腐倡廉建设报告 NO.6
著(编)者:李秋芳　张英伟　2017年1月出版 / 估价:79.00元

非传统安全蓝皮书
中国非传统安全研究报告（2015～2016）
著(编)者:余潇枫　魏志江　2016年6月出版 / 定价:89.00元

妇女发展蓝皮书
中国妇女发展报告 NO.6
著(编)者:王金玲　2016年9月出版 / 估价:148.00元

妇女教育蓝皮书
中国妇女教育发展报告 NO.3
著(编)者:张李玺　2016年10月出版 / 定价:78.00元

妇女绿皮书
中国性别平等与妇女发展报告（2016）
著(编)者:谭琳　2016年12月出版 / 估价:99.00元

公共服务蓝皮书
中国城市基本公共服务力评价（2016）
著(编)者:钟君　吴正杲　2016年12月出版 / 估价:79.00元

公共管理蓝皮书
中国公共管理发展报告（2016）
著(编)者:贡森　李国强　杨维富
2016年8月出版 / 估价:69.00元

公共外交蓝皮书
中国公共外交发展报告（2016）
著(编)者:赵启正　雷蔚真　2016年8月出版 / 估价:89.00元

公民科学素质蓝皮书
中国公民科学素质报告（2015~2016）
著(编)者:李群　陈雄　马宗文　2016年1月出版 / 定价:89.00元

公益蓝皮书
中国公益慈善发展报告（2016）
著(编)者:朱健刚　2016年4月出版 / 定价:118.00元

国际人才蓝皮书
海外华侨华人专业人士报告（2016）
著(编)者:王辉耀　苗绿　2016年8月出版 / 估价:69.00元

国际人才蓝皮书
中国国际移民报告（2016）
著(编)者:王辉耀　2016年8月出版 / 估价:79.00元

国际人才蓝皮书
中国海归发展报告（2016）NO.3
著(编)者:王辉耀　苗绿　2016年10月出版 / 估价:69.00元

国际人才蓝皮书
中国留学发展报告（2016）NO.5
著(编)者:王辉耀　苗绿　2016年10月出版 / 估价:79.00元

国家公园蓝皮书
中国国家公园体制建设报告（2016）
著(编)者:苏杨　张玉钧　石金莲　刘锋　等
2016年10月出版 / 估价:69.00元

海洋社会蓝皮书
中国海洋社会发展报告（2016）
著(编)者:崔凤　宋宁而　2016年8月出版 / 估价:89.00元

行政改革蓝皮书
中国行政体制改革报告（2016）NO.5
著(编)者:魏礼群　2016年5月出版 / 定价:98.00元

华侨华人蓝皮书
华侨华人研究报告（2016）
著(编)者:贾益民　2016年12月出版 / 估价:98.00元

环境竞争力绿皮书
中国省域环境竞争力发展报告（2016）
著(编)者:李建平　李闽榕　王金南
2016年11月出版 / 估价:198.00元

环境绿皮书
中国环境发展报告（2016）
著(编)者:刘鉴强　2016年8月出版 / 估价:79.00元

基金会蓝皮书
中国基金会发展报告（2015~2016）
著(编)者:中国基金会发展报告课题组　2016年4月出版 / 定价:75.00元

基金会绿皮书
中国基金会发展独立研究报告（2016）
著(编)者:基金会中心网　中央民族大学基金会研究中心
2016年8月出版 / 估价:88.00元

基金会透明度蓝皮书
中国基金会透明度发展研究报告（2016）
著(编)者:基金会中心网　清华大学廉政与治理研究中心
2016年9月出版 / 估价:85.00元

教师蓝皮书
中国中小学教师发展报告（2016）
著(编)者:曾晓东　鱼霞　2016年8月出版 / 估价:69.00元

教育蓝皮书
中国教育发展报告（2016）
著(编)者:杨东平　2016年4月出版 / 定价:79.00元

科普蓝皮书
中国科普基础设施发展报告（2015）
著(编)者:任福君　2016年8月出版 / 估价:69.00元

社会政法类

皮书系列 2016全品种

科普蓝皮书
中国科普人才发展报告（2015）
著（编）者：郑念　任嵘嵘　　2016年4月出版 / 定价:98.00元

科学教育蓝皮书
中国科学教育发展报告（2016）
著（编）者：罗晖　王康友　2016年10月出版 / 估价:79.00元

劳动保障蓝皮书
中国劳动保障发展报告（2016）
著（编）者：刘燕斌　2016年8月出版 / 估价:158.00元

老龄蓝皮书
中国老年宜居环境发展报告（2015）
著（编）者：党俊武　　周燕珉　2016年1月出版 / 定价:79.00元

连片特困区蓝皮书
中国连片特困区发展报告（2016）
著（编）者：游俊　冷志明　丁建军
2016年8月出版 / 估价:98.00元

民间组织蓝皮书
中国民间组织报告（2016）
著（编）者：黄晓勇　　2016年12月出版 / 估价:79.00元

民调蓝皮书
中国民生调查报告（2016）
著（编）者：谢耘耕　　2016年8月出版 / 估价:128.00元

民族发展蓝皮书
中国民族发展报告（2016）
著（编）者：郝时远　王延中　王希恩
2016年8月出版 / 估价:98.00元

女性生活蓝皮书
中国女性生活状况报告 NO.10（2016）
著（编）者：韩湘景　　2016年8月出版 / 估价:79.00元

汽车社会蓝皮书
中国汽车社会发展报告（2016）
著（编）者：王俊秀　　2016年8月出版 / 估价:69.00元

青年蓝皮书
中国青年发展报告（2016）NO.4
著（编）者：廉思　等　　2016年8月出版 / 估价:69.00元

青少年蓝皮书
中国未成年人互联网运用报告（2016）
著（编）者：李文革　沈杰　季为民
2016年11月出版 / 估价:89.00元

青少年体育蓝皮书
中国青少年体育发展报告（2016）
著（编）者：郭建军　杨桦　　2016年9月出版 / 估价:69.00元

区域人才蓝皮书
中国区域人才竞争力报告 NO.2
著（编）者：桂昭明　王辉耀
2016年8月出版 / 估价:69.00元

群众体育蓝皮书
中国群众体育发展报告（2016）
著（编）者：刘国永　杨桦　　2016年10月出版 / 估价:69.00元

群众体育蓝皮书
中国社会体育指导员发展报告（1994~2014）
著（编）者：刘国永　王欢　　2016年4月出版 / 定价:78.00元

人才蓝皮书
中国人才发展报告（2016）
著（编）者：潘晨光　　2016年9月出版 / 估价:85.00元

人权蓝皮书
中国人权事业发展报告 NO.6（2016）
著（编）者：李君如　　2016年9月出版 / 估价:128.00元

社会保障绿皮书
中国社会保障发展报告（2016）NO.8
著（编）者：王延中　　2016年8月出版 / 估价:99.00元

社会工作蓝皮书
中国社会工作发展报告（2016）
著（编）者：民政部社会工作研究中心
2016年8月出版 / 估价:79.00元

社会管理蓝皮书
中国社会管理创新报告 NO.4
著（编）者：连玉明　　2016年11月出版 / 估价:89.00元

社会蓝皮书
2016年中国社会形势分析与预测
著（编）者：李培林　陈光金　张翼
2015年12月出版 / 定价:79.00元

社会体制蓝皮书
中国社会体制改革报告（2016）NO.4
著（编）者：龚维斌　　2016年4月出版 / 定价:79.00元

社会心态蓝皮书
中国社会心态研究报告（2016）
著（编）者：王俊秀　杨宜音　2016年10月出版 / 估价:69.00元

社会责任管理蓝皮书
中国企业公众透明度报告（2015~2016）NO.2
著（编）者：黄速建　熊梦　肖红军　2016年1月出版 / 定价:98.00元

社会组织蓝皮书
中国社会组织评估发展报告（2016）
著（编）者：徐家良　廖鸿　　2016年12月出版 / 估价:69.00元

生态城市绿皮书
中国生态城市建设发展报告（2016）
著（编）者：刘举科　孙伟平　胡文臻
2016年9月出版 / 估价:148.00元

生态文明绿皮书
中国省域生态文明建设评价报告（ECI 2016）
著（编）者：严耕　　2016年12月出版 / 估价:85.00元

世界社会主义黄皮书
世界社会主义跟踪研究报告（2015～2016）
著（编）者：李慎明　　2016年3月出版 / 定价:248.00元

水与发展蓝皮书
中国水风险评估报告（2016）
著（编）者：王浩　　2016年9月出版 / 估价:69.00元

皮书系列 2016全品种　社会政法类·行业报告类

体育蓝皮书
长三角地区体育产业发展报告（2016）
著（编）者：张林　2016年8月出版 / 估价：79.00元

体育蓝皮书
中国公共体育服务发展报告（2016）
著（编）者：戴健　2016年12月出版 / 估价：79.00元

土地整治蓝皮书
中国土地整治发展研究报告 NO.3
著（编）者：国土资源部土地整治中心
2016年7月出版 / 定价：89.00元

土地政策蓝皮书
中国土地政策发展报告（2016）
著（编）者：高延利　李宪文
2015年12月出版 / 定价：89.00元

危机管理蓝皮书
中国危机管理报告（2016）
著（编）者：文学国　范正青
2016年8月出版 / 估价：89.00元

形象危机应对蓝皮书
形象危机应对研究报告（2016）
著（编）者：唐钧　2016年8月出版 / 估价：149.00元

医改蓝皮书
中国医药卫生体制改革报告（2016）
著（编）者：文学国　房志武　2016年11月出版 / 估价：98.00元

医疗卫生绿皮书
中国医疗卫生发展报告 NO.7（2016）
著（编）者：申宝忠　韩玉珍　2016年8月出版 / 估价：75.00元

政治参与蓝皮书
中国政治参与报告（2016）
著（编）者：房宁　2016年8月出版 / 估价：108.00元

政治发展蓝皮书
中国政治发展报告（2016）
著（编）者：房宁　杨海蛟　2016年8月出版 / 估价：88.00元

智慧社区蓝皮书
中国智慧社区发展报告（2016）
著（编）者：罗昌智　张辉德　2016年8月出版 / 估价：69.00元

中国农村妇女发展蓝皮书
农村流动女性城市生活发展报告（2016）
著（编）者：谢丽华　2016年12月出版 / 估价：79.00元

宗教蓝皮书
中国宗教报告（2015）
著（编）者：邱永辉　2016年4月出版 / 定价：79.00元

行业报告类

保健蓝皮书
中国保健服务产业发展报告 NO.2
著（编）者：中国保健协会　中共中央党校
2016年8月出版 / 估价：198.00元

保健蓝皮书
中国保健食品产业发展报告 NO.2
著（编）者：中国保健协会
　　　　　中国社会科学院食品药品产业发展与监管研究中心
2016年8月出版 / 估价：198.00元

保健蓝皮书
中国保健用品产业发展报告 NO.2
著（编）者：中国保健协会
　　　　　国务院国有资产监督管理委员会研究中心
2016年8月出版 / 估价：198.00元

保险蓝皮书
中国保险业创新发展报告（2016）
著（编）者：项俊波　2016年12月出版 / 估价：69.00元

保险蓝皮书
中国保险业竞争力报告（2016）
著（编）者：项俊波　2016年12月出版 / 估价：99.00元

采供血蓝皮书
中国采供血管理报告（2016）
著（编）者：朱永明　耿鸿武　2016年8月出版 / 估价：69.00元

彩票蓝皮书
中国彩票发展报告（2016）
著（编）者：益彩基金　2016年8月出版 / 估价：98.00元

餐饮产业蓝皮书
中国餐饮产业发展报告（2016）
著（编）者：邢颖　2016年6月出版 / 定价：98.00元

测绘地理信息蓝皮书
测绘地理信息转型升级研究报告（2016）
著（编）者：库热西·买合苏提　2016年12月出版 / 估价：98.00元

茶业蓝皮书
中国茶产业发展报告（2016）
著（编）者：杨江帆　李闽榕　2016年10月出版 / 估价：78.00元

产权市场蓝皮书
中国产权市场发展报告（2015～2016）
著（编）者：曹和平　2016年8月出版 / 估价：89.00元

产业安全蓝皮书
中国出版传媒产业安全报告（2015~2016）
著（编）者：北京印刷学院文化产业安全研究院
2016年3月出版 / 定价：79.00元

产业安全蓝皮书
中国文化产业安全报告（2016）
著（编）者：北京印刷学院文化产业安全研究院
2016年8月出版 / 估价：89.00元

行业报告类
皮书系列 2016全品种

产业安全蓝皮书
中国新媒体产业安全报告（2016）
著(编)者：北京印刷学院文化产业安全研究院
2016年8月出版 / 估价：69.00元

大数据蓝皮书
网络空间和大数据发展报告（2016）
著(编)者：杜平　2016年8月出版 / 估价：69.00元

电子商务蓝皮书
中国电子商务服务业发展报告 NO.3
著(编)者：荆林波　梁春晓　2016年8月出版 / 估价：69.00元

电子政务蓝皮书
中国电子政务发展报告（2016）
著(编)者：洪毅　杜平　2016年11月出版 / 估价：79.00元

杜仲产业绿皮书
中国杜仲橡胶资源与产业发展报告（2016）
著(编)者：杜红岩　胡文臻　俞锐
2016年8月出版 / 估价：85.00元

房地产蓝皮书
中国房地产发展报告 NO.13（2016）
著(编)者：李春华　王业强　2016年5月出版 / 定价：89.00元

服务外包蓝皮书
中国服务外包产业发展报告（2016）
著(编)者：王晓红　刘德军
2016年8月出版 / 估价：89.00元

服务外包蓝皮书
中国服务外包竞争力报告（2016）
著(编)者：王力　刘春生　黄育华
2016年11月出版 / 估价：85.00元

工业和信息化蓝皮书
世界网络安全发展报告（2015~2016）
著(编)者：洪京一　2016年4月出版 / 定价：79.00元

工业和信息化蓝皮书
世界信息化发展报告（2015~2016）
著(编)者：洪京一　2016年4月出版 / 定价：79.00元

工业和信息化蓝皮书
世界信息技术产业发展报告（2015~2016）
著(编)者：洪京一　2016年4月出版 / 定价：79.00元

工业和信息化蓝皮书
世界制造业发展报告（2016）
著(编)者：洪京一　2016年8月出版 / 估价：69.00元

工业和信息化蓝皮书
移动互联网产业发展报告（2015~2016）
著(编)者：洪京一　2016年4月出版 / 定价：79.00元

工业和信息化蓝皮书
战略性新兴产业发展报告（2015~2016）
著(编)者：洪京一　2016年4月出版 / 定价：79.00元

工业设计蓝皮书
中国工业设计发展报告（2016）
著(编)者：王晓红　于炜　张立群
2016年9月出版 / 估价：138.00元

黄金市场蓝皮书
中国商业银行黄金业务发展报告（2015~2016）
著(编)者：平安银行　2016年3月出版 / 定价：98.00元

互联网金融蓝皮书
中国互联网金融发展报告（2016）
著(编)者：李东荣　2016年8月出版 / 估价：79.00元

会展蓝皮书
中外会展业动态评估年度报告（2016）
著(编)者：张敏　2016年8月出版 / 估价：78.00元

节能汽车蓝皮书
中国节能汽车产业发展报告（2016）
著(编)者：中国汽车工程研究院股份有限公司
2016年12月出版 / 估价：69.00元

金融监管蓝皮书
中国金融监管报告（2016）
著(编)者：胡滨　2016年6月出版 / 定价：89.00元

金融蓝皮书
中国金融中心发展报告（2016）
著(编)者：王力　黄育华　2017年11月出版 / 定价：75.00元

金融蓝皮书
中国商业银行竞争力报告（2016）
著(编)者：王松奇　2016年8月出版 / 估价：69.00元

经济林产业绿皮书
中国经济林产业发展报告（2016）
著(编)者：李芳东　胡文臻　乌云塔娜　杜红岩
2016年12月出版 / 估价：69.00元

客车蓝皮书
中国客车产业发展报告（2016）
著(编)者：姚蔚　2016年8月出版 / 估价：85.00元

老龄蓝皮书
中国老龄产业发展报告（2016）
著(编)者：吴玉韶　党俊武　2016年9月出版 / 估价：79.00元

流通蓝皮书
中国商业发展报告（2016~2017）
著(编)者：王雪峰　林诗慧　2016年7月出版 / 定价：89.00元

旅游安全蓝皮书
中国旅游安全报告（2016）
著(编)者：郑向敏　谢朝武　2016年5月出版 / 定价：128.00元

旅游绿皮书
2015~2016年中国旅游发展分析与预测
著(编)者：宋瑞　2016年4月出版 / 定价：89.00元

煤炭蓝皮书
中国煤炭工业发展报告（2016）
著(编)者：岳福斌　2016年12月出版 / 估价：79.00元

皮书系列 2016全品种

行业报告类

民营企业社会责任蓝皮书
中国民营企业社会责任年度报告（2016）
著(编)者：中华全国工商业联合会
2016年8月出版 / 估价：69.00元

民营医院蓝皮书
中国民营医院发展报告（2016）
著(编)者：庄一强　2016年10月出版 / 估价：75.00元

能源蓝皮书
中国能源发展报告（2016）
著(编)者：崔民选　王军生　陈义和
2016年8月出版 / 估价：79.00元

农产品流通蓝皮书
中国农产品流通产业发展报告（2016）
著(编)者：贾敬敦　张东科　张玉玺　张鹏毅　周伟
2016年8月出版 / 估价：89.00元

期货蓝皮书
中国期货市场发展报告(2016)
著(编)者：李群　王在荣　2016年11月出版 / 估价：69.00元

企业公益蓝皮书
中国企业公益研究报告（2016）
著(编)者：钟宏武　汪杰　顾一　黄晓娟　等
2016年12月出版 / 估价：69.00元

企业公众透明度蓝皮书
中国企业公众透明度报告（2016）NO.2
著(编)者：黄速建　王晓光　肖红军
2016年8月出版 / 估价：98.00元

企业国际化蓝皮书
中国企业国际化报告（2016）
著(编)者：王辉耀　2016年11月出版 / 估价：98.00元

企业蓝皮书
中国企业绿色发展报告 NO.2（2016）
著(编)者：李红玉　朱光辉　2016年8月出版 / 估价：79.00元

企业社会责任蓝皮书
中国企业社会责任研究报告（2016）
著(编)者：黄群慧　钟宏武　张蒽　等
2016年11月出版 / 估价：79.00元

企业社会责任能力蓝皮书
中国上市公司社会责任能力成熟度报告（2016）
著(编)者：肖红军　王晓光　李伟阳
2016年11月出版 / 估价：69.00元

汽车安全蓝皮书
中国汽车安全发展报告（2016）
著(编)者：中国汽车技术研究中心
2016年8月出版 / 估价：89.00元

汽车电子商务蓝皮书
中国汽车电子商务发展报告（2016）
著(编)者：中华全国工商业联合会汽车经销商商会
　　　　　北京易观智库网络科技有限公司
2016年8月出版 / 估价：128.00元

汽车工业蓝皮书
中国汽车工业发展年度报告（2016）
著(编)者：中国汽车工业协会　中国汽车技术研究中心
　　　　　丰田汽车（中国）投资有限公司
2016年4月出版 / 定价：128.00元

汽车蓝皮书
中国汽车产业发展报告（2016）
著(编)者：国务院发展研究中心产业经济研究部
　　　　　中国汽车工程学会　大众汽车集团（中国）
2016年8月出版 / 估价：158.00元

清洁能源蓝皮书
国际清洁能源发展报告（2016）
著(编)者：苏树辉　袁国林　李玉崙
2016年11月出版 / 估价：99.00元

人力资源蓝皮书
中国人力资源发展报告（2016）
著(编)者：余兴安　2016年12月出版 / 估价：79.00元

融资租赁蓝皮书
中国融资租赁业发展报告（2015～2016）
著(编)者：李光荣　王力　2016年8月出版 / 估价：89.00元

软件和信息服务业蓝皮书
中国软件和信息服务业发展报告（2016）
著(编)者：洪京一　2016年12月出版 / 估价：198.00元

商会蓝皮书
中国商会发展报告NO.5（2016）
著(编)者：王钦敏　2016年8月出版 / 估价：89.00元

上市公司蓝皮书
中国上市公司社会责任信息披露报告（2016）
著(编)者：张旺　张杨　2016年11月出版 / 估价：69.00元

上市公司蓝皮书
中国上市公司质量评价报告（2015～2016）
著(编)者：张跃文　王力　2016年11月出版 / 估价：118.00元

设计产业蓝皮书
中国设计产业发展报告（2016）
著(编)者：陈冬亮　梁昊光　2016年8月出版 / 估价：89.00元

食品药品蓝皮书
食品药品安全与监管政策研究报告（2016）
著(编)者：唐民皓　2016年8月出版 / 估价：69.00元

世界能源蓝皮书
世界能源发展报告（2016）
著(编)者：黄晓勇　2016年6月出版 / 定价：99.00元

水利风景区蓝皮书
中国水利风景区发展报告（2016）
著(编)者：谢婵才　兰思仁　2016年5月出版 / 定价：89.00元

私募市场蓝皮书
中国私募股权市场发展报告（2016）
著(编)者：曹和平　2016年12月出版 / 估价：79.00元

行业报告类

皮书系列 2016全品种

碳市场蓝皮书
中国碳市场报告（2016）
著(编)者：宁金彪　　2016年11月出版／估价：69.00元

体育蓝皮书
中国体育产业发展报告（2016）
著(编)者：阮伟 钟秉枢　　2016年8月出版／估价：69.00元

土地市场蓝皮书
中国农村土地市场发展报告（2015~2016）
著(编)者：李光荣　　2016年3月出版／定价：79.00元

网络空间安全蓝皮书
中国网络空间安全发展报告（2016）
著(编)者：惠志斌 唐涛　　2016年8月出版／估价：79.00元

物联网蓝皮书
中国物联网发展报告（2016）
著(编)者：黄桂田 龚六堂 张全升
2016年8月出版／估价：69.00元

西部工业蓝皮书
中国西部工业发展报告（2016）
著(编)者：方行明 甘犁 刘方健 姜凌 等
2016年9月出版／估价：79.00元

西部金融蓝皮书
中国西部金融发展报告（2016）
著(编)者：李忠民　　2016年8月出版／估价：75.00元

协会商会蓝皮书
中国行业协会商会发展报告（2016）
著(编)者：景朝阳 李勇　　2016年8月出版／估价：99.00元

新能源汽车蓝皮书
中国新能源汽车产业发展报告（2016）
著(编)者：中国汽车技术研究中心
　　　　　日产（中国）投资有限公司 东风汽车有限公司
2016年8月出版／估价：89.00元

新三板蓝皮书
中国新三板市场发展报告（2016）
著(编)者：王力　　2016年6月出版／定价：79.00元

信托市场蓝皮书
中国信托业市场报告（2015～2016）
著(编)者：用益信托工作室
2016年1月出版／定价：198.00元

信息安全蓝皮书
中国信息安全发展报告（2016）
著(编)者：张晓东　　2016年8月出版／估价：69.00元

信息化蓝皮书
中国信息化形势分析与预测（2016）
著(编)者：周宏仁　　2016年8月出版／估价：98.00元

信用蓝皮书
中国信用发展报告（2016）
著(编)者：章政 田侃　　2016年8月出版／估价：99.00元

休闲绿皮书
2016年中国休闲发展报告
著(编)者：宋瑞
2016年10月出版／估价：79.00元

药品流通蓝皮书
中国药品流通行业发展报告（2016）
著(编)者：佘鲁林 温再兴
2016年8月出版／估价：158.00元

医院蓝皮书
中国医院竞争力报告（2016）
著(编)者：庄一强 曾益新　　2016年3月出版／定价：128.00元

医药蓝皮书
中国中医药产业园战略发展报告（2016）
著(编)者：裴长洪 房书亭 吴滌心
2016年8月出版／估价：89.00元

邮轮绿皮书
中国邮轮产业发展报告（2016）
著(编)者：汪泓　　2016年10月出版／估价：79.00元

智能养老蓝皮书
中国智能养老产业发展报告（2016）
著(编)者：朱勇　　2016年10月出版／估价：89.00元

中国SUV蓝皮书
中国SUV产业发展报告（2016）
著(编)者：靳军　　2016年12月出版／估价：69.00元

中国金融行业蓝皮书
中国债券市场发展报告（2016）
著(编)者：谢多　　2016年8月出版／估价：69.00元

中国上市公司蓝皮书
中国上市公司发展报告（2016）
著(编)者：中国社会科学院上市公司研究中心
2016年9月出版／估价：98.00元

中国游戏蓝皮书
中国游戏产业发展报告（2016）
著(编)者：孙立军 刘跃军 牛兴侦
2016年8月出版／估价：69.00元

中国总部经济蓝皮书
中国总部经济发展报告（2015～2016）
著(编)者：赵弘　　2016年9月出版／估价：79.00元

资本市场蓝皮书
中国场外交易市场发展报告（2014~2015）
著(编)者：高峦　　2016年3月出版／定价：79.00元

资产管理蓝皮书
中国资产管理行业发展报告（2016）
著(编)者：智信资产管理研究院
2016年6月出版／定价：89.00元

皮书系列 2016全品种 文化传媒类

文化传媒类

传媒竞争力蓝皮书
中国传媒国际竞争力研究报告（2016）
著(编)者：李本乾 刘强
2016年11月出版 / 估价：148.00元

传媒蓝皮书
中国传媒产业发展报告（2016）
著(编)者：崔保国　2016年5月出版 / 定价：98.00元

传媒投资蓝皮书
中国传媒投资发展报告（2016）
著(编)者：张向东 谭云明
2016年8月出版 / 估价：128.00元

动漫蓝皮书
中国动漫产业发展报告（2016）
著(编)者：卢斌 郑玉明 牛兴侦
2016年8月出版 / 估价：79.00元

非物质文化遗产蓝皮书
中国非物质文化遗产发展报告（2016）
著(编)者：陈平　2016年8月出版 / 估价：98.00元

广电蓝皮书
中国广播电影电视发展报告（2016）
著(编)者：国家新闻出版广电总局发展研究中心
2016年8月出版 / 估价：98.00元

广告主蓝皮书
中国广告主营销传播趋势报告 NO.9
著(编)者：黄升民 杜国清 邵华冬 等
2016年10月出版 / 估价：148.00元

国际传播蓝皮书
中国国际传播发展报告（2016）
著(编)者：胡正荣 李继东 姬德强
2016年11月出版 / 估价：89.00元

纪录片蓝皮书
中国纪录片发展报告（2016）
著(编)者：何苏六　2016年10月出版 / 估价：79.00元

科学传播蓝皮书
中国科学传播报告（2016）
著(编)者：詹正茂　2016年8月出版 / 估价：69.00元

两岸创意经济蓝皮书
两岸创意经济研究报告（2016）
著(编)者：罗昌智 董泽平　2016年12月出版 / 估价：98.00元

两岸文化蓝皮书
两岸文化产业合作发展报告（2016）
著(编)者：胡惠林 李保宗　2016年8月出版 / 估价：79.00元

媒介与女性蓝皮书
中国媒介与女性发展报告(2015~2016)
著(编)者：刘利群　2016年8月出版 / 估价：118.00元

媒体融合蓝皮书
中国媒体融合发展报告（2016）
著(编)者：梅宁华 宋建武　2016年8月出版 / 估价：79.00元

全球传媒蓝皮书
全球传媒发展报告（2016）
著(编)者：胡正荣 李继东 唐晓芬
2016年12月出版 / 估价：79.00元

少数民族非遗蓝皮书
中国少数民族非物质文化遗产发展报告（2016）
著(编)者：肖远平（彝）柴立（满）
2016年8月出版 / 估价：128.00元

视听新媒体蓝皮书
中国视听新媒体发展报告（2016）
著(编)者：国家新闻出版广电总局发展研究中心
2016年8月出版 / 估价：98.00元

文化创新蓝皮书
中国文化创新报告（2016）NO.7
著(编)者：于平 傅才武　2016年8月出版 / 估价：98.00元

文化建设蓝皮书
中国文化发展报告（2015~2016）
著(编)者：江畅 孙伟平 戴茂堂
2016年6月出版 / 定价：116.00元

文化科技蓝皮书
文化科技创新发展报告（2016）
著(编)者：于平 李凤亮　2016年10月出版 / 估价：89.00元

文化蓝皮书
中国公共文化服务发展报告（2016）
著(编)者：刘新成 张永新 张旭　2016年10月出版 / 估价：98.00元

文化蓝皮书
中国公共文化投入增长测评报告（2016）
著(编)者：王亚南　2016年4月出版 / 定价：79.00元

文化蓝皮书
中国少数民族文化发展报告（2016）
著(编)者：武翠英 张晓明 任乌晶
2016年9月出版 / 估价：69.00元

文化蓝皮书
中国文化产业发展报告（2015~2016）
著(编)者：张晓明 王家新 章建刚
2016年2月出版 / 估价：79.00元

文化蓝皮书
中国文化产业供需协调检测报告（2016）
著(编)者：王亚南　2016年8月出版 / 估价：79.00元

文化蓝皮书
中国文化消费需求景气评价报告（2016）
著(编)者：王亚南　2016年4月出版 / 定价：79.00元

文化传媒类

文化品牌蓝皮书
中国文化品牌发展报告（2016）
著（编）者：欧阳友权　2016年5月出版 / 估价:98.00元

文化遗产蓝皮书
中国文化遗产事业发展报告（2016）
著（编）者：刘世锦　2016年8月出版 / 估价:89.00元

文学蓝皮书
中国文情报告（2015～2016）
著（编）者：白烨　2016年5月出版 / 定价:49.00元

新媒体蓝皮书
中国新媒体发展报告NO.7（2016）
著（编）者：唐绪军　2016年7月出版 / 定价:79.00元

新媒体社会责任蓝皮书
中国新媒体社会责任研究报告（2016）
著（编）者：钟瑛　2016年10月出版 / 估价:79.00元

移动互联网蓝皮书
中国移动互联网发展报告（2016）
著（编）者：官建文　2016年6月出版 / 定价:79.00元

舆情蓝皮书
中国社会舆情与危机管理报告（2016）
著（编）者：谢耘耕　2016年8月出版 / 估价:98.00元

影视风控蓝皮书
中国影视舆情与风控报告（2016）
著（编）者：司若　2016年4月出版 / 定价:138.00元

地方发展类

安徽经济蓝皮书
芜湖创新型城市发展报告（2016）
著（编）者：张志宏　2016年8月出版 / 估价:69.00元

安徽蓝皮书
安徽社会发展报告（2016）
著（编）者：程桦　2016年4月出版 / 定价:89.00元

安徽社会建设蓝皮书
安徽社会建设分析报告（2015～2016）
著（编）者：黄家海　王开玉　蔡宪
2016年8月出版 / 估价:89.00元

澳门蓝皮书
澳门经济社会发展报告（2015～2016）
著（编）者：吴志良　郝雨凡　2016年6月出版 / 定价:98.00元

北京蓝皮书
北京公共服务发展报告（2015～2016）
著（编）者：施昌奎　2016年2月出版 / 定价:79.00元

北京蓝皮书
北京经济发展报告（2015～2016）
著（编）者：杨松　2016年6月出版 / 定价:79.00元

北京蓝皮书
北京社会发展报告（2015～2016）
著（编）者：李伟东　2016年6月出版 / 定价:79.00元

北京蓝皮书
北京社会治理发展报告（2015～2016）
著（编）者：殷星辰　2016年5月出版 / 定价:79.00元

北京蓝皮书
北京文化发展报告（2015～2016）
著（编）者：李建盛　2016年4月出版 / 定价:79.00元

北京旅游绿皮书
北京旅游发展报告（2016）
著（编）者：北京旅游学会　2016年8月出版 / 估价:88.00元

北京人才蓝皮书
北京人才发展报告（2016）
著（编）者：于淼　2016年12月出版 / 估价:128.00元

北京社会心态蓝皮书
北京社会心态分析报告（2015～2016）
著（编）者：北京社会心理研究所
2016年8月出版 / 估价:79.00元

北京社会组织管理蓝皮书
北京社会组织发展与管理（2015～2016）
著（编）者：黄江松　2016年8月出版 / 估价:78.00元

北京体育蓝皮书
北京体育产业发展报告（2016）
著（编）者：钟秉枢　陈杰　杨铁黎
2016年10月出版 / 估价:79.00元

北京养老产业蓝皮书
北京养老产业发展报告（2016）
著（编）者：周明明　冯喜良　2016年8月出版 / 估价:69.00元

滨海金融蓝皮书
滨海新区金融发展报告（2016）
著（编）者：王爱俭　张锐钢　2016年9月出版 / 估价:79.00元

城乡一体化蓝皮书
中国城乡一体化发展报告·北京卷（2015～2016）
著（编）者：张宝秀　黄序　2016年5月出版 / 定价:89.00元

创意城市蓝皮书
北京文化创意产业发展报告（2016）
著（编）者：张京成　王国华　2016年12月出版 / 估价:69.00元

创意城市蓝皮书
青岛文化创意产业发展报告（2016）
著（编）者：马达　张丹妮　2016年8月出版 / 估价:79.00元

创意城市蓝皮书
青岛文化创意产业发展报告（2016）
著（编）者：马达　张丹妮　2016年8月出版 / 估价:79.00元

皮书系列 2016全品种 — 地方发展类

创意城市蓝皮书
天津文化创意产业发展报告（2015~2016）
著（编）者：谢思全　2016年6月出版 / 定价：79.00元

创意城市蓝皮书
台北文化创意产业发展报告（2016）
著（编）者：陈耀竹　邱琪瑄　2016年11月出版 / 估价：89.00元

创意城市蓝皮书
无锡文化创意产业发展报告（2016）
著（编）者：谭军　张鸣年　2016年10月出版 / 估价：79.00元

创意城市蓝皮书
武汉文化创意产业发展报告（2016）
著（编）者：黄永林　陈汉桥　2016年12月出版 / 估价：89.00元

创意城市蓝皮书
重庆创意产业发展报告（2016）
著（编）者：程宇宁　2016年8月出版 / 估价：89.00元

地方法治蓝皮书
南宁法治发展报告（2016）
著（编）者：杨维超　2016年12月出版 / 估价：69.00元

福建妇女发展蓝皮书
福建省妇女发展报告（2016）
著（编）者：刘群英　2016年11月出版 / 估价：88.00元

福建自贸区蓝皮书
中国（福建）自由贸易实验区发展报告（2015~2016）
著（编）者：黄茂兴　2016年4月出版 / 定价：108.00元

甘肃蓝皮书
甘肃经济发展分析与预测（2016）
著（编）者：朱智文　罗哲　2016年1月出版 / 定价：79.00元

甘肃蓝皮书
甘肃社会发展分析与预测（2016）
著（编）者：安文华　包晓霞　谢增虎　2016年1月出版 / 定价：79.00元

甘肃蓝皮书
甘肃文化发展分析与预测（2016）
著（编）者：安文华　周小华　2016年1月出版 / 定价：79.00元

甘肃蓝皮书
甘肃县域和农村发展报告（2016）
著（编）者：刘进军　柳民　王建兵
2016年1月出版 / 定价：79.00元

甘肃蓝皮书
甘肃舆情分析与预测（2016）
著（编）者：陈双梅　张谦元　2016年1月出版 / 定价：79.00元

甘肃蓝皮书
甘肃商贸流通发展报告（2016）
著（编）者：杨志武　王福生　王晓芳
2016年1月出版 / 定价：79.00元

广东蓝皮书
广东全面深化改革发展报告（2016）
著（编）者：周林生　涂成林　2016年11月出版 / 估价：69.00元

广东蓝皮书
广东社会工作发展报告（2016）
著（编）者：罗观翠　2016年8月出版 / 估价：89.00元

广东蓝皮书
广东省电子商务发展报告（2016）
著（编）者：程晓　邓顺国　2016年8月出版 / 估价：79.00元

广东社会建设蓝皮书
广东省社会建设发展报告（2016）
著（编）者：广东省社会工作委员会
2016年12月出版 / 估价：99.00元

广东外经贸蓝皮书
广东对外经济贸易发展研究报告（2015~2016）
著（编）者：陈万灵　2016年8月出版 / 估价：89.00元

广西北部湾经济区蓝皮书
广西北部湾经济区开放开发报告（2016）
著（编）者：广西北部湾经济区规划建设管理委员会办公室
广西社会科学院广西北部湾发展研究院
2016年10月出版 / 估价：79.00元

巩义蓝皮书
巩义经济社会发展报告（2016）
著（编）者：丁同民　朱军　2016年4月出版 / 定价：58.00元

广州蓝皮书
2016年中国广州经济形势分析与预测
著（编）者：庾建设　陈浩钿　谢博能　2016年7月出版 / 定价：85.00元

广州蓝皮书
2016年中国广州社会形势分析与预测
著（编）者：张强　陈怡霓　杨秦　2016年6月出版 / 定价：85.00元

广州蓝皮书
广州城市国际化发展报告（2016）
著（编）者：朱名宏　2016年11月出版 / 估价：69.00元

广州蓝皮书
广州创新型城市发展报告（2016）
著（编）者：尹涛　2016年10月出版 / 估价：69.00元

广州蓝皮书
广州经济发展报告（2016）
著（编）者：朱名宏　2016年8月出版 / 估价：69.00元

广州蓝皮书
广州农村发展报告（2016）
著（编）者：朱名宏　2016年8月出版 / 估价：69.00元

广州蓝皮书
广州汽车产业发展报告（2016）
著（编）者：杨再高　冯兴亚　2016年9月出版 / 估价：69.00元

广州蓝皮书
广州青年发展报告（2015~2016）
著（编）者：魏国华　张强　2016年8月出版 / 估价：69.00元

广州蓝皮书
广州商贸业发展报告（2016）
著（编）者：李江涛　肖振宇　荀振英
2016年8月出版 / 估价：69.00元

地方发展类

皮书系列 2016全品种

广州蓝皮书
广州社会保障发展报告（2016）
著（编）者：蔡国萱　2016年10月出版　估价:65.00元

广州蓝皮书
广州文化创意产业发展报告（2016）
著（编）者：甘新　2016年8月出版　估价:79.00元

广州蓝皮书
中国广州城市建设与管理发展报告（2016）
著（编）者：董皞　陈小钢　李江涛　2016年8月出版　估价:69.00元

广州蓝皮书
中国广州科技和信息化发展报告（2016）
著（编）者：邹采荣　马正勇　冯元　2016年8月出版　估价:79.00元

广州蓝皮书
中国广州文化发展报告（2016）
著（编）者：徐俊忠　陆志强　顾涧清　2016年8月出版　估价:69.00元

贵阳蓝皮书
贵阳城市创新发展报告·白云篇（2016）
著（编）者：连玉明　2016年10月出版　估价:89.00元

贵阳蓝皮书
贵阳城市创新发展报告·观山湖篇（2016）
著（编）者：连玉明　2016年10月出版　估价:89.00元

贵阳蓝皮书
贵阳城市创新发展报告·花溪篇（2016）
著（编）者：连玉明　2016年10月出版　估价:89.00元

贵阳蓝皮书
贵阳城市创新发展报告·开阳篇（2016）
著（编）者：连玉明　2016年10月出版　估价:89.00元

贵阳蓝皮书
贵阳城市创新发展报告·南明篇（2016）
著（编）者：连玉明　2016年10月出版　估价:89.00元

贵阳蓝皮书
贵阳城市创新发展报告·清镇篇（2016）
著（编）者：连玉明　2016年10月出版　估价:89.00元

贵阳蓝皮书
贵阳城市创新发展报告·乌当篇（2016）
著（编）者：连玉明　2016年10月出版　估价:89.00元

贵阳蓝皮书
贵阳城市创新发展报告·息烽篇（2016）
著（编）者：连玉明　2016年10月出版　估价:89.00元

贵阳蓝皮书
贵阳城市创新发展报告·修文篇（2016）
著（编）者：连玉明　2016年10月出版　估价:89.00元

贵阳蓝皮书
贵阳城市创新发展报告·云岩篇（2016）
著（编）者：连玉明　2016年10月出版　估价:89.00元

贵州房地产蓝皮书
贵州房地产发展报告NO.3（2016）
著（编）者：武廷方　2016年8月出版　估价:89.00元

贵州蓝皮书
贵州册亨经济社会发展报告(2016)
著（编）者：黄德林　2016年3月出版　定价:79.00元

贵州蓝皮书
贵安新区发展报告（2015~2016）
著（编）者：马长青　吴大华　2016年6月出版　定价:79.00元

贵州蓝皮书
贵州法治发展报告（2016）
著（编）者：吴大华　2016年5月出版　定价:79.00元

贵州蓝皮书
贵州民航业发展报告（2016）
著（编）者：申振东　吴大华　2016年10月出版　估价:69.00元

贵州蓝皮书
贵州民营经济发展报告（2015）
著（编）者：杨静　吴大华　2016年3月出版　定价:79.00元

贵州蓝皮书
贵州人才发展报告（2016）
著（编）者：于杰　吴大华　2016年9月出版　估价:69.00元

贵州蓝皮书
贵州社会发展报告（2016）
著（编）者：王兴骥　2016年6月出版　定价:79.00元

海淀蓝皮书
海淀区文化和科技融合发展报告（2016）
著（编）者：陈名杰　孟景伟　2016年8月出版　估价:75.00元

海峡西岸蓝皮书
海峡西岸经济区发展报告（2016）
著（编）者：福建省人民政府发展研究中心
　　　　　福建省人民政府发展研究中心咨询服务中心
2016年9月出版　估价:65.00元

杭州都市圈蓝皮书
杭州都市圈发展报告（2016）
著（编）者：沈翔　戚建国　2016年5月出版　定价:128.00元

杭州蓝皮书
杭州妇女发展报告（2016）
著（编）者：魏颖　2016年6月出版　定价:79.00元

河北经济蓝皮书
河北省经济发展报告（2016）
著（编）者：马树强　金浩　刘兵　张贵
2016年4月出版　定价:89.00元

河北蓝皮书
河北经济社会发展报告（2016）
著（编）者：郭金平　2016年1月出版　定价:79.00元

河北食品药品安全蓝皮书
河北食品药品安全研究报告（2016）
著（编）者：丁锦霞　2016年6月出版　定价:79.00元

河南经济蓝皮书
2016年河南经济形势分析与预测
著（编）者：胡五岳　2016年2月出版　定价:79.00元

皮书系列 2016全品种 — 地方发展类·国家国别类

深圳蓝皮书
深圳劳动关系发展报告（2016）
著(编)者：汤庭芬　2016年6月出版 / 定价：69.00元

深圳蓝皮书
深圳社会建设与发展报告（2016）
著(编)者：张骁儒 陈东平　2016年7月出版 / 定价：79.00元

深圳蓝皮书
深圳文化发展报告(2016)
著(编)者：张骁儒　2016年8月出版 / 估价：69.00元

四川法治蓝皮书
四川依法治省年度报告 NO.2（2016）
著(编)者：李林 杨天宗 田禾
2016年3月出版 / 定价：108.00元

四川蓝皮书
2016年四川经济形势分析与预测
著(编)者：杨钢　2016年1月出版 / 定价：98.00元

四川蓝皮书
四川城镇化发展报告（2016）
著(编)者：侯水平 陈炜　2016年4月出版 / 定价：75.00元

四川蓝皮书
四川法治发展报告（2016）
著(编)者：郑泰安　2016年8月出版 / 估价：69.00元

四川蓝皮书
四川企业社会责任研究报告（2015～2016）
著(编)者：侯水平 盛毅 翟刚　2016年4月出版 / 定价：79.00元

四川蓝皮书
四川社会发展报告（2016）
著(编)者：李羚　2016年5月出版 / 定价：79.00元

四川蓝皮书
四川生态建设报告（2016）
著(编)者：李晟之　2016年4月出版 / 定价：75.00元

四川蓝皮书
四川文化产业发展报告（2016）
著(编)者：向宝云 张立伟　2016年4月出版 / 定价：79.00元

西咸新区蓝皮书
西咸新区发展报告（2011~2015）
著(编)者：李扬 王军　2016年6月出版 / 定价：89.00元

体育蓝皮书
上海体育产业发展报告（2015～2016）
著(编)者：张林 黄海燕　2016年10月出版 / 估价：79.00元

体育蓝皮书
长三角地区体育产业发展报告（2015～2016）
著(编)者：张林　2016年8月出版 / 估价：79.00元

天津金融蓝皮书
天津金融发展报告（2016）
著(编)者：王爱俭 孔德昌　2016年9月出版 / 估价：89.00元

图们江区域合作蓝皮书
图们江区域合作发展报告（2016）
著(编)者：李铁　2016年6月出版 / 定价：98.00元

温州蓝皮书
2016年温州经济社会形势分析与预测
著(编)者：潘忠强 王春光 金浩　2016年4月出版 / 定价：69.00元

扬州蓝皮书
扬州经济社会发展报告（2016）
著(编)者：丁纯　2016年12月出版 / 估价：89.00元

长株潭城市群蓝皮书
长株潭城市群发展报告（2016）
著(编)者：张萍　2016年10月出版 / 估价：69.00元

郑州蓝皮书
2016年郑州文化发展报告
著(编)者：王哲　2016年9月出版 / 估价：65.00元

中医文化蓝皮书
北京中医药文化传播发展报告（2016）
著(编)者：毛嘉陵　2016年8月出版 / 估价：79.00元

珠三角流通蓝皮书
珠三角商圈发展研究报告（2016）
著(编)者：王先庆 林至颖　2016年8月出版 / 估价：98.00元

遵义蓝皮书
遵义发展报告（2016）
著(编)者：曾征 龚永育　2016年12月出版 / 估价：69.00元

国别与地区类

阿拉伯黄皮书
阿拉伯发展报告（2015～2016）
著(编)者：罗林　2016年11月出版 / 估价：79.00元

北部湾蓝皮书
泛北部湾合作发展报告（2016）
著(编)者：吕余生　2016年10月出版 / 估价：69.00元

大湄公河次区域蓝皮书
大湄公河次区域合作发展报告（2016）
著(编)者：刘稚　2016年9月出版 / 定价：79.00元

大洋洲蓝皮书
大洋洲发展报告（2015～2016）
著(编)者：喻常森　2016年10月出版 / 估价：89.00元

国家国别类 皮书系列重点推荐

德国蓝皮书
德国发展报告（2016）
著(编)者：郑春荣　　2016年6月出版　/　定价：79.00元

东北亚黄皮书
东北亚地区政治与安全（2016）
著(编)者：黄凤志　刘清才　张慧智　等
2016年8月出版　/　估价：69.00元

东盟黄皮书
东盟发展报告（2016）
著(编)者：杨晓强　庄国土　2016年8月出版　/　定价：89.00元

东南亚蓝皮书
东南亚地区发展报告（2015～2016）
著(编)者：厦门大学东南亚研究中心　王勤
2016年8月出版　/　估价：79.00元

俄罗斯黄皮书
俄罗斯发展报告（2016）
著(编)者：李永全　　2016年7月出版　/　定价：89.00元

非洲黄皮书
非洲发展报告 NO.18（2015～2016）
著(编)者：张宏明　　2016年9月出版　/　估价：79.00元

国际安全蓝皮书
中国国际安全研究报告(2016)
著(编)者：刘慧　　2016年7月出版　/　定价：98.00元

国际形势黄皮书
全球政治与安全报告（2016）
著(编)者：李慎明　张宇燕
2015年12月出版　/　定价：69.00元

韩国蓝皮书
韩国发展报告（2016）
著(编)者：牛林杰　刘宝全
2016年12月出版　/　估价：89.00元

加拿大蓝皮书
加拿大发展报告（2016）
著(编)者：仲伟合　　2016年8月出版　/　估价：89.00元

拉美黄皮书
拉丁美洲和加勒比发展报告（2015～2016）
著(编)者：吴白乙　　2016年6月出版　/　定价：89.00元

美国蓝皮书
美国研究报告（2016）
著(编)者：郑秉文　黄平　　2016年5月出版　/　定价：89.00元

缅甸蓝皮书
缅甸国情报告（2016）
著(编)者：李晨阳　　2016年8月出版　/　估价：79.00元

欧洲蓝皮书
欧洲发展报告（2015～2016）
著(编)者：黄平　周弘　江时学
2016年6月出版　/　定价：89.00元

日本经济蓝皮书
日本经济与中日经贸关系研究报告（2016）
著(编)者：张季风　　2016年5月出版　/　定价：89.00元

日本蓝皮书
日本研究报告（2016）
著(编)者：杨伯江　　2016年5月出版　/　定价：89.00元

上海合作组织黄皮书
上海合作组织发展报告（2016）
著(编)者：李进峰　吴宏伟　李少捷
2016年6月出版　/　定价：89.00元

世界创新竞争力黄皮书
世界创新竞争力发展报告（2016）
著(编)者：李闽榕　李建平　赵新力
2016年8月出版　/　估价：148.00元

土耳其蓝皮书
土耳其发展报告（2016）
著(编)者：郭长刚　刘义　　2016年8月出版　/　估价：69.00元

亚太蓝皮书
亚太地区发展报告（2016）
著(编)者：李向阳　　2016年5月出版　/　估价：79.00元

印度蓝皮书
印度国情报告（2016）
著(编)者：吕昭义　　2016年8月出版　/　估价：89.00元

印度洋地区蓝皮书
印度洋地区发展报告（2016）
著(编)者：汪戎　　2016年8月出版　/　定价：89.00元

英国蓝皮书
英国发展报告（2015～2016）
著(编)者：王展鹏　　2016年10月出版　/　估价：89.00元

越南蓝皮书
越南国情报告（2016）
著(编)者：广西社会科学院　罗梅　李碧华
2016年8月出版　/　估价：69.00元

越南蓝皮书
越南经济发展报告（2016）
著(编)者：黄志勇　　2016年10月出版　/　定价：69.00元

以色列蓝皮书
以色列发展报告（2016）
著(编)者：张倩红　　2016年9月出版　/　定价：89.00元

中东黄皮书
中东发展报告 NO.18（2015～2016）
著(编)者：杨光　　2016年10月出版　/　估价：89.00元

中亚黄皮书
中亚国家发展报告（2016）
著(编)者：孙力　吴宏伟　　2016年7月出版　/　定价：98.00元

社会科学文献出版社　　　　　　　　**皮书系列**

❖ 皮书起源 ❖

"皮书"起源于十七、十八世纪的英国，主要指官方或社会组织正式发表的重要文件或报告，多以"白皮书"命名。在中国，"皮书"这一概念被社会广泛接受，并被成功运作、发展成为一种全新的出版形态，则源于中国社会科学院社会科学文献出版社。

❖ 皮书定义 ❖

皮书是对中国与世界发展状况和热点问题进行年度监测，以专业的角度、专家的视野和实证研究方法，针对某一领域或区域现状与发展态势展开分析和预测，具备原创性、实证性、专业性、连续性、前沿性、时效性等特点的公开出版物，由一系列权威研究报告组成。

❖ 皮书作者 ❖

皮书系列的作者以中国社会科学院、著名高校、地方社会科学院的研究人员为主，多为国内一流研究机构的权威专家学者，他们的看法和观点代表了学界对中国与世界的现实和未来最高水平的解读与分析。

❖ 皮书荣誉 ❖

皮书系列已成为社会科学文献出版社的著名图书品牌和中国社会科学院的知名学术品牌。2011年，皮书系列正式列入"十二五"国家重点出版规划项目；2012~2015年，重点皮书列入中国社会科学院承担的国家哲学社会科学创新工程项目；2016年，46种院外皮书使用"中国社会科学院创新工程学术出版项目"标识。

中国皮书网

www.pishu.cn

发布皮书研创资讯，传播皮书精彩内容
引领皮书出版潮流，打造皮书服务平台

栏目设置：

- □ 资讯：皮书动态、皮书观点、皮书数据、皮书报道、皮书发布、电子期刊
- □ 标准：皮书评价、皮书研究、皮书规范
- □ 服务：最新皮书、皮书书目、重点推荐、在线购书
- □ 链接：皮书数据库、皮书博客、皮书微博、在线书城
- □ 搜索：资讯、图书、研究动态、皮书专家、研创团队

中国皮书网依托皮书系列"权威、前沿、原创"的优质内容资源，通过文字、图片、音频、视频等多种元素，在皮书研创者、使用者之间搭建了一个成果展示、资源共享的互动平台。

自2005年12月正式上线以来，中国皮书网的IP访问量、PV浏览量与日俱增，受到海内外研究者、公务人员、商务人士以及专业读者的广泛关注。

2008年、2011年，中国皮书网均在全国新闻出版业网站荣誉评选中获得"最具商业价值网站"称号；2012年，获得"出版业网站百强"称号。

2014年，中国皮书网与皮书数据库实现资源共享，端口合一，将提供更丰富的内容，更全面的服务。

皮书数据库

中国社会科学院 社会科学文献出版社

首页　数据库检索　学术资源群　我的文献库　皮书动态　有奖调查　皮书报道　皮书研究　联系我们　读者赠阅　搜索报告

权威报告　热点资讯　海量资源

当代中国与世界发展的高端智库平台

皮书数据库 www.pishu.com.cn

皮书数据库是专业的人文社会科学综合学术资源总库，以大型连续性图书——皮书系列为基础，整合国内外相关资讯构建而成。包含六大子库，涵盖两百多个主题，囊括了近十几年间中国与世界经济社会发展报告，覆盖经济、社会、政治、文化、教育、国际问题等多个领域。

皮书数据库以篇章为基本单位，方便用户对皮书内容的阅读需求。用户可进行全文检索，也可对文献题目、内容提要、作者名称、作者单位、关键字等基本信息进行检索，还可对检索到的篇章再做二次筛选，进行在线阅读或下载阅读。智能多维度导航，可使用户根据自己熟知的分类标准进行分类导航筛选，使查找和检索更高效、便捷。

权威的研究报告，独特的调研数据，前沿的热点资讯，皮书数据库已发展成为国内最具影响力的关于中国与世界现实问题研究的成果库和资讯库。

皮书俱乐部会员服务指南

1. 谁能成为皮书俱乐部成员？
- 皮书作者自动成为俱乐部会员
- 购买了皮书产品（纸质书/电子书）的个人用户

2. 会员可以享受的增值服务
- 免费获赠皮书数据库100元充值卡
- 加入皮书俱乐部，免费获赠该纸质图书的电子书
- 免费定期获赠皮书电子期刊
- 优先参与各类皮书学术活动
- 优先享受皮书产品的最新优惠

3. 如何享受增值服务？

（1）免费获赠100元皮书数据库体验卡

第1步 刮开皮书附赠充值的涂层（右下）；
第2步 登录皮书数据库网站（www.pishu.com.cn），注册账号；
第3步 登录并进入"会员中心"—"在线充值"—"充值卡充值"，充值成功后即可使用。

（2）加入皮书俱乐部，凭数据库体验卡获赠该书的电子书

第1步 登录社会科学文献出版社官网（www.ssap.com.cn），注册账号；
第2步 登录并进入"会员中心"—"皮书俱乐部"，提交加入皮书俱乐部申请；
第3步 审核通过后，再次进入皮书俱乐部，填写页面所需图书、体验卡信息即可自动兑换相应电子书。

4. 声明

解释权归社会科学文献出版社所有

皮书俱乐部会员可享受社会科学文献出版社其他相关免费增值服务，有任何疑问，均可与我们联系。
图书销售热线：010-59367070/7028　图书服务QQ：800045692　图书服务邮箱：duzhe@ssap.cn
数据库服务热线：400-008-6695　数据库服务QQ：2475522410　数据库服务邮箱：database@ssap.cn
欢迎登录社会科学文献出版社官网（www.ssap.com.cn）和中国皮书网（www.pishu.cn）了解更多信息

皮书大事记
（2015）

☆ 2015年11月9日，社会科学文献出版社2015年皮书编辑出版工作会议召开，会议就皮书装帧设计、生产营销、皮书评价以及质检工作中的常见问题等进行交流和讨论，为2016年出版社的融合发展指明了方向。

☆ 2015年11月，中国社会科学院2015年度纳入创新工程后期资助名单正式公布，《社会蓝皮书：2015年中国社会形势分析与预测》等41种皮书纳入2015年度"中国社会科学院创新工程学术出版资助项目"。

☆ 2015年8月7~8日，由中国社会科学院主办，社会科学文献出版社和湖北大学共同承办的"第十六次全国皮书年会（2015）：皮书研创与中国话语体系建设"在湖北省恩施市召开。中国社会科学院副院长李培林，国家新闻出版广电总局原副总局长、中国出版协会常务副理事长邬书林，湖北省委宣传部副部长喻立平，中国社会科学院科研局局长马援，国家新闻出版广电总局出版管理司副司长许正明，中共恩施州委书记王海涛，社会科学文献出版社社长谢寿光，湖北大学党委书记刘建凡等相关领导出席开幕式。来自中国社会科学院、地方社会科学院及高校、政府研究机构的领导及近200个皮书课题组的380多人出席了会议，会议规模又创新高。会议宣布了2016年授权使用"中国社会科学院创新工程学术出版项目"标识的院外皮书名单，并颁发了第六届优秀皮书奖。

☆ 2015年4月28日，"第三届皮书学术评审委员会第二次会议暨第六届优秀皮书奖评审会"在京召开。中国社会科学院副院长李培林、蔡昉出席会议并讲话，国家新闻出版广电总局原副局长、中国出版协会常务副理事长邬书林也出席本次会议。会议分别由中国社会科学院科研局局长马援和社会科学文献出版社社长谢寿光主持。经分学科评审和大会汇评，最终匿名投票评选出第六届"优秀皮书奖"和"优秀皮书报告奖"书目。此外，该委员会还根据《中国社会科学院皮书管理办法》，审议并投票评选出2015年纳入中国社会科学院创新工程项目的皮书和2016年使用"中国社会科学院创新工程学术出版项目"标识的院外皮书。

☆ 2015年1月30~31日，由社会科学文献出版社皮书研究院组织的2014年版皮书评价复评会议在京召开。皮书学术评审委员会部分委员、相关学科专家、学术期刊编辑、资深媒体人等近50位评委参加本次会议。中国社会科学院科研局局长马援、社会科学文献出版社社长谢寿光出席开幕式并发表讲话，中国社会科学院科研成果处处长薛增朝出席闭幕式并做发言。

更多信息请登录

皮书数据库
http://www.pishu.com.cn

中国皮书网
http://www.pishu.cn

皮书微博
http://weibo.com/pishu

皮书博客
http://blog.sina.com.cn/pishu

皮书微信"皮书说"

请到各地书店皮书专架 / 专柜购买，也可办理邮购

咨询/邮购电话：010-59367028　59367070
邮　　箱：duzhe@ssap.cn
邮购地址：北京市西城区北三环中路甲29号院3号
　　　　　楼华龙大厦13层读者服务中心
邮　　编：100029
银行户名：社会科学文献出版社
开户银行：中国工商银行北京北太平庄支行
账　　号：0200010019200365434